Repetitorium der Informatik

Prüfungsaufgaben und Lösungen 2001–2008

von
Ulrich Kiesmüller und
Sandra Leibinger

Oldenbourg Verlag München

Sandra Leibinger, geboren 1984 in Duisburg-Rheinhausen. Im September 2003 begann sie das Studium für das Lehramt an Gymnasien in Mathematik und Informatik an der TU Dresden. Im September 2006 wechselte sie an die Friedrich-Alexander-Universität Erlangen-Nürnberg, wo sie ihr Studium dann im Frühjahr 2008 mit dem ersten Staatsexamen abschloss. Ab dem Wintersemester 2006 war sie als studentische Hilfskraft in der Didaktik der Informatik eingesetzt, wo sie insbesondere mit der Betreuung und Staatsexamensvorbereitung der Teilnehmenden am Projekt FLIEG (Flexible Lehrerweiterbildung in Informatik als Erweiterungsfach für Gymnasien) betraut war. Im Schuljahr 2008/2009 hat sie ihr Referendariat am Adam-Kraft-Gymnasium, Schwabach begonnen

Ulrich Kiesmüller, geboren 1964 in München. Von September 1983 bis 1989 studierte er das Lehramt an Gymnasien in Mathematik und Physik an der Julius-Maximilians-Universität Würzburg. Im Herbst 1989 schloss er sein Studium mit dem ersten Staatsexamen ab. Nach seinem Referendariat von Februar 1990 bis 1992 absolvierte er dann das zweite Staatsexamen. Nach absolvieren eines Erweiterungsstudiums für das Fach Informatik an der Friedrich-Alexander-Universität Erlangen-Nürnberg legte er im Herbst 2003 das Staatsexamen für Informatik ab. Seit dem ist er als wissenschaftlicher Mitarbeiter in der Didaktik der Informatik bei Prof. Dr. Torsten Brinda an der Friedrich-Alexander-Universität Erlangen-Nürnberg tätig. Dort zählt neben einem Promotionsvorhaben zu seinen Aufgaben insbesondere die Betreuung und Staatsexamensvorbereitung der Teilnehmenden am Projekt FLIEG (Flexible Lehrerweiterbildung in Informatik als Erweiterungsfach für Gymnasien).

Bibliografische Information der Deutschen Nationalbibliothek

Die Deutsche Nationalbibliothek verzeichnet diese Publikation in der Deutschen Nationalbibliografie; detaillierte bibliografische Daten sind im Internet über <http://dnb.d-nb.de> abrufbar.

© 2009 Oldenbourg Wissenschaftsverlag GmbH
Rosenheimer Straße 145, D-81671 München
Telefon: (089) 45051-0
oldenbourg.de

Lektorat: Dr. Margit Roth
Herstellung: Anna Grosser
Coverentwurf: Kochan & Partner, München
Gedruckt auf säure- und chlorfreiem Papier
Druck: Grafik + Druck, München
Bindung: Thomas Buchbinderei GmbH, Augsburg

ISBN 978-3-486-58905-4

Vorwort

Mit der Einführung des achtstufigen Gymnasiums in Bayern im Jahr 2004 und dem damit verbundenen neuen Lehrplan wurde die Informatik als Pflichtfach ab bereits der 6. Jahrgangsstufe eingeführt. Um die möglichst baldige Versorgung der Schulen mit genügend Informatiklehrkräften zu erreichen, wurde von Prof. Dr. Peter Hubwieser (TU München) und Prof. Dr. Torsten Brinda (Friedrich-Alexander-Universität Erlangen-Nürnberg) das Projekt FLIEG (**F**lexible **L**ehrerweiterbildung für **I**nformatik als **E**rweiterungsfach an **G**ymnasien) ins Leben gerufen. Hierbei werden Gymnasiallehrer, die bereits in zwei Fächern das Staatsexamen absolviert haben, parallel zum laufenden Unterrichtsbetrieb innerhalb von 2,5 bis 4 Jahren durch betreutes Tele-Learning auf das Staatsexamen in Informatik als Erweiterungsfach an Gymnasien vorbereitet. Die ersten Absolventen traten im Herbst 2008 zur Examensprüfung an.

Die Autoren dieses Buches waren an der Friedrich-Alexander-Universität Erlangen-Nürnberg in der Didaktik der Informatik damit betraut, die am FLIEG-Projekt Teilnehmenden zu betreuen und auf das Staatsexamen vorzubereiten. Hierbei wurden die in diesem Buch zusammengestellten Lösungen zu den Staatsexamensaufgaben der Jahrgänge 2001 bis 2008 entwickelt. Wir danken den Teilnehmenden sehr für die konstruktive Mitarbeit bei der Erstellung der Lösungen und die kritische Kontrolle sowie die eingebrachten Verbesserungsvorschläge.

Die Einteilung der Staatsexamensaufgaben in die Themenbereiche „Theoretische Informatik", „Algorithmen und Datenstrukturen", „Objektorientierte Modellierung", „Datenbanken" und „Betriebssysteme" spiegeln sich in der Kapiteleinteilung dieses Buches wieder. Innerhalb dieser Kapitel werden die Aufgaben (Angabentexte sind grau unterlegt) jeweils chronologisch aufgeführt. Am Seitenrand sind den Stoffumfang der Aufgabe charakterisierende Stichworte angegeben. Erscheint ein bestimmter Aufgabentyp zum ersten Mal, so werden zusätzlich zur Lösung ausführliche theoretische Grundlagen vermittelt. Später auftretende ähnliche Aufgabenlösungen werden dann knapper gehalten. An manchen Stellen werden Hinweise auf hilfreiche Literatur (✎ bzw. ✐) bzw. Webseiten (☞ bzw. ✍) gegeben. Die Programme sind in den jeweils in der Aufgabenstellung vorgegebenen Programmiersprachen verfasst. Ist dort nichts näheres spezifiziert, so werden für objektorientierte Probleme Java, für funktionale Programme Haskell und für imperative Programme historisch bedingt Pascal eingesetzt. Durch Kommentierung des Quellcodes werden die Strukturen und Denkweisen der Programme näher erläutert.

Der Wortlaut der Aufgabenstellungen wurde unverändert übernommen, lediglich hinsichtlich des Layouts wurden kleinere Änderungen vorgenommen. Die Angabentexte sind auch zu finden unter:

http://ddi.informatik.uni-erlangen.de/Service/st_ex/index.xml

(Teil-)Aufgaben, die den Themenbereichen „Rechnernetze" und „Rechnerarchitektur" entstammen, wurden in diesem Buch nicht behandelt, da diese Themenbereiche nach der aktuellen Prüfungsordnung nicht mehr zum Stoffumfang der schriftlichen Prüfungen gehören.

Insbesondere bei Modellierungsaufgaben (Entity-Relation-Ship Modelle, objektorientierte Klassendiagramme), aber auch in anderen Bereichen wie die Implementierung von Algorithmen oder die Ableitung von Worten bei gegebenen Grammatiken und endlichen Automaten, existieren verschiedene Lösungsmöglichkeiten für einige der gestellten Aufgaben; die dargestellten Wege sind als Vorschläge und nicht als einzig gültige Musterlösung zu verstehen. In einigen Fällen bieten wir mehrere Alternativlösungen an.

Seitenzahlen, die im Stichwortverzeichnis durch Fettdruck hervorgehoben sind, verweisen auf besonders ausführliche Lösungen mit Hintergrundinformationen zum jeweiligen Thema.

Dieses *Repetitorium der Informatik* soll dazu dienen, den grundlegenden Lehrstoff der oben genannten Teilgebiete der Informatik an Hand der thematisch und chronologisch geordneten Lösungen der bayerischen Staatsexamensprüfungsaufgaben der Jahrgänge 2001-2008 zu lernen und zu wiederholen. Es richtet sich somit in erster Linie an Studierende der Informatik für das Lehramt an Gymnasien als Vorbereitung für das erste Staatsexamen, eignet sich jedoch gleichermaßen als studienbegleitende Lektüre für alle Informatikstudierenden sowie für den begleitenden Einsatz im Unterricht der Mittel- und Oberstufe an der Schule.

Erlangen, im November 2008   S. Leibinger, U. Kiesmüller

Inhaltsverzeichnis

1   Theoretische Informatik

Frühjahr 01 - Thema 1

Aufgabe 1

Gegeben sei das Alphabet $\Sigma = \{0,1\}$ und die Sprache $L = \{10^i1^j0 \mid i$ und j sind gerade; $i, j \geq 0\}$.

a) Geben Sie einen regulären Ausdruck mit Sprache L an.

b) Geben Sie eine rechtslineare Grammatik an, die L erzeugt.

c) Konstruieren Sie einen nichtdeterministischen Automaten ohne Leerübergänge, der die Sprache L akzeptiert.

d) Konstruieren Sie einen minimalen deterministischen Automaten, der L akzeptiert.

regulärer Ausdruck, rechts-lineare Gramma-tik, NEA, DEA, Minimali-sierung

a) 1(00)*(11)*0

b) $G = (\{S, A, B\}, \{0, 1\}, P, S)$ wobei

$$P = \{S \to 1A$$
$$A \to 00A \mid B$$
$$B \to 11B \mid 0\}$$

c) $M = (Z, \Sigma, \delta, S, F)$
   $Z = \{S, q_0, q_1, q_2, q_3, q_4, F\}$
   $\Sigma = \{0, 1\}$

	S	q_0	q_1	q_2	q_3	q_4	F
0	$\emptyset$	$\{q_1, F\}$	q_0	$\emptyset$	$\emptyset$	$\{F\}$	$\emptyset$
1	$\{q_0\}$	$\{q_2\}$	$\emptyset$	$\{q_3, q_4\}$	$\{q_2\}$	$\emptyset$	$\emptyset$

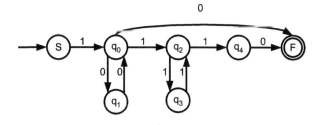

d) Zuerst wird der deterministische Automat bestimmt:
   Initialisierung: $Z = \{\{S\}\}$, $Z_H = \{\{S\}\}$

Zustands übergänge	Zustandsmenge	Hilfsmenge
$\delta(\{S\},1)=\{q_0\}$	$Z=\{\{S\},\{q_0\}\}$	$Z_H=\{\{q_0\}\}$
$\delta(\{q_0\},0)=\{q_1,F\}$, $\delta(\{q_0\},1)=\{q_2\}$	$Z=\{\{S\},\{q_0\},\{q_1,F\},$ $\{q_2\}\}$	$Z_H=\{\{q_1,F\},\{q_2\}\}$
$\delta(\{q_1,F\},0)=\{q_0\}$, $\delta(\{q_1,F\},1)=\emptyset$	$Z=\{\{S\},\{q_0\},$ $\{q_1,F\},\{q_2\}\}$	$Z_H=\{\{q_2\}\}$
$\delta(\{q_2\},0)=\emptyset$, $\delta(\{q_2\},1)=\{q_3,q_4\}$	$Z=\{\{S\},\{q_0\},\{q_1,F\},$ $\{q_2\},\{q_3,q_4\}\}$	$Z_H=\{\{q_3,q_4\}\}$
$\delta(\{q_3,q_4\},0)=\{F\}$, $\delta(\{q_3,q_4\},1)=\{q_2\}$	$Z=\{\{S\},\{q_0\},\{q_1,F\},$ $\{q_2\},\{q_3,q_4\},\{F\}\}$	$Z_H=\{\{F\}\}$
$\delta(\{F\},0)=\emptyset$, $\delta(\{F\},1)=\emptyset$	$Z=\{\{S\},\{q_0\},\{q_1,F\},$ $\{q_2\},\{q_3,q_4\},\{F\}\}$	$Z_H=\emptyset$

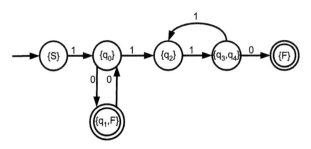

Jetzt kommt die Minimalisierung:

{S}	$*^1$				
{q_0}	$*^1$				
{q_1, F}		$*^1$	$*^1$		
{q_2}	$*^1$			$*^1$	
{q_3, q_4}	$*^1$			$*^1$	
	{F}	**{S}**	**{q_0}**	**{q_1, F}**	**{q_2}**

<u>Bemerkung</u>: Der Table-filling-Algorithmus versagt hier. Wird er auf den *vollständigen* Automaten angewendet, lässt sich zeigen, dass der Automat bereits minimal ist. Alternativ kann ein anderer Algorithmus angewendet werden:

Dazu werden die Zustände in Gruppen (möglicherweise) äquivalenter Zustände eingeteilt. Im ersten Schritt werden die Gruppen der Endzustände und der Nicht-Endzustände betrachtet (die auf jeden Fall nicht äquivalent sind) und notiert, in welche der beiden Gruppen eine Eingabe jeweils führt:

$A=\{\{q_1,F\},\{F\}\}$, $B=\{\{S\},\{q_0\},\{q_2\},\{q_3,q_4\}\}$

	$\{q_1,F\}$	$\{F\}$	$\{S\}$	$\{q_0\}$	$\{q_2\}$	$\{q_3,q_4\}$
0	B	$\emptyset$	$\emptyset$	A	$\emptyset$	A
1	$\emptyset$	$\emptyset$	B	B	B	B

Nun werden die Gruppen aufgeteilt, denn z. B. $\{S\}$ und $\{q_2\}$ sind äquivalent (übereinstimmend in *beiden* Einträgen), $\{S\}$ und $\{q_0\}$ sowie $\{S\}$ und $\{q_3,q_4\}$ hingegen nicht.

$A_1 = \{\{q_1, F\}\}$, $A_2 = \{\{F\}\}$, $B_1 = \{\{S\}, \{q_2\}\}$, $B_2 = \{\{q_0\}, \{q_3, q_4\}\}$

	$\{q_1, F\}$	$\{F\}$	$\{S\}$	$\{q_2\}$	$\{q_0\}$	$\{q_3, q_4\}$
0	B_2	$\emptyset$	$\emptyset$	$\emptyset$	A_1	A_2
1	$\emptyset$	$\emptyset$	B_2	B_2	B_1	B_1

Wiederum werden die inhomogenen Gruppen aufgespalten:

$A_1 = \{\{q_1, F\}\}$, $A_2 = \{\{F\}\}$,
$B_1 = \{\{S\}, \{q_2\}\}$, $B_{21} = \{\{q_0\}\}$, $B_{22} = \{\{q_3, q_4\}\}$

	$\{q_1, F\}$	$\{F\}$	$\{S\}$	$\{q_2\}$	$\{q_0\}$	$\{q_3, q_4\}$
0	B_{21}	$\emptyset$	$\emptyset$	$\emptyset$	A_1	A_2
1	$\emptyset$	$\emptyset$	B_{21}	B_{22}	B_1	B_1

Die Aufspaltung von B_1 führt nun zu ausschließlich einelementigen Gruppen. Es können folglich keine Zustände zusammgengefasst werden, der Automat ist minimal.

<u>Anmerkung:</u> Wäre der Automat nicht minimal, gäbe es irgendwann keine Änderungen mehr an den Gruppeneinteilungen/Gruppeneinträgen. Dann können alle Zustände einer Gruppe zusammengefasst werden.

<u>Siehe hierzu auch:</u>
http://www.num.math.uni-goettingen.de/damm/Info2/01/doc/Minimalautomat.html ☞

Aufgabe 2

Gegeben sei die folgende Grammatik G zur Erzeugung arithmetischer Ausdrücke:

$G = (\{E\}, \{a, b, +, *, (,)\}, P, E)$ wobei
$P = E \to E + E, E \to E * E, E \to (E), E \to a, E \to b$.

Ableitung, eindeutige Grammatik, Syntaxbaum

a) Geben Sie eine Ableitung für den Ausdruck (a+b)*(a*b) an.

b) Zeigen Sie, dass die Grammatik G nicht eindeutig (d. h. ambig) ist.

c) Gesucht ist eine eindeutige Grammatik G', die dieselbe Sprache wie G hat. Vervollständigen Sie dazu den folgenden Ansatz durch Hinzunahme weiterer Produktionsregeln:
$G' = (\{E, F, G\}, \{a, b, +, *, (,)\}, P', E)$ wobei
$P' = \{E \to E + F, E \to F, ...\}$.

a)

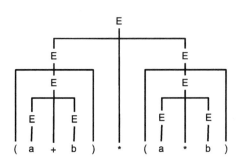

b) Eine Grammatik ist mehrdeutig, wenn es zu einem Wort mehrere Ableitungsbäume gibt, wie der Ausdruck $b + b + b$ im folgenden Beispiel:

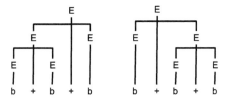

c) $G' = (\{E, F, G\}, \{a, b, +, *, (,)\}, P', E)$ wobei
$P' = \{E \to E + F, E \to F, F \to F * G, F \to G, G \to (E), G \to a, G \to b\}$

Aufgabe 3

primitiv
rekursiv

Beim Beweis der folgenden Aufgaben ist jeweils das Schema der primitiven
Rekursion mit geeigneten primitiv rekursiven Funktionen $g : \mathbb{N}_0^n \to \mathbb{N}_0$ und
$h : \mathbb{N}_0^2 \to \mathbb{N}_0$ anzuwenden.

a) Zeigen Sie, dass die folgenden Funktionen primitiv rekursiv sind:
iszero: $\mathbb{N}_0 \to \mathbb{N}_0, iszero(0) = l, iszero(x) = 0$, falls $x \neq 0$.
even: $\mathbb{N}_0 \to \mathbb{N}_0, even(x) = l$, falls x gerade, $even(x) = 0$, falls x ungerade.
case: $\mathbb{N}_0^3 \to \mathbb{N}_0, case(x, y, z) = y$, falls $x = 0, case(x, y, z) = z$, falls $x \neq 0$.

b) Zeigen Sie:
Ist $f : \mathbb{N}_0 \to \mathbb{N}_0$ primitiv rekursiv, dann ist auch
$r : \mathbb{N}_0^2 \to \mathbb{N}_0$ mit $r(x, i) = f^i(x)$ primitiv rekursiv.
Dabei bezeichnet f^0 die Identität und für $i > 0$ bezeichnet
f^i die i-malige Hintereinanderausführung f(....f(x)...) von f.

a) Da im Laufe der Lösung mehrfach die modifizierte Subtraktion (alle Diffe-
renzwerte, die kleiner als 0 wären, werden auf 0 gesetzt) sowie die Addition
und die Multiplikation verwendet werden, werden diese erst einmal als primitiv rekursive Funktion abgeleitet:

Die (modifizierte) Vorgängerfunktion $p(n)$ lautet:
$p(0) = 0$
$p(s(n)) = n$ (_s ist die als primitiv rekursiv bekannte Nachfolgerfunktion_)
Hierbei ergeben sich $g() = 0$ und $h(y, p(n)) = \pi_2^2(y, p(n))$.

Die (modifizierte) Subtraktion $sub(x, y)$ lautet:
$sub(x, 0) = x$
$sub(x, s(y)) = p(sub(x, y))$
Hierbei wären also $g(x) = \pi_1^1(x)$ und
$h(x, y, sub(x, y)) = p(\pi_3^3(x, y, sub(x, y)))$.

Die Addition $add(n)$ lautet:
$add(x, 0) = x$
$add(x, s(n)) = s(add(x, n))$
Dies bedeutet $g(x) = \pi_1^1(x)$ und $h(x, n, add(x, n)) = s(\pi_3^3(x, n, add(x, n)))$.

Die Multiplikation $mult(x, y)$ lautet:
$mult(x, 0) = 0$
$mult(x, s(n)) = add(x, mult(x, n))$
Damit erhält man $g(x) = 0$ und
$h(x, n, mult(x, n)) = add(\pi_1^3(x, n, mult(x, n)), \pi_3^3(x, n, mult(x, n)))$.

Nun zur Lösung der gestellten Aufgaben:

$$iszero(0) \quad = s(0)$$
$$iszero(s(n)) \quad = sub(0, iszero(n))$$

mit $g() = s(0)$ und $h(y, iszero(n)) = sub(0, \pi_2^2(y, iszero(n)))$.

$$even(0) \quad = s(0)$$
$$even(s(n)) \quad = sub(s(0), even(n))$$

mit $g() = s(0)$ und $h(y, even(n)) = sub(s(0), \pi_2^2(y, even(n)))$.

$$case(x, y, z) \quad = add($$
$$mult(\pi_2^3(x, y, z), iszero(\pi_1^3(x, y, z))),$$
$$mult(sub(s(0), iszero(\pi_1^3(x, y, z))), \pi_3^3(x, y, z)))$$

mit $g(y, z) = \pi_1^2(y, z)$ und
$$h(x, y, z) \quad = add($$
$$mult(\pi_2^3(x, y, z), iszero(\pi_1^3(x, y, z))),$$
$$mult(sub(s(0), iszero(\pi_1^3(x, y, z))), \pi_3^3(x, y, z))).$$

b) Beweis mittels vollständiger Induktion über i:

$i = 0$: $r(x, 0) = id(x) = x$ ist per Definition primitiv rekursiv.

$i = 1$: $r(x, 1) = f^1(x) = f(x)$ ist laut Aufgabenstellung ebenfalls
                primitiv rekursiv.

$i \to i + 1$: Sei nun $f^n(x)$ als primitiv rekursiv bereits gezeigt.
                $r(x, n + 1) = f(f^n(x))$ ist primitiv rekursiv als Komposition
                zweier primitiv rekursiver Funktionen.

Frühjahr 01 - Thema 2

Aufgabe 2

Gegeben sei die Grammatik Γ mit der Menge $\{a, b\}$ von Terminalzeichen, dem Startsymbol S als einzigem Nicht-Terminalzeichen und den 4 Produktionsregeln

$S \to a$

$S \to aS$

$S \to aSb$

$S \to bSa$

sowie der reguläre Ausdruck

$R = a(aa^*b + baaa^*)$.

$L(\Gamma)$ sei die von Γ erzeugte Sprache, $L(R)$ die durch R beschriebene Sprache. Schließlich sei L die Menge aller nicht-leeren Zeichenreihen über $\{a, b\}$, in denen a öfter als b vorkommt.

a) Geben Sie eine Ableitung der Zeichenreihe $aababaaab$ in Γ an.

b) Beweisen Sie: $L(R) \subsetneq L(\Gamma) \subsetneq L$.

c) Geben Sie einen deterministischen endlichen Automaten an, der die Sprache $L(R)$ akzeptiert.

d) Geben Sie eine kontextfreie Grammatik (Typ 2) mit höchstens 5 Produktionsregeln an, die $L(R)$ erzeugt.

e) Beweisen Sie, dass L keine reguläre Sprache ist.

f) Geben Sie einen nichtdeterministischen Kellerautomaten an, der die Sprache $L(\Gamma)$ akzeptiert.

g) Geben Sie eine deterministische Turingmaschine an, die die Sprache L akzeptiert.

a)

S

Regel 2

aS

Regel 3

aaSb

Regel 4

aabSab

Regel 2

aabaSab

Regel 4

aababSaab

Regel 1

aababaaab

b) Betrachte zuerst $L(R) \subset L(\Gamma)$:
Die Wörter aus $L(R)$ enthalten alle genau ein b, die Wörter von $L(\Gamma)$ können aber auch mehrere b enthalten.
Andererseits sind alle Wörter aus $L(R)$ in $L(\Gamma)$ enthalten, da sie mit den Ableitungregeln $3 \to n*2 \to 1$ bzw. $2 \to 4 \to n*2 \to 1$ gebildet werden können (die Nummern beziehen sich hierbei auf die Ableitungsregeln aus der Angabe, $n \in \mathbb{N}_0$).

Betrachte nun $L(\Gamma) \subset L$:
Mit den Regeln 3 und 4 der Grammatik entstehen Wörter, die genau so viele a wie b enthalten. Um das Wort abzuschließen muss Regel 1 angewendet werden, so dass alle Wörter aus $L(\Gamma)$ mindestens ein a mehr als b besitzen. Damit gilt $L(\Gamma) \subset L$.

$L(\Gamma) \neq L$, da sich das Wort aba z. B. nicht mit Γ produzieren lässt, aber $aba \in L$ gilt.

c) $M = (Z, \Sigma, \delta, S, F)$, $Z = \{S, Z_1, Z_2, Z_3, Z_4, E\}$, $F = \{E\}$, $\Sigma = \{a, b\}$

δ:		S	Z_1	Z_2	Z_3	Z_4	E_1	E_2
	a	Z_1	Z_2	Z_2	Z_4	E_2	$\emptyset$	E_2
	b	$\emptyset$	Z_3	E_1	$\emptyset$	$\emptyset$	$\emptyset$	$\emptyset$

d) Durch die Beschränkung der Anzahl der Regeln ist es nicht möglich, eine reguläre Grammatik zu $L(R)$ anzugeben.

$$G = (\{S, A, B\}, \{a, b\}, P, S)$$
$$P = \{S \to aAb \mid abAa$$
$$A \to aA \mid a\}$$

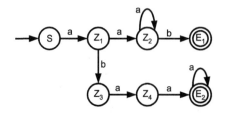

e) Für jedes Wort der Form $a^n b^{n+1}$ bräuchte ein endlicher Automat $2n + 1$ Zustände. Da die Wörter aus L von beliebiger Länge sind, bräuchte der Automat unendlich viele Zustände und damit kann L nicht regulär sein.

f)

Parameter			Funktionswert	
Zustand	Eingabe	Keller	Zustand	Keller
S	a	#	S	A#
S	a	A	S	AA
S	a	B	S	ε
S	b	#	S	B#
S	b	B	S	BB
S	b	A	S	ε
S	a	A	F	ε
S	ε	A	F	ε
F	a	A	F	ε
F	a	#	F	ε
F	ε	A	F	ε

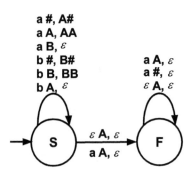

g) $M = (Z, \Sigma, \Gamma, \delta, Z_0, \#, \{Z_+\})$, $Z = \{Z_0, Z_1, Z_2, Z_3, Z_4, Z_+\}$
   $\Sigma = \{a, b\}$, $\Gamma = \{a, b, *, \#\}$

δ:	Z_0	Z_1	Z_2	Z_3	Z_+
a	$(Z_1, *, L)$	(Z_1, a, L)	(Z_2, a, R)	(Z_3, a, L)	
b	(Z_0, b, R)	(Z_1, b, L)	$(Z_3, *, L)$	(Z_3, b, L)	
$\#$		$(Z_2, \#, R)$	$(Z_+, \#, N)$	$(Z_0, \#, R)$	
$*$	$(Z_0, *, R)$	$(Z_1, *, L)$	$(Z_2, *, R)$	$(Z_3, *, R)$	

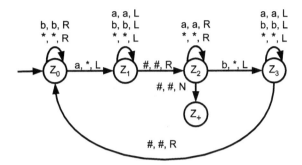

Zur Erklärung:

Beginne in Z_0 und laufe nach rechts bis das erste a gefunden wird. Das wird durch * ersetzt. Dann wird im Zustand Z_1 wieder zurück zum Wortanfang gegangen und von dort aus in Z_2 ein b gesucht. Wenn das b gefunden ist, wird in Z_3 wieder ganz nach links gelaufen. Wenn die TM ein a gefunden hat und kein weiteres b mehr findet bis zum Wortende, also sich dort in Z_2 befindet, geht sie über in den Endzustand, weil sicher ist, dass mindestens ein a mehr als b im Wort enthalten war.

Herbst 01 - Thema 1

Aufgabe 1

Gegeben sei die Sprache $L = \{a^n b^m c^n | n > 0, m > 0\}$ über $\Sigma = \{a, b, c\}$.

a) Ist L regulär? (Begründung!)

b) Ist L kontextfrei? (Begründung!)

c) Ist L kontextsensitiv? (Begründung!)

d) Ist L entscheidbar? (Begründung!)

reguläre, kontextfreie, kontextsensitive, entscheidbare Sprache

a) Nein, L ist nicht regulär, denn sonst wäre das Pumping-Lemma erfüllbar. Um dieses zu erfüllen, müsste das Wort $a^n b^m c^n$ gleichzeitig im Bereich der a's und c's gepumpt werden. Bei der Pump-Zahl n besteht der aufgepumpte Teil v jedoch nur aus a und enthält keine c. Damit exisitiert für das Wort $a^n b^m c^n$ keine Zerlegung, die das Pumping-Lemma erfüllt und L ist nicht regulär.

b)
$$G = (\{S, B\}, \{a, b, c\}, P, S)$$
$$P = \{S \rightarrow aSc \mid aBc$$
$$B \rightarrow bB \mid b\}$$

G ist eine kontextfreie Grammatik, die L erzeugt: die 1. Regel wird (n-1)-mal angewendet und erzeugt $a^{n-1}Sc^{n-1}$. Danach resultiert mit Regel 2 a^nBc^n. Nun können mit Regel 3 beliebig viele b erzeugt werden. Regel 4 garantiert jedoch, dass mindestens ein b produziert wird. Wegen der Existenz dieser Grammatik ist L somit kontextfrei.

c) Ja, L ist kontextsensitiv, da jede kontextfreie Sprache auch kontextsensitiv ist.

d) L ist entscheidbar, da folgende deterministische Turing-Maschine, die L erkennt, konstruiert werden kann:
Von außen nach innen werden paarweise a und c gelöscht. Nach dem letzten a muss zwangsläufig ein b kommen. Es werden auch alle b gelöscht. Wenn danach das Band leer ist (es könnten noch überzählige c vorhanden sein), wird das Wort akzeptiert.

Aufgabe 2

DEA

Konstruieren Sie einen vollständigen deterministischen erkennenden Automaten, der genau die Wörter der Form a^n mit „n ist weder durch 4 noch durch 6 teilbar" akzeptiert.

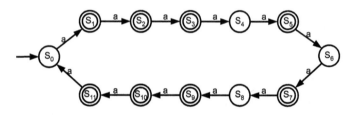

Vielfache von 4 und 6 sind keine Endzustände, alle anderen Zustände schon. Der Automat hat deshalb genau 12 Zustände, weil 12 das kleinste gemeinsame Vielfache (kgV) von 4 und 6 ist.

Aufgabe 3

*entscheid-
bar*

Diskutieren Sie die Frage, ob die Menge

$$M = \{x \in \mathbb{N} | \text{ die Ziffernfolge der Dezimaldarstellung von x kommt (als}$$
$$\text{Teilwort) in der Dezimaldarstellung der Zahl } \pi \text{ vor}\}$$

entscheidbar ist. (Beispiel: $\pi = 3,141592...$ enthält 159, also $159 \in M$)

π ist bekanntlich irrational, d. h. das Band einer Turing-Maschine kann mit π nur deshalb beschrieben werden, weil das Band unendlich lang ist. In diesem Fall ist es einfacher statt mit einer 1-Band-TM mit einer 2-Band-TM zu arbeiten. Das eine Band enthält π, das andere x. Der Kopf des 1. Bands fährt nach rechts, bis er ein Zeichen gefunden hat, das mit dem 1. Zeichen von x übereinstimmt. Nun wird parallel geprüft, ob auf beiden Bändern die gleiche Zeichenfolge steht. Falls dies der Fall ist, gilt $x \in M$ und die TM terminiert. Andernfalls läuft der Kopf des 2. Bands wieder zurück zum 1. Zeichen von x und der Kopf des 1. Bands sucht die nächste Übereinstimmung.

Falls $x \notin M$ läuft der Kopf des 1. Bands immer weiter nach rechts. Nachdem die Überprüfung nie mit einem positiven Ergebnis abgeschlossen wird, terminiert die TM in diesem Fall nicht.

Die Menge ist folglich nicht entscheidbar, sondern nur semi-entscheidbar.

Aufgabe 4

Für die Simulation der Stapelalgebra mit WHILE-Programmen benötigt man eine Funktion $code = \mathbb{N}^* \to \mathbb{N}$, die endliche Folgen natürlicher Zahlen codiert. Sei durch $stapel = [x_1, ..., x_k]$ ein Stapel natürlicher Zahlen mit oberstem Element x_1 gegeben.

Keller-operation, Paarungs-funktion, WHILE

a) Definieren Sie eine geeignete Funktion $code$ und erläutern Sie $code(stapel)$ (Hinweis: Eine Paarungsfunktion ist nützlich!)

b) Berechnen Sie $code([2, 4])$.

c) Geben Sie WHILE-Programme an, die die Stapel-Operationen *empty*, *push*, *pop*, *top*, *isempty* implementieren.

a) Zuerst wird die Cantorsche Paarungsfunktion definiert:
siehe auch http://de.wikipedia.org/wiki/Cantorsche_Paarungsfunktion

$$paarcode : \mathbb{N}^2 \to \mathbb{N}, \quad paarcode(x, y) = \sum_{i=0}^{x+y} i + y \quad \forall_{x,y \in \mathbb{N}_0}$$

Damit werden zwei natürliche Zahlen mit dem Cantorschen Diagonalisierungsverfahren eindeutig codiert. Für die Erweiterung auf ein n-Tupel natürlicher Zahlen, wird *paarcode* rekursiv aufgerufen:

$$code : \mathbb{N}^* \to \mathbb{N}, \quad code(x_1, ..., x_k) = paarcode(x_1, code(x_2, ..., x_k)) + 1$$

wobei $code(x) = x$ gilt, falls $x \in \mathbb{N}_0$.

b)
$$code([2,4]) = paarcode(2, code[4]) + 1$$
$$= paarcode(2, 4) + 1$$
$$= \sum_{i=0}^{2+4} i + 4 + 1$$
$$= (0 + 1 + 2 + 3 + 4 + 5 + 6) + 4 + 1 = 26$$

c) *Anmerkung: Ein Unterschied zwischen* empty *und* isempty *ist in der Literatur nicht allgemein geltend zu finden.*
Da die in Frühjahr 2002 Thema 2 Aufgabe 6b verlangten Programme primitivrekursiv (äquivalent zu LOOP-Programmen) sind und die LOOP-Programme eine echte Teilmenge der hier verlangten WHILE-Programme sind, siehe zur Lösung der hier gestellten Aufgabe *Seite 25* - dort ist lediglich *pop* als *rest* und *isempty* als *leer* bezeichnet.

Aufgabe 5

Turing-
maschine

Neben der Turingmaschine mit einem beidseitig unendlichen Band gibt es auch eine Variante, die nur ein einseitig (nach rechts) unendliches Band zur Verfügung hat.

a) Präzisieren Sie die Definition einer solchen „einseitigen" Turingmaschine.

b) Zeigen Sie die Aquivalenz der beiden Varianten von Turingmaschinen.

a) Eine komplette Lösung zu dieser Aufgabe findet sich in [REP] auf Seite 83.

b) Eine komplette Lösung zu dieser Aufgabe findet sich in [REP] auf Seite 83f.

Aufgabe 6

Aussagen-
logik,
Tautologie

Sei F die Formel $(\neg(A \to B) \vee \neg(\neg A \vee C)) \wedge \neg A$.

a) Ist F erfüllbar? (Begründung!)

b) Ist F eine Tautologie? (Begründung!)

Bemerkung: Da diese Thematik nicht eindeutig einem der großen Kapitel zuzuordnen ist, ist sie dort eingeordnet, wo sie auch in den Aufgabenstellungen zu finden ist. Als begleitende Literatur hierzu ist empfehlenswert [LOG].

a) *Anmerkung zur Lösung: $C \to D$ ist aussagenlogisch äquivalent zu $\neg C \vee D$.*
Um F zu erfüllen, müssen beide Teilformeln links und rechts des $\wedge$ erfüllt werden:

1. $\neg A$ ist nur erfüllt, wenn $A = false$ gilt.

2. $\neg(A \to B) \vee \neg(\neg A \vee C) \Leftrightarrow \neg(\neg A \vee B) \vee (A \wedge \neg C) \Leftrightarrow (A \wedge \neg B) \vee (A \wedge \neg C)$
   Da wegen $1. A = false$ gilt, kann weder $(A \wedge \neg B)$ noch $(A \wedge \neg C)$ erfüllt sein.

Somit ist die erste Teilformel sicher *false* und damit die gesamte Formel nicht erfüllbar.

Ein weiterer Lösungsansatz besteht darin, mit Hilfe eines Unerfüllbarkeits-tests (s. Kapitel „Resolution" in [LOG]) vorzugehen. Hierzu muss die Un- ✎
erfüllbarkeit der Formel $\neg((A \to B) \to (\neg B \to \neg A))$ gezeigt werden.
Hierzu muss zuerst die Formel in die *konjunktive Normalform* gebracht, also als Konjunktion von Disjunktionen von Literalen dargestellt werden:

$$(\neg(A \to B) \vee \neg(\neg A \vee C)) \wedge \neg A$$
$$\Leftrightarrow (\neg(\neg A \vee B) \vee (A \wedge \neg C)) \wedge \neg A$$
$$\Leftrightarrow ((A \wedge \neg B) \vee (A \wedge \neg C)) \wedge \neg A$$
$$\Leftrightarrow ((A \vee (A \wedge \neg C)) \wedge (\neg B \vee (A \wedge \neg C))) \wedge \neg A$$
$$\Leftrightarrow A \wedge (A \vee \neg C) \wedge (\neg B \vee A) \wedge (\neg B \vee \neg C) \wedge \neg A$$

Jetzt kann man diese Formel umschreiben als Formelmenge
$\{\{A\}, \{A, \neg B\}, \{A, \neg C\}, \{\neg B, \neg C\}, \{\neg A\}\}$, deren Einträge auch als *Klauseln* bezeichnet werden. Aus Klausel 1 und Klausel 5 lässt sich sofort die Klausel $\{\}$ ableiten. Somit ist die Formel F unerfüllbar.

b) Wenn F eine Tautologie wäre, müsste jede Belegung ein Modell für F sein. Da aber nach Teilaufgabe a) F unerfüllbar ist, existiert noch nicht einmal eine einzige Belegung, so dass F erfüllbar ist und somit kann F also keine Tautologie sein.

Herbst 01 - Thema 2

Aufgabe 2

Gegeben sei das Alphabet $\Sigma\{0, 1\}$ und
$$Z = \{w \in \Sigma^+ | w = 0 \text{ oder } w \text{ beginnt mit dem Zeichen } 1\}.$$
Jedes $w = w_m...w_2 w_1 w_0 \in Z$ kann als Binärdarstellung der natürlichen Zahl
$$N(w) = w_m 2^m + ... + w_2 2^2 + w_1 2 + w_0$$
aufgefasst werden. Umgekehrt gibt es zu jedem $n \in \mathbb{N}_0$ eine derartige Binärdarstellung $W(n) \in Z$ (d. h.: $N(W(n)) = n$).
Weiter sei die Grammatik $G = (V, \Sigma, P, S)$ mit $V = \{S, A\}$ und der Menge P der Produktionen
$S \to 1 | 1A$
$A \to 1 | 1A | 0S$
gegeben. $\mathcal{L}(G)$ sei die von G erzeugte Sprache.

DEA, reguläre Grammatik, Ableitung eines Wortes, regulärer Ausdruck, entscheidbar, reguläre, kontextfreie Sprache

a) Geben Sie eine reguläre Grammatik (Typ 3) an, die Z erzeugt!

b) Geben Sie eine Ableitung der Zeichenreihe 11101011011 in G an.

c) Beweisen Sie: $\mathcal{L}(G) \subseteq Z$.

d) Beweisen Sie: Für jedes $w \in \mathcal{L}(G)$ ist $N(w)$ ungerade.

e) Geben Sie einen deterministischen endlichen Automaten an, der die Sprache $\mathcal{L}(G)$ akzeptiert.

f) Ist die Menge $n \in \mathbb{N}_0 | W(n) \in \mathcal{L}(g)$ entscheidbar? Begründen Sie Ihre Antwort.

Sei nun $N \subseteq \mathbb{N}_0$ die Menge aller natürlichen Zahlen
$2^p - 2^q - 1$ mit $p \geq 3$ und $0 < q < p - 1$
(Beispiele: $23 = 2^5 - 2^3 - 1, 59 = 2^6 - 2^2 - 1$, also $23, 59 \in N$)
und $Z_N = \{w \in Z | w = W(n), n \in N\}$.

g) Beweisen Sie: $W(23) \in \mathcal{L}(G)$ und $W(59) \in \mathcal{L}(G)$.

h) Beweisen Sie: $Z_N \subsetneq \mathcal{L}(G)$.

i) Geben Sie einen regulären Ausdruck an, der Z_N beschreibt.

j) Beweisen Sie: Es gibt eine Teilmenge M von N derart, dass die Menge
$Z_M = \{w \in Z | w = W(n), n \in M\}$
keine reguläre, jedoch eine kontextfreie (Typ 2-)Sprache ist.

a)
$$G = (\{S, A\}, \{0, 1\}, P, S)$$
$$P = \{S \rightarrow 0 \mid 1A$$
$$A \rightarrow 0A \mid 1A \mid \varepsilon\}$$

b) $S \rightarrow 1A \rightarrow 11A \rightarrow 111A \rightarrow 1110S \rightarrow 11101A \rightarrow 111010S \rightarrow 1110101A \rightarrow$
$11101011A \rightarrow 111010110S \rightarrow 1110101101A \rightarrow 11101011011$

c) Jedes Wort aus $\mathcal{L}(G)$ beginnt mit 1 und enthält danach eine beliebige Kombination aus 1 und 0, wobei 0 nur paarweise auftreten kann. Außerdem muss das Wort mit 1 enden. Alleine durch die 1. Bedingung ist gesichert, dass $w \in \mathcal{L}(G) \Rightarrow w \in Z$.

d) Jedes Wort aus $\mathcal{L}(G)$ kann nur mit 1 terminieren, weil $S \rightarrow 1$ bzw. $A \rightarrow 1$ die einzigen Regeln sind um ein Wort abzuschließen. Dies wiederum bedeutet, dass $\forall_{w \in \mathcal{L}(G)} w_0 = 1$.
$N(w) = w_m 2^m + \cdots + w_2 2^2 + w_1 2^1 + w_0 2^0 = w_m 2^m + \cdots + w_2 2^2 + w_1 2^1 + 1 = 2 * (w_m 2^{m-1} + \cdots + w_2 2^1 + w_1 2^0) + 1$
Der 1. Summand von $N(w)$ ist durch den Faktor 2 auf jeden Fall gerade und die Addition von 1 führt dazu, dass $N(w)$ immer ungerade ist.

e)

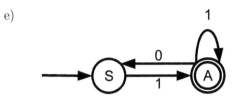

$$M = (\{S, A\}, \{0, 1\}, \delta, S, \{A\})$$

f) Ja, die Menge ist entscheidbar. Wird $W(n)$ auf das Band einer Turing-Maschine geschrieben und steht der Schreib-/Lese-Kopf der Maschine zu Beginn rechts von der Eingabe, so kann die TM in einem Schritt entscheiden, ob $W(n) \in \mathcal{L}(G)$ ist: Wenn das Zeichen links vom Kopf eine 1 ist, so ist $W(n)$ ungerade und damit ist n Element der Menge, andernfalls nicht.

g) $W(23) = 1 * 2^4 + 1 * 2^2 + 1 * 2^1 + 1 = 10111$
$W(59) = 2^5 + 2^4 + 2^3 + 2^1 + 1 = 111011$
Zum Beweis $W(23) \in \mathcal{L}(G)$ wird wieder der Ableitungsbaum verwendet:
$S \to 1A \to 10S \to 101A \to 1011A \to 10111$
Analog für $W(59)$:
$S \to 1A \to 11A \to 111A \to 1110S \to 11101A \to 111011$

h) $\forall_{w \in Z_N} w \in \mathcal{L}(G)$, denn $w = W(n)$ und n ist ungerade weil $n = 2^p - 2^q - 1$.
$1 \in \mathcal{L}(G)$ aber $1 \notin Z_N$, denn die kleinste Zahl aus Z_N ist
$2^3 - 2^{3-1} - 1 = 8 - 4 - 1 = 3$
$\Rightarrow Z_N \neq \mathcal{L}(G) \Rightarrow Z_N \subset \mathcal{L}(G)$.

i) 1(0|1)*1

j) Eine Teilmenge von N sind alle symmetrischen Wörter. D. h. M ist die Spiegelwortsprache:
$$G = (\{S, A\}, \{0, 1\}, P, S)$$
$$P = \{S \to 1S1$$
$$A \to 1A1 \mid 0A0 \mid \varepsilon\}$$

Aufgabe 3

Mit deterministischen Turingmaschinen (DTM) lassen sich Funktionen $f : \mathbb{N}_0^k \to \mathbb{N}_0$ berechnen.

a) Präzisieren Sie formal, was es bedeutet, dass eine DTM eine derartige Funktion berechnet mit der Vorgabe, dass alle auftretenden natürlichen Zahlen z in Binärdarstellung $W(m)$ (wie in Teilaufgabe 2) dargestellt sein sollen.

b) Geben Sie eine DTM an, die in der unter a) angegebenen Weise die Funktion $s(n) = n+1$ berechnet. Für $n \in \mathbb{N}_0$ sei n_b die Länge der Zeichenreihe $W(n)$. Welche der folgenden Aussagen über die Zeitkomplexität der Berechnung von $s(z)$ ist richtig?

   b1) Die Zeitkomplexität der Berechnung ist $O(n_b)$.

   b2) Die Zeitkomplexität der Berechnung ist $O(log\, n_b)$.

   b3) Die Zeitkomplexität der Berechnung ist $O(log\, n)$.

   Begründen Sie Ihre Antworten.

c) Gibt es eine andere Zahldarstellung als die Binärdarstellung, mit der die Berechnung von $s(n)$ konstante Zeitkomplexität hat?
   Begründen Sie Ihre Antwort.

a) Dazu wird eine k-Band Turing-Maschine mit dem Eingabealphabet $\{0, 1\}$ verwendet. Sollten alle Eingaben zu Beginn auf dem ersten Band stehen, so wird dieses abgefahren und die Einträge 2 bis k der Reihe nach auf die Bänder 2 bis k geschrieben. Auf jedem der Bänder steht dann also eine natürliche Zahl z in ihrer Binärdarstellung. Diese Darstellung wird begrenzt von einem Zeichen des Bandalphabets, z. B. $\square$. Gemäß der Funktionsvorschrift von f verarbeitet die TM nun die Eingabe und schreibt das Ergebnis wieder auf das erste Band.

Formal sieht die Zustandsübergangsfunktion einer solchen Turingmaschine folgendermaßen aus:

$$\delta : Z \times \Gamma^k \to Z \times \Gamma^k \times \{L, R, N\}^k$$

b)

$$\begin{array}{c|cc}
\delta: & S & F \\
\hline
0 & (F, 1, R) & (F, 0, R) \\
1 & (S, 0, L) & (F, 1, R) \\
\# & (F, 1, R) & (F, \#, N)
\end{array}$$

$$M = (\{S, F\}, \{0, 1\}, \{0, 1, \#\}, \delta, S, \#, \{F\})$$

Der Lesekopf steht zu Beginn am rechten Ende der Eingabe. Da Addition von 1 beim Lesen einer 0 (oder der leeren Eingabe) nur bedeutet, statt dessen eine 1 zu schreiben, wird dies entsprechend der Übergang von S zu F gestaltet. Wird eine 1 gelesen, muss eine 0 geschrieben werden und der Übertrag auf der Stelle links daneben addiert werden. Hier gelten jetzt wieder genau die drei eben beschriebenen Fälle. Bei Erreichen des Bandendes muss noch der Übertrag geschrieben werden. Anschließend läuft der Lesekopf wieder an das rechte Ende der Eingabe, was durch den reflexiven Übergang bei F dargestellt wird.

Die Zeichenreihe wird also im worst case einmal von rechts nach links und wieder zurück abgefahren. D. h. die Turing-Maschine terminiert nach $2n_b$ Schritten. Die Aussage b1) ist demnach korrekt.
Die Länge der Zahl n ist in Binärdarstellung maximal $\log n$, d. h. $n_b \leq \log n$. Aus diesem Grund ist auch die Aussage b3) korrekt.

c) Ja, es kann auch die unäre Darstellung gewählt werden. Dabei werden einfach n Striche auf das Band geschrieben. Steht der Kopf der TM zu Beginn wieder rechts von der Eingabe, so muss nur ein weiterer Strich geschrieben werden und die TM terminiert. Die Zeitkomplexität ist hierbei in jedem Fall konstant, da die TM immer genau eine Operation ausführen muss.

Frühjahr 02 - Thema 1

Aufgabe 1

Sei $\Sigma = \{a, b, c\}$ ein Alphabet. Man gebe an, von welchem Chomsky-Typ i (mit $1 \leq i \leq 3$) die folgenden Sprachen sind, wobei i jeweils maximal sein soll. Zur Begründung gebe man jeweils eine erzeugende Grammatik oder einen akzeptierenden Automaten für die Sprache an und beweise, dass die Sprache davon erzeugt bzw. akzeptiert wird!

(i) $L = \{a^k b^m c^n | 0 \leq k, m, n\}$ sowie
$L' = \Sigma^* - L$

(ii) $L = \{a^k b^m c^n | 0 \leq m < k, 0 \leq n\}$

(iii) $L = (\Sigma^* - \{a^m b^m c^n | 0 \leq m, n\}) \cap a^* b^* c^*$

Chomsky-Hierarchie, kontext-sensitive, kontext-freie, reguläre Sprache, reguläre Grammatik, Keller-automat

(i) Für L gibt es eine reguläre Grammatik $G = (\{A, B, C\}, \{a, b, c\}, P, A)$, wobei

$$P = \{A \rightarrow aA|B$$
$$B \rightarrow bB|C$$
$$C \rightarrow cC|\varepsilon\}$$

Nur mit der ersten Regel werden a erzeugt. Diese wird genau k-mal angewendet und dann wird mit der zweiten Regel zur Erzeugung der b übergegangen. Diese werden durch m-malige Anwendung der dritten Regel erzeugt. Analog wird mit Regel 4 zur Erzeugung der c übergegangen, die durch Regel 5 entstehen. Die Regeln müssen zwangläufig in aufsteigender Reihenfolge durchlaufen werden und es gibt nur eine Terminierungsmöglichkeit. Die Sprache enthält auch das leere Wort (durch Anwenden nur von Regel 2, 4 und 6) und ist vom Chomsky-Typ 3.

$G = (\{A, B, C, D, E, F, G, H\}, \{a, b, c\}, P, A)$, wobei

$$
\begin{aligned}
P = \{A \quad &\to aA|B \\
B \quad &\to bB|C \\
C \quad &\to cC|D|F \\
D \quad &\to cE \\
E \quad &\to aH|bH \\
F \quad &\to bG \\
G \quad &\to aH \\
H \quad &\to aH|bH|cH|\varepsilon\}
\end{aligned}
$$

L' enthält nicht das leere Wort und da auch die Wörter a, b und c bereits in L enthalten sind, hat jedes Wort aus L' mindestens Länge 2. Außerdem besitzt jedes Wort mindestens eine Stelle, an denen zwei aufeinanderfolgende Zeichen nicht alphabetisch geordnet sind, d. h. das Wort enthält entweder die Kombination ca, cb oder ba. Mit den ersten fünf Regeln werden wieder die Worte aus L erzeugt, also $a^k b^m c^n$ (falls das Wort aus L' ein alphabetisch geordnetes Präfix besitzt). Danach muss entweder in D oder F übergegangen werden. Mit D und E wird ca bzw. cb erzeugt, mit F und G ba. Was nach dieser Kombination erfolgt, ist völlig egal, so dass mit H alle Kombinationen aus a, b, c erzeugt werden.

(ii) Wegen der Bedingung, dass $m < k$ sein muss, kann die Sprache nicht mehr regulär sein. $G = (\{A, C\}, \{a, b, c\}, P, A)$, wobei

$$
\begin{aligned}
P = \{A \quad &\to aA|aAb|aC \\
C \quad &\to cC|\varepsilon\}
\end{aligned}
$$

(iii) Zur Verdeutlichung der durch Mengenbeziehungen festgelegten Sprache wird zuerst ein Venn-Diagramm gezeichnet:

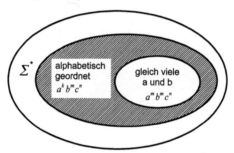

Eine alternative Darstellung von L ist also $L = \{a^k b^m c^n | k \neq m, 0 \leq k, m, n\}$
Es wird ein Kellerautomat konstruiert, der mit dem akzeptierenden Endzustand F terminiert.

Parameter			Funktionswert	
Zustand	Eingabe	Keller	Zustand	Keller
S	a	#	S	A#
S	a	A	S	AA
S	b	#	C	#
S	b	A	B	ε
S	c	A	C	A
B	b	#	C	#
B	b	A	B	ε
B	c	A	C	A
C	b	#	C	#
C	c	A	C	A
C	ε	A	F	ε
C	ε	#	F	#

$$M = (\{S, B, C, F\}, \Sigma, \{A, \#\}, \delta, S, \#)$$

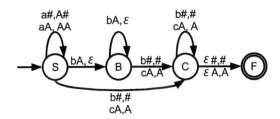

Aufgabe 2

Welche Sprache wird von folgender Chomsky-Grammatik vom Typ 1 erzeugt?

$$S \quad \rightarrow SA|1\$1$$
$$1A \rightarrow A11$$
$$\$A \rightarrow 0\$|1\$1$$

kontextsensitive Sprache, kontextfreie Grammatik, vollständige Induktion

Hinweis: Offensichtlich werden Wörter der Gestalt u$v erzeugt. Man gebe an, wie die Teilwörter v aussehen und in welcher Beziehung jeweils das u zum v steht - natürlich jeweils mit Beweis!

v besteht nur aus Einsen. Die Anzahl der 1en ist die unäre Darstellung (Strichcodierung) der Binärzahl, die durch u dargestellt wird.

Das kürzeste Wort, das erzeugt werden kann, ist 1$1.
Der weitere Beweis erfolgt mittels vollständiger Induktion über die Anzahl der Anwendung der 1. Regel:

$i = 1$:

Wird zuerst einmal die erste Regel angewendet, entsteht SA. Wendet man danach Regel 2 an, resultiert 1\$1A. Hier kann nur mit Regel 3 weitergearbeitet werden: 1\$A11. Nun gibt es zwei Möglichkeiten das Wort abzuschließen: entweder 10\$11 oder 11\$111.

Sei nun für $i = n$ gezeigt, dass $u_{(2)} = v_{(1)} = 1^{2^n}$.

$n \to n + 1$:

Es wird einmal mehr die erste Regel angewendet, somit entsteht $u\$vA$, wobei $u\$v$ das für $i = n$ erzeugte Wort ist.

Nun muss die 3. Regel wiederholt angewendet werden, damit \$A auftritt. Dabei entstehen genau doppelt so viele 1en, also $1^{2^n} 1^{2^n} = 1^{2^{(n+1)}}$. Egal ob das Wort mit Regel 4 oder 5 abgeschlossen wird, wird auf der linken Seite ein Zeichen erzeugt. D. h. mit u wird ein Linksshift um eine Stelle durchgeführt. Das entspricht dem Verdoppeln der Binärzahl. Wird mit Regel 4 abgeschlossen, entsteht $u0\$1^{2^{(n+1)}}$ und die Aussage ist wahr. Im anderen Fall wird durch 1\$1 zu u 1 dazu addiert, aber gleichzeitig wird auch auf der rechten Seite genau eine zusätzliche 1 erzeugt: $u1\$1$ $1^{2^{(n+1)}}$. Auch in diesem Fall stimmt die Behauptung und damit ist die Aussage bewiesen.

Aufgabe 3

Postsches Korrespondenzproblem

Welche der folgenden Fälle des Postschen Korrespondenzproblems haben eine Lösung, welche nicht? Man gebe entweder eine Lösung oder eine Begründung für die Nichtlösbarkeit an.

(i)   (aa, aab), (bb, ba), (abb, b)
(ii)   (aaa, aa), (aaaa, aaa)
(iii)   (a, aaa), (abaaa, ab), (ab, b)
(iv)   (ab, aba), (ba, aa), (abab,baa)

(i) Das Problem besitzt die Lösung $(1, 2, 1, 3)$, denn es ist
$x_1 x_2 x_1 x_3 = aa|bb|aa|abb = aab|ba|aab|b = y_1 y_2 y_1 y_3$.

(ii) Das Problem ist nicht lösbar, da $|x_i| = |y_i| + 1$ für $i = 1, 2$. Es ist also nicht möglich, eine Kette aus x_i zu konstruieren, die gleich lang ist wie die entsprechende Kette aus y_i.

(iii) Eine mögliche Lösung ist die Folge $(2, 1, 1, 3)$, denn es ist
$x_2 x_1 x_1 x_3 = abaaa|a|a|ab = ab|aaa|aaa|b = y_2 y_1 y_1 y_3$.

(iv) Dieses Problem ist ebenfalls unlösbar, denn damit x_{i_1} und y_{i_1} zumindest im ersten Zeichen übereinstimmen, kann die Lösung weder mit $i = 2$ noch $i = 3$ beginnen. Wird deshalb mit $i = 1$ begonnen, entsteht $x_1 = ab$ und $y_1 = aba$. Das nächste Folgenglied muss also in x mit a beginnen. Dies kann nur durch $x_1 x_1 = abab$ bzw. $x_1 x_3 = ababab$ geschehen. Die entsprechenden y-Folgen wären: $y_1 y_1 = abaaba$ bzw. $y_1 y_3 = ababaa$. Diese stimmen im vierten bzw. sechsten Zeichen nicht mehr mit der x-Folge überein und somit ist das Problem nicht lösbar.

Frühjahr 02 - Thema 2

Aufgabe 1

Sei L die Sprache aller Wörter über dem Zeichenvorrat $\{a, b\}$, die doppelt so viele Vorkommen von 'a' wie von 'b' enthalten. Beweisen Sie oder widerlegen Sie:

kontext-sensitive, kontext-freie, reguläre Sprache

(i) L ist kontextsensitiv.

(ii) L ist kontextfrei.

(iii) L ist regulär.

(i) $G = (\{S, A, B\}, \{a, b\}, P, S)$, wobei

$$P = \{S \quad \rightarrow AABS|\varepsilon$$
$$AB \quad \rightarrow BA$$
$$BA \quad \rightarrow AB$$
$$A \quad \rightarrow a$$
$$B \quad \rightarrow b\}$$

L wird von dieser kontextsensitiven Grammatik erzeugt, denn die erste Regel stellt sicher, dass es doppelt so viele A wie B gibt und diese können dann beliebig permutiert werden.

(ii) Für diese Sprache lässt sich auch eine kontextfreie Grammatik G angeben mit $G = (\{S\}, \{a, b\}, P, S)$, wobei $P = \{S \rightarrow SaSaSbS|SaSbSaS|SbSaSaS|\varepsilon\}$

(iii) L ist nicht regulär. Nachweis mittels Pumping-Lemma:

Um beim Aufpumpen die Eigenschaft zu wahren, dass $|w|_a = 2|w|_b$ ist, muss gelten $|v|_a = 2|v|_b$.

Es sei nun n die Pumping-Zahl und $x = a^{2n}b^n \in L$.

Weil das Pumping-Lemma fordert, dass $|uv| \leq n$ ist, besteht v nur aus a. Damit lässt sich für x keine Zerlegung finden, die das Pumping-Lemma erfüllt.

Aufgabe 2

NEA,
DEA,
regulärer
Ausdruck
Konstruieren Sie einen vollständigen deterministischen erkennenden Automaten, der genau die durch den regulären Ausdruck $ab^*|(ac)^*$ gegebene Sprache über dem Zeichenvorrat $\{a, b, c\}$ akzeptiert!

Zuerst wird der nichtdeterministische Automat erstellt:

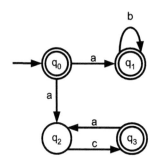

	q_0	q_1	q_2	q_3
a	$\{q_1, q_2\}$	$\emptyset$	$\emptyset$	$\{q_2\}$
b	$\emptyset$	$\{q_1\}$	$\emptyset$	$\emptyset$
c	$\emptyset$	$\emptyset$	$\{q_3\}$	$\emptyset$

$$M = (\{q_0, q_1, q_2, q_3\}, \{a, b, c\}, \delta, q_0, \{q_0, q_1, q_3\})$$

Dann wird der Potenzmengenalgorithmus angewendet:
Initialisierung: $Z = \{\{q_0\}\}$, $Z_H = \{\{q_0\}\}$

Zustandsübergänge	Zustandsmenge	Hilfsmenge
$\delta(\{q_0\}, a) = \{q_1, q_2\}$,	$Z = \{\{q_0\}, \{q_1, q_2\}\}$	$Z_H = \{\{q_1, q_2\}\}$
$\delta(\{q_1, q_2\}, b) = \{q_1\}$,	$Z = \{\{q_0\}, \{q_1, q_2\}, \{q_1\}, \{q_3\}\}$	$Z_H = \{\{q_1\}, \{q_3\}\}$
$\delta(\{q_1, q_2\}, c) = \{q_3\}$		
$\delta(\{q_1\}, b) = \{q_1\}$	$Z = \{\{q_0\}, \{q_1, q_2\}, \{q_1\}, \{q_3\}\}$	$Z_H = \{\{q_3\}\}$
$\delta(\{q_3\}, a) = \{q_2\}$	$Z = \{\{q_0\}, \{q_1, q_2\}, \{q_1\}, \{q_2\}, \{q_3\}\}$	$Z_H = \{\{q_2\}\}$
$\delta(\{q_2\}, c) = \{q_3\}$	$Z = \{\{q_0\}, \{q_1, q_2\}, \{q_1\}, \{q_2\}, \{q_3\}\}$	$Z_H = \emptyset$

Alle nicht aufgeführten Zustände führen in den Fehlerzustand F,
d. h. $Z = \{\{q_0\}, \{q_1, q_2\}, \{q_1\}, \{q_2\}, \{q_3\}, F\}$.
Endzustände sind $\{q_0\}$, $\{q_1, q_2\}$, $\{q_1\}$ und $\{q_3\}$.

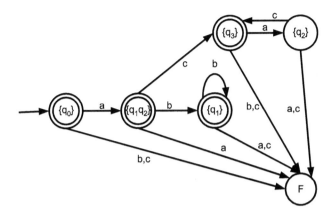

Aufgabe 3

Zeigen Sie die Äquivalenz der beiden regulären Ausdrücke

- $b|a(ba)^*bb$
- $(ab)^*b$

vollständige Induktion, regulärer Ausdruck

Es wird der zweite Ausdruck betrachtet, $\alpha_1 = (ab)^n b$ mit $n \in \mathbb{N}_0$:
Für $n = 0$ ist $(ab)^0 b = b$ und dies entspricht dem anderen Ausdruck
$\alpha_2 = b|a(ba)^m bb$ für den 1. Fall, so dass $\alpha_2 = b$.
Für $n = 1$ ist $\alpha_1 = abb = a(ba)^0 bb = \alpha_2$ für $m = n - 1 = 0$.
Sei für n gezeigt, dass $(ab)^n b = ab(ab)^{n-1} b = a(ba)^{n-1} bb$.
Für $n + 1$ gilt: $(ab)^{n+1} b = ab(ab)^n b = aba(ba)^{n-1} bb = a(ba)^n bb$
Somit ist die Äquivalenz der beiden Ausdrücke bewiesen.

Aufgabe 4

Beweisen Sie: Ist $f : \mathbb{N}^2 \to \mathbb{N}$ primitiv rekursiv, so ist auch $g : \mathbb{N} \to \mathbb{N}$ mit

$$g(n) = \sum_{i=1}^{n} f(i, n)$$

primitiv rekursiv.

primitiv rekursiv

Die Addition $add(x, y)$ sowie die Nachfolgerfunktion $succ(n)$ sind primitiv rekursiv
(s. [DUD]).

Wir betrachten die Funktion $sumbis(n, f(i, n)) = \sum_{i=1}^{n} f(i, n)$, von der wir jetzt
zeigen, dass sie primitiv rekursiv ist.

$$sumbis(succ(n), f(i, succ(n))) =$$
$$= add(sumbis(n, f(i, succ(n))), f(succ(n), succ(n)))$$

Da laut Aufgabenstellung $f(m, n)$ primitiv rekursiv ist, ist auch $g(n)$ als Kombination primitiv rekursiver Funktionen selbst primitiv rekursiv.

Aufgabe 5

entscheid-
bar,
Turing-
maschine
Zeigen Sie, dass die Präfixrelation
$(\text{präfix}(u, v) :\leftrightarrow \exists w \in \{a, b\}^* : uw = v)\, auf\, \{a, b\}^*$ entscheidbar ist.

Die Entscheidbarkeit der Präfix-Relation ist gleichbedeutend damit, dass es eine terminierende Turingmaschine für die Präfix-Relation gibt, unter deren Schreib-/Lesekopf am Ende entweder 0 (d. h. $w \notin L$) bzw. 1 (d. h. $w \in L$) steht.
Die Eingabe steht zu Beginn folgendermaßen auf dem Band: $\#u\#v\#$ und der Kopf sei ganz links.

$M = (Z, \{a, b\}, \{a, b, \$\, \#\}, \delta, Z_0, \#, \{Z_+\}),\ Z = \{Z_0, Z_1, Z_2, Z_3, Z_4, Z_5, Z_6, Z_F\}$

δ	Start	suche a	suche b	prüfe a	prüfe b	laufe zurück	
	Z_0	Z_1	Z_2	Z_3	Z_4	Z_5	Z_6
a	$(Z_1, \$, R)$	(Z_1, a, R)	(Z_2, a, R)	$(Z_5, \$, L)$	$(Z_F, 0, N)$		(Z_6, a, L)
b	$(Z_2, \$, R)$	(Z_1, b, R)	(Z_2, b, R)	$(Z_F, 0, N)$	$(Z_5, \$, L)$		(Z_6, b, L)
$\#$	$(Z_F, 1, N)$	$(Z_3, \#, R)$	$(Z_4, \#, R)$	$(Z_F, 0, N)$	$(Z_F, 0, N)$	$(Z_6, \#, L)$	
$\$$				$(Z_3, \$, R)$	$(Z_4, \$, R)$	$(Z_5, \$, L)$	$(Z_0, \$, R)$

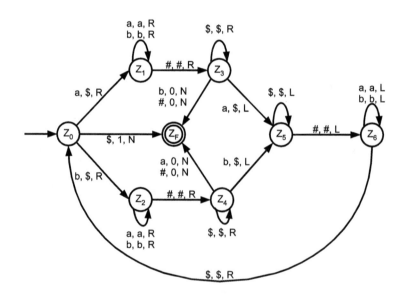

Aufgabe 6

Seien paarcod : $\mathbb{N}^2 \to \mathbb{N}$; $q_1, q_2 : \mathbb{N} \to \mathbb{N}$ gegebene primitiv rekursive Funktionen mit paarcod(x,y) $= z \leftrightarrow q_1(z) = x$; $q_2(z) = y$ für alle x, y, z.

primitiv rekursiv, bijektive Funktion, Kelleropera-tion, Paarungs-funktion

a) Zeigen Sie, dass die durch ($x \in \mathbb{N}, y \in \mathbb{N}^*, \varepsilon$ leere Folge)

- $c : \mathbb{N}^* \to \mathbb{N}, c(\varepsilon) = 0, c(\langle x \rangle \circ y) = $ paarcod(x,c(y)) $+ 1$

gegebene Funktion c bijektiv ist.

b) Für Zahlenfolgen $\langle y_1, ..., y_k \rangle$ und Zahlen x seien die Kelleroperationen Push, Top, Rest, Leer charakterisiert durch:

- Push$(x, \langle y_1, ..., y_k \rangle) = \langle x, y_1, ..., y_k \rangle$
- Top$(\langle y_1, ..., y_k \rangle) = y_1$
- Rest$(\langle y_1, ..., y_k \rangle) = \langle y_2, ..., y_k \rangle$
- Leer$(\langle y_1, ..., y_k \rangle) = if\ k = 0$ then true else false

Beschreiben Sie primitiv rekursive Funktionen push, top, rest, leer, die entsprechende Operationen auf den Codewerten c(y) von Zahlenfolgen y ausführen.

a) Prinzipiell ist die Paarungsfunktion *paarcod* nur für zwei Parameter definiert, kann aber auf ein n-Tupel erweitert werden. Die Funktion c ist diese Erweiterung auf beliebig viele Eingabeparameter, also Werten aus N^*. Dabei wird die Paarungsfunktion mehrfach hintereinander angewendet: zuerst auf die letzten beiden Werte, dann auf dieses Ergebnis +1 und den drittletzten Wert, danach wiederum auf das Ergebnis +1 der letzten Rechnung und den nächsten Wert usw.

Die Funktion *paarcod* ist bijektiv, da q_1 und q_2 zusammen die Umkehrfunktion zu *paarcod* bilden und diese bekanntlich nur für bijektive Funktionen existiert.

Um zu zeigen, dass c bijektiv ist, muss gezeigt werden, dass c sowohl injektiv als auch surjektiv ist. c ist injektiv, da es aus der bijektiven, also insbesondere injektiven Funktion *paarcod* besteht und auch die Addition von 1 nichts an dieser Eindeutigkeit ändert. *paarcod* ist somit als Konkatenation zweier injektiver Funktionen bijektiv.

Der Wertebereich von *paarcod* ist laut Aufgabenstellung gleich $\mathbb{N}$ und da $c(\varepsilon) = 0$ und $c(x) \geq 1$ für $x \neq \varepsilon$ gilt, ist der Wertebereich von c ebenfalls ganz $\mathbb{N}$. Damit ist c surjektiv, also auch bijektiv. Bijektive Funktionen besitzen eine eindeutige Umkehrfunktion, die in diesem Fall lautet:
$c^{-1}(z) = (q_1(z-1) \circ q_2(c^{-1}(z-1)))$ und $c^{-1}(0) = \varepsilon$

b) $push(x, y) = paarcod(x, c(y)) + 1$
$top(y) = q_1(y - 1)$
$rest(y) = q_2(y - 1)$
Sei $sub(n, m)$ die in Frühjahr 2001 Thema 1 Aufgabe 3a) (*siehe Seite 5*) als ⌐

primitiv rekursiv gezeigte modifizierte Subtraktion, dann gilt
$leer(y) = sub(1, c(y))$.

Aufgabe 7

a) Beweisen Sie: $(A \to B) \to (\neg B \to \neg A)$ ist eine Tautologie.

b) Folgt aus $\{(A \to B), \neg A\}, \{(\neg A \vee B), \neg A\}$ die Formel $\neg B$?

c) Formalisieren Sie aussagenlogisch die folgenden beiden Aussagen und zeigen Sie ihre Äquivalenz:

  • „Wenn das Kind durstig oder hungrig ist und wir den Koch erreichen, so rufen wir ihn."
  • „Wenn das Kind durstig ist, so rufen wir den Koch, falls wir ihn erreichen, und, wenn wir den Koch erreichen, so rufen wir ihn, wenn das Kind hungrig ist."

Bemerkung: Da diese Thematik nicht eindeutig einem der großen Kapitel zuzuordnen ist, ist sie dort eingeordnet, wo sie auch in den Aufgabenstellungen zu finden ist. Als begleitende Literatur hierzu ist empfehlenswert [LOG].

a) *Anmerkung zur Lösung: $C \to D$ ist aussagenlogisch äquivalent zu $\neg C \vee D$.*

$$
\begin{aligned}
(A \to B) \to (\neg B \to \neg A) &\Leftrightarrow \neg(\neg A \vee B) \vee (\neg\neg B \vee \neg A) \\
&\Leftrightarrow (\neg\neg A \wedge \neg B) \vee (B \vee \neg A) \\
&\Leftrightarrow ((A \wedge \neg B) \vee B) \vee ((A \wedge \neg B) \vee \neg A) \\
&\Leftrightarrow ((A \vee B) \wedge (\neg B \vee B)) \vee ((A \vee \neg A) \wedge (A \vee \neg B)) \\
&\Leftrightarrow (A \vee B) \vee (A \vee \neg B) \\
&\Leftrightarrow wahr
\end{aligned}
$$

Die Formel ist also für alle Besetzungen von A und B wahr und stellt damit eine Tautologie dar.

Bereits nach dem ersten Umformungsschritt könnte auch wie folgt argumentiert werden:

$$
\begin{aligned}
(A \to B) \to (\neg B \to \neg A) &\Leftrightarrow \neg(\neg A \vee B) \vee (\neg\neg B \vee \neg A) \\
&\Leftrightarrow \neg(\neg A \vee B) \vee (\neg A \vee B) \\
&\Leftrightarrow \neg C \vee C \\
&\Leftrightarrow wahr
\end{aligned}
$$

Ein weiterer Lösungsansatz besteht darin, mit Hilfe eines Unerfüllbarkeitstests (s. Kapitel „Resolution" in [LOG]) vorzugehen. Hierzu muss die Unerfüllbarkeit der Formel $\neg((A \to B) \to (\neg B \to \neg A))$ gezeigt werden.

Hierzu muss zuerst die Formel in die *konjunktive Normalform* gebracht, also Konjunktion von Disjunktionen von Literalen dargestellt werden:

$$\neg((A \to B) \to (\neg B \to \neg A)) \neg(\neg(A \to B) \lor (\neg B \to \neg A))$$
$$(A \to B) \land \neg(\neg B \to \neg A))$$
$$(\neg A \lor B) \land \neg(B \lor \neg A)$$
$$(\neg A \lor B) \land \neg B \land A)$$

Jetzt kann man diese Formel umschreiben als Formelmenge $\{\{\neg A, B\}, \{\neg B\}, \{A\}\}$, deren Einträge auch als *Klauseln* bezeichnet werden. Mit Hilfe von Klausel 1 und Klausel 2 lässt sich die Klausel $\{\neg A\}$ ableiten. Diese ergibt mit Klausel 3 die Klausel $\{\}$, was gleichbedeutend damit ist, dass die negierte ursprüngliche Formel unerfüllbar ist. Dies ist wiederum äquivalent dazu, dass die Formel selbst eine Tautologie darstellt.

b) Um zu zeigen, dass eine Formel G aus einer gegebenen Formelmenge $\{F_1, F_2, F_3, ..., F_n\}$ folgt, kann man gleichwertig nachweisen, dass $F_1 \land F_2 \land F_3 \land ... \land F_n \land G$ unerfüllbar ist. Deshalb betrachten wir hier nun $\{(A \to B), \neg A\} = \{(\neg A \lor B), \neg A\}$ als die gegebene Formelmenge. $\neg(\neg B) = B$ kommt als zusätzliche Klausel hinzu. Insgesamt ergibt sich also $\{(\neg A \lor B), \neg A, B\} = \{\{\neg A, B\}, \neg A, B\}$ als zu untersuchende Menge von Klauseln. Da kein Literal gleichzeitig mit seiner Negation in dieser Menge enthalten ist, ist $\{\{\neg A, B\}, \neg A, B\}$ unerfüllbar und es folgt, dass $\neg B$ nicht aus $\{(A \to B), \neg A\}$ gefolgert werden kann.

c) $D = $ durstig $\quad H = $ hungrig $\quad E = $ erreichbar $\quad R = $ rufen

Die erste Aussage lautet: $(D \lor H) \land E \to R$
Die zweite Aussage lautet: $((D \land E) \to R) \lor ((E \land H) \to R)$

Zeigen der Äquivalenz:

$$(D \lor H) \land E \to R \Leftrightarrow \neg((D \lor H) \land E) \lor R$$
$$\Leftrightarrow \neg(D \lor H) \lor \neg E \lor R$$
$$\Leftrightarrow (\neg D \land \neg H) \lor \neg E \lor R$$
$$\Leftrightarrow (\neg D \lor \neg E) \land (\neg E \lor \neg H) \lor R$$
$$\Leftrightarrow \neg(D \land E) \land \neg(E \land H) \lor R$$
$$\Leftrightarrow (\neg(D \land E) \lor R) \land (\neg(E \land H) \lor R)$$
$$\Leftrightarrow ((D \land E) \to R) \lor ((E \land H) \to R)$$

Herbst 02 - Thema 1

Aufgabe 1

NEA,
DEA,
Minimali-
sierung,
rechts-
lineare
Gramma-
tik,
regulärer
Ausdruck

Gegeben ist ein endlicher Automat A mit Zustandsmenge
$S = \{S_0, S_1, S_2, S_3, S_4, S_5\}$, Alphabet $\Sigma = \{0, 1\}$, Anfangszustand S_0 , Endzuständen $\{S_4, S_5\}$ und der folgenden Zustandsübergangsfunktion:

$$\delta(S_0, 0) = S_1, \delta(S_0, 1) = S_2, \delta(S_1, 0) = S_4, \delta(S_1, 1) = S_5, \delta(S_2, 0) = S_0, \delta(S_2, 1) = S_0$$
$$\delta(S_3, 0) = S_5, \delta(S_3, 1) = S_4, \delta(S_4, 0) = S_3, \delta(S_4, 1) = S_5, \delta(S_5, 0) = S_3, \delta(S_5, 1) = S_4$$

a) Zeichnen Sie das Zustandsdiagramm des Automaten! Ist der Automat deterministisch?

b) Welche Zustände sind äquivalent (mit Begründung)?

c) Konstruieren Sie einen zu A äquivalenten, minimalen deterministischen Automaten.

d) Geben Sie eine rechtslineare Grammatik an, die die Sprache L(A) (von A) erzeugt.

e) Geben Sie einen regulären Ausdruck mit der Sprache L(A) an!

a)

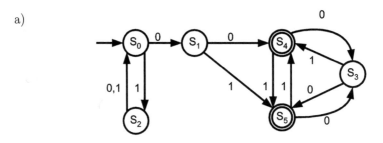

Ja, der Automat ist deterministisch, da von keinem Zustand aus mit dem selben Eingabezeichen in mehrere verschiedene Folgezustände übergegangen werden kann.

b)

$\{S_0\}$	$*^1$				
$\{S_1\}$	$*^1$	$*^2$			
$\{S_2\}$	$*^1$	$*^2$	$*^2$		
$\{S_3\}$	$*^1$	$*^2$		$*^2$	
$\{S_4\}$		$*^1$	$*^1$	$*^1$	$*^1$
	$\{S_5\}$	$\{S_0\}$	$\{S_1\}$	$\{S_2\}$	$\{S_3\}$

Die Zustände S_1 und S_3 sowie S_4 und S_5 sind jeweils äquivalent zueinander und können somit jeweils zusammengefasst werden:

Bemerkung: Argumentativ erhält man die Äquivalenz von S_4 und S_5 auch dadurch, dass man die Nachfolger dieser Zustände bei jeweils gleichem Symbol *betrachtet: beide haben bei 0 den Nachfolger S_3, während bei 1 S_5 Nachfolger von S_4 ist und umgekehrt. Anschließend lässt sich die Äquivalenz von S_1 und S_3 daraus folgern, dass beide bei 0 und bei 1 jetzt als Nachfolger den Zustand S_{45} besitzen.*

c)

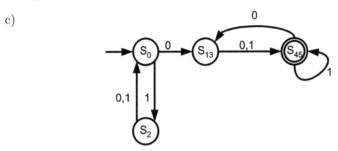

d) $G = (\{S, A, B, C\}, \{0, 1\}, P, S)$, wobei

$$P = \{S \quad \to 0A|1B$$
$$A \quad \to 0C|1C$$
$$B \quad \to 0S|1S$$
$$C \quad \to 0A|1C\}$$

e) $(1(0|1))^{*}0(0|1)(1|0(0|1))^{*}$

Aufgabe 2

Gegeben sei das Alphabet $\Sigma = \{a, b\}$ und die Sprache $L = \{w \in \Sigma^{*}|w$ enthält gleich viele a wie $b\}$

a) Geben Sie eine mehrdeutige, kontextfreie Grammatik G an, die die Sprache L erzeugt!

b) Geben Sie für die Worte *baab* und *abab* jeweils einen Ableitungsbaum an!

c) Zeigen Sie, dass die Grammatik G nicht eindeutig (ambig) ist!

d) Gesucht ist eine eindeutige Grammatik G', die dieselbe Sprache wie G hat! Vervollständigen Sie dazu den folgenden Ansatz durch Hinzunahme von <u>fünf</u> weiteren Produktionsregeln.
$G' = (\{S, A, B\}, \Sigma, P', S)$ wobei $P' = \{S \to aB, S \to bA, S \to bAS, ...\}$

kontext-freie, mehrdeu-tige Gramma-tik, Ableitungs-baum, Produk-tionsregel

a) $G = (\{S\}, \{a, b\}, P, S)$, wobei

$$P = \{S \quad \to \varepsilon|SaSbS|SbSaS\}$$

b)

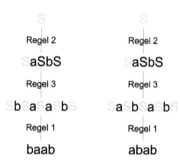

Regel 2

aSbS

Regel 3

b a a b

Regel 1

baab

Regel 2

aSbS

Regel 3

a b a b

Regel 1

abab

Anmerkung: In den Ableitungsbäumen sind jeweils die Stellen, an denen im nächsten Schritt eine Regel angewendet wird, grau gekennzeichnet.

c)

Regel 3

SbSa

Regel 2

b a a b

Regel 1

baab

Das Wort *baab* besitzt also zwei verschiedene Ableitungsbäume, die Grammatik ist somit nicht eindeutig.

d) $G' = (\{S, A, B\}, \{0, 1\}, P', S)$, wobei

$$P' = \{S \quad \to aB|bA|aBS|bAS$$
$$A \quad \to a|Sa$$
$$B \quad \to b|Sb\}$$

Hiermit werden zwar genau die verlangten <u>fünf</u> Produktionsregeln hinzugefügt, aber das leere Wort, das laut Definition zur Sprache gehört, wäre durch diese Grammatik nicht erreichbar. Ändert man dies durch eine zusätzliche Regel, können zwei andere entfallen, so dass man nur noch vier Regeln hinzugefügt hätte (außer man lässt eine der beiden Regeln einfach stehen):
$G' = (\{S, A, B\}, \{0, 1\}, P', S)$, wobei

$$P' = \{S \quad \to aB|bA|aBS|bAS|\varepsilon$$
$$A \quad \to Sa$$
$$B \quad \to Sb\}$$

Herbst 02 - Thema 2

Aufgabe 1

Gegeben sei folgende Grammatik G über dem Alphabet $\Sigma = \{a, b, <, >\}$

$S \to\ < R >$	$R \to\ < R >$	$U \to BU$	$B \to a$
$R \to T$	$T \to aU$	$U \to B$	$B \to b$

$L(G)$ beschreibt die bezüglich einer Klammer korrekt geschachtelten Wörter!

a) Geben Sie die von G erzeugte Sprache $L(G)$ als Teilmenge von Σ^* an!

b) Geben Sie einen geeigneten, möglichst einfachen Automaten an, der diese Sprache $L(G)$ akzeptiert!

c) G_1 sei die Teilgrammatik aus G mit dem Startsymbol T. Beschreiben Sie die zu $L(G_1)$ gehörenden Wörter durch einen regulären Ausdruck.

d) Ändern Sie die Sprache, so dass Wörter die bezüglich zweier verschiedener Klammern $< a <> a >$ und $< b <> b >$ korrekt geschachtelt sind, akzeptiert werden! Geben Sie eine kontextfreie Grammatik G_2 an!

e) Erweitern Sie den Automaten aus b), so dass die Schachtelung mit allgemeinen Klammern $< w <> w >$ endlicher Länge k d. h. $|w| < k$, analysiert werden kann. Dabei ist $w \in L(G_1)$. Es soll also die öffnende und die schließende Klammer durch dasselbe Wort markiert werden!

f) Können Sie eine kontextfreie Grammatik angeben, die Klammern beliebiger Länge erlaubt? Wie sehen öffnende und schließende Klammern aus?

LBA, Keller-automat, Sprache, kontextfreie Gramma-tik, regulärer Ausdruck

a) $<^n a(a|b)^+ >^n$ mit $n \geq 1$

b) Die Grammatik ist kontextfrei, da auf der linken Seite nur einzelne Terminalzeichen stehen. Sie ist allerdings wegen der ersten und dritten Regel nicht regulär. Da diese Regeln nicht in reguläre Regeln umgewandelt werden können, gibt es für diese Sprache keinen endlichen Automaten, sondern maximal einen Kellerautomaten.

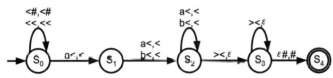

$M = (Z, \Sigma, \Gamma, \delta, S, \#)$
$Z = \{S_0, S_1, S_2, S_3, S_4\}$
$\Gamma = \{<, \#\}$

Die Zustandsübergangsfunktion sieht folgendermaßen aus:

	Parameter			Funktionswert	
Zustand	Eingabe	Keller	Zustand	Keller
S_0	<	#	S_0	<#
S_0	<	<	S_0	<<
S_0	a	<	S_1	<
S_1	a	<	S_2	<
S_1	b	<	S_2	<
S_2	a	<	S_2	<
S_2	b	<	S_2	<
S_2	>	<	S_3	ε
S_3	>	<	S_3	ε
S_3	ε	#	S_4	#

Je nachdem wie die Angabe „möglichst einfacher Automat" zu verstehen ist, kann auch ein linear beschränkter Automat gebaut werden:

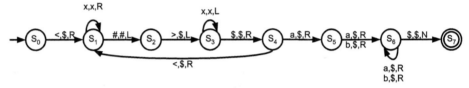

$M = (Z, \Sigma, \Gamma, \delta, S_0, \#, \{S_7\})$
$Z = \{S_0, S_1, S_2, S_3, S_4, S_5, S_6, S_7\}$
$\Gamma = \{a, b, <, >, \$ \}$

Als Begrenzungszeichen des Wortes wird # verwendet.

	S_0	S_1	S_2	S_3	S_4	S_5	S_6
<	$(S_1, \$, R)$	$(S_1, <, R)$		$(S_3, <, L)$	$(S_1, \$, R)$		
>		$(S_1, >, R)$	$(S_3, \$, L)$	$(S_3, >, L)$			
a		(S_1, a, R)		(S_3, a, L)	$(S_5, \$, R)$	$(S_6, \$, R)$	$(S_6, \$, R)$
b		(S_1, b, R)		(S_3, b, L)		$(S_6, \$, R)$	$(S_6, \$, R)$
\$		$(S_2, \$, L)$		$(S_4, \$, R)$			$(S_7, \$, N)$
#		$(S_2, \#, L)$					

c) $a(a|b)^+$

d) Es werden nur die Regeln mit den Klammern abgeändert:

$$S \ \to \ <a<R>a> \ | \ <b<R>b>$$
$$R \ \to \ <a<R>a> \ | \ <b<R>b>$$

e) Wenn in der vorderen und hinteren Klammer dasselbe Wort stehen soll, handelt es sich hier um eine Abwandlung der Copy-Sprache. Diese ist bekanntlich kontextsensitiv und damit nur von einem LBA erkennbar. Folglich kann der Kellerautomat aus Aufgabe b) nicht abgewandelt werden. Es muss hier mit dem LBA weitergearbeitet werden:

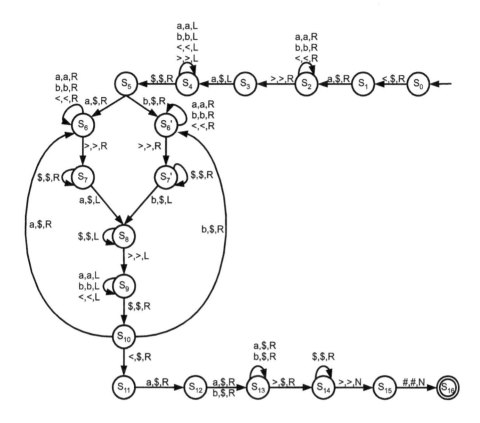

f) Anstatt innerhalb der Klammern das gleiche Wort zu verwenden, kann für die schließende Klammer auch das gespiegelte Wort verwendet werden. Zu der öffnenden Klammer $< w >$ gehört die schließende Klammer $< w^R >$. Damit reduziert sich das Erkennen der Klammern auf die Spiegelwort-Sprache und innerhalb der Klammern können beliebige Ausdrücke aus G_1 stehen. Es können hier beliebig viele Klammerpaare ineinander geschachtelt werden.

$$S \quad \to \; < R >$$
$$R \quad \to aRa | bRb | T$$
$$T \quad \to \; > U <$$
$$U \quad \to \; < R > | aA$$
$$A \quad \to aA | bA | a | b$$

Frühjahr 03 - Thema 1

Aufgabe 1

Beweisen Sie: $L((\alpha\beta)^*\alpha) = L(\alpha(\beta\alpha)^*)$ für beliebige reguläre Ausdrücke α, β!

$L((\alpha\beta)^*\alpha) = \{(\alpha\beta)^n\alpha \mid n \in \mathbb{N}_0\}$ sowie $L(\alpha(\beta\alpha)^*) = \{\alpha(\beta\alpha)^n \mid n \in \mathbb{N}_0\}$
Beweis mittels vollständiger Induktion:

Induktionsverankerung: $n = 0$
$(\alpha\beta)^0\alpha = \alpha = \alpha(\beta\alpha)^0$

Induktionsannahme: Es sei bereits gezeigt, dass $(\alpha\beta)^n\alpha = \alpha(\beta\alpha)^n$

Induktionsschritt: $n \to n + 1$
$(\alpha\beta)^{n+1}\alpha = (\alpha\beta)(\alpha\beta)^n\alpha \stackrel{I.A.}{=} (\alpha\beta)\alpha(\beta\alpha)^n = \alpha(\beta\alpha)(\beta\alpha)^n = \alpha(\beta\alpha)^{n+1}$

Aufgabe 2

Betrachten Sie folgende kontextfreie Grammatik G:
$S \to AB|AaBb$
$A \to aaA|\varepsilon$
$B \to bbB|\varepsilon$

a) Bestimmen Sie die durch G erzeugte Sprache!

b) Ist $L(G)$ regulär? (Begründung!)

a) $L(G) = \{a^{2n}b^{2m}, a^{2n+1}b^{2m+1} \mid n, m \in \mathbb{N}_0\}$
Nach Anwendung der ersten Regel können nur noch die Regeln 3 bis 6 angewendet werden, die Worte der Form $L(G) = a^{2n}b^{2m}$ mit $n, m \in \mathbb{N}_0$ erzeugen.
Bei Anwendung der Regel 2 wird sowohl ein a als auch ein b geschrieben und
dann können wieder nur noch die Regeln 3 bis 6 verwendet werden, die
jeweils gerade Buchstabenanzahlen hinzufügen. Dies führt zu den Worten
$a^{2n+1}b^{2m+1}$ mit $n, m \in \mathbb{N}_0$.

b) Ja, denn $L(G)$ kann auch mit dem regulären Ausdruck
$(aa)^*(bb)^*|(aa)^*a(bb)^*b$ beschrieben werden.

Aufgabe 3

Ist die Menge der durch 7 teilbaren natürlichen Zahlen (jeweils mit Begründung)

a) entscheidbar?
b) semi-entscheidbar?
c) primitiv-rekursiv?
d) regulär?
e) rekursiv aufzählbar?

regulär, (semi-)ent- scheidbar, primitiv rekursiv, rekursiv aufzählbar

a) Ja, die Menge ist entscheidbar. Man kann eine TM konstruieren, die die unäre Darstellung der Zahl auf dem Band als Eingabe hat. Nun werden immer 7 Striche in einem Durchgang gelöscht, so lange, bis das Band leer ist. Ist das Ende der Eingabe genau dann erreicht, wenn ein Vielfaches von 7 Strichen gelöscht wurde, so ist die Zahl durch 7 teilbar. Kann die TM nicht genau 7 Striche in einem Durchgang löschen, so gehört die Zahl nicht zur Menge.

b) Jede entscheidbare Menge ist auch semi-entscheidbar.

c) Im Folgenden werden die als primitiv-rekursiv bekannten Funktionen *add* (*Addition*), *mult* (*Multiplikation*) und *sub* (*modifizierte Subtraktion*) ver- wendet (siehe hierzu auch Frühjahr 2001 Thema 1 Aufgabe 3a) (*siehe Sei- te 5*). Außerdem wird noch *sgn* (die *Signumsfunktion*) benötigt, die wie folgt primitiv-rekursiv dargestellt ist:
$sgn(0) = 0$
$sgn(n + 1) = 1$
Damit ergibt sich nun:
Die Funktion *tb7* lässt sich mit Hilfe dieser Funktionen darstellen und hat für durch 7 teilbare Zahlen das Ergebnis 1 und für alle anderen 0.
$tb7(n) =$
$= add(mult(sgn(sub(n, 7)), tb7(sub(n, 7))), mult(sub(1, sgn(sub(n, 7))), sub(n, 6)))$
Somit ist die Menge der durch 7 teilbaren natürlichen Zahlen primitiv- rekursiv.

d) Die Menge kann mit Hilfe der unären Zahldarstellung durch den regulären Ausdruck $(|||||||)^*$ beschrieben werden, ist also regulär.

e) Hier gibt es zwei Argumentationsmöglichkeiten: einerseits ist eine Sprache genau dann rekursiv aufzählbar, wenn sie semi-entscheidbar ist (s. [THEO] S. 116), andererseits muss es eine totale und berechenbare Funktion geben, die alle Elemente der Menge erzeugt. In diesem Fall lautet die Funktion: $f : \mathbb{N}_0 \to \mathbb{N}_0, \; f(n) = 7 * n$

Aufgabe 5

Zeigen Sie, dass die Teilbarkeitsrelation (x teilt y $\leftrightarrow \exists_z x \cdot z = y$) primitiv-rekursiv ist.

Bemerkung: Es werden hier wieder die modifizierte Subtraktion $sub(a, b) = a \dot{-} b$ *sowie die bereits als primitiv-rekursiv bekannte Signumsfunktion* $sign(x)$ *- s. z. B. Aufgabe 3 - verwendet.*

x teilt y $\leftrightarrow \exists_z x \cdot z = y$

$\chi_{\exists_z x \cdot z = y} = sgn((x \cdot z \dot{-} y) + y \dot{-} (x \cdot z))$ ist als Kombination primitiv-rekursiver Funktionen selbst primitiv-rekursiv, wodurch auch die Teilbarkeitsrelation selbst primitiv-rekursiv ist.

Aufgabe 6

Sei F die Formel $(A \wedge B) \vee (\neg A \wedge C) \to B \vee C$.

a) Ist F eine Tautologie? (Begründung!)

b) Ist F erfüllbar? (Begründung!)

a)
$$((A \wedge B) \vee (\neg A \wedge C)) \to (B \vee C)$$
$$\Leftrightarrow \neg((A \wedge B) \vee (\neg A \wedge C)) \vee (B \vee C)$$
$$\Leftrightarrow (\neg(A \wedge B) \wedge \neg(\neg A \wedge C)) \vee (B \vee C)$$
$$\Leftrightarrow (\neg A \vee \neg B) \wedge (A \vee \neg C)) \vee (B \vee C)$$
$$\Leftrightarrow (\neg A \wedge A) \vee (\neg A \wedge \neg C) \vee (\neg B \wedge A) \vee (\neg B \wedge \neg C) \vee (B \vee C)$$
$$\Leftrightarrow (\neg A \wedge \neg C) \vee (\neg B \wedge A) \vee (\neg B \wedge \neg C) \vee (B \vee C)$$

Um zu prüfen ob F eine Tautologie ist, kann man testen, ob $\neg F$ unerfüllbar ist. Dazu betrachten wir die Klauselmenge zu $\neg F$ (F *ist in disjunktiver Normalform, also* $\neg F$ *in KNF*):
$$\{\{\neg A, \neg C\}, \{A, \neg B\}, \{\neg B, \neg C\}, \{\neg B\}, \{\neg C\}\}$$
Nur aus Klausel 1 und Klausel 2 lässt sich eine Resolution ableiten, diese ist identisch mit Klausel 3. Insbesondere ist also $\{\}$ nicht ableitbar, $\neg F$ somit nicht unerfüllbar und aus diesem Grund F keine Tautologie.

b) Jede Belegung, bei der B oder C wahr ist, erfüllt F.

Aufgabe 7

allgemein-gültig, Prädikaten-logik

Sei F die Formel $\exists_x \forall_y P(x,y) \rightarrow \forall_x \exists_y P(y,x)$.

Ist F allgemeingültig? (Begründung!)

$$\exists_x \forall_y P(x,y) \rightarrow \forall_x \exists_y P(y,x)$$
$$\Leftrightarrow \neg(\exists_x \forall_y P(x,y)) \vee \forall_x \exists_y P(y,x)$$
$$\Leftrightarrow \neg\exists_x \forall_y P(x,y) \vee \forall_x \exists_y P(y,x)$$
$$\Leftrightarrow \forall_x \neg\forall_y P(x,y) \vee \forall_x \exists_y P(y,x)$$
$$\Leftrightarrow \forall_x \exists_y \neg P(x,y) \vee \forall_x \exists_y P(y,x)$$
$$\Leftrightarrow \forall_x (\exists_y \neg P(x,y) \vee \forall_x \exists_y P(y,x))$$
$$\Leftrightarrow \forall_x (\forall_x \exists_y P(y,x) \vee \exists_y \neg P(x,y))$$
$$\Leftrightarrow \forall_x \exists_y (P(y,x) \vee \exists_y \neg P(x,y))$$
$$\Leftrightarrow \forall_x \exists_y (\exists_y \neg P(x,y) \vee P(y,x))$$
$$\Leftrightarrow \forall_x \exists_y (\neg P(x,y) \vee P(y,x))$$

Verwendet man als $P(x,y)$ eine Funktion, die prüft, ob x Teiler von y ist, so steht rechts vom Oderzeichen die Aussage „*y ist Teiler von x*", links dagegen „*x ist nicht Teiler von y*". Es sei nun $(x,y) \in \{((1,2),(1,3)\}$, so ist F nicht erfüllt, denn die Oderaussage ist immer falsch. Somit ist F nicht allgemeingültig.

Frühjahr 03 - Thema 2

Aufgabe 1

Zahldar-stellung

Führen Sie die Subtraktion $342 - 773$ für zwei Darstellungen durch, nämlich zur Basis 8 und 16! D. h. betrachten Sie die beiden Zahlen einmal als Oktalzahlen und einmal als Hexadezimalzahlen und rechnen Sie jeweils das entsprechende Ergebnis aus! Geben Sie neben dem Oktal- bzw. Hexadezimalwert des Ergebnisses auch dessen Dezimalwert an!

Bei der Oktaldarstellung haben die Stellen folgende Wertigkeiten:
$$n = n_k 8^k + n_{k-1} 8^{k-1} + \cdots + n_3 8^3 + n_2 8^2 + n_1 8^1 + n_0 8^0 =$$
$$= n_k 8^k + n_{k-1} 8^{k-1} + \cdots + 512 n_3 + 64 n_2 + 8 n_1 + n_0$$
$$342 = 64 * 5 + 8 * 2 + 6 = 526_8$$
$$173 = 64 * 2 + 8 * 5 + 5 = 255_8$$

```
  526
 -255
 ----
  251
```

Analog gilt für die Hexadezimaldarstellung:

$n = n_k 16^k + n_{k-1} 16^{k-1} + \cdots + n_3 16^3 + n_2 16^2 + n_1 16^1 + n_0 16^0 =$

$= n_k 16^k + n_{k-1} 16^{k-1} + \cdots + 256 n_2 + 16 n_1 + n_0$

$342 = 256 * 1 + 16 * 5 + 6 = 156_{16}$

$173 = 16 * 10 + 13 = AD_{16}$

$$
\begin{array}{r}
1\ 5\ 6 \\
-\quad A\ D \\
\hline
A\ 9
\end{array}
$$

Dezimal lautet das Ergebnis $342 - 173 = 169$.

Aufgabe 4

Chomsky-
Hierarchie
Ordnen Sie die folgenden formalen Sprachen in die Chomsky-Hierarchie ein:

a)   i) $\{a^n | n \geq 0\}$

   ii) $\{a^n b^n | n \geq 0\}$

   iii) $\{a^n b^n c^n | n \geq 0\}$

   iv) $\{a^n b^n c^n d^n | n \geq 0\}$

b) Beweisen Sie Ihre Aussage für ii)! Dazu müssen Sie nachweisen, dass die Sprache in der von Ihnen angegebenen Klasse liegt (etwa durch Angabe einer Grammatik), nicht aber in der nächstkleineren Klasse.

a)   i) Typ-3, regulär

   ii) Typ-2, kontextfrei

   iii) Typ-1, kontextsensitiv

   iv) Typ-1, kontextsensitiv

b) Eine Typ-2-Grammatik für L_{ii} lautet:

$$G = (\{S\}, \{a, b\}, P, S)$$
$$P = \{S \to aSb \mid \varepsilon\}$$

Der Beweis, dass L_{ii} nicht vom Typ-3 ist, erfolgt über das Pumping-Lemma. Angenommen, L_{ii} wäre regulär und n die Pump-Zahl. Dann ließe sich jedes Wort x in uvw zerlegen, so dass $uv^i w \in L_{ii}$. Desweiteren muss gelten $|uv| \leq n$ und $|v| \geq 1$.

Es wird das Wort $x = a^n b^n$ betrachtet. Für die Zerlegung muss nun gelten $uv \subseteq a^n$ also auch $v \subseteq a^n$. O. B. d. A. $v = a$, $u = a^{n-1}$.

$\forall_{i \in \mathbb{N}} uv^i w = a^{n-1} a^i b^n \notin L_{ii}$

Das Pumping-Lemma ist also nicht erfüllt und damit ist L_{ii} nur von Typ-2 und nicht von Typ-3.

Aufgabe 5

N bezeichnet die natürlichen Zahlen.

a) Definieren Sie präzise den Begriff der *Abzählbarkeit* einer Menge und stellen Sie ihn einer präzisen Definition des Begriffs der *rekursiven Aufzählbarkeit* einer Menge gegenüber!

b) Skizzieren Sie den Beweis der Abzählbarkeit der Menge $\mathbb{N}^n$ aller Folgen mit maximal n Elementen (für festes n)!

c) Skizzieren Sie den Beweis der Überabzählbarkeit der Menge $\mathbb{N}^{\mathbb{N}}$ aller unendlichen Folgen.

rekursiv aufzählbar, abzählbar

a) **Definition rekursive Aufzählbarkeit:** (nach [THEO], S. 116)

Eine Sprache $A \subseteq \Sigma^*$ heißt *rekursiv aufzählbar*, falls $A = \emptyset$ oder falls es eine totale und berechenbare Funktion $f : \mathbb{N} \to \Sigma^*$ gibt, so dass

$$A = \{f(0), f(1), f(2), \dots\}$$

Dabei ist $f(i) = f(j)$ zulässig.

Definition Abzählbarkeit: (nach [THEO], S. 117)

Eine Sprache $A \subseteq \Sigma^*$ heißt *abzählbar*, falls $A = \emptyset$ oder falls es eine totale Funktion $f : \mathbb{N} \to \Sigma^*$ gibt, so dass

$$A = \{f(0), f(1), f(2), \dots\}$$

Bei der Abzählbarkeit wird also nicht die Berechenbarkeit der Funktion verlangt.

b) *vgl. Herbst 01 Thema 1 Aufgabe 4 auf Seite 11*

Zuerst wird die Cantorsche Paarungsfunktion definiert:
(siehe http://de.wikipedia.org/wiki/Cantorsche_Paarungsfunktion)

$$paarcode : \mathbb{N}^2 \to \mathbb{N}, \quad paarcode(x, y) = \sum_{i=0}^{x+y} i + y \quad \forall x, y, \in \mathbb{N}_0$$

Damit werden zwei natürliche Zahlen mit den Cantorschen Diagonalisierungsverfahren eindeutig codiert.

Für die Erweiterung auf ein n-Tupel natürlicher Zahlen, wird paarcode rekursiv aufgerufen:

$$code : \mathbb{N}^n \to \mathbb{N}, \quad code(x_1, ..., x_n) = paarcode(x_1, code(x_2, ..., x_n)) + 1$$

wobei $code(x) = x$ gilt, falls $x \in \mathbb{N}_0$.

Für ein n-Tupel terminiert diese Rekursion also nach n Schritten.

c) Wenn jetzt ein unendliches Tupel codiert werden soll, kann diese Rekursion nicht mehr terminieren. In jedem Schritt wird wieder genau eine Stelle codiert, nachdem es aber unendlich viele Stellen sind, benötigt die Funktion unendlich viele Rekursionsaufrufe.

Aufgabe 6

Turing-
Maschine
Ein Turing-Maschinen-Programm ist eine Folge von Quintupeln:

(Zustand, gelesenes Bandsymbol, Folgezustand, geschriebenes Bandsymbol, Kopfbewegungsrichtung)

Geben Sie ein Programm an, das zwei beliebige positive, ganze Zahlen addiert! Sie dürfen sich die Repräsentation der Zahlen und ihre Anordnung auf dem Band aussuchen. Wählen Sie weise: Ihre Wahl bestimmt die Komplexität des Programms erheblich! Beschreiben Sie die von Ihnen gewählte Darstellung und das Programm hinreichend.

Anmerkung: In der Literatur findet sich die Beschreibung einer Turing-Maschine meist als 7-Tupel, denn die Alphabete werden auch mit dazu genommen!

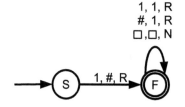

	S	F
1	$(F, \#, R)$	$(F, 1, R)$
#	$\emptyset$	$(F, \#, R)$
□	$\emptyset$	$(F, \square, N)$

$$M = (\{S, F\}, \{1, \#\}, \{1, \#, \square\}, \delta, S, \{F\}, \square)$$

Die Turing-Maschine bekommt als Eingabe die zwei Zahlen in unärer Darstellung, getrennt durch #, also $a\#b$. Der Kopf steht zu Beginn links von der Eingabe. Im ersten Schritt wird die erste 1 gelöscht. Danach wird nach rechts gelaufen, die # wird durch 1 ersetzt und am Ende des zweiten Worts stehen geblieben.

Herbst 03 - Thema 1

Aufgabe 4

NEA,
DEA,
Ableitung
eines
Wortes
Gegeben sei die Grammatik $G = (V, \Sigma P, S)$ mit $V = \{S, A, B\}$ und der Menge P der Produktionen: $S \rightarrow 0|0A|1S|1B$ $A \rightarrow 1|1A$ $B \rightarrow 1S|1B$.
$L(G)$ sei die von G erzeugte Sprache!

a) Beweisen oder widerlegen Sie: $11011 \in L(G)$

b) Beweisen oder widerlegen Sie: $11010 \in L(G)$

c) Konstruieren Sie direkt aus G zunächst einen nichtdeterministischen endlichen Automaten, der die Sprache $L(G)$ akzeptiert, und daraus einen deterministischen endlichen Automaten, der ebenfalls $L(G)$ akzeptiert! *(rechts-)reguläre Grammatik*

d) Beweisen Sie: $L(G) = \bigcup_{m \in \mathbb{N}_0} L(1, m)$

a) $S \to 1B \to 11S \to 110A \to 1101A \to 11011$
   $\Rightarrow 11011 \in L(G)$

b)

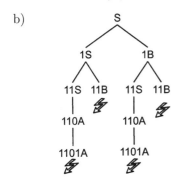

Da die Grammatik rechtsregulär ist, wächst das Wort von links nach rechts, d. h. es muss ein Zeichen nach dem anderen erzeugt werden:

An den markierten Stellen muss nach der Grammatik zwangsläufig eine 1 folgen, obwohl eine 0 benötigt würde. Es gibt für 11010 folglich keinen Ableitungsbaum und damit $11010 \notin L(G)$.

c) nichtdeterministisch:

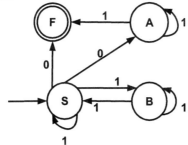

deterministisch:

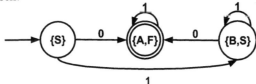

d) $L(G) = \bigcup_{m \in \mathbb{N}_0} L(1, m) \to$ die Sprache enthält also genau die Worte, die genau eine 0 enthalten. Der Automat zeigt, dass **genau eine** 0 in den Worten von L(G) enthalten ist, denn um in den Endzustand zu gelangen muss entweder

der Übergang $(\{S\}, 0) \to \{A, F\}$ oder $(\{B, S\}, 0) \to \{A, F\}$ verwendet werden. Diese beiden Übergänge können nur einmal durchlaufen werden, da von Endzustand kein Übergang zu $\{S\}$ bzw $\{B, S\}$ möglich ist. Jedes Wort muss also zwangsläufig genau eine 0 enthalten und damit ist die Aussage gezeigt.

Aufgabe 5

reguläre
Sprache,
endlicher
Automat

Beweisen Sie:
Für jedes $m \in \mathbb{N}_0$ ist die Sprache $L_m = \bigcup\limits_{n \in \mathbb{N}_0} L(n, m)$ regulär (vom Typ 3).

Die Sprache $L_m = \bigcup\limits_{n \in \mathbb{N}_0} L(n, m)$ enthält genau diejenigen Worte, die genau eine vorgegebene Anzahl von Einsen enthalten. Angelehnt an den Automaten von Teilaufgabe 4c) lässt sich für jedes $m \in \mathbb{N}_0$ in folgender Weise ein endlicher Automat konstruieren, der die gewünschte Sprache erkennt:

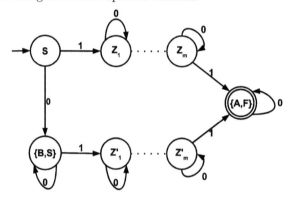

Somit ist L_m regulär.

Aufgabe 6

NEA,
DEA,
Ableitung
eines
Wortes,
(rechts-)-
reguläre
Grammatik

Beweisen Sie, dass für beliebige $n, m \in \mathbb{N}_0$ mit $n \leq m$ gilt:

a) Zu jedem $w = 0w' \in L(n, m)$ gibt es $k \in \mathbb{N}_0, v \in L(k, k)$ und $v' \in \Sigma^*$ mit $w = 0v1v'$.

b) Zu jedem $w = 0w' \in L(n, n)$ gibt es $k, j \in \mathbb{N}_0, v \in L(k, k)$ und $v' \in L(j, j)$ mit $w = 0v1v'$.

a) *Argumentative Lösung:* w beginnt mit einer Null, so dass die Anzahl der Nullen in w' echt kleiner ist als die Anzahl der Einsen, wobei w' nach Angabe mindestens eine 1 enthalten muss. Falls w' mit einer 1 beginnt, kann $k = 0$ gewählt werden. Beginnt nun w' mit einer 0, so finden sich sicher für k folgende Nullen noch genügend Einsen im Restwort, um die gestellte Bedingung zu erfüllen.

Formale(re) Lösung: $0w \Rightarrow n \geq 1$

Induktionsanfang: $L(0, m)$: Wörter w mit $w = 01^m$
$$\Rightarrow k = 0, v = \varepsilon, v' = 1^{m-1}$$
$$\Rightarrow w = 0\varepsilon 11^{m-1}$$

Induktionsvoraussetzung: $L(n-1, m)$ sei gezeigt

Induktionsschritt: $(n-1) \to n$
Betrachte $L(n, m)$ mit $0w'$
nach Aufgabe 2 (s. im Kapitel „Algorithmen und Datenstrukturen"
auf Seite 134):
$$w' \in \underbrace{\{1w''|w'' \in L(n-1, m-1)\}}_{k=0} \cup \underbrace{\{0w''|\underbrace{w'' \in L(n-2, m)\}}_{\exists_{k''}: w'' = \underbrace{v'}_{k''} 1v}}_{k' = k''+1}$$

b) *Argumentative Lösung:* w beginnt mit einer Null, so dass die Anzahl der Nullen in w' genau um eins kleiner ist als die Anzahl der Einsen, wobei w' nach Angabe mindestens eine 1 enthalten muss. Falls w' mit einer 1 beginnt, kann $k = 0$ gewählt werden. v' enthält dann jeweils $n-1$ Nullen und Einsen. Beginnt nun w' mit einer 0, so finden sich sicher für k folgende Nullen noch genügend Einsen im Restwort, um die gestellte Bedingung zu erfüllen. v enthält dann zum Beispiel $k = p$ Nullen und Einsen, was dazu führt, dass v' noch $j = n - 1 - p$ Einsen und Nullen enthält.

Formale(re) Lösung:
nach Teilaufgabe a) gilt: $w = 0w' \in L(n, m)$ $\quad \exists_k : w = 0 \underbrace{\quad v \quad}_{\text{k-mal 0}} 1v'$

$v \in L(k, k) \Rightarrow v' \in L(n-1-k, m-1-k)$
Sei $n = m \Rightarrow v' \in L(\underbrace{n-1-k}_{j}, \underbrace{n-1-k}_{j}) = L(j, j)$

Aufgabe 7

Die Sprache L sei definiert als $L = \bigcup_{n \in \mathbb{N}_0} L(n, n)$.

reguläre
Sprache,
kontextfreie
Grammatik

a) Beweisen Sie: L ist nicht regulär.
b) Geben Sie eine kontextfreie (d. h. Typ-2-)Grammatik an, die L erzeugt.

a) In den Worten dieser Sprache müssten also genauso viele Nullen wie Einsen enthalten sein. Da die Grammatik aus Teilaufgabe b) (die diese Worte erzeugt) die Regel $S \to aSb$ enthält, die nicht durch andere zu ersetzen ist, ist diese Sprache nicht regulär.

b) *Variante 1:*
$S \to 0S1|1S0|1A|0B|\epsilon$
$A \to 0A1|1A0|0S|0$
$B \to 0B1|1B0|1S|1$

Variante 2:
$S \to 0S1S|1S0S|\epsilon$

Aufgabe 8

Turingma-schine, Komplexi-tät

Geben Sie eine deterministische Turingmaschine T an mit folgenden Eigenschaften:

a) T berechnet die Funktion
$$f : \mathbb{N}_0 \times \Sigma^* \to \{0,1\},$$
$$f(n,w) = \begin{cases} 1, \text{ falls } w \in L(n,1) \\ 0, \text{ falls } w \notin L(n,1) \end{cases}$$
in folgendem Sinne:
Angesetzt auf das Wort $1^n \# w$ (mit $n \in \mathbb{N}_0, w \in \Sigma^*$ und Trennzeichen $\#$) hält T nach endlicher Zeit in einer Konfiguration an, in der $f(n,w)$ als Ergebnis auf dem Arbeitsfeld steht. Geben Sie ausführliche Erläuterungen zur Wirkungsweise Ihrer Lösung!

b) Die Anzahl der Rechenschritte von T für eine Eingabe der unter a) genannten Art ist $O(n^2)$. Begründen Sie diese Aussage für Ihre Lösung!

a) $T = (Z, \Sigma, \Gamma, \delta, q_0, \#, F)$

δ	Z_0	Z_1	Z_2	Z_3	Z_4	Z_5	Z_6
0		$(Z_2, \#, L)$	$(Z_0, \#, R)$	$(Z_4, 0, N)$		$(Z_4, 0, N)$	
1	$(Z_1, 0, R)$	$(Z_1, 1, R)$	$(Z_2, 1, L)$	$(Z_5, 1, R)$		$(Z_4, 0, N)$	
#	$(Z_3, \#, R)$	$(Z_1, \#, R)$	$(Z_2, \#, L)$	$(Z_4, 0, N)$		$(Z_6, \#, L)$	

$Z = \{Z_0, Z_1, Z_2, Z_3, Z_4, Z_5, Z_6\}$, $\Sigma = \{0,1\}$, $\Gamma = \{0,1,\#\}$, $F = \{Z_4, Z_6\}$

T liest eine links vom Trennzeichen stehende 1, ersetzt sie durch eine Null und fährt im Zustand Z_1 so lange nach rechts bis eine 0 erscheint. Diese wird gelöscht und dann im Zustand Z_2 nach links gewandert, um die dort am Anfang der Einserkette stehende 0 zu löschen. Nach Abarbeiten der n Einsen dürfte dann rechts des Trennzeichens nur noch eine 1 stehen. Dies wird nun mit Hilfe der restlichen Zustände überprüft. Steht nur noch eine 1 auf dem Band (also rechts daneben $\#$), so macht T einen Schritt nach links und bleibt unter der 1 stehen. Findet T noch eine Null, so bleibt sie bei dieser stehen.

b) Für jede der n Einsen links des Trennzeichens macht T jeweils $n+2$ Schritte nach rechts und $n+2$ Schritte nach links. Anschließend sind zur Prüfung, was sich noch auf dem Band befindet, noch maximal $n + len(w) + 1$ Schritte notwendig. Insgesamt ist die Anzahl der Rechenschritte von T also $O(n^2)$.

Herbst 03 - Thema 2

Aufgabe 1

Seien die regulären Ausdrücke $\alpha = (ab^2)^* ab$ und $\beta = ab(bab)^*$ gegeben.

a) Zeigen Sie die Äquivalenz der beiden regulären Ausdrücke, also $L(\alpha) = L(\beta)$.

b) Geben Sie eine $L(\alpha)$ erzeugende Grammatik an.

c) Geben Sie einen deterministischen erkennenden Automaten an, der $L(\beta)$ akzeptiert.

vollständige Induktion, DEA, Grammatik, regulärer Ausdruck

a) zu zeigen ist: $(ab^2)^n ab = ab(bab)^n$ für alle $n \in \mathbb{N}_0$
Induktionsvoraussetzung: $n = 0 \Rightarrow \varepsilon ab = ab = ab\varepsilon$
Induktionsannahme: $(ab^2)^n ab = ab(bab)^n$ gelte für n
Induktionsschluss:
$(ab^2)^{(n+1)} ab = ab^2 (ab^2)^n ab = ab^2 ab(bab)^n = ab(bab)(bab)^n = ab(bab)^{(n+1)}$

b) $G = (\{S\}, \{a, b\}, \{S \to abbS | ab\}, S)$

c)
$M = (Z, \Sigma, \delta, S, \{F\})$
$Z = \{S, A, B, C, F\}$
$\Sigma = \{a, b\}$

	S	A	B
a	A	$\emptyset$	S
b	$\emptyset$	B	$\emptyset$

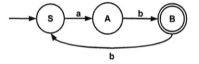

Aufgabe 2

Sei L die Sprache aller Wörter über $\{a, b\}$, die aba als Teilwort enthalten. Konstruieren Sie einen deterministischen erkennenden Automaten für L!

Sprache, DEA

$M = (Z, \Sigma, \delta, S, \{Z_3\})$
$Z = \{Z_0, Z_1, Z_2, Z_3\}$
$\Sigma = \{a, b\}$

	Z_0	Z_1	Z_2	Z_3
a	Z_1	Z_1	Z_3	Z_3
b	Z_0	Z_2	Z_0	Z_3

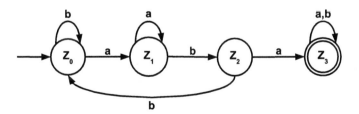

Aufgabe 3

Konstruieren Sie eine Turing-Maschine, die die Präfixrelation *präfix* auf Σ^* mit $\Sigma = \{0,1\}$ entscheidet, d. h. die charakteristische Funktion $char_{präfix}$ berechnet (x präfix y : $\leftrightarrow$ x ist Anfangsstück von y).

Variante 1:

$$\square \underbrace{z_1 z_2 ... z_m}_{x} \# \underbrace{z_{m+1}...z_k}_{y} \square$$

Die Turingmaschine prüft nun wie folgt, ob y mit x beginnt:
Im Zustand Z_0 sucht sie das nächste (nicht gelöschte) Zeichen in x. Ist dies 0 (1), wird es gelöscht, die Turingmaschine geht in den Zustand Z_1 (Z_1') über und fährt mit dem Lesekopf bis #. Nun prüft sie in Z_2 (Z_2') das nächste Zeichen in y. Falls dies 0 (1) ist, wird es gelöscht und der Lesekopf fährt zurück über # (Z_3) zum ersten noch nicht gelöschten Zeichen (Z_4) und beginnt von vorne. Erreicht Sie beim Fahren vom ersten Zeichen nach rechts #, so ist die Präfixbedingung erfüllt und die Turingmaschine geht in den Endzustand Z_5 über.

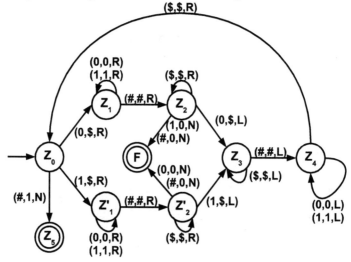

δ	Z_0	Z_1	Z_2	Z_1'	Z_2'	Z_3	Z_4
0	$(Z_1, \$, R)$	$(Z_1, 0, R)$	$(Z_3, \$, L)$	$(Z_1', 0, R)$	$(F, 0, N)$		$(Z_4, 0, L)$
1	$(Z_1', \$, R)$	$(Z_1, 1, R)$	$(F, 0, N)$	$(Z_1', 1, R)$	$(Z_3, \$, L)$		$(Z_4, 1, L)$
\$			$(Z_2, \$, R)$		$(Z_2', \$, R)$	$(Z_3, \$, L)$	$(Z_0, \$, R)$
#	$(Z_5, 1, N)$	$(Z_2, \#, R)$	$(F, 0, N)$	$(Z_2', \#, R)$	$(F, 0, N)$	$(Z_4, \#, L)$	

$$Z = \{Z_0, Z_1, Z_2, Z_1', Z_2', Z_3, Z_4, Z_5, F\}, \ \Sigma = \{0, 1, \$\}, \ \Gamma = \{0, 1, \$, \#\}, \ F = \{F\}$$

Variante 2:
Konstruiere Turing-Maschine $M = (Z, \Sigma, \Gamma, \delta, q_0, \#, F)$:

δ	q_0	q_1	q_2	q_3	q_4	q_5	q_6
0	$(q_1, \#, R)$	$(q_1, 0, R)$	$(q_3, \#, L)$	$(q_4, 0, L)$	$(q_4, 0, L)$	$(q_5, 0, R)$	$(q_8, 0, N)$
1	$(q_5, \#, R)$	$(q_1, 1, R)$	$(q_8, 0, N)$	$(q_4, 1, L)$	$(q_4, 1, L)$	$(q_5, 1, R)$	$(q_3, \#, L)$
#	$(q_7, 1, N)$	$(q_2, \#, R)$	$(q_2, \#, R)$	$(q_3, \#, L)$	$(q_0, \#, R)$	$(q_6, \#, R)$	$(q_6, \#, R)$

$Z = \{q_0, q_1, q_2, q_3, q_4, q_5, q_6, q_7, q_8\}$, $\Sigma = \{0, 1\}$, $\Gamma = \{0, 1, \#\}$, $F = \{q_7, q_8\}$

Auf dem Band steht anfangs $x \# y$ und der Schreib/Lesekopf steht auf dem ersten Zeichen von x. Zum Schluss steht der Schreib/Lesekopf unter der Ausgabe der Funktion, entweder 0 oder 1.

Aufgabe 4

Zeigen Sie die Korrektheit der (aussagenlogischen) Regel
„Aus $A \to \neg B$ kann man auf $B \to \neg A$ schließen"

*Aussagen-
logik*

(Auch hier wiederum der Hinweis auf [LOG] als begleitende Literatur.)
$(A \Rightarrow \overline{B}) \Leftrightarrow (\overline{B} \vee \overline{A}) \Leftrightarrow (\overline{A} \vee \overline{B}) \Leftrightarrow (B \Rightarrow \overline{A})$

Zur Erläuterung die Wahrheitstabellen von $X \Rightarrow Y$ und dem dazu äquivalenten Ausdruck $Y \vee \overline{X}$:

X	$\Rightarrow$	Y		Y	$\vee$	$\overline{X}$
w	w	w		w	w	f
w	f	f		f	f	f
f	w	w		w	w	w
f	w	f		f	w	w

Zu beachten ist, dass sich bei der Implikation nur dann der Wahrheitswert f ergibt, wenn etwas Wahres etwas Falsches impliziert. Insbesondere kann etwas Falsches korrekterweise sowohl etwas Falsches als auch etwas Wahres implizieren!

Frühjahr 04 - Thema 1

Aufgabe 1

NEA, DEA, Gegeben sei ein nichtdeterministischer endlicher Automat
Minimali-
sierung, $N_1 = (\{q_0, q_1, q_2, q_3, q_4, q_5\}, \{a, b\}, \delta, q_0, \{q_2\})$
Potenzmen- wobei δ durch folgende Tabelle definiert ist. Z. B. geht der Automat aus dem
genalgo-
rithmus, Zustand q_0 (Auswahl der Spalte) durch Lesen eines „a" (Auswahl der Zeile) in
regulärer die Zustände q_0 oder q_3 über:
Ausdruck

δ	q_0	q_1	q_2	q_3	q_4	q_5
a	$\{q_0, q_3\}$	$\{q_2\}$	$\{q_2\}$	$\{q_0\}$	$\{q_4\}$	$\{q_5\}$
b	$\{q_1\}$	$\{q_5\}$	$\{q_5\}$	$\{q_1\}$	$\{q_1\}$	$\{q_5\}$
ε	$\{q_4\}$	$\emptyset$	$\emptyset$	$\emptyset$	$\emptyset$	$\emptyset$

a) Zeichnen Sie den gegebenen nichtdeterministischen endlichen Automaten.

b) Wandeln Sie den nichtdeterministischen endlichen Automaten N_1 durch
Anwendung der Teilmengenkonstruktion in einen deterministischen endlichen Automaten D_1 um. Zeichnen Sie D_1.

c) Wenden Sie den Table-Filling-Algorithmus oder ein anderes Verfahren zur
Minimalisierung auf D_1 an und fassen Sie alle äquivalenten Zustände zusammen. Zeichnen Sie den resultierenden Automaten.

d) Welche Sprache erkennen die Automaten? Geben Sie einen möglichst kurzen regulären Ausdruck zur Beschreibung dieser Sprache an!

a)

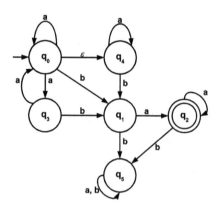

b) Bevor bei dieser Aufgabe der Potenzmengenalgorithmus angewendet werden
kann, muss erst ε-Freiheit vorliegen. Auch für die Reduzierung eines endlichen Automaten zur Schaffung von ε-Freiheit gibt es einen Algorithmus:

> **Bestimmung eines ε-freien endlichen Automaten $M = (Z, \Sigma, \delta, z_0, E)$ aus dem endlichen Automaten $M' = (Z', \Sigma', \delta', z_0', E')$:**
>
> (1) Setze $Z = Z', \Sigma = \Sigma', \delta = \delta', z_0 = z_0', E = E'$.
> (2) Suche einen Zustandsübergang $\delta(z, \varepsilon) \neq \emptyset$.
> (3) Wähle einen Zustand $z_f \in \delta(z, \varepsilon)$ aus.
> (4) Setze $\delta(z, x) = \delta(z, x) \cup \delta(z_f, x)$ für alle $x \in \Sigma \cup \{\varepsilon\}$ und anschließend
> $\delta(z, \varepsilon) = \delta(z, \varepsilon) - \{z_f\}$.
>   Falls $z_f \in E$, dann bilde $E = E \cup \{z\}$.
>   Gehe zu (2).
> (5) Der Automat $M = (Z, \Sigma, \delta, z_0, E)$ ist ε-frei.

Der Automat M' aus Teilaufgabe a) besteht aus $Z' = \{q_0, q_1, q_2, q_3, q_4, q_5\}$, $\Sigma' = \{a, b\}$, $z_0' = q_0$, $E' = \{q_2\}$ und δ' laut Aufgabenstellung. Die Anwendung des Algorithmus ergibt:

(1) Setze $Z = Z', \Sigma = \Sigma', \delta = \delta', z_0 = z_0', E = E'$.

(2) In diesem Automaten gibt es nur einen ε-Übergang, nämlich
    $\delta(q_0, \varepsilon) = \{q_4\}$.

(3) Wähle q_4 aus.

(4) Setze $\delta(q_0, a) = \delta(q_0, a) \cup \delta(q_4, a) = \{q_0, q_3, q_4\}$ und
    $\delta(q_0, b) = \delta(q_0, b) \cup \delta(q_4, b) = \{q_1\}$ sowie $\delta(q_0, \varepsilon) = \delta(q_0, \varepsilon) - \{q_4\} = \emptyset$.
    Gehe zu (2).

(5) Es gibt keinen Übergang mehr mit $\delta(z, \varepsilon) \neq \emptyset$ und damit ist der Algorithmus beendet. Der ε-freie Automat sieht folgendermaßen aus:

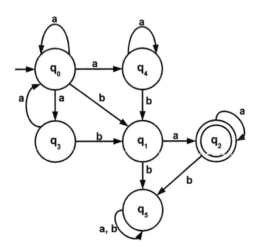

Von diesem Automaten ausgehend, kann der *Potenzmengenalgorithmus* angewendet werden, um aus dem nichtdeterministischen einen deterministischen Automaten zu erhalten:

Potenzmengenalgorithmus

Bestimmung des deterministischen endlichen Automaten $M =$ $(Z, \Sigma, \delta, z_0, E)$ aus dem ε-freien endlichen Automaten $M' =$ $(Z', \Sigma', \delta', z_0', E')$

(1) Setze $\Sigma = \Sigma'$, $z_0 = \{z_0'\}$, $Z = \{z_0\}$ sowie $Z_H = \{z_0\}$ (Hilfsmenge).

(2) Bestimme für ein $z \in Z_H$ für alle $x \in \Sigma$

$$\delta(z, x) = \{\bigcup_{z' \in z} \delta'(z', x)\}$$

setze, falls $\delta(z, x) \cap Z = \emptyset$ und $\delta(z, x) \neq \emptyset$, $Z = Z \cup \delta(z, x)$ und $Z_H = Z_H \cup \delta(z, x)$.

(3) Bilde $Z_H = Z_H - \{z\}$.

(4) Falls $Z_H \neq \emptyset$ gehe zu (2).

(5) $E = \{z \in Z \wedge z \cap E' \neq \emptyset\}$.

Auf die Aufgabe angewendet ergibt sich:

- Setze $\Sigma = \Sigma'$, $z_0 = \{z_0'\} = \{q_0\}$, $Z = \{z_0\}$ sowie $Z_H = \{\{q_0\}\}$.

- $\delta(\{q_0\}, a) = \{q_0, q_3, q_4\}$ und $\delta(\{q_0\}, b) = \{q_1\}$ daraus ergibt sich nach Schritt (2)
  $Z = \{\{q_0\}, \{q_1\}, \{q_0, q_3, q_4\}\}$ und $Z_H = \{\{q_0\}, \{q_0, q_3, q_4\}, \{q_1\}\}$

- Im nächsten Schritt wird $\{q_0\}$ aus Z_H entfernt, d. h.
  $Z_H = \{\{q_0, q_3, q_4\}, \{q_1\}\}$.

- Da Z_H noch nicht leer ist, wird wieder bei Schritt (2) begonnen.

- Betrachte $\{q_1\}$: $\delta(\{q_1\}, a) = \{q_2\}$, $\delta(\{q_1\}, b) = \{q_5\}$
  $\{q_2\}$ und $\{q_5\}$ werden also zu Z und Z_H hinzugefügt
  $Z = \{\{q_0\}, \{q_1\}, \{q_2\}, \{q_5\}, \{q_0, q_3, q_4\}\}$
  $Z_H = \{\{q_1\}, \{q_0, q_3, q_4\}, \{q_2\}, \{q_5\}\}$.

- Entferne $\{q_1\}$ aus Z_H: $Z_H = \{\{q_0, q_3, q_4\}, \{q_2\}, \{q_5\}\}$.

- Betrachte im nächsten Durchgang $\{q_0, q_3, q_4\}$:

  $$\delta(\{q_0, q_3, q_4\}, a) = \{q_0, q_3, q_4\}, \delta(\{q_0, q_3, q_4\}, b) = \{q_1\}$$

  Diesmal werden Z und Z_H keine neuen Elemente hinzugefügt, da
  $\delta(\{q_0, q_3, q_4\}, x) \cap Z \neq \emptyset$.

- $Z_H = \{\{q_2\}, \{q_5\}\}$

- Betrachte $\{q_2\}$: $\delta(\{q_2\}, a) = \{q_2\}$, $\delta(\{q_2\}, b) = \{q_5\}$
  Wiederum entstehen keine neuen Zustände.

- $Z_H = \{\{q_5\}\}$

- Die Betrachtung von $\{q_5\}$ liefert: $\delta(\{q_5\}, a) = \{q_5\}$, $\delta(\{q_5\}, b) = \{q_5\}$

- $Z_H = \emptyset$

- An dieser Stelle bricht der Algorithmus ab und es fehlt nur noch die Bestimmung der Endzustände. Alle neuen Zustände, die mindestens einen alten Endzustand enthalten, sind Endzustände. In diesem Fall also alle Zustände, die q_2 enthalten. $\Rightarrow E = \{\{q_2\}\}$

Damit ist ein deterministischer Automat entstanden:
$M = (Z, \Sigma, \delta, z_0, E)$ mit $Z = \{\{q_0\}, \{q_1\}, \{q_2\}, \{q_5\}, \{q_0, q_3, q_4\}\}$, $\Sigma = \{a, b\}$, $z_0 = \{q_0\}$, $E = \{\{q_2\}\}$.
δ lässt sich in den Zwischenschritten des Algorithmus ablesen.

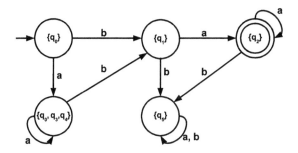

Als *Potenzmenge* bezeichnet man in der Mengenlehre die Menge aller Teilmengen einer gegebenen Grundmenge. Die Potenzmenge ist also ein Mengensystem, das heißt eine Menge, deren Elemente selbst Mengen sind. Bei diesem Algorithmus können theoretisch <u>alle</u> Kombinationen von Zuständen als neue Zustände entstehen, d. h. <u>alle</u> Teilmengen der Zustandsmenge Z'. Aus diesem Grund haben die Zustände des deterministischen Automaten Mengenklammern und die des nichtdeterministischen nicht. Bei n Zuständen kann der deterministische Automat bis zu 2^n Zustände besitzen. Dies lässt sich mit folgender einfachen Überlegung begründen: die Wahl, ob ein bestimmtes Element der Menge in einer Teilmenge liegen soll oder nicht, muss hier n-mal unabhängig voneinander durchgeführt werden.

c) Es werden jetzt in einer Tabelle alle möglichen Kombinationen von zwei *verschiedenen* Zuständen betrachtet. Zu Beginn befinden sich in der Tabelle keine Einträge. Dann werden wie unten beschrieben Markierungen der Tabellenzellen vorgenommen.

	$\{q_0\}$	$\{q_1\}$	$\{q_2\}$	$\{q_5\}$
$\{q_1\}$	$*^2$			
$\{q_2\}$	$*^1$	$*^1$		
$\{q_5\}$	$*^3$	$*^2$	$*^1$	
$\{q_0, q_3, q_4\}$		$*^2$	$*^1$	$*^3$

1) Zuerst werden alle Zellen markiert, bei denen **einer** der beteiligten Zustände ein Endzustand (hier also q_2) ist.

2) Nun werden alle Zellen markiert, bei denen ausgehend von der Menge der beteiligten Zustände ein Endzustand über die Übergangsfunktion erreicht werden kann.

3) Dann werden alle Zellen markiert, bei denen ausgehend von der Menge der beteiligten Zustände eine bereits markierte Zustandsmenge erreicht werden kann.

Der letzte Schritt wird nun so lange wiederholt, bis sich an den Markierungen nichts mehr ändert (also keine neuen hinzukommen). Zustandsmengen, die am Ende nicht markiert sind, können zu jeweils einem neuen Zustand (hier mit Z bezeichnet) zusammengefasst werden (hier $\{\{q_0\}, \{q_0, q_3, q_4\}\}$). Es ergibt sich dann somit folgender Automat:

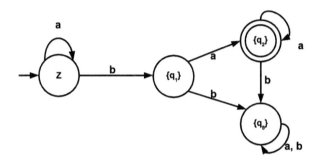

d) $L(D) = a^* b a^+$

Aufgabe 2

Wir betrachten die Sprache
$L = \{a^m b^n; m, n \in \mathbb{N}_0, m < n\}$

a) Beweisen Sie, dass diese Sprache nicht regulär ist. Geben Sie eine kontextfreie Grammatik an, die L erzeugt.

b) Geben Sie einen Kellerautomaten an, der die Sprache erkennt, und zeichnen Sie sein Übergangsdiagramm.

a) Das klassische Werkzeug für den Nachweis der Nicht-Regularität ist das Pumping-Lemma:

Sei L eine reguläre Sprache. Dann gibt es eine Zahl n, so dass sich alle Wörter $x \in L$ mit $\mid x \mid \geq n$ zerlegen lassen in $x = uvw$, so dass folgende Eigenschaften erfüllt sind:

1. $\mid v \mid \geq 1$
2. $\mid uv \mid \leq n$
3. $\forall_{i \in \mathbb{N}_0} uv^i w \in L$

Kann man also nachweisen, dass eine Zerlegung mit den genannten Eigenschaften <u>nicht</u> existiert, so steht damit fest, dass die zu Grunde liegende Sprache <u>nicht regulär</u> ist.

Es sei $L = \{a^m b^n; n, m \in \mathbb{N}_0, m < n\}$.

Wähle $z \in L, z = a^m b^n$

<u>1. Fall:</u> v enthalte nur den Buchstaben a. $\longrightarrow$ Irgendwann werden durch das Pumpen mehr a als b im Wort enthalten sein und es ist somit nicht mehr in L enthalten. Soweit ist das gut, aber es gibt noch weitere Zerlegungsmöglichkeiten.

Da v offensichtlich keine Kombination von a und b enthalten kann, gibt es nur noch folgende Möglichkeit.

<u>2. Fall:</u> v enthalte nur den Buchstaben b. $\longrightarrow$ Es muss $n \geq m + 2$ gelten, denn für $n = m+1$ und $v = b$ versagt das Pumpen mit 0. Somit kann mittels der Zerlegung $u = a^m, v = b, w = b^{m+1}$ gepumpt werden.

Da es aber auch Worte der Sprache gibt, für die $n \geq m + 2$ nicht gilt, kann nicht für **alle** Worte eine passende Zerlegung gefunden werden und somit ist die vorliegende Sprache nicht regulär.

Außerdem wäre auch die Argumentation über die Ableitungsregeln der Grammatik möglich. Dann wäre es allerdings hilfreich, zuerst den zweiten Teil der Aufgabenstellung zu beantworten.

1) $S \longrightarrow Sb \mid Ab$
2) $A \longrightarrow aAb \mid \varepsilon$

Regel 2 verletzt durch $A \longrightarrow aAb$ die Bedingungen für eine reguläre Grammatik. Da es nicht möglich ist, diese Regel in mehrere äquivalente reguläre Regeln umzuformen, ist es auch nicht möglich eine reguläre Grammatik für L anzugeben. L ist also nicht regulär.

b) der Kellerautomat:
$M = (Z, \Sigma, \Gamma, \delta, S, \#), \ Z = \{S, G, F\}, \ \Gamma = \{A, \#\}$

Die Zustandsübergangsfunktion sieht folgendermaßen aus:

Parameter			Funktionswert	
Zustand	Eingabe	Keller	Zustand	Keller
S	a	#	S	A#
S	b	#	G	#
S	a	A	S	AA
S	b	A	G	ε
G	b	A	G	ε
G	b	#	G	#
G	ε	#	F	ε

Anmerkung: Es ist möglich, für Kellerautomaten explizit eine Menge von Endzuständen anzugeben oder der Automat akzeptiert mit leerem Keller. Beide Varianten sind korrekt (und auch äquivalent). Hier wurde mit leerem Keller gearbeitet.

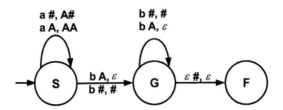

Frühjahr 04 - Thema 2

Aufgabe 3

NEA,
DEA,
Sprache,
regulärer
Ausdruck

Wir betrachten den folgenden endlichen Automaten:

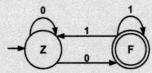

a) Der Automat ist nichtdeterministisch. Es gibt ein Verfahren, mit dem man einen deterministischen aus einem nichtdeterministischen Automaten gewinnt.

   i) Beschreiben Sie das Prinzip dieses Verfahrens kurz.

   ii) Wenn der nichtdeterministische Automat n Zustände hat, wieviele Zustände kann der abgeleitete deterministische Automat im schlimmsten Fall haben?

b) Wenden Sie das Konstruktionsverfahren auf den obigen Automaten an. Minimieren Sie das Ergebnis, indem Sie alle unerreichbaren Zustände durchstreichen. Der deterministische Automat muss nur als Grafik angegeben werden.

c) Beschreiben Sie mit einem regulären Ausdruck die Sprache, die diese beiden Automaten erkennen.

a)   i) Ausgehend vom Startzustand werden für alle Elemente des Eingabealphabets die Menge der erreichbaren Zustände betrachtet. Jede dieser Mengen ist ein neuer Zustand. Alle erreichten Zustände werden in der neuen Zustandsmenge gesammelt, die im jeweiligen Schritt neu hinzugekommenen in einer Hilfsmenge „abgelegt". Dann wird für jeden neu hinzugekommenen Zustand (also jedes Element der Hilfsmenge) wieder die Menge der erreichbaren Zustände betrachtet und eventuelle neue Zustände behandelt wie oben. Zustände aus der Hilfsmenge, die in dieser Weise „abgearbeitet" worden sind, werden aus der Hilfsmenge entfernt. Dies wird solange fortgesetzt bis keine neuen Zustände mehr entstehen und die Hilfsmenge keine Elemente mehr enthält.

ii) Der deterministische Automat kann bis zu 2^n Zustände besitzen.

b)

Zustandsübergänge	Zustandsmenge	Hilfsmenge
$\delta(\{Z\}, 0) = \{Z, F\}$ $\delta(\{Z\}, 1) = \emptyset$	$Z_M = \{\{Z\}, \{Z, F\}\}$	$Z_H = \{\{Z, F\}\}$
$\delta(\{Z, F\}, 0) = \{Z, F\}$ $\delta(\{Z, F\}, 1) = \{Z, F\}$	$Z_M = \{\{Z\}, \{Z, F\}\}$	$Z_H = \emptyset$

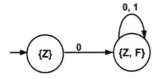

c) $0(0|1)^*$

Aufgabe 6

Chomsky-Hierarchie, Sprache, eindeutige Grammatik, nichtdeterministischer Kellerautomat

Wir betrachten die folgende Sprache symmetrischer Zeichenfolgen über dem Alphabet $\{0, 1\}$:

$$\{x_1...x_n x_n...x_1 | n > 0 \wedge (\forall_{i:0<i\leq n} x_i \in \{0, 1\})$$

a) Zu welcher Typklasse (Typ 0-3) gehört diese Sprache?

b) Wann ist eine Grammatik eindeutig?

c) Geben Sie eine eindeutige Grammatik für die Sprache an!

d) Mit welcher Art von Automaten lässt sich diese Sprache erkennen? Grenzen Sie die Automatenart so präzise wie möglich ein!

a) (Zur Einordnung wird Bezug auf die Grammatik aus Teilaufgabe c) genommen.)

Die Sprache ist vom Typ 0, da jede Sprache mindestens von Typ 0 ist.

Die Sprache gehört zu Typ 1, da es nicht möglich ist, Wörter mit den Ableitungsregeln wieder zu kürzen. Die Grammatik ist also längenmonoton.

Die Sprache ist außerdem von Typ 2, da es eine Grammatik gibt, bei der auf der linken Seite der Regeln nur einzelne Variablen stehen.

Die Sprache ist nicht regulär, da die Wörter von vorne und hinten wachsen müssen und dies mit regulären Regeln nicht möglich ist.

b) Eine Grammatik heißt eindeutig, wenn es für alle Worte einen eindeutigen Ableitungsbaum gibt.

c) $S \to 0A0 \mid 1A1$
   $A \to 0A0 \mid 1A1 \mid \varepsilon$

d) Die Sprache wird von einem nichtdeterministischen Kellerautomaten erkannt. Dazu wird die erste Hälfte des Worts in den Keller geschrieben und dann mit der zweiten Hälfte verglichen. Da die Mitte des Worts nicht erkennbar ist, kann der Kellerautomat nicht deterministisch sein.

Aufgabe 7

NP-hart,
NP-voll-
ständig,
polynomiell
reduzierbar

a) Was bedeutet es für ein Problem, NP-hart zu sein?

b) Definieren Sie präzise den Begriff der NP-Vollständigkeit!

c) Begründen Sie den folgenden Satz:
   (A NP-vollständig $\wedge\, A \in P$) $\Leftrightarrow P = NP$

✎ *(vgl. [DUD] Stichwort „NP" und [THEO])*

a) **NP** ist die Menge aller Probleme, die sich nichtdeterministisch in polynomieller Laufzeit lösen lassen, d. h. die Menge aller Sprachen, die von einer nichtdeterministischen Turingmaschine in polynomieller Laufzeit erkannt werden. Sei Σ^* ein Alphabet, $L_1, L_2 \subseteq \Sigma^*$ zwei Sprachen. L_1 heißt *polynomiell reduzierbar* auf L_2 ($L_1 \leq_p L_2$), wenn es eine Abbildung $f : \Sigma^* \to \Sigma^*$ gibt, die in Polynomialzeit berechnet werden kann und es gilt: $\forall \omega \in L_1 \Longleftrightarrow F(\omega) \in L_2$
   Definition:
   $\overline{\text{Eine Sprache}}$ L heißt *NP-hart*, wenn $L' \leq_p L$ für alle $L' \in$ **NP** gilt.
   Wenn alle Probleme aus **NP** auf eine Sprache L polynomiell reduzierbar sind, dann heißt diese Sprache NP-hart.

b) *Definition:*
   $\overline{L \text{ heißt}}$ *NP-vollständig*, wenn $L \in$ **NP** und L NP-hart ist.
   Durch die Eigenschaft *NP-hart* ist noch nichts darüber ausgesagt, in welcher Klasse die Sprache L liegt. Falls sie in **NP** liegt, ist sie auch *NP-vollständig*.

c) Eine NP-vollständige Sprache kann nur dann in P liegen, wenn P = NP gilt, da ja dann alle Sprachen aus NP auf A reduzierbar wären. Es ist aber ein zentrales offenes Problem, ob P = NP ist. Es wird vermutet, dass P $\neq$ NP ist, dies ist aber noch nicht bewiesen.

Herbst 04 - Thema 1

Aufgabe 3

NEA,
DEA,
Ableitung
eines
Wortes

Gegeben sei das Alphabet $\Sigma = \{a, b\}$ und die Grammatik $G = (\{S, A, B\}, \Sigma, P, S)$ mit der Menge P der Regeln $S \to aB$ $B \to b|bA$ $A \to aB$
$L(G)$ sei die von G erzeugte Sprache.

a) Geben Sie ein Ableitung von $ababab$ in G an.

b) Beweisen Sie $L(G) = \{(ab)^n \in \Sigma^* | n \geq 1\}$.

c) Konstruieren Sie direkt aus G zunächst einen nichtdeterministischen endlichen Automaten, der die Sprache $L(G)$ akzeptiert, und daraus einen deterministischen endlichen Automaten, der ebenfalls $L(G)$ akzeptiert.

d) Wieviele Zustände muss jeder deterministische endliche Automat, der $L(G)$ akzeptiert, mindestens haben? Begründen Sie Ihre Antwort.

e) Ersetzen Sie die Regel $A \to aB$ in G durch eine kontextfreie Regel der Form $A \to x$ mit $x \in \{S, A, B, a, b\}^*$, so dass die derart veränderte Sprache $\{(ab)^{2n+1} \in \Sigma^* | n \geq 0\}$ erzeugt. Begründen Sie Ihre Antwort.

f) Die Sprachen L_1 und L_2 seien gegeben durch:
$L_1 = \{(ab)^n(ab)^n \in \Sigma^* | n \geq 1\}, L_2 = \{(ab)^n(ba)^n \in \Sigma^* | n \geq 1\}$

    i) Ist L_1 regulär?
    ii) Ist L_1 kontextfrei?
    iii) Ist L_2 regulär?
    iv) Ist L_2 kontextfrei?

Begründen Sie Ihre Antworten.

vollständige Induktion, kontextfrei, regulär

a) $S \to aB \to abA \to abaB \to ababA \to ababaB \to ababab$

b) Es sind hier zwei Inklusionen zu zeigen:

$(ab)^n \subseteq L$:
Vollständige Induktion:
Induktionsverankerung: $(ab) \in L$, denn $S \to aB \to ab$
Induktionsannahme: $(ab)^n \in L$
Induktionsschritt: $n \to n + 1$
$\underbrace{(ab^n)}_{\in L} A \to \underbrace{(ab)^n aB}_{\text{Regel 4}} \to \underbrace{(ab)^n ab}_{\text{Regel 2}} \to (ab)^{n+1} \in L$
$\underbrace{}_{\text{Regel 3}}$

$L \subseteq (ab)^n$: Jedes Wort der Sprache muss wegen Regel 1 mit a beginnen. Die einzige Regel, die ein Wort abschließt ist Regel 2 und damit endet jedes Wort mit b. Die einzige Alternative zum direkten Übergang zum Terminal ist die Regel 3 mit Übergang zu Zustand B, der NUR durch Übergang in Zustand A fortgesetzt werden kann - hierbei wird jeweils ein ab geschrieben/erzeugt.

c) nichtdeterministisch:

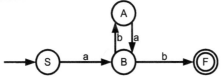

deterministisch:

d) Um das Wort 'ab' (das kürzeste Wort der Sprache!) zu akzeptieren benötigt
   man drei Zustände: vom Startzustand einen Übergang mit a in einen zweiten
   Zustand und von dort einen Übergang mit b in einen dritten Zustand, der
   Endzustand ist. Weniger als drei Zustände sind damit nicht möglich (und
   außerdem ist der Automat oben minimal).

e) Die Regel soll nur kontextfrei und nicht regulär sein. $A \to abaB$ löst die
   Aufgabe: Mit den Regeln 1 und 2 bzw. 1 und 3 wird das erste ab erzeugt;
   mit der neuen Regel 4 und Regel 3 bzw. 2 wird daran $abab$ angefügt, so dass
   insgesamt eine ungerade Anzahl an ab entsteht.

f)   i. Ja, L_1 ist regulär.
         reguläre Grammatik:
         $G = (\{S, A, B, C\}, \{a, b\}, P, S)$, wobei

$$
\begin{aligned}
P = \{S &\to aA \\
A &\to bB \\
B &\to aC \\
C &\to bS \mid b\}
\end{aligned}
$$

      nichtdeterministischer Automat:

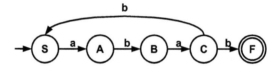

     ii. Ja, denn jede reguläre Sprache ist auch kontextfrei.

    iii. Nein, L_2 ist nicht regulär. Nachweis durch Pumping-Lemma:
         Sei n die Pump-Zahl und $(ab)^n(ba)^n \in L_2$: dann muss es eine Zerlegung
         uvw geben mit $|uv| \le n$. v muss also eine Teilmenge von $(ab)^n$ sein.
         Wird v nun gepumpt, so ist die Anzahl der ab-Paare nicht mehr gleich
         der Anzahl der ba-Paare und damit ist das gepumpte Wort nicht mehr
         Element von L_2.

    iv. Ja, eine kontextfreie Grammatik für L_2 ist:
        $G = (\{S, A, B\}, \{a, b\}, P, S)$, wobei

$$
\begin{aligned}
P = \{S &\to ASB \mid abba \\
A &\to ab \\
B &\to ba\}
\end{aligned}
$$

Herbst 04 - Thema 2

Aufgabe 1

Es sei E die Menge aller Wörter über dem Alphabet $\{0,1\}$, die mit 01 enden.

a) Geben Sie einen regulären Ausdruck an, der E beschreibt.

b) Geben Sie einen deterministischen endlichen Automaten an, der E akzeptiert!

c) Beschreiben Sie die natürlichen Zahlen, deren Binärdarstellung in E liegt, auf andere Weise.

DEA, regulärer Ausdruck, Sprache

a) $(0|1)^*01$

b)

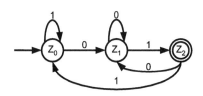

c) Es sind alle natürlichen Zahlen n mit der Eigenschaft $n \mod 4 = 1$ ($n = 4*x+1$).

Aufgabe 2

Geben Sie eine kontextfreie Grammatik an, die die Sprache
$A =_{def} \{uvv^R ww^R u^R : u,v,w \in \{a,b\}^*\}$ erzeugt.
Dabei ist $(a_1 a_2 ... a_n)^R =_{def} a_n ... a_2 a_1$ für alle $a_1 a_2 ... a_n \in \{a,b\}$.

Sprache, kontextfreie Grammatik

$G = (\{S,A,B\}, \{a,b\}, P, S)$, mit

$$P = \{S \quad \to aSa \mid bSb \mid AA$$
$$A \quad \to aAa \mid bAb \mid \varepsilon\}$$

Mit den ersten beiden Regel wird uu^R erzeugt. Analog werden vv^R und ww^R mit A erzeugt.

Aufgabe 3

(Einband-)-
Turing-
maschine

Man gebe eine Turingmaschine mit einem Band an, die die Funktion
$f : \{0,1\}^* \to \{0,1\}^*$ definiert durch:

$$f(w) =_{def} \begin{cases} 1, \text{ falls die Anzahl der Einsen in } w \text{ durch 3 teilbar ist} \\ 0 \text{ sonst} \end{cases}$$

berechnet.

Hierfür lässt sich sogar ein deterministischer endlicher Automat einfach angeben:

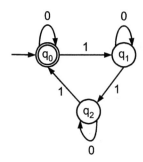

Analog dazu lässt sich auch eine Turing-Maschine $M = (Z, \Sigma, \Gamma, \delta, q_0, \square, F)$ konstruieren:

δ :	q_0	q_1	q_2
0	$(q_0, 0, R)$	$(q_1, 0, R)$	$(q_2, 0, R)$
1	$(q_1, 1, R)$	$(q_2, 1, R)$	$(q_0, 1, R)$
$\square$	$(q_0, 1, N)$	$(q_1, 0, N)$	$(q_2, 0, N)$

$Z = \{q_0, q_1, q_2\}$, $\Sigma = \{0,1\}$, $\Gamma = \{0,1,\square\}$, $F = \{q_0\}$
Auf dem Feld, auf das der Schreib-/Lesekopf am Ende zeigt, steht der gewünschte
Ausgabewert.

Aufgabe 4

nichtdeter-
ministi-
scher
Algorith-
mus,
Partitions-
problem,
Laufzeit

Geben Sie einen nichtdeterministischen Algorithmus an, der das Partitions-
problem $PARTITION =_{def} \{(a_1, a_2, ..., a_m) : m, a_1, a_2, ..., a_m \in \mathbb{N} \wedge$
$$\exists I (I \subseteq \{1, ..., m\} \wedge \sum_{i \in I} a_i = \sum_{i \notin I} a_i$$

- Sei $I = \{1, ..., m\}$, $\bar{I} = \emptyset$.
- Schleifenbeginn: während $\sum_{i \in I} a_i > \sum_{i \notin I} a_i$.
- Wähle ein beliebiges $i \in I$ aus.

- Setze $I = I \backslash \{i\}$, $\bar{I} = \bar{I} \cup \{i\}$.
- Prüfe, ob $\sum\limits_{i \in I} a_i = \sum\limits_{i \notin I} a_i$.
- Falls ja, dann beende und gebe ja aus.
- Falls nein und $\sum\limits_{i \in I} a_i < \sum\limits_{i \notin I} a_i$, beende und gebe nein aus.
- Sonst beginne wieder mit der Schleife.

Die Schleife wird maximal m-mal durchlaufen und hat deshalb die Komplexität $O(m)$. Die einzelne Anweisung vor der Schleife hat Komplexität $O(1)$ und beeinflusst dadurch die Gesamtkomplexität nicht. In der Schleife kann die Zwischensumme in Variablen gespeichert werden, so dass für die Prüfung nur eine Addition, eine Subtraktion und ein Vergleich notwendig sind. Es wird hierfür insbesondere keine Schleife benötigt. Insgesamt hat der Algorithmus eine Komplexität $O(m)$, ist also nur von der Anzahl der eingegebenen Objekte abhängig.

Aufgabe 6

Zustands-automat

Ein Kaffeeautomat wird durch 3 Knöpfe bedient. Diese können nur gedrückt werden, falls keine Lampe blinkt. Nach dem Einschalten mit Knopf 1 wird das Wasser aufgeheizt, Lampe 1 blinkt. Ist dieser Vorgang beendet, so leuchtet Lampe 1 und durch Druck auf Knopf 2 kann das Mahlen und Ausgießen des Kaffees erreicht werden. Während dieses Vorganges blinkt Lampe 2. Durch Druck auf Knopf 3 wird Dampf bereitet, Lampe 3 blinkt. Ist diese Aufbereitung fertig (Lampe 3 leuchtet nun), so kann durch Knopf 2 Dampf abgelassen werden. Während dieses Vorganges blinkt Lampe 2. Durch erneuten Druck auf Knopf 3 kann zur Kaffee-Ausgabe zurückgeschaltet werden, wieder blinkt Lampe 3. Knopf 1 schaltet in jedem Modus den Automat aus. Modellieren Sie diesen Sachverhalt durch einen Zustandsautomaten.

Je nach Interpretation der Aufgabenstellung sind hier verschiedene Modellierungen möglich.

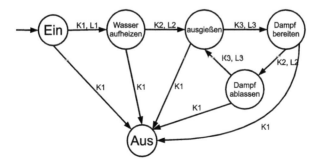

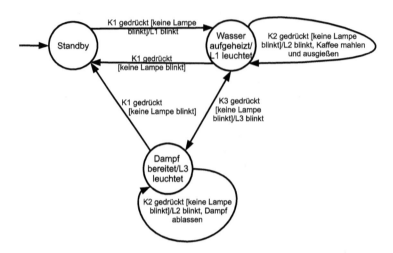

Frühjahr 05 - Thema 1

Aufgabe 2

regulär,
kontextfrei,
Pumping-
Lemma,
Keller-
automat

a) Was ist eine reguläre Sprache und was ist eine kontextfreie Sprache? Definieren Sie die beiden Begriffe und erklären Sie, worin sich die beiden Sprachklassen unterscheiden. Formulieren Sie das Pumpinglemma für reguläre Sprachen.

b) Gegeben sei die Sprache
$L = \{w \in \{a, b\}^* | |w|_a = |w|_b$, und für jedes Präfix p von w gilt $|p|_b \leq |p|_a\}$.
Dabei bezeichnet $|w|_x$ für einen Buchstaben x die Anzahl der Vorkommen von x in w.

   b1) Welche der folgenden Worte sind in der Sprache L enthalten:
abab, baba, aaabba, aababbab?
Begründen Sie kurz Ihre Antwort.

   b2) Zeigen Sie, dass L nicht regulär ist.

   b3) Zeigen Sie, dass die Sprache L kontextfrei ist, indem Sie einen Kellerautomaten $K = (Z, \Sigma, \Gamma, \delta, z, \#, \emptyset)$ finden, der L mit leerem Keller akzeptiert, und erläutern Sie kurz die Funktionsweise von K, geben Sie eine Folge von Konfigurationen an, die K beim Akzeptieren des Wortes *abaabbab* durchläuft.

  ✎ a) *(Vergleiche hierzu [THEO])*
Eine Typ-1-Grammatik ist vom *Typ 2* oder *kontextfrei*, falls für alle Regeln $w_1 \rightarrow w_2$ in P gilt, dass w_1 eine einzelne Variable ist, d. h. $w_1 \in V$.
Eine Typ-2-Grammatik ist vom *Typ 3* oder *regulär*, falls zusätzlich gilt:
$w_2 \in \Sigma \cup \Sigma V$, d. h. die rechten Seiten von Regeln sind entweder einzelne

Terminalzeichen oder ein Terminalzeichen gefolgt von einer Variablen.
Eine Sprache $L \subseteq \Sigma^*$ heißt kontextfrei (regulär), falls es eine kontextfreie (reguläre) Grammatik G gibt, mit $L(G) = L$.
Bei kontextfreien Grammatik ist es möglich, dass auf der rechten Seite der Regeln mehrere Variablen stehen. Das Wort kann also bei der Ableitung an mehreren Stellen wachsen. Bei regulären Grammatiken wachsen die Worte immer von links nach rechts.

Das **Pumping-Lemma für reguläre Sprachen** lautet: *(nach [THEO])*

> Sei L eine reguläre Sprache. Dann gibt es eine Zahl $n \in \mathbb{N}$, so dass sich alle Wörter $x \in L$ mit $\mid x \mid \geq n$ zerlegen lassen in $x = uvw$, so dass folgende Eigenschaften erfüllt sind:
>
> 1) $\mid v \mid \geq 1$
>
> 2) $\mid uv \mid \leq n$
>
> 3) $\forall_{i \geq 0} uv^i w \in L$

b) b1) *baba* ist nicht in L enthalten, denn für das Präfix $p = b$ gilt $|p|_b = 1$ und $|p|_a = 0$. Auch *aaabba* ist offensichtlich nicht in L enthalten - hier wird zwar die Präfixbedingung erfült, aber im Wort w selbst sind nicht gleich viele a und b enthalten. Die beiden anderen Worte erfüllen diese Bedingung. Bei *abab* besitzen alle Präfixe (a, ab, aba) nicht mehr b als a - es ist also in L enthalten. Die analoge Folgerung gilt für *aababbab* mit den Präfixen $a, aa, aab, aaba, aabab, aababb, aababba$.

b2) Man betrachtet ein beliebiges Wort $x = a^n b^n$ aus L. Es besitzt offensichtlich gleich viele a wie b. Man zerlegt es nun nach den Bedingungen 1) und 2) des Pumping-Lemma in der Form $x = uvw$, wobei $uv = a^n, v = a$. Versucht man nun zu pumpen, so ergibt sich für $i = 0$ das Wort $a^{n-1} b^n$, das nicht aus L ist. Somit ist L nicht regulär.

b3) $M = (\{S, E, F\}, \{a, b\}, \{A, B, E\}, \delta, S, \#)$

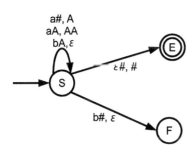

Das leere Wort führt zum Übergang in den Endzustand. Jedes gelesene a wird in den Keller geschrieben. Für jedes gelesene b wird wieder ein a aus dem Keller gelöscht. Somit kann der Automat nur dann in den Endzustand übergehen, wenn das Wort gleich viele a und b enthält. Wird zu irgendeinem Zeitpunkt bei leerem Keller ein b gelesen, so geht der Automat in den Fehlerzustand über. Somit kann auch jedes Präfix des Wortes nur maximal so viele b wie a besitzen.

Parameter			Funktionswert	
Zustand	Eingabe	Keller	Zustand	Keller
S	a	#	S	A
S	a	A	S	AA
S	b	A	S	ε
S	b	#	F	ε
S	ε	#	E	#

noch zu lesendes Wort	Zustand	Keller
$abaabbab$	S	#
$baabbab$	S	A
$aabbab$	S	#
$abbab$	S	A
$bbab$	S	AA
bab	S	A
ab	S	#
b	S	A
ε	S	#
	E	#

Frühjahr 05 - Thema 2

Aufgabe 1

*regulärer
Ausdruck,
Gram-
matik,
DEA*
Betrachten Sie die beiden regulären Ausdrücke über dem Alphabet $\Sigma = \{a, b\}$:
$$\alpha = ab(aab)^*, \beta = (aba)^*ab$$

a) Zeigen Sie die Äquivalenz der beiden Ausdrücke d. h. $\mathcal{L}(\alpha) = \mathcal{L}(\beta)$.

b) Geben Sie eine Grammatik an, die $\mathcal{L}(\alpha)$ erzeugt.

c) Geben Sie einen deterministischen endlichen Automaten an, der $\mathcal{L}(\alpha)$ akzeptiert.

a) zu zeigen ist: $ab(aab)^n = (aba)^n ab$ für alle $n \in \mathbb{N}_0$
Induktionsvoraussetzung: $n = 0 \Rightarrow ab\varepsilon = ab = \varepsilon ab$
Induktionsannahme: $ab(aab)^n = (aba)^n ab$ gelte für n
Induktionsschluss:
$ab(aab)^{n+1} = ab(aab)^n aab \overset{I.A.}{=} (aba)^n abaab = (aba)^{n+1} ab$

b) $G = (\{S\}, \{a, b\}, \{S \rightarrow Saab|ab\}, S)$

c)
$M = (Z, \Sigma, \delta, S, \{F\})$
$Z = \{S, A, B, C, F\}$
$\Sigma = \{a, b\}$

	S	A	B
a	A	$\emptyset$	S
b	$\emptyset$	B	$\emptyset$

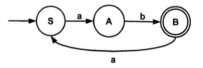

Aufgabe 2

Es seien $\Sigma = \{a, b\}$ und $\Gamma = \{a, b, c\}$ Alphabete. Betrachten Sie die Sprachen
$$L = \{w \in \Sigma^*; |w|_{ab} = |w|_{ba}\} \text{ und } L' = \{w \in \Gamma^*; |w|_{ab} = |w|_{ba}\}$$
aller Wörter, in denen das Teilwort ab genauso oft vorkommt, wie das Teilwort ba. (Beachten Sie: als Wortmengen sind L und L' identisch, aber es wird auf unterschiedliche Alphabete Bezug genommen!)

a) Zeigen Sie, dass die Sprache $L \subseteq \Sigma^*$ regulär ist, indem Sie sowohl einen regulären Ausdruck als auch einen akzeptierenden endlichen Automaten für L angeben.

b) Zeigen Sie, dass die Sprache $L' \subseteq \Gamma^*$ nicht regulär ist, indem Sie (beispielsweise) nachweisen, dass L' unendlichen Index $\mathcal{I}(L')$ in Γ^* hat.

c) Zeigen Sie, dass die Sprache $L' \subseteq \Gamma^*$ kontextfrei ist, indem Sie einen Kellerautomaten über Γ konstruieren, der L' akzeptiert.

reguläre Sprache, regulärer Ausdruck, endlicher Automat, Kellerautomat, kontextfreie Sprache, Index

a) Der reguläre Ausdruck lautet $(a^+b^+a^+ | b^+a^+b^+)^* | a^* | b^*$.

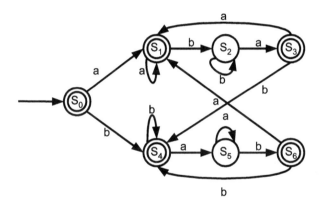

b) Da die Anzahl der Äquivalenzklassen gleichbedeutend mit dem Index ist, werden im Folgenden Äquivalenzklassen gesucht. In einer Äquivalenzklasse müssen alle Wörter enthalten sein, die einen Automaten in den gleichen Zustand (beim Kellerautomaten wie hier zusätzlich mit der gleichen Kellerbelegung) überführen. Für Wörter der Form $(ab)^n(ba)^n$ entsteht z. B. die Kellerbelegung B^n bevor die ba abgearbeitet werden. Jede dieser Kellerbelegungen gehört zu einer eigenen Äquivalenzklasse, sodass für diese Wörter bereits unendlich viele Äquivalenzklassen existieren. Der Index ist somit unendlich, die Sprache also nicht regulär.

c)

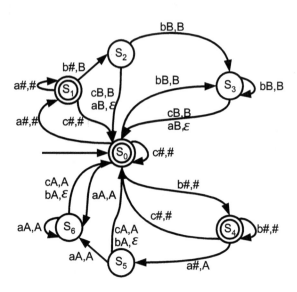

Aufgabe 3

Minimali-
sierungs-
operation,
μ-Operator

In dieser Aufgabe bezeichne μ den Operator der *Minimalisierung*, der einer $(k+1)$-stelligen (partiellen) Funktion $f : \mathbb{N}^{k+1} \to \mathbb{N}$ eine k-stellige (partielle) Funktion $\mu(f) : \mathbb{N}^k \to \mathbb{N}$ zuordnet.

a) Geben Sie die Definition von $\mu(f)$ an, wobei Sie der genauen Beschreibung des Definitionsbereichs besondere Beachtung schenken sollten. Insbesondere: welche unterschiedlichen Gründe können dafür verantwortlich sein, dass $\mu(f)$ für ein $(x_1, ..., x_k) \in \mathbb{N}^k$ nicht definiert ist?

b) Es sei nun f die zweistellige (partielle) Funktion

$$f(x,y) = \begin{cases} |x - y| & \text{falls } x \neq 3 \text{ und } y \neq 3 \\ y + 3 & \text{falls } x = 3 \\ \uparrow & \text{falls } x \neq 3 \text{ und } y = 3 \end{cases}$$

Dabei steht $\uparrow$ für „undefiniert". Berechnen Sie $\mu(f)$.

a) Sei f eine gegebene $k + 1$-stellige Funktion. Die durch Anwendung des μ-Operators auf f entstehende Funktion ist $\mu(f) = g : \mathbb{N}^k \to \mathbb{N}$ mit

$$g(x_1, ..., x_k) = \left\{ n \mid \begin{array}{l} f(n, x_1, \ldots, x_k) = 0 \text{ und} \\ \forall_{m<n} \text{ ist } f(m, x_1, \ldots, x_k) \text{ definiert} \end{array} \right\}.$$

Hierbei wird $min\emptyset = \uparrow$ gesetzt. Das heißt durch Anwenden des μ-Operators können tatsächlich partielle Funktionen entstehen. Ein Grund dafür kann sein, dass f keine Nullstellen besitzt, ein anderer, dass f zwar Nullstellen hat, aber vor diesen Nullstellen bereits (mindestens) eine Definitionslücke liegt. *(vgl. hierzu [THEO])* ✏

b) *Zur besseren Übersichtlichkeit zuerst ein Auszug einer Wertetabelle von* $f(x,y)$:

y \ x	0	1	2	3	4	5
0	0	1	2	3	4	5
1	1	0	1	4	3	4
2	2	1	0	5	3	3
3	$\uparrow$	$\uparrow$	$\uparrow$	6	$\uparrow$	$\uparrow$
4	4	3	2	7	0	1
5	5	4	3	8	1	0

Die Nullstellen von f liegen also alle auf der Diagonalen der Wertetabelle, treten also jeweils für $x = y$ auf. Ab $x = y = 4$ ist aber die zweite Bedingung nicht mehr erfüllt, so dass sich ergibt: $\mu(f) = g(y) = min\{0,1,2\} = 0$

Herbst 05 - Thema 1

Aufgabe 1

Es sei $\Sigma = \{a,b\}$. Für Wörter w in Σ^* bezeichne $|w|$ die Länge von w und $|w|_x$ die Anzahl der Vorkommen des Symbols $x \in \Sigma$ in w. Die Sprache $L \subseteq \Sigma^*$ enthält alle Wörter w mit der folgenden Eigenschaft $|w|_a = |w|_b$ und für alle Präfixe (Anfangsstücke) u von w gilt $||u|_a - |u|_b| \le 1$. Beim Lesen von w von links nach rechts unterscheiden sich die Anzahlen der a und b also um nie mehr als 1 und am Ende sind es genauso viele a wie b.

a) Geben Sie ein Wort $w \in L$ mit $|w| = 10$ an!
b) Geben Sie einen endlichen deterministischen Automaten für L an!
c) Geben Sie einen regulären Ausdruck für L an! Begründen Sie dabei die Korrektheit des Ausdrucks!
d) Die Sprache L' ist definiert durch $L' = \{w : |w|_a = |w|_b$ und für alle Präfixe u von w gilt $|u|_a - |u|_b \le 1\}$. Zeigen Sie mit Hilfe des Pumpinglemma, dass L' nicht regulär ist!
e) Geben Sie eine kontextfreie Grammatik für L' an! Erklären Sie die Funktionsweise Ihrer Grammatik! Ein Beweis der Korrektheit ist nicht verlangt.

deterministischer Automat, regulärer Ausdruck, Pumping-Lemma, reguläre Sprache, kontextfreie Grammatik

a) *ababababab, babababababa* oder *abbabaabba*

b)

$M = (Z, \Sigma, \delta, S_0, S_0)$

$Z = \{S_0, S_1, S_2\}$

$\Sigma = \{a, b\}$

	S_0	S_1	S_2
a	S_2	S_0	$\emptyset$
b	S_1	$\emptyset$	S_0

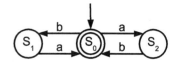

c) $((ab)|(ba))^*$

Begründung:

Da immer ein a und ein b gleichzeitig eingefügt werden, ist $|w|_a = |w|_b$ sicher erfüllt. Auch der Unterschied der Anzahlen der a und b kann nie größer als 1 werden, denn sobald eines der beiden Zeichen einmal mehr vorkommt, wird auf Grund des „paarweise Einfügens" das andere Zeichen geschrieben.

d) Annahme:

L' ist regulär. Sei $w = b^n a^n$. $|b^n a^n| \geq n$. $w = xyz$ und es gilt $|y| \geq 1, |xy| \leq 1$. Somit besteht xy nur aus b, also $xy = b^m$ und $x = b^k$ mit $1 \leq k \leq m < n$. $|xy^2z|_b = n + 1 \neq n = |xy^2z|_a \Rightarrow xy^2z \notin L'$

Es ergibt sich ein Widerspruch. L' ist also nicht regulär.

e) $S \rightarrow aAb|bSa|SS|\varepsilon$

$A \rightarrow bAa|S$

- Das leere Wort muss in L' enthalten sein.
- Wegen $|w|_a = |w|_b$ müssen a und b gleichzeitig erzeugt werden.
- Ein Wort kann mit a starten.
- Wegen $|u|_a - |u|_b \leq 1\}$ muss mit jedem a im nächsten Schritt ein b erzeugt werden.
- Regel $S \rightarrow SS$ dient zur Erzeugung von Wörtern wie *baab*.

Herbst 05 - Thema 2

Aufgabe 1

*determinis-
tischer
Automat,
reguläre
Sprache*

Sei L_n die Sprache aller Wörter über $\{a, b\}$, für die gilt $l_a(w) + 2l_b(w) = 3n$ ($n \in \mathbb{N}_0$), wobei $l_x(w)$ die Anzahl der Vorkommen des Symbols x im Wort w ist.

a) Geben Sie einen deterministischen erkennenden Automaten zu L_3 an.

b) Zeigen Sie, dass L_n regulär ist für jedes $n \in \mathbb{N}$.

a)

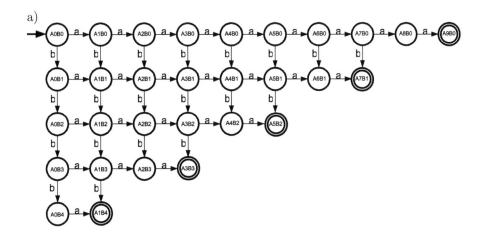

b) Nach dem gleichen Schema kann für jedes L_n ein endlicher Automat gebaut
   werden. Dieser hat auf jeden Fall auch nur endlich viele Zustände, da jedes
   Wort aus $(3n - 2k)$ a's und $2k$ b's besteht. Mit dem Startzustand ergibt sich
   für die Anzahl der Zustände: $\sum_{k=0}^{\frac{3n}{2}} (3n + 1 - 2k)$.

Aufgabe 3

Sei $gn : \{a, b, c\}^* \to \mathbb{N}$ definiert durch:

bijektive, assoziative Funktion

- $gn(\text{leeres Wort}) = 0, gn(a) = 1, gn(b) = 2, gn(c) = 3,$
- $gn(ws) = 3gn(w) + gn(s) \quad (w \in \{a, b, c\}^*, s \in \{a, b, c\})$

a) Berechnen Sie $gn(abc)$.

b) Zeigen Sie, dass gn bijektiv ist.

c) Berechnen Sie $gn^{-1}(123)$.
   - Sei *numconc* die Funktion mit $numconc(x, y) = z$ genau dann, wenn
     es Wörter $u, v \in \{a, b, c\}^*$ gibt mit $x = gn(u), y = gn(v)$ und
     $z = gn(uv)$.
   - Sei *numlength* die Funktion mit $numlength(x) = $ Länge von $gn^{-1}(x)$.

d) Berechnen Sie $numconc(13, 123)$.

e) Geben Sie einen Term $t(x, y)$ für $numconc(x, y)$ an, der numlength enthalten darf!

f) Zeigen Sie, dass numconc assoziativ ist.

a) $gn(abc) = 3gn(ab) + gn(c) = 3 \cdot 3gn(a) + 3gn(b) + gn(c) = 9 + 6 + 3 = 18.$

b) Bijektivität ist (unter anderem) dann gegeben, wenn die Umkehrfunktion gn^{-1} existiert. Diese kann explizit angegeben werden:

$$gn^{-1}(x) = \begin{cases} \varepsilon & \text{falls } x = 0 \\ a & \text{falls } x = 1 \\ b & \text{falls } x = 2 \\ c & \text{falls } x = 3 \\ gn^{-1}(x \div 3)c & \text{falls } x > 3 \wedge x \mod 3 = 0 \\ gn^{-1}(x \div 3)gn^{-1}(x \mod 3) & \text{sonst} \end{cases}$$

c)

$$\begin{aligned} gn^{-1}(123) &= gn^{-1}(123 \div 3)gn^{-1}(123 \mod 3) = gn^{-1}(41)c \\ &= gn^{-1}(41 \div 3)gn^{-1}(41 \mod 3)c \\ &= gn^{-1}(13)gn^{-1}(2)c \\ &= gn^{-1}(13 \div 3)gn^{-1}(13 \mod 3)gn^{-1}(2)c \\ &= gn^{-1}(4)gn^{-1}(1)gn^{-1}(2)c \\ &= gn^{-1}(4 \div 3)gn^{-1}(4 \mod 3)gn^{-1}(1)gn^{-1}(2)c \\ &= gn^{-1}(1)gn^{-1}(1)gn^{-1}(1)gn^{-1}(2)c \\ &= aaabc \end{aligned}$$

d) Um $numconc(13, 123)$ zu berechnen, werden zunächst die Wörter u und v benötigt, mit $13 = gn(u)$ und $123 = gn(v)$. Nach Teilaufgabe c) ist $u = aaa$ und $v = aaabc$. Daraus folgt:
$numconc(13, 123) = gn(gn^{-1}(x) \cdot gn^{-1}(y)) = gn(aaaaaabc) = 3^5 \cdot 13 + 123 = 3282$

e) In Analogie zur Lösung von Teilaufgabe d) gilt
$t(x, y) = 3^{numlength(gn^{-1}(y))} \cdot x + y.$

f) Es ist zu zeigen, dass
$numconc(numconc(x, y), z) = numconc(x, numconc(y, z))$

$$\begin{aligned} numconc(numconc(x, y), z) &= gn(gn^{-1}(numconc(x, y))gn^{-1}(z)) \\ &= gn(gn^{-1}(gn(gn^{-1}(x)gn^{-1}(y)))gn^{-1}(z)) \\ &= gn((gn^{-1}(x)gn^{-1}(y))gn^{-1}(z)) \\ &= gn(gn^{-1}(x)gn^{-1}(y)gn^{-1}(z)) \\ &= gn(gn^{-1}(x)(gn^{-1}(y)gn^{-1}(z))) \\ &= gn(gn^{-1}(x)gn^{-1}(gn((gn^{-1}(y)gn^{-1}(z))))) \\ &= gn(gn^{-1}(x)gn^{-1}(numconc(y, z))) \\ &= numconc(x, numconc(y, z)) \end{aligned}$$

Frühjahr 06 - Thema 1

Aufgabe 2

Gegeben sei folgende Grammatik:

$G : (\{S\}, \{+, x, y, z\}, \{S \rightarrow S + S, S \rightarrow z, S \rightarrow x, S \rightarrow y\}, S)$

Sprache, eindeutige Grammatik

1.1. Welche Sprache L wird von G erzeugt (ohne Beweis)?

1.2. Beweisen oder widerlegen Sie: Die Grammatik G ist eindeutig.

1.3. Ist die Sprache L eindeutig? Begründen Sie Ihre Antwort.

1.1. Es werden alle Additionsterme mit x, y, z erzeugt: $((x \mid y \mid z)+)^*(x \mid y \mid z)$

1.2. Der Ausdruck $x + x + x$ besitzt z. B. mehrere Ableitungsbäume:

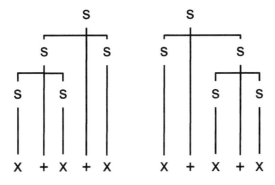

1.3. Ja, die Sprache ist eindeutig, weil eine eindeutige Grammatik mit den Produktionsregeln
$S \rightarrow S + x \mid S + y \mid S + z$
$S \rightarrow x \mid y \mid z$
existiert.

Aufgabe 2

Gegeben sei folgende Grammatik:

$G : (\{S, M\}, \{x, \#\}, \{S \to SMx, S \to \#, xM \to Mx, \#M \to xx\#\}, S)$

2.1. Welchen Typ (Namen und Nummer in der Chomsky-Hierarchie) hat die Grammatik G?

2.2. Welche Sprache L wird von G erzeugt (ohne Beweis)?

2.3. Zu welchen Sprachtypen gehört die Sprache L und zu welchen gehört sie nicht? Zitieren Sie, soweit möglich, die Chomsky-Hierarchie. Geben Sie an der entscheidenden Stelle eine erzeugende Grammatik an und benutzen Sie das entsprechende Pumping-Lemma.

2.1. Bei der Regel $xM \to Mx$ steht auf der linken Seite außer der Variablen ein Terminalzeichen, also ist die Grammatik vom Typ 1 (kontextsensitiv).

2.2. Durch Ausprobieren erhält man immer Wörter, die doppelt so viele x vor $\#$ enthalten wie danach. Alle Wörter sind also von der Form $x^{2n}\#x^n$.

2.3. Das **Pumping-Lemma für kontextfreie Sprachen** lautet (*nach [THEO]*):

> Sei L eine kontextfreie Sprache. Dann gibt es eine Zahl $n \in \mathbb{N}$, so dass sich alle Wörter $z \in L$ mit $\mid z \mid \geq n$ zerlegen lassen in $z = uvwxy$ mit folgenden Eigenschaften:
>
> (a) $\mid vx \mid \geq 1$
>
> (b) $\mid vwx \mid \leq n$
>
> (c) $\forall_{i \geq 0}\ uv^i wx^i y \in L$

Sei $m, n \in \mathbb{N}$, $z = uvwxy$, $z = x^{2m}\#x^m$, $\mid z \mid \geq n$.
Wähle nun $w = \#$, $v = xx$, $x = x$.
$\implies \mid u \mid = 2m - 2$, $\mid y \mid = m - 1$
z sieht also folgendermaßen aus: $z = x^{2m-2}(xx)\#(x)x^{m-1}$
Da $\mid vx \mid = 3$, ist die erste Eigenschaft gewährleistet.

Damit die zweite Eigenschaft erfüllt ist, muss gelten $\mid vwx \mid = 4 \leq n$, also $n \geq 4$.
Das „Aufpumpen" von z führt nun zu

$$uv^i wx^i y = x^{2m-2}(xx)^i\#(x)^i x^{m-1}$$
$$= x^{2m-2+2i}\#x^{m-1+i}$$
$$= x^{2(m-1+i)}\#x^{m-1+i} \quad \in L$$

$\implies$ Für alle $z \in L$ mit $\mid z \mid \geq 4$ sind alle Eigenschaften des Pumping-Lemma erfüllt. Es ergibt sich also kein Widerspruch und somit sind keine weiteren Aussagen möglich.

Eine kontextfreie Grammatik für L ist:

$$G' = (\{S\}, \{x, \#\}, \{S \to xxSx, S \to \#\}, S)$$

L ist also kontextfrei, da die Sprache durch eine kontextfreie Grammatik erzeugt werden kann.

Somit ergibt sich die Frage: Ist L sogar regulär?

Das **Pumping-Lemma für reguläre Sprachen** lautet (*nach [THEO]*):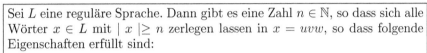

> Sei L eine reguläre Sprache. Dann gibt es eine Zahl $n \in \mathbb{N}$, so dass sich alle Wörter $x \in L$ mit $\mid x \mid \geq n$ zerlegen lassen in $x = uvw$, so dass folgende Eigenschaften erfüllt sind:
>
> (a) $\mid v \mid \geq 1$
>
> (b) $\mid uv \mid \leq n$
>
> (c) $\forall_{i \geq 0}\, uv^i w \in L$

Sei wieder $m, n \in \mathbb{N}$, $z = uvw$, $z = x^{2m} \# x^m$, $\mid z \mid = 3m + 1 \geq n$.
Nun wähle $n = 3m$.

1. Fall: $\# \in v$
  $\mid v \mid \geq 1$ womit die erste Eigenschaft erfüllt ist; da aber jedes $z \in L$ genau eine $\#$ enthalten muss, ist $uv^i w \notin L$ und folglich kann die dritte Eigenschaft nie erfüllt werden.

2. Fall: $v = x$ und $u = x^{2m-1}$, $w = \# x^m$
  Wieder ist $\mid v \mid \geq 1$; da $\mid uv \mid = 2m < 3m$ gilt, ist auch die zweite Eigenschaft erfüllt.
  Das Aufpumpen von z ergibt: $uv^i w = x^{2m-1} x^i \# x^m \notin L$, da die Anzahl der x vor $\#$ nicht mehr doppelt so groß ist wie nach $\#$ und damit die dritte Eigenschaft verletzt ist.

3. Fall: $v = x$ und $u = x^{2m}\#$, $w = x^{m-1}$
  Um die zweite Eigenschaft $\mid uv \mid = 2m + 2 \leq 3m$ zu erfüllen, muss $m \geq 2$ sein.
  Wiederum ist die dritte Eigenschaft verletzt.
  $uv^i w = x^{2m} \# x^i x^{m-1} \notin L$, da für $i > 1$ nach $\#$ mehr als halb so viele x stehen wie vor $\#$.

Auch wenn v aus mehreren x besteht, kann die dritte Eigenschaft nie erfüllt werden (analog zu Fall 2 und 3), so dass gezeigt ist, dass es KEINE Zerlegung von z gibt, die das Pumping-Lemma erfüllt.
Damit ist gezeigt, dass L nicht regulär ist.

Anmerkung:
Im Sinne der Aufgabenstellung hätte das Pumping-Lemma nur für den Beweis der Nicht-Regularität durchgeführt werden müssen.

Aufgabe 3

Turing-
Maschine

Eine deterministische Turingmaschine ist ein Tupel $(Q, \Sigma, \Gamma, \delta, q_0, B, F)$. Dabei ist Q die endliche Zustandsmenge, Σ das endliche Eingabealphabet, Γ das endliche Bandalphabet, $\delta : Q \times \Gamma \rightarrow Q \times \Gamma \times \{L, R, N\}$ die Übergangsfunktion, $q_0 \in Q$ der Startzustand, B das Blanksymbol und $F \subseteq Q$ eine Menge von Endzuständen. Eine solche deterministische Turingmaschine liest also in jedem Schritt das aktuelle Zeichen unter dem Schreib-/Lesekopf, entscheidet abhängig vom aktuellen Zustand und dem gelesenen Zeichen, welches neue Zeichen geschrieben, in welchen Folgezustand übergegangen und ob dabei der Schreib-/Lesekopf nach rechts (R), nach links (L) oder gar nicht (N) bewegt werden soll.

Sei nun $\Sigma = \{0, 1\}$ und $\Gamma = \{0, 1, B\}$. Konstruieren Sie eine Turingmaschine, welche eine Zahl ungleich Null in Binärdarstellung um Eins dekrementiert und die Zahl Null ggf. unberührt lässt.

Beachten Sie dabei die folgenden Vorgaben:
Auf dem Band steht die angegebene Zahl in Binärdarstellung mit dem niederwertigsten Bit ganz rechts. Führende Nullen sind zugelassen. Beispiel für die Dezimalzahl 13: $BB00001101BB$. Der Schreib-/Lesekopf steht zu Beginn auf dem ersten B links von der Eingabe und soll auch am Ende wieder dort stehen. Schreiben Sie die Übergangsfunktion δ in Tabellenform nieder, pro Zustand eine Spalte, pro Zeile eine Bandsymbol und dann in jeder Zeile den Folgezustand, das zu schreibende Zeichen sowie die Kopfbewegung.

	q_0	q_1	q_2	q_3
0	$(q_0, 0, R)$	$(q_1, 0, L)$	$(q_2, 1, R)$	$(q_3, 0, L)$
1	$(q_0, 1, R)$	$(q_2, 0, R)$		$(q_3, 1, L)$
B	(q_1, B, L)	(q_3, B, N)	(q_3, B, L)	(q_3, B, N)

Hierbei ist $Q = \{q_0, q_1, q_2, q_3\}$ und $F = \{q_3\}$.

Die Turing-Maschine wandert im Zustand q_0 ganz nach rechts bis sie zu einem B kommt. Dort geht sie in den Zustand q_1 über und läuft nach links bis sie zur ersten 1 kommt. Diese 1 wird zu 0 und alle Nullen, die rechts von dieser 1 stehen, werden im Zustand q_2 zu 1. Dadurch ist die Zahl um 1 dekrementiert. Weil der Schreib-/Lesekopf am Ende wieder ganz links stehen soll, läuft die Maschine im Zustand q_3 zur Ausgangsposition und bleibt stehen. Falls nur Nullen auf dem Band stehen, kommt es nicht vor, dass die TM im Zustand q_1 eine 1 liest. Irgendwann erreicht sie das linke B und bleibt stehen.

Aufgabe 4

Gegeben sei folgender nichtdeterministischer, endlicher Automat A_a: *NEA,*
$A_a = (Q, \Sigma, \delta, q_0, \{q_4\})$ *DEA,*
$Q = \{q_0, q_1, q_2, q_3, q_4, q_5\}$ *regulärer*
$\Sigma = \{a, b\}$ *Ausdruck,*
$\delta \subset (Q \times \Sigma) \times Q, \delta = \{((q_0, a), q_1), ((q_0, a), q_2), ((q_0, b), q_3), ((q_2, b), q_4), ((q_3, a), q_4),$ *Minimal-*
$((q_4, a), q_5), ((q_5, a), q_4), ((q_1, a), q_0)\}$ *automat*

4.1. Stellen Sie den Automaten A_a graphisch dar.

4.2. Beschreiben Sie die vom Automaten A_a akzeptierte Sprache durch einen regulären Ausdruck (ohne Beweise).

4.3. Konstruieren Sie aus A_a eine äquivalenten deterministischen, endlichen Automaten A_b und stellen Sie ihn graphisch dar.

4.4. Ist der in 4.3. konstruierte Automat minimal? Begründen Sie Ihre Antwort. Ist der Automat nicht minimal, so geben Sie den Minimalautomaten in graphischer Form an.

4.1.

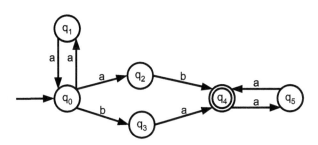

4.2. $(aa)^* ab (aa)^* \mid (aa)^* ba (aa)^*$

4.3. Initialisierung: $Z = \{\{q_0\}\}$, $Z_H = \{\{q_0\}\}$

Zustandsübergänge	Zustandsmenge	Hilfsmenge
$\delta(\{q_0\}, a) = \{q_1, q_2\}$ $\delta(\{q_0\}, b) = \{q_3\}$	$Z = \{\{q_0\}, \{q_1, q_2\}, \{q_3\}\}$	$Z_H = \{\{q_1, q_2\}, \{q_3\}\}$
$\delta(\{q_3\}, a) = \{q_4\}$ $\delta(\{q_3\}, b) = \emptyset$	$Z = \{\{q_0\}, \{q_1, q_2\}, \{q_3\}, \{q_4\}\}$	$Z_H = \{\{q_1, q_2\}, \{q_4\}\}$
$\delta(\{q_1, q_2\}, a) = \{q_0\}$ $\delta(\{q_1, q_2\}, b) = \{q_4\}$	$Z = \{\{q_0\}, \{q_1, q_2\}, \{q_3\}, \{q_4\}\}$	$Z_H = \{\{q_4\}\}$
$\delta(\{q_4\}, a) = \{q_5\}$ $\delta(\{q_b\}, b) = \emptyset$	$Z = \{\{q_0\}, \{q_1, q_2\}, \{q_3\}, \{q_4\}, \{q_5\}\}$	$Z_H = \{\{q_5\}\}$
$\delta(\{q_5\}, a) = \{q_4\}$ $\delta(\{q_5\}, b) = \emptyset$	$Z = \{\{q_0\}, \{q_1, q_2\}, \{q_3\}, \{q_4\}, \{q_5\}\}$	$Z_H = \emptyset$

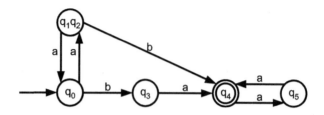

4.4.

$\{q_0\}$	$*^2$			
$\{q_1, q_2\}$	$*^2$	$*^2$		
$\{q_3\}$		$*^2$	$*^2$	
$\{q_4\}$	$*^1$	$*^1$	$*^1$	$*^1$
	$\{q_5\}$	$\{q_0\}$	$\{q_1, q_2\}$	$\{q_3\}$

q_3 und q_5 können also zusammengefasst werden:

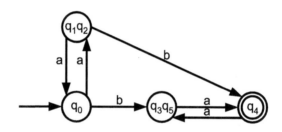

Aufgabe 5

Rucksack-problem, Partitions-problem, NP-voll-ständig

Sei $RUCKSACK := \{(A, g, w, G, W) | A$ endliche Menge, $g : A \to \mathbb{N}, w : A \to \mathbb{N}, G \in \mathbb{N}, W \in \mathbb{N}\}$ und $RUCKSACK^+ := \{(A, g, w, G, W) \in RUCKSACK | \exists B \subseteq A : \sum_{a \in B} g(a) \leq G \wedge \sum_{a \in B} w(a) \geq W\}$.

Das *Rucksackproblem* besteht darin für ein gegebenes Tupel $x = (A, g, w, G, W) \in RUCKSACK$ zu entscheiden, ob $x \in RUCKSACK^+$ gilt.

Sei $TEILE := \{A | A \subset \mathbb{N}$ endlich$\}$ und $TEILE^+ := \{A \in TEILE | \exists B \subseteq A : \sum_{b \in B} b = \sum_{b \in A \setminus B} b\}$.

Das *Teileproblem* besteht darin für eine gegebene Menge $A \in TEILE$ zu entscheiden, ob $A \in TEILE^+$ gilt. Das *Teileproblem* ist NP-vollständig.

5.1. Beschreiben Sie einen nichtdeterministischen Algorithmus zur Lösung des Rucksackproblems in polynomieller Zeit abhängig von der Länge der Eingabe.

5.2. Zeigen Sie, dass das *Teileproblem* polynomiell auf das Rucksackproblem reduziert werden kann $TEILE^+ \leq_{pol} RUCKSACK^+$.

5.3. Schließen Sie daraus formal die NP-Vollständigkeit des Rucksackproblems.

5.1. *Eine etwas ausführlichere Definition des Rucksackproblems:*

Gegeben ist ein Rucksack mit maximaler Tragfähigkeit m und n Gegenständen $G_{1 \leq i \leq n}$ unterschiedlichen Gewichts $g_{1 \leq i \leq n}$ sowie Werten $w_{1 \leq i \leq n}$. Packe den Rucksack so, dass der Wert maximal wird, aber die Tragfähigkeit nicht überschritten wird!

(1) Lese die zu untersuchenden Werte von A ein.

(2) Setze $B = \emptyset$.

(3) Schleifenbeginn:
Wähle eines der Elemente aus A und füge es B hinzu (dies ist der Rateschritt).

(4) Prüfe, ob mit diesem B das Rucksackproblem gelöst ist.

(5) Falls JA ausgegeben wird, gib ebenfalls JA aus und halte an.

(6) Falls NEIN ausgegeben wird, gehe wieder zum Schleifenbeginn.

5.2. *Im Folgenden wird der Beweis umgekehrt geführt wie in [THEO] Kap. 3.3.* ✐ *Desweiteren wird zur Vereinfachung nur die maximale Kapazität W betrachtet.*

Für die Reduktion wird eine Abbildung benötigt, die in diesem Fall wie folgt aussieht ($M = \sum\limits_{i=1}^{k} w_i$):

$$(w_1, w_2, \ldots, w_k, M - W + 1, W + 1) \longmapsto (w_1, w_2, \ldots, w_k, W)$$

Die Werte auf der linken Seite sollen nun das *Teileproblem* lösen. D. h. die $k + 2$ Werte werden in eine Menge J und eine Menge $\bar{J}$ aufgespalten, deren Summe gleich groß ist.
$M - W + 1$ und $W + 1$ können nicht in der gleichen Menge enthalten sein, denn

$$(M - W + 1) + (W + 1) = M + 2 > \sum\limits_{i=1}^{k} w_i = W$$

O.b.d.A. sei $M - W + w \in J$

$$J = (M - W + 1) + M_1 \qquad \bar{J} = (W + 1) + M_2$$

wobei $M_1 + M_2 = M$

Wegen der Definition des *Teileproblems* gilt:

$$(M - W + 1) + M_1 = (W + 1) + M_2$$
$$M + M_1 - M_2 = 2W$$
$$2M_1 = 2W$$
$$M_1 = W$$

Dies bedeutet, dass die Lösung J des *Teileproblems* ohne $M - W + 1$ eine Lösung des *Rucksackproblems* liefert. Weil dies allgemein für ALLE Lösungen des *Teileproblems* gilt, kann dadurch auf ALLE Lösungen des *Rucksackproblems* geschlossen werden.

Der umgekehrte Fall gilt ebenso:

Sei I eine Lösung des *Rucksackproblems*, d. h. $\sum_{i \in I} w_i = W$.

Dann ist $I \cup \{k + 1\}$ eine Lösung des *Teileproblems*. (Der $k + 1$. Eintrag im Vektor ist $M - W + 1$)

$$\sum_{i \in I} w_i + (M - W + 1) = W + (M - W + 1) = M + 1$$

Dies soll nun gleich der Summe der übrigen Werte sein:

$$\sum_{i \notin I} w_i + (W + 1) = (M - W) + (W + 1) = M + 1$$

Weil dies erfüllt ist, kann von einer Lösung des *Rucksackproblems* eindeutig auf eine Lösung des *Teileproblems* geschlossen werden.

Auch in dieser Richtung ist die Abbildung eindeutig und es ist $TEILE^+ \leq_{pol} RUCKSACK^+$.

5.3. *TEILE$^+$ ist NP-vollständig.*

Dies bedeutet, dass $TEILE^+$ NP-hart ist und $TEILE^+ \in$ NP.

Wegen Aufgabe 5.2. gilt auch, dass $RUCKSACK^+$ NP-hart ist:

$\forall_{L' \in NP} L' \leq_{pol} TEILE^+ \leq_{pol} RUCKSACK^+$

Aus der Teilaufgabe 5.1. ist bereits ein nicht-deterministischer Algorithmus für $RUCKSACK^+$ bekannt und außerdem gilt:

Ein Entscheidungsproblem gehört genau dann zur Klasse NP, wenn es einen nicht-deterministischen Algorithmus gibt, dessen Laufzeit polynomial mit der Problemgröße n anwächst.

Demnach ist $RUCKSACK^+ \in$ NP und damit NP-vollständig.

Frühjahr 06 - Thema 2

Aufgabe 1

Wir fixieren das Alphabet $\Sigma = \{0,1\}$ und definieren $L \subseteq \Sigma^*$ durch
$L = \{w \mid \text{in } w \text{ kommt genau einmal das Teilwort } 0010 \text{ vor}\}$

1. Zeigen Sie, dass L regulär ist!
2. Geben Sie die Äquivalenzklassen der Myhill-Nerode Äquivalenz von L durch Repräsentanten an. (Diese Äquivalenz ist definiert durch
   $x \sim_L y \Leftrightarrow \forall_u xu \in L \Leftrightarrow yu \in L.$)
3. Zeichnen Sie den Minimalautomaten für L.

reguläre Sprache, Myhill-Nerode, Äquivalenzklasse, Minimalisierung von Automaten

1. L wird von folgendem deterministischen endlichen Automaten erkannt:

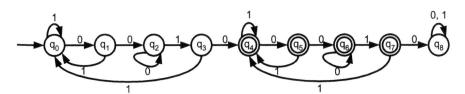

2. Jeweils die Menge von Worten, die obigen Automaten bei der Abarbeitung in einem bestimmtem Zustand enden lässt, bildet eine Äquivalenzklasse. Denn setzt man diese Worte fort, so gelangt man bei allen mit der gleichen Menge von Worten in einen End- bzw. einen Nichtendzustand. Man erhält somit mit folgende Äquivalenzklassen (mit jeweils einem Repräsentanten):

Äquivalenzklasse	Repräsentant
Q0	1111
Q1	0110
Q2	1000
Q3	001
Q4	101000010
Q5	1100101110
Q6	00100100
Q7	10111001011000001
Q8	0111100000101110010101101001

Da die Anzahl der Zustände mit der Anzahl der Äquivalenzklassen offensichtlich übereinstimmt, handelt es sich beim obigen Automaten um einen Minimalautomaten.

3. Minimalisierung mit table-filling-Algorithmus:

q_0	x^5							
q_1	x^4	x^4						
q_2	x^3	x^3	x^3					
q_3	x^2	x^2	x^2	x^2				
q_4	x^1	x^1	x^1	x^1	x^1			
q_5	x^1	x^1	x^1	x^1	x^1	x^2		
q_6	x^1	x^1	x^1	x^1	x^1	x^2	x^2	
q_7	x^1	x^1	x^1	x^1	x^1	x^2	x^2	x^2
	q_8	q_0	q_1	q_2	q_3	q_4	q_5	q_6

Das Ergebnis von Aufgabe 2 bestätigt sich: Der Automat aus Teilaufgabe 1 ist bereits minimal.

Aufgabe 2

reguläre Sprache, DEA, funktionale Programmierung, Listen

Sei Σ_n das Alphabet $\{0,1\}^n$. Ein Buchstabe in Σ_n ist also ein n-Tupel von 0en und 1en; das Alphabet Σ_n hat 2^n Buchstaben. Ist $w \in \Sigma_n^*$ so bezeichne w_1 das Wort über Σ, das aus den ersten Komponenten der Buchstaben in W besteht, formal also $w_1 = f(w)$ für den durch $f((x_1, ..., x_n)) = x_1$ definierten Homomorphismus f.

Analog definiert man w_2, w_3, etc. Also gilt für $w = (0,1,1)(1,1,0)(0,0,1)(1,1,1)$, dass $w_1 = 0101, w_2 = 1101, w_3 = 1011$. Für $w \in \Sigma_1^*$ bezeichne $num(w) \in \mathbb{N}$ die Bedeutung von w aufgefasst als von rechts nach links gelesene Binärdarstellung. Also $num(10110000) = 13$. Die „Inverse" (bis auf Nullen am Ende) von num bezeichnen wir mit bin, also $bin(19) = 11001$.

1. Zeigen Sie, dass $L = \{w : \Sigma_3^* | num(w_3) = num(w_1) + num(w_2)\}$ regulär ist!

2. Für $u \in \Sigma^*$ und $v \in \Sigma_n^*$ sei $u,v) \in \Sigma_{n+1}^*$ das durch
   $|(u,v)| = max(|u|,|v|)$,
   $num((u,v)_1) = num(u), num((u,v)_{i+1}) = num(v_i)$ eindeutig definierte Wort. Sei $L \subseteq \Sigma_{n+1}^*$ regulär. Es sei $L' = \{w \in \Sigma_n^* |$ es existiert $n \in \mathbb{N}$, sodass $(bin(n),w) \in L\}$ Zeigen Sie, dass L' regulär ist.

3. Programmieren Sie die vier Funktionen $bin, num, w \mapsto w_i$ und $u, v \mapsto (u,v)$ in einer funktionalen Programmiersprache Ihrer Wahl oder Pseudocode. Zur Beachtung: Das möglicherweise erforderliche Auffüllen von v mit Nullen bei der Berechnung von (u,v) beinhaltet eine gewisse Schwierigkeit, da $v \in \Sigma_n^*$ für beliebiges n. Es bietet sich an, die Tupel als Listen zu implementieren. Programmieren Sie auch ein boole'schwertige Funktion, die die Zugehörigkeit zur in 1. definierten Sprache prüft.

1. Da L regulär sein soll, muss es einen DEA geben, der L akzeptiert.

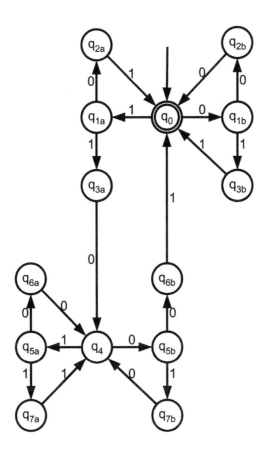

2. Für Wörter w muss gelten, $w \in \Sigma_2^*$. Außerdem muss gelten, dass
   $num(bin(n)) = num((bin(n), w)_3) - num((bin(n), w)_2)$,
   also $n = num(w_2) - num(w_1)$. Da nur gefordert ist, dass es ein solches
   $n \in \mathbb{N}$ gibt, muss nur gelten, dass $num(w_2) > num(w_1)$.

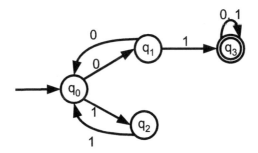

3.
```
num :: [Int] → Int
num liste = numh liste 1

numh [Int] → Int → Int
numh [] a = 0
numh liste a = a* (head liste) + numh (tail liste) (2*a)


bin :: Int → [Int]
bin binhh (binh a []) []

binh :: Int → [Int] → [Int]
binh 0 liste = 0:liste
binh a liste = binh (div a 2) (mod a 2:liste)

binhh :: [Int] → [Int] → [Int]
binhh [] liste = liste
binhh liste1 liste2 = binhh (tail liste1) (head liste1:liste2)


w1 :: [[Int]] → [Int]
w1 [] = []
w1 liste = (head (head liste)):(w1 (tail liste))


w2 :: [[Int]] → [Int]
w2 [] = []
w2 liste = (head (tail (head liste))):(w2 (tail liste))


w3 :: [[Int]] → [Int]
w3 [] = []
w3 liste = (head (tail (tail (head liste)))):(w3 (tail liste))


tupellaenge :: [Int] → Int
tupellaenge [] = 0
tupellaenge liste = 1 + (tupellaenge (tail liste))


erzeugev :: Int → [Int]
erzeugev a = erzeugevh a []


erzeugevh :: Int → [Int] → [Int]
erzeugevh 0 liste = liste
erzeugevh a liste = erzeugevh (a-1) (0:liste)
```

```
uundv :: [Int] → [[Int]] → [[Int]]
uundv u v
  | (u==[] && v==[]) = []
  | (u==[] && (tail v)/=[]) = (0:(head v)) : uundv [] (tail v)
  | (u==[] && (tail v)==[]) = [0:(head v)]
  | (tail u/=[] && tail v==[]) =
    ((head u):(head v)):uundv (tail u) [erzeugev (tupellaenge (head v))]
  | otherwise = ((head u):(head v)) : uundv (tail u) (tail v)


istinL :: [[Int]] → Bool
istinL a
    | num(w3(a)) == num(w1(a)) + num(w2(a)) = True
    | otherwise = False
```

Herbst 06 - Thema 1

Aufgabe 1

Anmerkungen zur Notation: Sei T(A) die von einem endlichen Automaten $A = (Z, \Sigma, \delta, S, E)$ erzeugte Sprache, dann wird $\hat{\delta} : P(Z) \times \Sigma^* \to P(Z)$ wie folgt induktiv definiert:

$$\hat{\delta}(Z', \varepsilon) = Z' \text{ für alle } Z' \subseteq Z$$
$$\hat{\delta}(Z', ax) = \bigcup_{z \in Z'} \hat{\delta}(\delta(z, a), x) \text{ für alle } Z' \subseteq Z$$

regulärer Ausdruck, reguläre Grammatik, NEA, DEA, Überführungsfunktion

Sei nun der nicht-deterministische endliche Automat (NFA) $N = (\{S, B_1, B_2, B_3\}, \{a, b\}, \gamma, \{S\}, \{S\})$ mit folgender Überführungsfunktion γ gegeben:

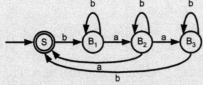

a) Bestimmen Sie die Menge $\Omega = \hat{\delta}(\{S\}, baabb)$. Gilt $baabb \in T(N)$?
b) Konstruieren Sie einen deterministischen endlichen Automaten (DFA) M, der die Bedingung $T(M) = T(N)$ erfüllt!
c) Geben Sie einen regulären Ausdruck für $T(N)$ an!
d) Bilden Sie zu N eine reguläre Grammatik mit $L(G) = T(N)$!

a) $\Omega = \hat{\delta}(\{S\}, baabb) = \hat{\delta}(\delta(S, b), aabb) = \hat{\delta}(\{B_1\}, aabb) = \hat{\delta}(\delta(B_1, a), abb) =$
$= \hat{\delta}(\{B_2\}, abb) = \hat{\delta}(\delta(B_2, a), bb) = \hat{\delta}(\{S\}, bb) \cup \hat{\delta}(\{B_3\}, bb) =$
$= \hat{\delta}(\delta(S, b), b) \cup \hat{\delta}(\delta(B_3, b), b) = \hat{\delta}(\{B_1\}, b) \cup \hat{\delta}(\{S\}, b) \cup \hat{\delta}(\{B_3\}, b) =$

$$= \hat{\delta}(\delta(B_1, b), \varepsilon) \cup \hat{\delta}(\delta(S, b), \varepsilon) \cup \hat{\delta}(\delta(B_3, b), \varepsilon) =$$
$$= \hat{\delta}(\{B_1\}, \varepsilon) \cup \hat{\delta}(\{B_1\}, \varepsilon) \cup \hat{\delta}(\{S\}, \varepsilon) \cup \hat{\delta}(\{B_3\}, \varepsilon) = \{B_1, S, B_3\}$$

Da S als akzeptierender Endzustand in Ω enthalten ist,
gilt auch $baabb \in T(N)$.

b)

Zustandsübergänge	Zustandsmenge	Hilfsmenge
$\gamma(\{S\}, b) = \{B_1\}$	$Z_M = \{\{S\}, \{B_1\}\}$	$Z_H = \{\{B_1\}\}$
$\gamma(\{B_1\}, a) = \{B_2\}$	$Z_M = \{\{S\}, \{B_1\},$	$Z_H = \{\{B_2\}\}$
$\gamma(\{B_1\}, b) = \{B_1\}$	$\{B_2\}\}$	
$\gamma(\{B_2\}, a) = \{B_3, S\}$	$Z_M = \{\{S\}, \{B_1\},$	$Z_H = \{\{B_3, S\}\}$
$\gamma(\{B_2\}, b) = \{B_2\}$	$\{B_2\}, \{B_3, S\}\}$	
$\gamma(\{B_3, S\}, a) = \emptyset$	$Z_M = \{\{S\}, \{B_1\}, \{B_2\},$	$Z_H = \{\{B_3, S, B_1\}\}$
$\gamma(\{B_3, S\}, b) = \{B_3, S, B_1\}$	$\{B_3, S\}, \{B_3, S, B_1\}\}$	
$\gamma(\{B_3, S, B_1\}, a) = \{B_2\}$	$Z_M = \{\{S\}, \{B_1\}, \{B_2\},$	$Z_H = \emptyset$
$\gamma(\{B_3, S, B_1\}, b) = \{B_3, S, B_1\}$	$\{B_3, S\}, \{B_3, S, B_1\}\}$	

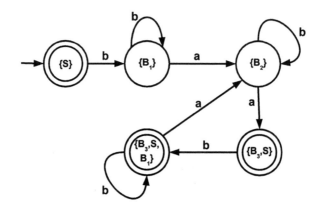

c) $T(N) = \varepsilon \mid (b^+ab^*a)^+ \mid b^+ab^*ab^+(ab^*ab^+)^*$

d) $G = (V, T, P, S)$ mit $V = \{S, A, B, C, D\}$, $T = \{a, b\}$

$$P = \{S \rightarrow bA \mid \varepsilon$$
$$A \rightarrow bA \mid aB$$
$$B \rightarrow bB \mid aC$$
$$C \rightarrow bD \mid \varepsilon$$
$$D \rightarrow bD \mid aB \mid \varepsilon\}$$

Aufgabe 2

Gegeben sei eine Grammatik für bedingte Anweisungen deren Produktionsmenge unter anderem Folgendes enthält:

    Anweisung   ::= if-Anweisung—Andere-Anweisung
    if-Anweisung ::= <u>if</u> Bedingung <u>then</u> Anweisung—
                  <u>if</u> Bedingung <u>then</u> Anweisung <u>else</u> Anweisung

*Syntax-
baum,
eindeutige
und mehr-
deutige
Grammatik*

Terminale sind dabei <u>unterstrichen</u>. Die Nicht-Terminale *Andere-Anweisung* und *Bedingung* können mit dem gegebenen Ausschnitt der Grammatik nicht weiter abgeleitet werden. Deuten Sie daher in den Syntaxbäumen die entsprechenden Teilbäume mit einem Dreieck an!

a) Zeigen Sie, dass die Grammatik mehrdeutig ist, indem Sie Syntaxbäume angeben.

b) Wählen Sie logische Ausdrücke und Anweisungen für die Syntaxbäume aus der vorherigen Teilaufgabe so, dass die Ausführung der zugeordneten Programme zu verschiedenen Ergebnissen führt.

c) Wie kann diese Mehrdeutigkeit aufgelöst werden?

d) Geben Sie Produktionsregeln an, die Ihre Lösung aus Aufgabenteil c) realisieren, so dass die Grammatik eindeutig wird.

a) Für eine Produktion existieren z. B. folgende verschiedene Syntaxbäume:

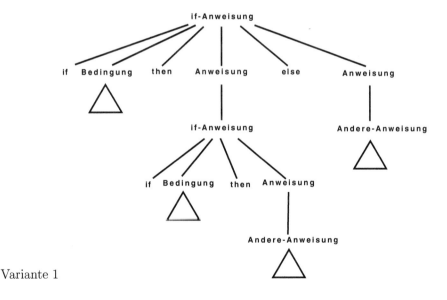

Variante 1

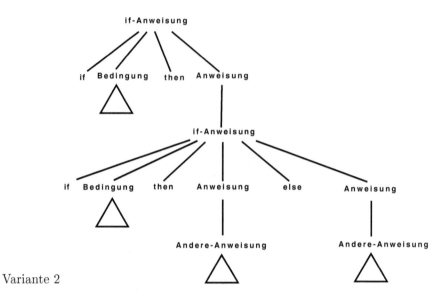

Variante 2

b) Der Ausdruck *if* $x > 5$ *then* *if* $x < 10$ *then* $x := 7$ *else* $x := 5$ lässt sich darstellen durch:

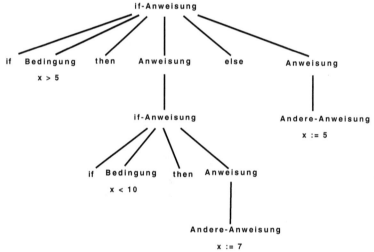

Variante 1

Für $x < 5$ ist, ergibt Variante 1 bei der Auswertung des Ausdrucks als Ergebnis $x := 5$. Bei Variante 2 hingegen wird x unverändert gelassen.

c) Mehrdeutigkeit kann aufgelöst werden, indem die Grammatik so geändert wird, dass Terminale jeweils nur noch an _einer_ Stelle der Ableitungsregeln auftreten.

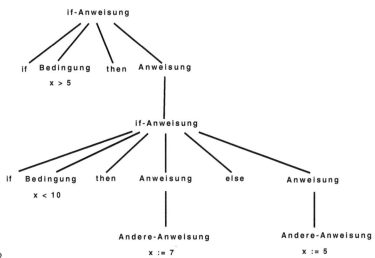

Variante 2

d)

Anweisung	::=	if-Anweisung | Andere-Anweisung
if-Anweisung	::=	if Bedingung <u>then</u> Anweisung |
		if-Anweisung <u>else</u> Andere-Anweisung

Aufgabe 3

Untersuchen Sie, ob die folgenden Mengen und Sprachen entscheidbar bzw. semi-entscheidbar sind! Begründen Sie jeweils Ihre Antwort!

a) $f^{-1}(A) = \{n \in \mathbb{N} | f(n) \in A\}$, wobei $A \subseteq \mathbb{N}$ eine entscheidbare Menge und $f : \mathbb{N} \to \mathbb{N}$ eine totale und berechenbare Funktion ist.

b) $L_1 \setminus L_2$, wobei $L_1 \subseteq \mathbb{N}$ eine semi-entscheidbare und $L_2 \subseteq \mathbb{N}$ eine entscheidbare Sprache ist.

(semi-)entscheidbar, totale und berechenbare Funktion

a) $f(n)$ ist berechenbar (z. B. mittels einer Turingmaschine) und A ist entscheidbar. Damit ist auch entscheidbar, ob $f(n) \in A$ ist. Insgesamt ergibt sich also, dass $f^{-1}(A)$ entscheidbar ist.

b) Gesucht sind alle Elemente x mit $x \in L_1$ und $x \notin L_2$. Da bereits nur semi-entscheidbar ist, ob $x \in L_1$ gilt, nützt es nichts, dass von dieser Menge die entscheidbare Menge L_2 subtrahiert wird. Es bleibt weiterhin nur semi-entscheidbar, ob $x \in L_1 \setminus L_2$ ist.

Herbst 06 - Thema 2

Aufgabe 1

kontextfreie Grammatik, reguläre Grammatik, Ableitungsregel, Produktion

Gegeben seien ein Variablenalphabet $V = \{A, B\}$ und ein Terminalalphabet $T = \{a, b\}$. Es sei $G_1 = (V, T, P_1, A)$ die kontextfreie Grammatik mit den Produktionen

$$P_1 = \{A \to aAb | bB, B \to bB | aB | \lambda\}$$

und $G_2 = (V, T, P_2, A)$ die kontextfreie Grammatik mit den Produktionen

$$P_2 = \{A \to aAb | Ba, B \to bB | aB | \lambda\},$$

wobei λ für das leere Wort steht.

a) Welches sind die von G_1 bzw. G_2 generierten Sprachen $L(G_1)$ bzw. $L(G_2)$? Geben Sie Beschreibungen von $L(G_1)$ und $L(G_2)$, die nicht auf die Grammatiken G_1 bzw. G_2 Bezug nehmen! Beweisen Sie Ihre Behauptungen!

b) Zeigen Sie, dass die kontextfreien Sprachen $L(G_1)$ und $L(G_2)$ nicht regulär sind!

c) Welches sind die Sprachen $L(G_1) \cup L(G_2)$ und $L(G_1) \cap L(G_2)$? Welche dieser Sprachen ist regulär?

a) Bei $L(G_1)$ entstehen Worte der Form $a^n b(a, b)^* b^n$. Am Anfang des Wortes stehen somit genauso viele a wie am Ende b. Nach den a folgt zwangsläufig ein b und dann beliebige Kombinationen von a und b.

Ableitungsregeln:

1) $A \longrightarrow aAb$
2) $A \longrightarrow bB$
3) $B \longrightarrow bB$
4) $B \longrightarrow aB$
5) $B \longrightarrow \lambda$

Beweis:
Durch n-maliges Anwenden von Regel 1) entsteht $a^n A b^n$ ($n \in \mathbb{N}_0$, da die Regel auch gar nicht angewendet werden darf). Mit Regel 2) wird das einzelne b abgeleitet. Die Regeln 3) und 4) können beliebig oft angewendet werden (auch abwechselnd) und produzieren $(a, b)^*$. Mit Regel 5) wird das Wort abgeschlossen.

Die Worte von $L(G_2)$ werden durch $a^n (a, b)^* a b^n$ beschrieben. Auch hier stehen vorne genauso viele a wie hinten b, vor den b muss ein a stehen und zwischen den a^n und ab^n dürfen beliebige Kombinationen von a und b stehen.

Ableitungsregeln:

1) $A \longrightarrow aAb$
2) $A \longrightarrow Ba$
3) $B \longrightarrow bB$
4) $B \longrightarrow aB$
5) $B \longrightarrow \lambda$

Beweis:
Wiederum produziert Regel 1) $a^n A b^n$ und die Regeln 3) bis 5) $(a,b)^*$. Durch Regel 2) wird ein einzelnes a vor den b^n eingefügt.

b) In beiden Fällen verletzt $A \longrightarrow aAb$ (Regel 1) die Bedingungen für eine reguläre Grammatik. Da es nicht möglich ist, diese Regel in mehrere äquivalente reguläre Regeln umzuformen, ist es auch nicht möglich eine reguläre Grammatik für $L(G_1)$ bzw. $L(G_2)$ anzugeben.

c) $L(G_1) \cap L(G_2)$ sind alle Wörter, bei denen am Ende genauso viele b stehen wie a am Anfang - jeweils getrennt von einem a bzw b. Sie haben also die Form $a^n b(a,b)^* ab^n$. Auch hier lässt sich die Grammatikregel $A \longrightarrow aAb$ nicht vermeiden,
$L(G_1) \cap L(G_2)$ ist also nicht regulär.
$L(G_1) \cup L(G_2)$ enthält alle Wörter der Form $a^n(a,b)^+ b^n$ und ist ebenfalls nicht regulär.

Aufgabe 2

Es sei $\Sigma = \{0,1\}$. Das Alphabet Σ_2 bestehe aus allen Paaren von Elementen aus Σ, geschrieben als Spaltenvektoren der Länge 2 über Σ, also

Zahldarstellung, reguläre Sprache

$$\Sigma_2 = \left\{ \begin{pmatrix} 0 \\ 0 \end{pmatrix}, \begin{pmatrix} 1 \\ 0 \end{pmatrix}, \begin{pmatrix} 0 \\ 1 \end{pmatrix}, \begin{pmatrix} 1 \\ 1 \end{pmatrix} \right\}$$

Ein Wort $w = w_1 w_2 ... w_n \in \Sigma_2^n$ mit $w_i = \begin{pmatrix} x_i \\ y_i \end{pmatrix}$, $1 \leq i \leq n$, kann aufgefasst werden als ein Paar $(x,y) \in \Sigma^n \times \Sigma^n$ mit $x = x_1 x_2 ... x_n, y_1 y_2 ... y_n$, d. h.

$$w = \begin{pmatrix} x \\ y \end{pmatrix} = \begin{pmatrix} x_1 \\ y_1 \end{pmatrix} \begin{pmatrix} x_2 \\ y_2 \end{pmatrix} ... \begin{pmatrix} x_n \\ y_n \end{pmatrix}.,$$

wobei λ für das leere Wort steht.

a) Jedes Wort $a = a_1 a_2 \ldots a_{n-1} \in \Sigma^n$ stellt die natürliche Zahl
   $bin(a) = a_1 \cdot 2^{n-1} + a_2 \cdot 2^{n-2} + \ldots a_{n-1} \cdot 2 + a_n$ dar (binäre Zahldarstellung).
   Die Sprache des Größenvergleichs ist

   $$LEQ := \left\{ w = \binom{x}{y} \in \Sigma_2^*; bin(x) \le bin(y) \right\}.$$

   Es gilt also beispielsweise

   $$\binom{0101}{0110} = \binom{0}{0}\binom{1}{1}\binom{0}{1}\binom{1}{0} \in LEQ,$$
   $$\binom{0110}{0101} = \binom{0}{0}\binom{1}{1}\binom{1}{0}\binom{0}{1} \notin LEQ$$

   Zeigen Sie, dass die Sprache LEQ regulär ist!

   <u>Hinweis:</u>
   Sie können - falls Ihnen das hilfreich erscheint - hier die Tatsache verwenden,
   dass eine Sprache L genau dann regulär ist, wenn die gespiegelte Sprache
   $L^R = \{w^R; w \in L\}$ regulär ist. Dabei ist $(w_1 w_2 \ldots w_{n-1} w_n)^R = w_n w_{n-1} \ldots w_2 w_1$.

b) Zeigen Sie, dass die Sprache

   $$\left\{ w = \binom{x}{y} \in \Sigma_2^*; y = x^R \right\}.$$

   nicht regulär ist!

a) Betrachten Sie die komplementäre Sprache, die nur Wörter mit $bin(x) >$
   $bin(y)$ enthält. Konstruieren Sie dann einen deterministischen endlichen Automaten, der die Worte jeweils von hinten abarbeitet, also zur gespiegelten
   Sprache gehört.

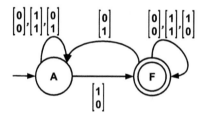

$$M = (\{S, F\}, \Sigma_2, \delta, S, \{F\})$$

$$\delta(S, \begin{bmatrix} 1 \\ 0 \end{bmatrix}) = F \qquad\qquad \delta(F, \begin{bmatrix} 1 \\ 0 \end{bmatrix}) = F$$

$$\delta(S, \begin{bmatrix} 0 \\ 1 \end{bmatrix}) = S \qquad\qquad \delta(F, \begin{bmatrix} 0 \\ 1 \end{bmatrix}) = S$$

$$\delta(S, \begin{bmatrix} 0 \\ 0 \end{bmatrix}) = S \qquad\qquad \delta(F, \begin{bmatrix} 0 \\ 0 \end{bmatrix}) = F$$

$$\delta(S, \begin{bmatrix} 1 \\ 1 \end{bmatrix}) = S \qquad\qquad \delta(F, \begin{bmatrix} 1 \\ 1 \end{bmatrix}) = F$$

Damit ist gezeigt, dass $\bar{L}^R$ regulär ist, was dann auch für die Sprache L (die regulären Sprachen sind unter Komplementbildung abgeschlossen, s. [THEO] 1.2.6) gilt.

b) Das klassische Werkzeug für den Nachweis der Nicht-Regularität ist das Pumping-Lemma:

Sei L eine reguläre Sprache. Dann gibt es eine Zahl n, so dass sich alle Wörter $x \in L$ mit $| x | \geq n$ zerlegen lassen in $x = uvw$, so dass folgende Eigenschaften erfüllt sind:

1. $| v | \geq 1$
2. $| uv | \leq n$
3. $\forall_{i \in \mathbb{N}_0} uv^i w \in L$

Kann man also nachweisen, dass eine Zerlegung mit den genannten Eigenschaften <u>nicht</u> existiert, so steht damit fest, dass die zu Grunde liegende Sprache <u>nicht regulär</u> ist.

Es sei $L_2 = \{z = \begin{bmatrix} x \\ y \end{bmatrix} \in \Sigma_2^* \; ; \; y = x^R\}$.

Wähle $z \in L, z = \begin{bmatrix} x_1 & x_2 & \cdots & x_n \\ x_n & x_{n-1} & \cdots & x_1 \end{bmatrix}$

<u>1. Fall:</u> $| z |$ ungerade, $k = \frac{n+1}{2}$

z lässt sich zerlegen in

$$z = uvw = \underbrace{\begin{bmatrix} x_1 & x_2 & \cdots & x_{k-1} \\ x_n & x_{n-1} & \cdots & x_{k+1} \end{bmatrix}}_{u} \underbrace{\begin{bmatrix} x_k \\ x_k \end{bmatrix}}_{v} \underbrace{\begin{bmatrix} x_{k+1} & \cdots & x_{n-1} & x_n \\ x_{k-1} & \cdots & x_2 & x_1 \end{bmatrix}}_{w}$$

Das Aufpumpen von z ergibt $z' = uv^iw$
$\Rightarrow x' = u_x x_k^i w_x$, $y' = u_y x_k^i w_y$
$u_x = w_y^R$, $u_y = w_x^R$ und $v_x = v_y$
$y' = x'^R \Rightarrow z' \in L$

<u>2. Fall:</u> $| z |$ gerade, $k = \frac{n}{2}$

z lässt sich zerlegen in

$$z = \underbrace{\begin{bmatrix} x_1 & x_2 & \cdots & x_{k-1} \\ x_n & x_{n-1} & \cdots & x_{k+2} \end{bmatrix}}_{u} \underbrace{\begin{bmatrix} x_k & x_{k+1} \\ x_{k+1} & x_k \end{bmatrix}}_{v} \underbrace{\begin{bmatrix} x_{k+2} & \cdots & x_{n-1} & x_n \\ x_{k-1} & \cdots & x_2 & x_1 \end{bmatrix}}_{w}$$

Das Aufpumpen von z ergibt wiederum $z' = uv^iw$
$\Rightarrow x' = u_x (x_k x_{k+1})^i w_x$, $y' = u_y (x_{k+1} x_k)^i w_y$
$u_x = w_y^R$, $u_y = w_x^R$ und $v_x = v_y^R$
$y' = x'^R \Rightarrow z' \in L$

Dies führt also nicht zum gewünschten Widerspruch und damit liefert das Pumping-Lemma in diesem Fall leider keinen Beweis für die Nicht-Regularität. Denn aus der Regularität folgt zwar nach dem Pumping-Lemma die Existenz einer Zerlegung, die umgekehrte Folgerung stimmt aber nicht.

Es wird hier somit ein anderes Werkzeug z. B. die Argumentation über endliche Automaten benötigt:
Angenommen L_2 wäre regulär. Dann gäbe es einen endlichen Automaten, der alle $z \in L$ akzeptiert. Der Automat müsste $\begin{bmatrix} x_1 \\ x_n \end{bmatrix}$ mit $\begin{bmatrix} x_n \\ x_1 \end{bmatrix}$ vergleichen; dies ist aber bei endlichen Automaten nicht möglich, da der Automat nicht die Länge des Wortes kennt und das Wort nur linear abarbeiten kann.
Da es nicht möglich ist, einen endlichen Automaten zu konstruieren, ist L_2 nicht regulär.

Frühjahr 07 - Thema 1

Aufgabe 1

Gegeben seien das Alphabet $\Sigma = \{a, b\}$ und die Sprache $L_1 = \{waba | w \in \Sigma^*\}$.

a) Zeigen Sie, dass L_1 regulär ist.

b) Geben Sie einen vollständigen deterministischen endlichen Automaten an, der die Sprache L_1 akzeptiert.

c) Konstruieren Sie einen minimalen deterministischen Automaten, der L_1 akzeptiert und weisen Sie dessen Minimalität nach.

Gegeben sei weiter die Sprache $L_2 = \{ww^R aba | w \in \Sigma^*\}$.

d) Stellen Sie eine geeignete Grammatik G auf, die die Sprache L_2 erzeugt, und geben Sie eine Ableitung der Wörter aba und $aabbaaaba$ in G an.

e) Ist L_2 regulär bzw. kontextfrei? Begründen Sie Ihre Antworten.

reguläre Sprache, DEA, Minimalisierung von Automaten, kontextfreie Grammatik, reguläre Grammatik

a) L_1 ist regulär, da die Sprache durch den regulären Ausdruck $(a|b)^* aba$ dargestellt werden kann.

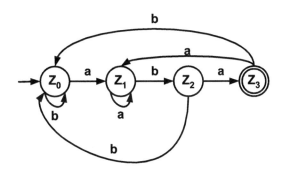

b) $M = (Z, \Sigma, \delta, z_0, \{z_3\}), Z = \{Z_0, Z_1, Z_2, Z_3\}, \Sigma = \{a, b\}$

δ	Z_0	Z_1	Z_2	Z_3
a	Z_1	Z_1	Z_3	Z_1
b	Z_0	Z_2	Z_0	Z_0

c) Es wird der Automat aus Teilaufgabe b) betrachtet:
Dieser Automat ist bereits minimal.

$\{Z_0\}$	$*^1$		
$\{Z_1\}$	$*^1$	$*^3$	
$\{Z_2\}$	$*^1$	$*^2$	$*^2$
	$\{Z_3\}$	$\{Z_0\}$	$\{Z_1\}$

d) $G = (\{S, A\}, \{a, b\}, P, S)$ wobei

$$P = \{S \rightarrow Aaba, \quad A \rightarrow aAa|bAb|\varepsilon\}$$

Ableitungen:
$S \rightarrow Aaba \rightarrow \varepsilon aba$
$S \rightarrow Aaba \rightarrow aAaaba \rightarrow aaAaaaba \rightarrow aabAbaaaba \rightarrow aabbaaaba$

e) L_2 ist kontextfrei, weil bei obiger Grammatik auf der linken Seite nur einzelne Variablen stehen, die Grammatik also kontextfrei ist. L_2 ist eine Abwandlung der Spiegelwortsprache und diese ist bekanntlich nicht regulär. w und w^R müssen parallel erzeugt werden und dies ist mit regulären Regeln nicht möglich.

Frühjahr 07 - Thema 2

Aufgabe 2

reguläre Sprache | Sei Σ endliches Alphabet. Sei $L \subseteq \Sigma^*$ eine reguläre Sprache über Σ. Die Sprache L^{rev} besteht aus allen Wörtern der Form $a_1...a_n$, wobei $a_n...a_1 \in L$ ist, also die Menge aller Wörter, die, wenn von rechts nach links gelesen in L sind. Die Sprache L^{suf} bezeichnet alle Wörter w, deren Suffixe in L sind; für die also gilt: wenn immer $w = uv$, so folgt $v \in L$. Zeigen Sie, dass auch L^{rev} und L^{suf} regulär sind.

1. Zuerst wird L^{rev} betrachtet:
   Weil L regulär ist, existiert ein regulärer Ausdruck für L. Dreht man diesen regulären Ausdruck um, d. h. liest man ihn von hinten nach vorne, so erhält man einen regulären Ausdruck, der L^{rev} akzeptiert.

2. Zu L^{suf}:
   Suffixe können wegen ihrer unbegrenzten Länge mit endlichen Automaten nicht erkannt werden, Präfixe hingegen schon. Liest man also wiederum alle Wörter aus L^{suf} von rechts nach links, so gilt $L^{suf} = (L^{prä})^{rev}$. Wegen der Eigenschaft der Abgeschlossenheit der regulären Sprachen, ist das Produkt zweier regulärer Sprachen wieder regulär. $L^{prä}$ ist regulär, denn die Wörter $w \in L^{prä}$ sind von der Form $w = uv$ mit $\forall_{u \subseteq w} u \in L$ und diese Eigenschaft lässt sich mit dem zu L gehörenden deterministischen Automaten überprüfen.

Aufgabe 3

Sei $\Sigma = \{0, 1, 2, ..., t\}$ und $L \subseteq \Sigma^*$ beliebige kontextfreie Sprache. Sei L^{ord} die *kontextfreie* Menge der absteigend geordneten Wörter aus L, das sind diejenigen Wörter *Sprache* $a_1...a_n \in L$ für die gilt $a_1 \geq a_2 \geq ... \geq a_n$. Zeigen Sie, dass L^{ord} kontextfrei ist.

Alle geordneten Wörter können mit folgender (regulärer) Grammatik erzeugt werden:
$G = (\{A_t, ..., A_2, A_1, A_0\}, \{0, 1, 2, ..., t\}, P, A_t)$ wobei

$$P = \{A_t \quad \to a_t A_t | A_{t-1}$$
$$A_{t-1} \quad \to a_{t-1} A_{t-1} | A_{t-2}$$
$$....$$
$$A_2 \quad \to a_2 A_2 | A_1$$
$$A_1 \quad \to a_1 A_1 | A_0$$
$$A_0 \quad \to a_0 A_0 | \varepsilon \}$$

Um nun die Worte aus $L^{ord} \subset L$ zu erkennen, benötigt man zuerst den Kellerautomaten von L (dieser existiert auf Grund der Kontextfreiheit von L). Obige Grammatik wiederum lässt sich mit einem deterministischen Automaten darstellen. Die Hintereinanderschaltung dieser beiden Automaten erkennt L^{ord}. Somit ist auch L^{ord} kontextfrei.

Aufgabe 4

Das Partyveranstaltungsproblem ist das folgende. Gegeben ist eine Menge B *NP-hart,* von Bekannten und eine Menge $H \subseteq B \times B$ von (Paaren von) bekannten, die *NP-voll-* sich nicht leiden können. Es ist festzustellen, ob eine Auswahl $U \subseteq B$ von *ständig* k Bekannten ($|U| = k$) existiert (die Gästeliste), sodass in dieser keine zwei Bekannten enthalten sind, die sich nicht leiden können. Man zeige, dass das Partyveranstaltungsproblem NP-vollständig ist.

Durch Reduktionen vom und auf das Independent-Set-Problem wird nun gezeigt, dass das Partyveranstaltungsproblem dasselbe ist wie das Independent-Set-Problem.

Partyveranstaltungsproblem $\leq_p$ Independent-Set: Seien n Bekannte mit einer symmetrischen, zweistelligen Nicht-Leiden-Können-Relation gegeben, die sich durch einen ungerichteten Graphen darstellen lassen. k sei die Mindestzahl von Gästen. Jetzt gilt: Die Party kann genau dann mit k wohlwollenden Gästen starten, wenn der zugehörige Graph ein Independent-Set der Größe mindestens k hat. Das Partyveranstaltungsproblem gehört also genau wie das Independent-Set zu NP.

Independent-Set $\leq_p$ Partyveranstaltungsproblem: Sei G = (V,E) ein Graph, bei dem jeder Knoten für einen Bekannten steht und jede Kante als Indiz gewertet dafür wird, dass sich die beiden entsprechenden Bekannten nicht leiden können. Dieser Graph besitzt nun genau dann ein Independent-Set der Größe k, wenn es unter den Bekannten mindestens k gibt, die nichts aneinander auszusetzen haben und deswegen als Partygäste in Frage kommen. Da das Independent-Set-Problem NP-hart ist, ist auch das Partyveranstaltungsproblem NP-hart.

Herbst 07 - Thema 1

Aufgabe 1

Chomsky-Hierarchie, reguläre, kontext-freie, kontextsensitive Sprache

Ordnen Sie die folgenden Sprachen bestmöglich in die Chomsky-Hierarchie ein und geben Sie eine *ausreichende Begründung* an:

a) $L_1 = \{a^n b^n a^n | n \geq 1\}$

b) L_2 sei die Menge aller terminierenden Java-Programme.

c) L_3 sei die Menge aller *vollständig und korrekt geklammerten* arithmetischen Ausdrücke in den Variablen a und b mit den Operatoren $+$ und $\times$. Zur Illustration: $((a + (b + a)) \times a) \in L_3$, $((a + b+)a)) \times b \notin L_3$ (nicht korrekt geklammert), $a \times (b + b)) \notin L_3$ (nicht vollständig geklammert).

d) $L_4 = \{w \in \{a,b\}^* | w$ enthält mindestens 4 Vorkommen von $a\}$.

e) $L_5 = \{a^n b^n \$ w | n \geq 1$ und $w \in \{a,b\}^*\}$

a) L_1 ist eine Sprache vom Typ 1, da es eine kontextsensitive Grammatik gibt:
$G = (\{S, A, B\}, \{a, b\}, P, S)$, wobei

$$P = \{S \quad \to aSBA \mid aBA$$
$$AB \to BA$$
$$aB \to ab$$
$$bB \to bb$$
$$bA \to ba$$
$$aA \to aa\}$$

Mit Hilfe des Pumping-Lemmas für kontextfreie Sprachen lässt sich leicht zeigen, dass für die Pump-Zahl n und das Wort $\omega = a^n b^n c^n$ keine Zerlegung existiert, die das Pumping-Lemma erfüllt, da im Bereich der vorderen a's gepumpt werden müsste. L_1 ist also nur von Typ 1 und nicht von Typ 2.

b) Da die Sprachregeln für Java-Programme mit Hilfe von Syntaxdiagrammen dargestellt werden können, die kontextsensitiven Grammatiken (z. B. muss bei der Erstellung einer for Schleife darauf geachtet werden, dass die Schleifenvariable bei Initialisierung und Update die selbe ist) entsprechen, ist L_2

kontextsensitiv also vom Typ 1. Da z. B. die Regel für die Erstellung von for-Schleifen nicht in mehrere kontextfreie Regeln umgewandelt werden kann, ist L_2 nur von Typ 1.

c) Auch hier wird eine zugehörige Grammatik betrachtet:

$G = (\{A, B, C\}, \{a, b, +, *, (,)\}, P, A)$ wobei

$$P = \{A \rightarrow B \mid A + B$$
$$B \rightarrow C \mid B * C$$
$$C \rightarrow a \mid b \mid (A)\}$$

Diese Grammatik ist kontextfrei aber nicht regulär. U. a. die letzte Regel verhindert die Regularität. Da die Klammern aber immer paarweise gesetzt werden müssen, kann hierfür keine reguläre Regel (oder mehrere reguläre Regeln) gefunden werden.
Eine alternative Grammatik lautet:

$G = (\{S\}, \{a, b, +, *, (,)\}, P, S)$ wobei

$$P = \{S \rightarrow a \mid b \mid (S + S) \mid (S * S)\}$$

Auch hier verhindern die Klammern eine Umformung in (eine) reguläre Regel(n). L_3 ist demnach von Typ 2.

d) L_4 kann durch den regulären Ausdruck $b^*ab^*ab^*ab^*a(a \mid b)^*$ beschrieben werden und somit ist L_4 von Typ 3.

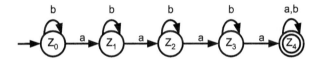

e) $a^n b^n$ kann nicht mit einem regulären Ausdruck beschrieben werden (Pumping-Lemma liefert ebenfalls einen Widerspruch) und deshalb ist L_5 nicht regulär. Eine mögliche Grammatik für L_5 lautet:
$G = (\{S, A, B\}, \{a, b, \$ \}, P, S)$ wobei

$$P = \{S \rightarrow A\$B$$
$$A \rightarrow aAC \mid ab$$
$$C \rightarrow b$$
$$B \rightarrow aB \mid bB \mid \varepsilon\}$$

Diese Grammatik ist kontextfrei und somit ist L_5 von Typ 2.

Aufgabe 2

NEA,
DEA,
Minimali-
sierung von
Automaten

Geben Sie zu dem nichtdeterministischen endlichen Automaten in der Abbildung einen äquivalenten deterministischen Automaten. Ist Ihr Automat minimal? Falls nein, so geben Sie mindestens ein Paar von Zuständen an, die zu einem einzigen Zustand zusammengefasst werden können. Falls ja, so geben Sie für mindestens drei Zustandspaare Ihrer Wahl jeweils eine Begründung dafür, dass diese nicht zusammengefasst werden können.

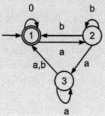

Abbildung: ein nichtdeterministischer Automat mit 3 Zuständen

Initialisierung: $Z = \{\{1\}\}$, $Z_H = \{\{1\}\}$

Zustandsübergänge	Zustandsmenge	Hilfsmenge
$\delta(\{1\}, a) = \{2\}$ $\delta(\{1\}, b) = \emptyset$	$Z = \{\{1\}, \{2\}\}$	$Z_H = \{\{2\}\}$
$\delta(\{2\}, a) = \{3\}$ $\delta(\{2\}, b) = \{1, 2\}$	$Z = \{\{1\}, \{2\}, \{3\}, \{1, 2\}\}$	$Z_H = \{1, 2\}, \{3\}$
$\delta(\{1, 2\}, a) = \{2, 3\}$ $\delta(\{1, 2\}, b) = \{1, 2\}$	$Z = \{\{1\}, \{2\}, \{3\}, \{1, 2\},$ $\{2, 3\}\}$	$Z_H = \{\{3\}, \{2, 3\}\}$
$\delta(\{3\}, a) = \{1\}$ $\delta(\{3\}, b) = \{1, 3\}$	$Z = \{\{1\}, \{2\}, \{3\}, \{1, 2\},$ $\{2, 3\}, \{1, 3\}\}$	$Z_H = \{\{1, 3\}, \{2, 3\}\}$
$\delta(\{2, 3\}, a) = \{1, 3\},$ $\delta(\{2, 3\}, b) = \{1, 2, 3\}$	$Z = \{\{1\}, \{2\}, \{3\}, \{1, 2\},$ $\{2, 3\}, \{1, 3\}, \{1, 2, 3\}\}$	$Z_H = \{\{1, 3\}, \{1, 2, 3\}\}$
$\delta(\{1, 3\}, a) = \{1, 2\},$ $\delta(\{1, 3\}, b) = \{1, 3\}$	$Z = \{\{1\}, \{2\}, \{3\}, \{1, 2\},$ $\{2, 3\}, \{1, 3\}, \{1, 2, 3\}\}$	$Z_H = \{\{1, 2, 3\}\}$
$\delta(\{1, 2, 3\}, a) = \{1, 2, 3\},$ $\delta(\{1, 2, 3\}, b) = \{1, 2, 3\}$	$Z = \{\{1\}, \{2\}, \{3\}, \{1, 2\},$ $\{2, 3\}, \{1, 3\}, \{1, 2, 3\}\}$	$Z_H = \emptyset$

$F = \{\{1\}, \{1, 2\}, \{1, 3\}, \{1, 2, 3\}\}$

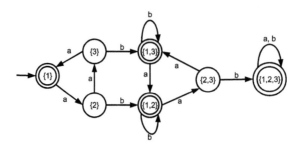

{2}	$*^1$				
{3}	$*^1$	$*^2$			
{1,2}	$*^3$	$*^1$	$*^1$		
{1,3}	$*^2$	$*^1$	$*^1$	$*^2$	
{2,3}	$*^1$	$*^2$	$*^3$	$*^1$	$*^1$
{1,2,3}	$*^2$	$*^1$	$*^1$	$*^2$	$*^2$	$*^1$
	{1}	**{2}**	**{3}**	**{1,2}**	**{1,3}**	**{2,3}**

Der Automat ist bereits minimal.

{1} kann z. B. mit keinem anderen Zustand zusammen gefasst werden, da kein anderer Zustand einen Übergang zu {2} mit a hat.

{3} kann z. B. mit keinem anderen Zustand zusammen gefasst werden, da kein anderer Zustand einen Übergang zu {1} mit a hat.

{1,3} kann z. B. mit keinem anderen Zustand zusammen gefasst werden, da kein anderer Zustand einen Übergang zu {1,2} mit a hat.

Aufgabe 3

Turingmaschine, Halteproblem, Unentscheidbarkeit, berechenbare Funktion

Für eine (deterministische) Turingmaschine $T = (I, \Sigma, Q, \delta, q_0, F, b)$ und ein Wort $w \in \Sigma^*$ ist die partielle Funktion $TIME_T(w)$ definiert als die Anzahl von Arbeitsschritten, die T bei Eingabe w ausführt. Falls T bei Eingabe W nicht hält, ist $TIME_T(w) = \perp$, also undefiniert. Im Folgenden sei $\Sigma = \{0,1\}$ fest; das leere Wort wird wie üblich mit ϵ bezeichnet. Die *Busy-Beaver Funktion $BB(n)$* ist definiert als

$BB(n) := max\{Time_T(\epsilon) | \text{Turingmaschine } T \text{ hat höchstens } N \text{ Zustände und}$ hält auf leerer Eingabe$\}$

a) Das Halteproblem bei leerer Eingabe ist die Menge
$H_0 = \{T | TIME_T(\epsilon) \neq \perp\}$. Bekanntlich ist H_0 unentscheidbar.
Geben Sie eine Reduktion des Graphen von BB, also der Menge
$G\{(n,b) | b = BB(n)\}$ auf H_0 an.

b) Zeigen Sie durch Widerspruch: $BB(n)$ wächst schneller als jede berechenbare Funktion, d. h. für jede berechenbare Funktion $f : \mathbb{N} \to \mathbb{N}$ gilt:
$BB(n) \notin O(f(n))$.

a) *Interpretation:* G sei die Menge der Turingmaschinen, die bei anfangs n Einsen auf dem Band mit $b - BB(n)$ Einsen anhalten.
Um die Unentscheidbarkeit eines Problems P zu zeigen, muss ein als unentscheidbar bekanntes Problem auf dieses Problem P reduziert werden. In unserem Fall also $H_0 \leq_{pol} G$. *(Beweis analog zu $H \leq_{pol} H_0$, also zum allgemeinen Halteproblem, siehe [THEO], Kap. 2.6)*
Man konstruiere nun eine TM T' die zu Beginn n Einsen auf das leere Band schreibt und sich danach wie T verhält, also $BB(n)$ Einsen produziert.
Damit lässt sich eine totale und berechenbare Funktion f konstruieren, die Wörter der Form $1^{BB(n)}\#1^n$ auf den Code der verbal beschriebenen TM abbildet. Nun gilt:

$$1^{BB(n)}\#1^n \in G \Longleftrightarrow T\,angesetzt\,auf\,n\,haelt$$
$$\Longleftrightarrow T'\,angesetzt\,auf\,leerem\,Band\,haelt$$
$$\Longleftrightarrow f(1^{BB(n)}\#1^n) \in H_0$$

Also vermittelt f die gewünschte Reduktion von G nach H_0

b) Sei f eine beliebige berechenbare Funktion. Wir definieren

$$F(n) = \sum_{i=0}^{n}(f(i)+i^2) = f(0) + f(1) + 1 + \cdots + f(n) + n^2$$

Dann ist auch F berechenbar durch eine Turing-Maschine M_F. Diese habe m Zustände.

Wir betrachten nun eine Turing-Maschine M, die n Striche auf das zunächst leere Band schreibt und dann auf dem letzten Strich stehen bleibt. Das schafft sie mit n Zuständen. Dahinter schalten wir M_F, die dann $F(n)$ Striche auf das Band schreibt. Das kostet noch einmal m Zustände. Wir setzen M_F ein weiteres Mal auf das Band an, auf dem $F(n)$ Striche stehen. So erhalten wir ein Band mit insgesamt $F(F(n))$ Strichen. Diese Striche wurden von einer Maschine mit n+2m Zuständen geschrieben.

Ein *fleißiger Biber* mit n+2m Zuständen wird mindestens so viele Striche schreiben wie unsere Maschine. Also gilt:
$BB(2n+m) \geq F(F(n))$
Nun ist nach Definition $F(n) = n^2$, außerdem gibt es ein n_0 mit $n^2 > n+2m$ für $n > n_0$.
Also ist $F(n) > n + 2m$. Da $F(n)$ monoton ist, also für alle $x > y$ ist $F(x) > F(y)$, gilt:
$F(F(n)) > F(n+2m)$
Da nach Definition $F(n) > f(n)$ gilt, erhalten wir insgesamt:
$BB(n+2m) > f(n+2m)$ für $n > n_0$
Da $f(n)$ eine beliebige berechenbare Funktion ist, ist gezeigt, dass BB schneller wächst als jede beliebige Funktion.

Herbst 07 - Thema 2

Aufgabe 1

NEA, DEA, reguläre Grammatik, regulärer Ausdruck,

Gegeben sei der nichtdeterministische endliche Automat M mit dem Alphabet $\Sigma = \{a, b\}$, der Zustandsmenge $\{z_0, z_1, z_2, z_3\}$, Anfangszustand z_0, Endzustand $\{z_3\}$ und der Überführungsfunktion δ mit:
$\delta(z_0, a) = \{z_1, z_2\}$, $\delta(z_1, b) = \{z_0, z_1\}$, $\delta(z_2, a) = \{z_2, z_3\}$, $\delta(z_0, b) = \delta(z_1, a) = \delta(z_2, b) = \delta(z_3, a) = \delta(z_3, b) = \emptyset$
$L(M)$ sei die von M akzeptierte Sprache.

a) Gelten folgende Aussagen?   *Potenzmen-*

   i) Es gibt Zeichenreihen in $L(M)$, die genauso viele $a's$ enthalten wie $b's$.   *genalgo-*
   ii) Jede Zeichenreihe in $L(M)$, die mindestens vier $b's$ enthält, enthält   *rithmus*
       auch mindestens vier $a's$.

   Begründen Sie Ihre Antworten.

b) Geben Sie eine reguläre (Typ-3-)Grammatik an, die $L(M)$ erzeugt.

c) Beschreiben Sie $L(M)$ durch einen regulären Ausdruck.

d) Konstruieren Sie aus M mit der Potenzmengen-Konstruktion (und entsprechender Begründung) einen deterministischen Automaten, der $L(M)$ akzeptiert.

a) Zur besseren Übersichtlichkeit wird zuerst der Automat gezeichnet.

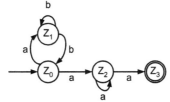

   i) Jede Zeichenreihe, die mindestens ein b enthält, enthält mindestens 3
      a. Durch $\delta(z_1, b) = \{z_0, z_1\}$ kann die Anzahl der b erhöht werden.
      Somit kann man $abbbaa \in L(M)$ erhalten.
      Da durch $\delta(z_2, a) = \{z_2, z_3\}$ auch beliebig viele a eingefügt werden
      können, lässt sich auch $abbbbaaa \in L(M)$ erzeugen.
      Die zu prüfende Aussage ist also wahr.

   ii) Jede Zeichenreihe, die $b's$ enthält, enthält mindestens 3 a, aber nicht
       zwangsläufig 4 wie z. B. $abbbbaa \in L(M)$.
       Die zu prüfende Aussage ist also falsch.

b) $G = (\{S, A, B\}, \{a, b\}, P, S)$, wobei
   $P = \{S \rightarrow aA|aB, A \rightarrow bA|bS, B \rightarrow aB|a\}$

c) $(ab^+)^*a^+a$

d) Initialisierung: $Z = \{\{Z_0\}\}$, $Z_H = \{\{Z_0\}\}$

Zustandsübergänge	Zustandsmenge	Hilfsmenge
$\delta(\{Z_0\}, a) - \{Z_1, Z_2\}$ $\delta(\{Z_0\}, b) = \emptyset$	$Z = \{\{Z_0\}, \{Z_1, Z_2\}\}$	$Z_H = \{\{Z_1, Z_2\}\}$
$\delta(\{Z_1, Z_2\}, a) = \{Z_2, Z_3\}$ $\delta(\{Z_1, Z_2\}, b) = \{Z_0, Z_1\}$	$Z = \{\{Z_0\}, \{Z_1, Z_2\}, \{Z_2, Z_3\}, \{Z_0, Z_1\}\}$	$Z_H = \{\{Z_2, Z_3\}, \{Z_0, Z_1\}\}$
$\delta(\{Z_0, Z_1\}, a) = \{Z_1, Z_2\}$ $\delta(\{Z_0, Z_1\}, b) = \{Z_0, Z_1\}$	$Z = \{\{Z_0\}, \{Z_1, Z_2\}, \{Z_2, Z_3\}, \{Z_0, Z_1\}\}$	$Z_H = \{\{Z_2, Z_3\}\}$
$\delta(\{Z_2, Z_3\}, a) = \{Z_2, Z_3\}$ $\delta(\{Z_2, Z_3\}, b) = \emptyset$	$Z = \{\{Z_0\}, \{Z_1, Z_2\}, \{Z_2, Z_3\}, \{Z_0, Z_1\}\}$	$Z_H = \emptyset$

$F = \{\{Z_2, Z_3\}\}$

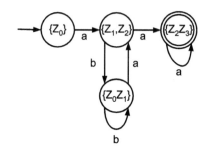

Aufgabe 2

reguläre Sprache, kontextfreie Grammatik, Pumping-Lemma, Turingmaschine, Komplexität, entscheidbar

Für beliebiges $m \in \mathbb{N}$ sei L_m die Sprache $L_m = \{a^i b^m a^i b^m \in \{a, b\}^* | i \in \mathbb{N}\}$.

a) Beweisen Sie: L_3 ist nicht regulär.

b) Ist L_m für jedes $m \in \mathbb{N}$ nicht regulär? Begründen Sie Ihre Antwort.

c) Geben Sie die allgemeine Form einer kontextfreien (Typ-2-)Grammatik an, die L_m (für beliebiges m) erzeugt.

d) Ist jeder der Sprachen L_m mit einer deterministischen Turing-Maschine mit einer Zeitkomplexität $O(n^2)$ entscheidbar (n ist die Länge der jeweiligen Eingabe)? Begründen Sie Ihre Antwort.

a) $L_3 = \{a^i b^3 a^i b^3 | i \in \mathbb{N}\}$

Anwendung des Pumping-Lemma:
Sei n die Pumpzahl und $x = a^n b^3 a^n b^3$
Wegen der Bedingung, dass $|uv| \leq n$ muss gelten $uv \subseteq a^n$
O. B. d. A.: sei $u = a^{n-1}$, $v = a \Rightarrow w = b^3 a^n b^3$
Das Aufpumpen führt zu $a^{n-1} a^i b^3 a^n b^3 \Rightarrow n-1+i \neq n$ für $i \neq 1$ und damit ist die Bedingung des Pumping-Lemma, dass $a^{n-1} a^i b^3 a^n b^3 \in L_3$ nicht erfüllt.

b) 1. Variante: $m \in \mathbb{N} \Leftrightarrow m \geq 1$
L_m ist nie regulär, denn mit dem Pumping-Lemma müssten immer bei ausreichend großen Worten die a's am Wortanfang gepumpt werden und damit stimmt deren Anzahl nicht mehr mit den a's in der Mitte überein. Dazu müsste das Wort an zwei Stellen gleichzeitig gepumpt werden und das geht nur mit dem Pumping-Lemma für kontextfreie Sprachen, nicht aber für reguläre Sprachen.

2. Variante: $m \in \mathbb{N} \Leftrightarrow m \geq 0$
Für $m = 0$ ist L_0 regulär, denn $L_0 = \{a^i a^i | i \in \mathbb{N}\}$
Eine mögliche Grammatik für L_0 lautet:
$G = (\{S, A\}, \{a, b\}, P, S)$, wobei $P = \{S \rightarrow aA | \varepsilon, A \rightarrow aS\}$

Damit ergibt sich der reguläre Ausdruck $(aa)^*$.

c) $G = (\{S, A, B\}, \{a, b\}, P, S)$, wobei

$$P = \{S \quad \rightarrow BA$$
$$A \quad \rightarrow b^m \qquad (wobei\ m\ eine\ feste\ Zahl\ ist)$$
$$B \quad \rightarrow aBa|A\}$$

d) Informelle Beschreibung einer Turing-Maschine:
   Es werden zuerst paarweise a und dann paarweise b vom Band gelöscht.
   Wenn das Band am Schluss leer ist, wird das Wort akzeptiert. (Um genau
   m Paare von b's zu Löschen benötigt man relativ viele Zustände).
   $|w| = n = 2 \cdot i + 2 \cdot m \Rightarrow i = \frac{n}{2} - m$
   Zwischen jedem a der ersten Gruppe und dem zugehörigen a der zweiten
   Gruppe liegen genau $\frac{n}{2}$ Zeichen. Um alle a zu löschen müssen diese Schritte
   genau i-mal durchgeführt werden. Anschließend werden in m Durchgängen
   die b gelöscht, die auch jeweils den Abstand $\frac{n}{2}$ Zeichen besitzen. Die Anzahl
   der Arbeitsschritte bis zum erfolgreichen Erkennen (oder eben Ablehnen)
   eines Wortes errechnet sich also mit $\frac{n}{2} \cdot (i + m) = \frac{n}{2} \cdot \frac{n}{2} = \frac{n^2}{4}$; die Turingmaschine besitzt also die Zeitkomplexität $O(n^2)$.
   Eine zusätzliche Prüfung, ob es sich um *genau m* Zeichen b handelt, verlängert
   lediglich die Arbeitsschritte bei der Löschung der b um m Teilschritte, was
   aber an der ingesamten Zeitkomplexität von $O(n^2)$ nichts ändert.

Aufgabe 3

Es seien Σ ein Alphabet, L_1 und L_2 zwei Sprachen über Σ. ϵ bezeichne die leere
Zeichenreihe. Gelten folgende Aussagen? Begründen Sie Ihre Antworten.

a) Ist L_1 kontext-sensitiv (Typ-1), so ist die Sprache
   $L = \{w \in \Sigma^* | w \notin L_1 \text{ und } w \neq \epsilon\}$ entscheidbar.

b) Wird L_1 von einem linear beschränkten Automaten M mit der Zustandsmenge Z und Endzustandsmenge E akzeptiert, so akzeptiert der linear
   beschränkte Automat M', der aus M entsteht, wenn man E durch $Z \setminus E$ ersetzt die Sprache $\Sigma^* \setminus L_1$.

c) Sind L_1 und L_2 entscheidbar, so ist auch die Sprache
   $L_1 \circ L_2 = \{w_1 w_2 \in \Sigma^* | w_1 \in L_1, w_2 \in L_2\}$ entscheidbar.

d) Ist L_1 entscheidbar und L_2 semi-entscheidbar, so ist die Funktion
   $$f : \Sigma^* \rightarrow \Sigma^* \text{ mit } f(w) = \begin{cases} \epsilon & \text{falls } w \notin L_1 \cap L_2 \\ \text{undefiniert} & \text{sonst} \end{cases}$$
   berechenbar.

e) Sind sowohl L_1 als auch L_2 mit einer deterministischen Turing-Maschine
   mit polynomieller Zeitkomplexität entscheidbar, so gilt dies auch für
   $L_1 \setminus L_2$.

*kontextsen-
sitive,
entscheid-
bare
Sprache,
LBA, ent-
scheidbar,
semi-ent-
scheidbar,
Turingma-
schine,
Komplexi-
tät*

a) L_1 ist kontextsensitiv $\Leftrightarrow$ L_1 ist entscheidbar $\Leftrightarrow$ es gibt eine Turing-Maschine, die L_1 entscheidet.

Man konstruiere nun eine TM, die testet, ob es sich um das leere Wort handelt und verwende anschließend die TM, die L_1 entscheidet, und negiere das Ergebnis.

D. h. wenn im Startzustand das Blank-Symbol gelesen wird, schreibt die TM 0 auf das Band und bleibt stehen. Wird im ersten Schritt ein Element aus Σ gelesen, springt die TM zum Startzustand der TM von L_1, bewegt den Kopf aber noch nicht.

b) Da L_1 von einem linear beschränkten Automaten akzeptiert wird, ist L_1 kontextsensitiv. Nach dem Satz von Immermann/Szelepcsényi ist bekannt, dass die kontextsensitiven Sprachen unter Komplementbildung abgeschlossen sind. D. h. $\Sigma^* \backslash L_1 = \overline{L_1}$ ist wieder kontextsensitiv. Damit gibt es auch einen LBA, der $\overline{L_1}$ akzeptiert.

$$\forall x \in \Sigma^* : x \in L_1 \leftrightarrow M \text{ terminiert in } E \leftrightarrow M' \text{ terminiert in } Z \backslash E \leftrightarrow x \notin \overline{L_1}$$
$$x \notin L_1 \leftrightarrow M \text{ terminiert in } Z \backslash E \leftrightarrow M' \text{ terminiert in } E \leftrightarrow x \in \overline{L_1}$$

M' ist also der gewünschte LBA.

c) Auch hier kann man einfach die TM, die L_1 bzw L_2 entscheiden, hintereinander schalten. Zuerst wird mit der TM von L_1 w_1 geprüft und wenn diese Prüfung ergibt, dass $w_1 \in L_1$ wird w_2 mit der TM von L_2 getestet.

d) $f(w)$ ist genau dann berechenbar, wenn $w \notin L_1 \cap L_2$ entscheidbar ist.
$w \notin L_1 \cap L_2 \Leftrightarrow w \in \overline{L_1 \cap L_2} \Leftrightarrow w \in \overline{L_1} \cup \overline{L_2}$
$w \in \overline{L_2}$ ist nicht entscheidbar, da L_2 nur semi-entscheidbar ist. Daraus folgt, dass $f(w)$ nicht berechenbar ist.

e) $L_1 \backslash L_2 = L_1 \cap \overline{L_2}$.
Durch die polynomielle Laufzeit ist nur ausgesagt, dass die Sprachen von Typ 0 sind. Hierbei ist der Schnitt zwar eine abgeschlossene Operation, die Komplementbildung aber nicht. D. h. $L_1 \backslash L_2$ ist nicht unbedingt von Typ 0 und damit auch nicht entscheidbar.

Frühjahr 08 - Thema 1

Aufgabe 1

Sei $\Sigma = \{a, b\}$ ein Alphabet. Wir betrachten die Sprache $L = \{w_1...w_n \in \Sigma* | n \geq 2 \wedge \exists_{1 \leq i < n} w_n = w_i \wedge \forall_{1 \leq i \leq n} w_i \in \Sigma\}$ als die Sprache, die alle Wörter enthält, deren letzter Buchstabe vorher bereits schon einmal im Wort vorkam.

a) Geben Sie für das Alphabet $\Sigma = \{a, b\}$ einen nichtdeterministischen endlichen Automaten N_1 an, der L erkennt.

b) Übersetzen Sie den Automaten N_1 in einen deterministischen endlichen Automaten, indem Sie die Potenzmengenkonstruktion durchführen.

c) Geben Sie eine Chomsky-Typ-3-Grammatik G an, die L erzeugt.

d) Zeigen Sie, dass G das Wort $aaabab$ erzeugt.

reguläre Sprache, NEA, DEA, reguläre Grammatik, Potenzmengenalgorithmus, Ableitung eines Wortes

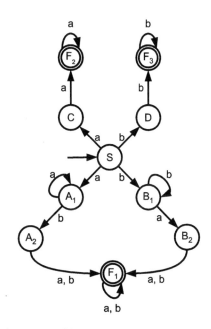

a) $M = (Z, \Sigma, \delta, S, \{F_1, F_2, F_3\})$,
   $Z = \{S, A_1, A_2, B_1, B_2, C, D, F_1, F_2, F_3\}$, $\Sigma = \{a, b\}$

δ	S	A_1	A_2	B_1	B_2	C	D	F_1	F_2	F_3
a	$\{A_1, C\}$	$\{A_1\}$	$\{F_1\}$	$\{B_2\}$	$\{F_1\}$	$\{F_2\}$	$\emptyset$	$\{F_1\}$	$\{F_2\}$	$\emptyset$
b	$\{B_1, D\}$	$\{A_2\}$	$\{F_1\}$	$\{B_1\}$	$\{F_1\}$	$\emptyset$	$\{F_3\}$	$\{F_1\}$	$\emptyset$	$\{F_3\}$

b) Initialisierung: $Z = \{\{S\}\}$, $Z_H = \{\{S\}\}$

Zustandsübergänge	Zustandsmenge	Hilfsmenge
$\delta(\{S\}, a) = \{A_1, C\}$ $\delta(\{S\}, b) = \{B_1, D\}$	$Z = \{\{S\}, \{A_1, C\}, \{B_1, D\}\}$	$Z_H = \{\{A_1, C\},$ $\{B_1, D\}\}$
$\delta(\{A_1, C\}, a) = \{A_1, F_2\}$ $\delta(\{A_1, C\}, b) = \{A_2\}$	$Z = \{\{S\}, \{A_1, C\}, \{B_1, D\},$ $\{A_2\}, \{A_1, F_2\}\}$	$Z_H = \{\{B_1, D\},$ $\{A_1, F_2\}, \{A_2\}\}$
$\delta(\{B_1, D\}, a) = \{B_2\}$ $\delta(\{B_1, D\}, b) = \{B_1, F_3\}$	$Z = \{\{S\}, \{A_1, C\}, \{B_1, D\},$ $\{A_2\}, \{A_1, F_2\}, \{B_2\}, \{B_1, F_3\}\}$	$Z_H = \{\{A_1, F_2\}, \{A_2\},$ $\{B_2\}, \{B_1, F_3\}\}$
$\delta(\{A_1, F_2\}, a) = \{A_1, F_2\}$ $\delta(\{A_1, F_2\}, b) = \{A_2\}$	$Z = \{\{S\}, \{A_1, C\}, \{B_1, D\},$ $\{A_2\}, \{A_1, F_2\}, \{B_2\}, \{B_1, F_3\}\}$	$Z_H = \{\{A_2\}, \{B_2\},$ $\{B_1, F_3\}\}$
$\delta(\{A_2\}, a) = \{F_1\}$ $\delta(\{A_2\}, b) = \{F_1\}$	$Z = \{\{S\}, \{A_1, C\}, \{B_1, D\},$ $\{A_2\}, \{A_1, F_2\}, \{B_2\}, \{B_1, F_3\},$ $\{F_1\}\}$	$Z_H = \{\{B_2\}, \{B_1, F_3\},$ $\{F_1\}\}$
$\delta(\{B_2\}, a) = \{F_1\}$ $\delta(\{B_2\}, b) = \{F_1\}$	$Z = \{\{S\}, \{A_1, C\}, \{B_1, D\},$ $\{A_2\}, \{A_1, F_2\}, \{B_2\}, \{B_1, F_3\},$ $\{F_1\}\}$	$Z_H = \{\{B_1, F_3\}, \{F_1\}\}$
$\delta(\{B_1, F_3\}, a) = \{B_2\}$ $\delta(\{B_1, F_3\}, b) = \{B_1, F_3\}$	$Z = \{\{S\}, \{A_1, C\}, \{B_1, D\},$ $\{A_2\}, \{A_1, F_2\}, \{B_2\}, \{B_1, F_3\},$ $\{F_1\}\}$	$Z_H = \{\{F_1\}\}$
$\delta(\{F_1\}, a) = \{F_1\}$ $\delta(\{F_1\}, b) = \{F_1\}$	$Z = \{\{S\}, \{A_1, C\}, \{B_1, D\},$ $\{A_2\}, \{A_1, F_2\}, \{B_2\}, \{B_1, F_3\},$ $\{F_1\}\}$	$Z_H = \emptyset$

$F = \{\{F_1\}, \{B_1, F_3\}, \{A_1, F_2\}\}$

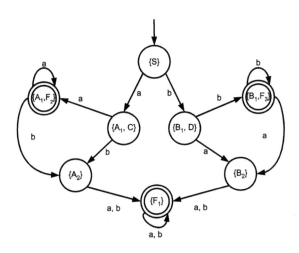

c) $G = (\{S, A, B, C\}, \{a, b\}, P, S)$ wobei

$$P = \{S \rightarrow aA | bB$$
$$A \rightarrow aA | bC | a$$
$$B \rightarrow bB | aC | b$$
$$C \rightarrow aC | bC | a | b\}$$

d) $S \rightarrow aA \rightarrow aaA \rightarrow aaaA \rightarrow aaabC \rightarrow aaabaC \rightarrow aaabab$

Aufgabe 2

Zeigen Sie, dass die Sprache $L = \{a^n b^m | n > m\}$ genau eine Chomsky-Tpy-2 Sprache ist!

kontextfreie Sprache

Annahme: $m \geq 0$, also $n \geq 1$
$G = (\{S, A\}, \{a, b\}, P, S)$, wobei
$$P = \{S \rightarrow aS | aA$$
$$A \rightarrow aAb | \varepsilon\}$$

Diese Grammatik ist kontextfrei und erzeugt L.
Es bleibt noch zu zeigen, dass L nicht regulär ist. Falls L regulär wäre, gäbe es eine Pumpzahl k, so dass alle Wörter mit einer Länge $> k$ das Pumping-Lemma erfüllen. Das Wort $a^{n+1} b^n$ mit $k \leq n + 1$ muss in den a gepumpt werden. Aber für $i = 0$ ergibt sich $a^n a^i b^n = a^n b^n \notin L$. Somit ist L nicht regulär aber kontextfrei.

Aufgabe 3

Sei $\Sigma = \{a, b, c\}$ ein endliches Alphabet. Wir betrachten die Sprache $L = \{w \in \Sigma * | \forall_{s \in \Sigma \setminus \{a\}} |w|_s < |w|_a\}$, also die Menge aller Wörter, in denen a echt häufiger als die anderen Buchstaben vorkommt.

Turingma-schine, Komplexi-tät, O-Notation

a) Geben Sie eine deterministische Turingmaschine an, die L für das Alphabet Σ entscheidet. Die Maschine soll dabei wie folgt verfahren:

- Das Arbeitsalphabet Γ soll zusätzliche Zeichen $\square$ und $\Diamond$ enthalten.
- Das Wort steht initial als $\square w \square$ auf dem Band der Turingmaschine.
- Die Turingmaschine sucht nach jeweils einem a, b und c und über-schreibt das jeweils erste gefundene Zeichen mit $\Diamond$.
- Wird dabei kein a gefunden, ist das Wort zu verwerfen. Wird ein a ge-funden, aber weder b noch c, wird das Wort akzeptiert. Beachten Sie, dass es dabei möglich ist, ein a und c, aber kein b, oder ein a und b, aber kein c zu finden.
- Nach einem solchen Durchgang fährt die Turingmaschine nach links und beginnt von vorne.

Beschreiben Sie dabei die Bedeutung der Zustände $q \in Q$ Ihrer Turingma-schine informell.

b) Geben Sie den Ablauf Ihrer Turingmaschine über dem Wort aba an.

c) Geben Sie Laufzeit- und Speicherplatzkomplexität Ihrer Turingmaschine M in O-Notation an. Kann die Laufzeitkomplexität durch die Verwendung einer Mehrband-Turingmaschine verbessert werden? Begründen Sie Ihre Antworten.

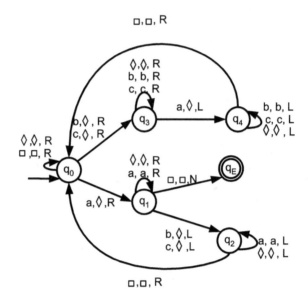

a) Entweder es wird zuerst ein a gelesen oder ein b oder c. Dementsprechend
   wird in die Zustände q_1 bzw. q_3 gewechselt. Dort wird ein b (c) bzw. ein a
   gesucht. Ist dies gefunden, wird in den Zustand q_2 bzw. q_4 übergegangen und
   wieder zurück zum Wortanfang gelaufen. Wenn dieser gefunden ist, wird in
   q_0 ein neuer Durchgang gestartet. Die Turingmaschine akzeptiert das Wort
   dann, wenn ein a gefunden wurde und bis zum Wortende kein b oder c mehr
   auf dem Band vorhanden sind.

b)

	a	b	a	
△				
q_0				

	a	b	a	
	△			
q_1				

	◊	b	a	
		△		
q_2				

	◊	◊	a	
	△			
q_0				

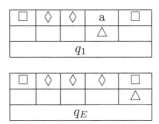

c) Auf dem Band befindet sich nur das Wort der Länge n und es wird nichts jenseits der Grenzen des Wortes auf das Band geschrieben. Die Speicherplatzkomplexität beträgt also $O(n)$.

Für jeweils zwei Buchstaben muss die Turingmaschine das Wort einmal nach rechts und einmal nach links ablaufen. Dies sind jeweils n Schritte. Für n Buchstaben mit jeweils n Schritten beträgt die Laufzeitkomplexität demnach $O(n^2)$.

Bei der Verwendung einer 3-Band-Turingmaschine wäre folgendes denkbar: Auf dem ersten Band steht die Eingabe. Nun fährt der erste Kopf die Eingabe ab und schreibt alle a auf Band 2 und alle b und c auf Band 3, danach befinden sich die Köpfe rechts der (Teil-)Worte. Anschließend fahren der zweite und der dritte Kopf parallel ihre Bänder ab. Je nachdem ob Kopf 2 oder Kopf 3 zuerst $\square$ liest, ist das Wort in L oder nicht. Für das Verteilen der Eingabe auf die anderen Bänder sind n Schritte nötig. Danach werden diese Bänder nur einmal von rechts nach links abgefahren, was im worst-case wiederum n Schritte sind. Die Laufzeitkomplexität beträgt also $O(2 * n) = O(n)$.

Frühjahr 08 - Thema 2

Aufgabe 2

a) Konstruieren Sie einen deterministischen endlichen Automaten, der die Sprache akzeptiert, die durch den regulären Ausdruck $(a + b)^* \cdot a \cdot (a + b) \cdot (a + b) \cdot (a + b)$ beschrieben ist.
   Hinweis: Konstruieren Sie zuerst einen nichtdeterministischen endlichen Automaten, und wandeln Sie diesen anschließend in einen deterministischen endlichen Automaten um!

b) Geben Sie einen nichtdeterministischen endlichen Automaten (NEA) mit maximal 4 Zuständen an, der die folgende reguläre Sprache akzeptiert:
   $L = \{xy | x, y \in \{a, b\}^* \;\; x$ endet mit b und die Anzahl der Zeichen a in y ist durch 3 teilbar$\}$
   Ein Wort w ist somit in L, falls das Zeichen b so in w vorkommt, dass die Zahl der Zeichen a, die nach diesem b stehen, durch 3 teilbar ist.

NEA, DEA, regulärer Ausdruck, reguläre Sprache, Minimalisierung von Automaten

c) Im Gegensatz zu deterministischen endlichen Automaten ist kein einfacher Minimierungsalgorithmus für nichtdeterministische endliche Automaten bekannt. Sie sollen hier dennoch nachweisen, dass jeder nichtdeterministische endliche Automat, der die in Teilaufgabe b) beschriebene Sprache L akzeptiert, mindestens 4 Zustände besitzt.

Betrachten Sie eine Zerlegung des Wortes $w = baaa$ in die folgenden Paare: $(x_1, y_1) = (\epsilon, baaa)$, $(x_2, y_2) = (ba, aa)$, $(x_3, y_3) = (baa, a)$, $(x_4, y_4) = (baaa, \epsilon)$.

Sei A ein (unbekannter) endlicher Automat, der L akzeptiert. Da w vom Automaten A akzeptiert wird, gibt es für jedes Paar (x_i, y_i) einen Zustand q_i, so dass einer der Berechnungspfade den Automaten vom Startzustand aus auf Eingabe x_i in den Zustand q_i führt, und von q_i ausgehend auf der Eingabe y_i in einen der - möglicherweise mehreren - Endzustände. Führen Sie nun die Annahme zum Widerspruch, dass A drei Zustände besitzt *und zugleich* keine Wörter akzeptiert, die nicht in L sind.

a) *In einer anderen üblichen Schreibweise lautet der reguläre Ausdruck:*
$(a|b)^* a(a|b)(a|b)(a|b)$

$M = (Z, \Sigma, \delta, Z_0, \{Z_F\}), Z = \{Z_0, Z_1, Z_2, Z_3, Z_F\}, \Sigma = \{a, b\}$

δ	Z_0	Z_1	Z_2	Z_3	Z_F
a	$\{Z_0, Z_1\}$	$\{Z_2\}$	$\{Z_3\}$	$\{Z_F\}$	$\emptyset$
b	$\{Z_0\}$	$\{Z_2\}$	$\{Z_3\}$	$\{Z_F\}$	$\emptyset$

Initialisierung: $Z = \{\{Z_0\}\}$, $Z_H = \{\{Z_0\}\}$

Zustandsübergänge	Zustandsmenge
$\delta(\{Z_0\}, a) = \{Z_0, Z_1\}$ $\delta(\{Z_0\}, b) = \{Z_0\}$	$Z = \{\{Z_0\}, \{Z_0, Z_1\}\}$
$\delta(\{Z_0, Z_1\}, a) = \{Z_0, Z_1, Z_2\}$ $\delta(\{Z_0, Z_1\}, b) = \{Z_0, Z_2\}$	$Z = \{\{Z_0\}, \{Z_0, Z_1\}, \{Z_0, Z_1, Z_2\},$ $\{Z_0, Z_2\}\}$
$\delta(\{Z_0, Z_1, Z_2\}, a) = \{Z_0, Z_1, Z_2, Z_3\}$ $\delta(\{Z_0, Z_1, Z_2\}, b) = \{Z_0, Z_2, Z_3\}$	$Z = \{\{Z_0\}, \{Z_0, Z_1\}, \{Z_0, Z_1, Z_2\},$ $\{Z_0, Z_2\}, \{Z_0, Z_1, Z_2, Z_3\}, \{Z_0, Z_2, Z_3\}\}$
$\delta(\{Z_0, Z_2\}, a) = \{Z_0, Z_1, Z_3\}$ $\delta(\{Z_0, Z_2\}, b) = \{Z_0, Z_3\}$	$Z = \{\{Z_0\}, \{Z_0, Z_1\}, \{Z_0, Z_1, Z_2\},$ $\{Z_0, Z_2\}, \{Z_0, Z_1, Z_2, Z_3\}, \{Z_0, Z_2, Z_3\},$ $\{Z_0, Z_1, Z_3\}, \{Z_0, Z_3\}\}$
$\delta(\{Z_0, Z_1, Z_2, Z_3\}, a) = \{Z_0, Z_1, Z_2, Z_3, Z_F\}$ $\delta(\{Z_0, Z_1, Z_2, Z_3\}, b) = \{Z_0, Z_2, Z_3, Z_F\}$	$Z = \{\{Z_0\}, \{Z_0, Z_1\}, \{Z_0, Z_1, Z_2\}, \{Z_0, Z_2\},$ $\{Z_0, Z_1, Z_2, Z_3\}, \{Z_0, Z_2, Z_3\}, \{Z_0, Z_1, Z_3\},$ $\{Z_0, Z_3\}, \{Z_0, Z_1, Z_2, Z_3, Z_F\},$ $\{Z_0, Z_2, Z_3, Z_F\}\}$
$\delta(\{Z_0, Z_2, Z_3\}, a) = \{Z_0, Z_1, Z_3, Z_F\}$ $\delta(\{Z_0, Z_2, Z_3\}, b) = \{Z_0, Z_3, Z_F\}$	$Z = \{\{Z_0\}, \{Z_0, Z_1\}, \{Z_0, Z_1, Z_2\}, \{Z_0, Z_2\},$ $\{Z_0, Z_1, Z_2, Z_3\}, \{Z_0, Z_2, Z_3\}, \{Z_0, Z_1, Z_3\}, \{Z_0, Z_3\},$ $\{Z_0, Z_1, Z_2, Z_3, Z_F\}, \{Z_0, Z_2, Z_3, Z_F\},$ $\{Z_0, Z_1, Z_3, Z_F\}, \{Z_0, Z_3, Z_F\}\}$
$\delta(\{Z_0, Z_1, Z_3\}, a) = \{Z_0, Z_1, Z_2, Z_F\}$ $\delta(\{Z_0, Z_1, Z_3\}, b) = \{Z_0, Z_2, Z_F\}$	$Z = \{\{Z_0\}, \{Z_0, Z_1\}, \{Z_0, Z_1, Z_2\}, \{Z_0, Z_2\},$ $\{Z_0, Z_1, Z_2, Z_3\}, \{Z_0, Z_2, Z_3\}, \{Z_0, Z_1, Z_3\}, \{Z_0, Z_3\},$ $\{Z_0, Z_1, Z_2, Z_3, Z_F\}, \{Z_0, Z_2, Z_3, Z_F\},$ $\{Z_0, Z_1, Z_3, Z_F\}, \{Z_0, Z_3, Z_F\}, \{Z_0, Z_1, Z_2, Z_F\},$ $\{Z_0, Z_2, Z_F\}\}$
$\delta(\{Z_0, Z_3\}, a) = \{Z_0, Z_1, Z_F\}$ $\delta(\{Z_0, Z_3\}, b) = \{Z_0, Z_F\}$	$Z = \{\{Z_0\}, \{Z_0, Z_1\}, \{Z_0, Z_1, Z_2\}, \{Z_0, Z_2\},$ $\{Z_0, Z_1, Z_2, Z_3\}, \{Z_0, Z_2, Z_3\}, \{Z_0, Z_1, Z_3\}, \{Z_0, Z_3\},$ $\{Z_0, Z_1, Z_2, Z_3, Z_F\}, \{Z_0, Z_2, Z_3, Z_F\},$ $\{Z_0, Z_1, Z_3, Z_F\}, \{Z_0, Z_3, Z_F\}, \{Z_0, Z_1, Z_2, Z_F\},$ $\{Z_0, Z_2, Z_F\}, \{Z_0, Z_1, Z_F\}, \{Z_0, Z_F\}\}$

$\delta(\{Z_0, Z_1, Z_2, Z_3, Z_F\}, a) = \{Z_0, Z_1, Z_2, Z_3, Z_F\}$ $\delta(\{Z_0, Z_1, Z_2, Z_3, Z_F\}, b) = \{Z_0, Z_2, Z_3, Z_F\}$	$Z = \{\{Z_0\}, \{Z_0, Z_1\}, \{Z_0, Z_1, Z_2\}, \{Z_0, Z_2\},$ $\{Z_0, Z_1, Z_2, Z_3\}, \{Z_0, Z_2, Z_3\}, \{Z_0, Z_1, Z_3\}, \{Z_0, Z_3\},$ $\{Z_0, Z_1, Z_2, Z_3, Z_F\}, \{Z_0, Z_2, Z_3, Z_F\},$ $\{Z_0, Z_1, Z_3, Z_F\}, \{Z_0, Z_3, Z_F\}, \{Z_0, Z_1, Z_2, Z_F\},$ $\{Z_0, Z_2, Z_F\}, \{Z_0, Z_1, Z_F\}, \{Z_0, Z_F\}\}$
$\delta(\{Z_0, Z_2, Z_3, Z_F\}, a) = \{Z_0, Z_1, Z_3, Z_F\}$ $\delta(\{Z_0, Z_2, Z_3, Z_F\}, b) = \{Z_0, Z_3, Z_F\}$	$Z = \{\{Z_0\}, \{Z_0, Z_1\}, \{Z_0, Z_1, Z_2\}, \{Z_0, Z_2\},$ $\{Z_0, Z_1, Z_2, Z_3\}, \{Z_0, Z_2, Z_3\}, \{Z_0, Z_1, Z_3\}, \{Z_0, Z_3\},$ $\{Z_0, Z_1, Z_2, Z_3, Z_F\}, \{Z_0, Z_2, Z_3, Z_F\},$ $\{Z_0, Z_1, Z_3, Z_F\}, \{Z_0, Z_3, Z_F\}, \{Z_0, Z_1, Z_2, Z_F\},$ $\{Z_0, Z_2, Z_F\}, \{Z_0, Z_1, Z_F\}, \{Z_0, Z_F\}\}$
$\delta(\{Z_0, Z_1, Z_3, Z_F\}, a) = \{Z_0, Z_1, Z_2, Z_F\}$ $\delta(\{Z_0, Z_1, Z_3, Z_F\}, b) = \{Z_0, Z_2, Z_F\}$	$Z = \{\{Z_0\}, \{Z_0, Z_1\}, \{Z_0, Z_1, Z_2\}, \{Z_0, Z_2\},$ $\{Z_0, Z_1, Z_2, Z_3\}, \{Z_0, Z_2, Z_3\}, \{Z_0, Z_1, Z_3\}, \{Z_0, Z_3\},$ $\{Z_0, Z_1, Z_2, Z_3, Z_F\}, \{Z_0, Z_2, Z_3, Z_F\},$ $\{Z_0, Z_1, Z_3, Z_F\}, \{Z_0, Z_3, Z_F\}, \{Z_0, Z_1, Z_2, Z_F\},$ $\{Z_0, Z_2, Z_F\}, \{Z_0, Z_1, Z_F\}, \{Z_0, Z_F\}\}$
$\delta(\{Z_0, Z_3, Z_F\}, a) = \{Z_0, Z_1, Z_F\}$ $\delta(\{Z_0, Z_3, Z_F\}, b) = \{Z_0, Z_F\}$	$Z = \{\{Z_0\}, \{Z_0, Z_1\}, \{Z_0, Z_1, Z_2\}, \{Z_0, Z_2\},$ $\{Z_0, Z_1, Z_2, Z_3\}, \{Z_0, Z_2, Z_3\}, \{Z_0, Z_1, Z_3\}, \{Z_0, Z_3\},$ $\{Z_0, Z_1, Z_2, Z_3, Z_F\}, \{Z_0, Z_2, Z_3, Z_F\},$ $\{Z_0, Z_1, Z_3, Z_F\}, \{Z_0, Z_3, Z_F\}, \{Z_0, Z_1, Z_2, Z_F\},$ $\{Z_0, Z_2, Z_F\}, \{Z_0, Z_1, Z_F\}, \{Z_0, Z_F\}\}$
$\delta(\{Z_0, Z_1, Z_2, Z_F\}, a) = \{Z_0, Z_1, Z_2, Z_3\}$ $\delta(\{Z_0, Z_1, Z_2, Z_F\}, b) = \{Z_0, Z_2, Z_3\}$	$Z = \{\{Z_0\}, \{Z_0, Z_1\}, \{Z_0, Z_1, Z_2\}, \{Z_0, Z_2\},$ $\{Z_0, Z_1, Z_2, Z_3\}, \{Z_0, Z_2, Z_3\}, \{Z_0, Z_1, Z_3\}, \{Z_0, Z_3\},$ $\{Z_0, Z_1, Z_2, Z_3, Z_F\}, \{Z_0, Z_2, Z_3, Z_F\},$ $\{Z_0, Z_1, Z_3, Z_F\}, \{Z_0, Z_3, Z_F\}, \{Z_0, Z_1, Z_2, Z_F\},$ $\{Z_0, Z_2, Z_F\}, \{Z_0, Z_1, Z_F\}, \{Z_0, Z_F\}\}$
$\delta(\{Z_0, Z_2, Z_F\}, a) = \{Z_0, Z_1, Z_3\}$ $\delta(\{Z_0, Z_2, Z_F\}, b) = \{Z_0, Z_3\}$	$Z = \{\{Z_0\}, \{Z_0, Z_1\}, \{Z_0, Z_1, Z_2\}, \{Z_0, Z_2\},$ $\{Z_0, Z_1, Z_2, Z_3\}, \{Z_0, Z_2, Z_3\}, \{Z_0, Z_1, Z_3\}, \{Z_0, Z_3\},$ $\{Z_0, Z_1, Z_2, Z_3, Z_F\}, \{Z_0, Z_2, Z_3, Z_F\},$ $\{Z_0, Z_1, Z_3, Z_F\}, \{Z_0, Z_3, Z_F\}, \{Z_0, Z_1, Z_2, Z_F\},$ $\{Z_0, Z_2, Z_F\}, \{Z_0, Z_1, Z_F\}, \{Z_0, Z_F\}\}$
$\delta(\{Z_0, Z_1, Z_F\}, a) = \{Z_0, Z_1, Z_2\}$ $\delta(\{Z_0, Z_1, Z_F\}, b) = \{Z_0, Z_2\}$	$Z = \{\{Z_0\}, \{Z_0, Z_1\}, \{Z_0, Z_1, Z_2\}, \{Z_0, Z_2\},$ $\{Z_0, Z_1, Z_2, Z_3\}, \{Z_0, Z_2, Z_3\}, \{Z_0, Z_1, Z_3\}, \{Z_0, Z_3\},$ $\{Z_0, Z_1, Z_2, Z_3, Z_F\}, \{Z_0, Z_2, Z_3, Z_F\},$ $\{Z_0, Z_1, Z_3, Z_F\}, \{Z_0, Z_3, Z_F\}, \{Z_0, Z_1, Z_2, Z_F\},$ $\{Z_0, Z_2, Z_F\}, \{Z_0, Z_1, Z_F\}, \{Z_0, Z_F\}\}$
$\delta(\{Z_0, Z_F\}, a) = \{Z_0, Z_1\}$ $\delta(\{Z_0, Z_F\}, b) = \{Z_0\}$	$Z = \{\{Z_0\}, \{Z_0, Z_1\}, \{Z_0, Z_1, Z_2\}, \{Z_0, Z_2\},$ $\{Z_0, Z_1, Z_2, Z_3\}, \{Z_0, Z_2, Z_3\}, \{Z_0, Z_1, Z_3\}, \{Z_0, Z_3\},$ $\{Z_0, Z_1, Z_2, Z_3, Z_F\}, \{Z_0, Z_2, Z_3, Z_F\},$ $\{Z_0, Z_1, Z_3, Z_F\}, \{Z_0, Z_3, Z_F\}, \{Z_0, Z_1, Z_2, Z_F\},$ $\{Z_0, Z_2, Z_F\}, \{Z_0, Z_1, Z_F\}, \{Z_0, Z_F\}\}$

$$F = \{\{Z_0, Z_1, Z_2, Z_3, Z_F\}, \{Z_0, Z_2, Z_3, Z_F\}, \{Z_0, Z_1, Z_3, Z_F\},$$
$$\{Z_0, Z_3, Z_F\}, \{Z_0, Z_1, Z_2, Z_F\}, \{Z_0, Z_2, Z_F\}, \{Z_0, Z_1, Z_F\}, \{Z_0, Z_F\}\}$$

Anmerkung: Die Spalte mit der Hilfesmenge wurde hier weggelassen, um den Rest der Tabelle noch darstellen zu können!)

Im weiteren werden folgende Zustandsbezeichnungen verwendet:

$F_1 = \{Z_0, Z_1, Z_2, Z_3, Z_F\}$

$F_2 = \{Z_0, Z_2, Z_3, Z_F\}$

$F_3 = \{Z_0, Z_1, Z_3, Z_F\}$

$F_4 = \{Z_0, Z_3, Z_F\}$

$F_5 = \{Z_0, Z_1, Z_2, Z_F\}$

$F_6 = \{Z_0, Z_2, Z_F\}$

$F_7 = \{Z_0, Z_1, Z_F\}$

$F_8 = \{Z_0, Z_F\}$

$S_0 = \{Z_0\}$

$S_1 = \{Z_0, Z_1\}$

$S_2 = \{Z_0, Z_1, Z_2\}$

$S_3 = \{Z_0, Z_2\}$

$S_4 = \{Z_0, Z_1, Z_2, Z_3\}$

$S_5 = \{Z_0, Z_2, Z_3\}$

$S_6 = \{Z_0, Z_1, Z_3\}$

$S_7 = \{Z_0, Z_3\}$

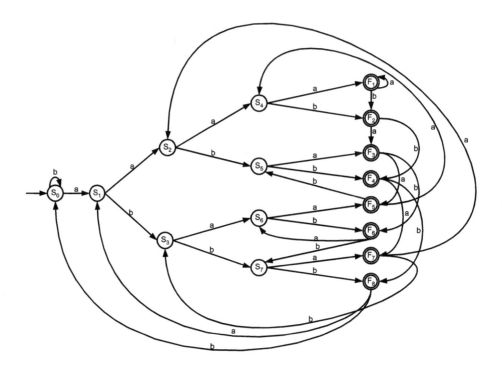

b)

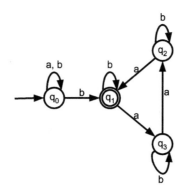

c) A bestehe aus den Zuständen q_0, q_1 und q_2. Es muss mindestens einen Start-
   und einen Endzustand geben. Diese können nicht identisch sein, da jedes
   Wort $\in L$ mindestens ein b enthält, also $\varepsilon \notin L$. O. B. d. A. sei q_0 der
   Startzustand und q_2 ein Endzustand.

   Um sicherzustellen, dass ein b enthalten ist, muss es einen Übergang von
   einem Startzustand in einen anderen Zustand geben. Dieser ist bereits der
   Endzustand, da $b \in L$ ist, die Anzahl der a beträgt 0.

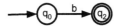

Desweiteren kann es vom Startzustand keinen Übergang mit a in einen anderen Zustand geben, da sonst nicht zwangsläufig ein b im Wort enthalten sein muss (ein Übergang $\delta(q_0, a) = q_0$ wäre möglich)

Nach der Abarbeitung von x_2 befindet sich der Automat weder im Start- noch im Endzustand, also im verbleibenden Zustand q_1. Nach der Abarbeitung von y_2 befindet er sich in q_2, da das Wort akzeptiert wird.

Gleiches gilt für (x_3, y_3):

Demnach müsste der Automat auch (x_2, y_3) und (x_3, y_2) akzeptieren. Da diese nicht in L enthalten sind, kann die Abarbeitung von x_2 und x_3 nicht in denselben Zustand führen; der Automat besitzt also mehr als drei Zustände.

Aufgabe 3

Gegeben sei die Sprache $L = \{ww | w \in \Sigma^*\}$ über dem Alphabet $\Sigma = \{a, b\}$.

kontextfreie Sprache, Pumping-Lemma

a) Beweisen Sie mit Hilfe des Pumping Lemma für kontextfreie Sprachen, dass die Sprache nicht kontextfrei ist.

   Hinweis: Gehen Sie hierzu von einem Wort der Form $ww = a^n b^n a^n b^n$ aus, bei geeigneter Wahl von n.

   Hinweis: Das Pumping Lemma für kontextfreie Sprachen lautet wie folgt: Ist L kontextfrei, so existiert $n \geq 0$ sodass für alle $z \in L$ eine Zerlegung der Form $z = uvwxy$ existiert, derart, dass $|vx| \geq 1$ und $|vwx| \leq n$ und $uv^i wx^i y \in L$ für alle $i \geq 0$.

b) Begründen Sie, dass für jedes Wort $z \in \Sigma^*$, das nicht in L ist, einer der folgenden drei Fälle zutrifft:

   - z hat ungerade Länge, oder
   - z kann in der Form $z = uavbw$ geschrieben werden mit $|u| = m$, $|w| = n, |v| = m + n$ für geeignete $m, n \geq 0$, oder
   - z kann in der Form $z = ubvaw$ geschrieben werden mit $|u| = m$, $|w| = n, |v| = m + n$ für geeignete $m, n \geq 0$.

   Zum Beispiel ist $aabababbab \notin L$ und es passt der zweite Fall mit $u = a, v = baba, w = bab$, also $m = 1, n = 3$.

c) Begründen Sie nun, dass das Komplement $\Sigma^* \setminus L$ kontextfrei ist.

a) Um die Anzahl der vorderen und hinteren a gleich zu halten, muss a oder b sowohl in v als auch in x enthalten sein $((a \subseteq v \wedge a \subseteq x) \vee (b \subseteq v \wedge b \subseteq x))$, um anschließend korrekt pumpen zu können.
Für vwx gilt demnach: $vwx = ab^n a \vee vwx = ba^n b$. In beiden Fällen ist $|vwx| = n + 2 > n$ und damit ist das Pumping-Lemma in der zweiten Bedingung nicht erfüllt. Die Sprache ist also nicht kontextfrei.

b) Für die Wörter $z \in L$ gilt, dass $|z| = |ww| = 2|w|$, also sind alle Wörter ungerader Länge nicht in L.
Für die Wörter mit gerader Länge gilt, dass z von der Form $z_1 z_2$ mit $|z_1| = |z_2| = m + n + 1$ ist, wobei an der Stelle i $z_{1i} \neq z_{2i}$. D. h. es gibt eine Position an der die erste und die zweite Worthälfte nicht übereinstimmen, es ist also entweder $z_{1i} = a$ und $z_{2i} = b$ oder $z_{1i} = b$ und $z_{2i} = a$. Diese Wörter lassen sich zerlegen als $z_1 = uav_1$, $z_2 = v_2 bw$ bzw. $z_1 = ubv_1$, $z_2 = v_2 aw$ mit $|u| = |v_2| = m$, $|v_1| = |w| = n$.

c) Wir geben eine kontextfreie Grammatik an, die $\Sigma^* \setminus L$ erzeugt:
$S \to AB|BA|C$
$A \to DAD|a$
$B \to DBD|b$
$C \to DDC|D$
$D \to a|b$

Durch hintereinander ausgeführte (ggf. wiederholte) Anwendung der Regeln 3, 8, 9, 10 bzw. 11 erhält man die Wörter aus dem ersten in Teilaufgabe b) beschriebenen Fall. Die Regeln 1, 4 bzw. 5 und 10 bzw. 11 führen zu den Wörtern des zweiten Falls. Die Wörter des dritten Falls werden durch Anwendung der Regeln 2, 6 bzw. 7 und 10 bzw. 11 erreicht.

2 Algorithmen und Datenstrukturen

Frühjahr 01 - Thema 1

Aufgabe 4

partiell korrekt, Schleifeninvariante, Hoare-Kalkül

Beweisen Sie mit Hilfe der Zusicherungsmethode, dass das folgende Programm bezüglich der eingefügten Zusicherungen partiell korrekt ist.

$\{n \geq 0\}$

$x := n; z := 1;$

$\{x \geq \wedge z = 2^{n-x}\}$

WHILE $x > 0$ DO

   $z := 2 * z; x := x - 1;$

END;

$\{z = 2^n\}$

Der Beweis der partiellen Korrektheit wird am Ende des Programmstücks begonnen.

Weil die letzte Anweisung eine WHILE-Schleife ist, muss zuerst die Schleifeninvariante gefunden werden. Diese lautet $\{z = 2^{n-x} \wedge x \geq 0\}$.

Bevor mit dem Beweis der WHILE-Schleife begonnen werden kann, muss gezeigt werden, dass die Schleifeninvariante auch die Nachbedingung impliziert:
$\{z = 2^{n-x} \wedge x \geq 0\}z = 2^n$

Wenn die Schleife beendet ist, gilt auf jeden Fall $x = 0$ und damit
$z = 2^{n-x} = 2^{n-0} = 2^n$.

Es muss nun gezeigt werden, dass gilt:
$\{z = 2^{n-x} \wedge x \geq 0 \wedge x > 0\}z := 2 * z; \; x := x - 1; \{z = 2^{n-x} \wedge x \geq 0\}$

Dies wird durch Einsetzen erreicht:
$\{z = 2^{n-x} \wedge x > 0\}z := 2 * z; \{z = 2^{n-(x-1)} \wedge x - 1 \geq 0\}$
$\{z = 2^{n-x} \wedge x > 0\}\{2 * z = 2^{n-(x-1)} \wedge x - 1 \geq 0\}$

Daraus wird: $(z = 2^{n-x} \wedge x > 0) \Rightarrow (2 * z = 2^{n-(x-1)} \wedge x - 1 \geq 0)$.

Dies gilt, denn aus $x > 0$ folgt $x - 1 \geq 0$
und $z = 2^{(n-x)}$ führt zu $2 * z = 2 * 2^{n-x} = 2^{n-x+1} = 2^{n-(x-1)}$.

Nachweis der Nachbedingung:
$(z = 2^{n-x} \wedge x \geq 0 \wedge (x > 0)) \Rightarrow z = 2^n$, dies ist erfüllt, da $x = 0$.

Für die restlichen Anweisungen ist nun zu zeigen, dass
$\{n \geq 0\}x := n; \; z := 1; \; \{z = 2^{n-x} \wedge x \geq 0\}$.

Dies erreicht man wieder durch zweimaliges Anwenden der Regel für Sequenzen:
$\{n \geq 0\}x := n; \{1 = 2^{n-x} \wedge x \geq 0\}$
$\{n \geq 0\}\{1 = 2^{n-n} \wedge n \geq 0\}$
Auch hierbei ergibt sich kein Widerspruch, da $2^{n-n} = 2^0 = 1$ ist.

Desweiteren terminiert dieses Programm immer, da zu Beginn gilt $x \geq 0$ und x innerhalb der Schleife reduziert wird; somit ist die Bedingung für die Schleife nach n Durchläufen nicht mehr erfüllt.
Also ist die partielle Korrektheit bewiesen.

Aufgabe 5

binärer Baum Die folgenden Aufgaben können in Pascal, Modula-2, C, C++ oder Java gelöst werden.

a) Definieren Sie einen Datentyp (oder eine Klasse) mit Namen „BinTree" zur Darstellung binärer Bäume mit ganzen Zahlen als Knotenmarkierungen.

b) Ein binärer Baum t ist sortiert wenn t leer ist, oder wenn seine Wurzel n größer als alle im linken Teilbaum l von t vorkommenden Knoten und kleiner gleich als alle im rechten Teilbaum r von t vorkommenden Knoten ist und wenn l und t ebenfalls sortiert sind. Implementieren Sie eine Operation mit Namen „isSorted", die für einen gegebenen binären Baum feststellt, ob er sortiert ist.

c) Implementieren Sie eine Operation mit Namen „insert", die eine ganze Zahl x so in einen binären Baum einfügt, dass dieser nach Ausführung der Operation wieder sortiert ist.

a) *Bemerkung: Zur besseren Lesbarkeit wurden die Bezeichnungen anders gewählt als in der Aufgabenstellung vorgegeben.*

```
public class BinTree
{
    public int wurzel;
    public BinTree links, rechts;

    public BinTree(int wurzel){
        this.wurzel =wurzel;
    }
}
```

```
b) public boolean isSorted() {
       if (links == null) {
           if (rechts == null) { return true;}
           else {
               if (wurzel <= rechts.wurzel)
                   { return rechts.isSorted();}
               else { return false;}
           }
       }
       else {
           if (wurzel > links.wurzel) { return links.isSorted();}
           else { return false;}
       }
   }

c) public void insert(int i) {
       if (i<= wurzel) {
           if (links == null) {
               links = new BinTree(i);
               return;
           }
           else { links.insert(i);}
       }
       if (i > wurzel) {
           if (rechts == null) {
               rechts = new BinTree(i);
               return;
           }
           else { rechts.insert(i);}
       }
   }
```

Frühjahr 01 - Thema 2

Aufgabe 1

Für eine nicht-leere Menge von Personen sei gegeben, wer mit wem
- eng verwandt,
- weitläufig verwandt,
- bekannt (aber nicht verwandt),
- weder verwandt noch bekannt

ist. Davon ausgehend sollen folgende Aufgaben gelöst werden:

zweidimensionales Feld

a) Für eine beliebige Person soll bestimmt werden, mit wie vielen anderen
   Personen sie eng verwandt ist.

b) Es soll(en) diejenige(n) Person(en) mit den meisten Bekannten und
   weitläufig Verwandten bestimmt werden.

c) Es soll festgestellt werden, ob es drei Personen gibt, die untereinander
   weder verwandt noch bekannt sind.

Geben Sie einen geeigneten Datentyp zur Darstellung der gegebenen Personen-
beziehungen sowie Algorithmen zur Lösung der Aufgaben a), b) und c) an.

a) Definition des Datentyps:

Die Personen werden nummeriert (0,...,n) und der Grad der Verwandschaft
kodiert mit:
0 = eng verwandt
1 = weitläufig verwandt
2 = bekannt (aber nicht verwandt)
3 = weder verwandt noch bekannt

Es wird ein zweidimensionales Array mit n+1 Spalten und Zeilen erzeugt.

```
public class Verwandtschaft {
int[][] feld = new int[n+1][n+1];
}
```

Dieses Feld wird dann mit den Ziffern 0-3 für die jeweilige Verwandschafts-
/Bekanntschaftsbeziehung zwischen den Personen und NULL(leerer Eintrag)
auf der Diagonale (niemand ist mit sich selbst verwandt) gefüllt.

```
i) public int anzahl(int n) {
       //die Nummer der Person wird als Parameter übergeben
   int zaehler = 0;
   for(int i = 0; i <= n; i++) {
       if (feld[i][n]==0) { zaehler +=1; }
   }
   return zaehler;
   }
ii) public int[] maxAnzahl() {
   int maxAnz = 0;
   int k = 0;
   int[] anzPerson = int[n+1];
   int[] erg = int[n+1];
   for (int j = 0; j <= n; j++) {
       int Anz = 0;
       for(int i = 0; i <= n; i++) {
           if (feld[i][j] = 2 || feld[i][j] = 3){
               Anz +=1;
               }
           }
```

```
            if (Anz > maxAnz) { maxAnz = Anz; }
            anzPerson[j] = Anz;
        }
        for (int j = 0; j <= n; j++) {
            if (anzPerson[j] = maxAnz) {
                erg[k] = j;
                k +=1;
            }
        }
        return erg;
    }
iii) public boolean unbekannt(){
        for (int j = 0; j <= n; j++) {
            int p1 = n+2;
            int p2 = n+2;
            for(int i = 0; i <= n; i++) {
                if (feld[j][i] = 3) {
                    p1 = i;
                    break;}
            }
            for (int k = i; k <= n; k++) {
                if (feld[j][k] == 3) {
                    p2 = k;
                    break;}
            }
        if (feld[p1][p2] == 3) { return true;}
        }
    }
```

Aufgabe 3

Durch den rekursiven Algorithmus

$F \equiv function f(n, m : nat) nat :$
   if $n < m$ then n else $f(n - m, m * 1)$ endif

ist eine Funktion $f : \mathbb{N}_0 \times \mathbb{N}_0 \rightarrow \mathbb{N}_0$ definiert.

a) Bestimmen Sie den Wert von $f(31, 3)$.

b) Beweisen Sie: Der Algorithmus F terminiert für alle $n, m \in \mathbb{N}_0$.

c) Geben Sie einen iterativen Algorithmus an, der $f(n, m)$ für beliebige $n, m \in \mathbb{N}_0$ berechnet.

d) Beweisen Sie: Zu jedem Paar $n, m \in \mathbb{N}_0 \times \mathbb{N}$ gibt es $k \in \mathbb{N}$ mit $k * m < n$ und $2 * f(n, m) + k^2 + k * (2 * m - 1) = 2 * n$.

terminie-
render,
iterativer
Algorith-
mus,
primitiv
rekursiv,
Komple-
xität

e) Welche der drei folgenden Aussagen ist richtig?

  e1) Die Zeitkomplexität von F ist $O(n)$.

  e2) Die Zeitkomplexität von F ist $O(m)$.

  e3) Die Zeitkomplexität von F ist $O(n/m)$.

  Begründen Sie Ihre Antworten.

f) Ist die Funktion f primitiv-rekursiv? Begründen Sie Ihre Antwort.

a) $f(31,3) = f(28,4) = f(24,5) = f(19,6) = f(13,7) = f(6,8) = 6$

b) Es wird eine Abstiegsfunktion $g : \mathbb{N} \times \mathbb{N} \to \mathbb{N}$ definiert, mit $g(n,m) = n - m$.
Laut rekursiver Funktionsdefinition $(n,m) \to (n-m, m+1)$ ist
$g(n',m') < g(n,m)$
$g(n-m, m+1) < g(n,m)$
und damit
$(n-m) - m < n - m$
$-m < 0$ wahr.

Damit ist nachgewiesen, dass der Wert für g in jedem Schritt sinkt und somit
der Algorithmus F terminiert.

  (zum Thema Abstiegsfunktion siehe auch Frühjahr 2004 - Thema II)

c)
```
function f(n, m:nat):nat
    while n < m do
        n := n - m;
        m := m + 1
    end while
return n;
```

d) Nach Teilaufgabe a) gilt:

$$f(n,m) = f(n-m, m+1) = f(n-m-(m+1), m+2) =$$
$$= f(n-m-(m+1)-(m+2), m+3) =$$
$$= f(n-3m-3, m+3) =$$
$$= f(n-3m-3-(m+3), m+4) =$$
$$= f(n-4m-6, m+4) = \dots$$
$$= f\left(n - k*m - \sum_{i=1}^{k-1} i, m+k\right) =$$
$$= f\left(n - k*m - \frac{k*(k-1)}{2}, m+k\right) =$$
$$= n - k*m - \frac{k*(k-1)}{2}$$

Hierbei gibt k die Anzahl der rekursiven Aufrufe an.

(diese Formel gilt aber nur für $k > 1$)

1. Fall: $k = 0$

Wenn $k = 0$ wird die Funktion 0-mal rekursiv aufgerufen, d. h. sie terminiert im ersten Durchlauf. Dies wiederum bedeutet, dass $n < m$ ist.

Für die Bedingungen der Aufgabe gilt dann:

$0 * m \leq n$

ist erfüllt und

$2 * f(n, m) + k^2 + k * (2 * m - 1) = 2 * n + 0^2 + 0 * (2 * m - 1) = 2 * n$

ist auch erfüllt.

2. Fall: $k = 1$

$\Rightarrow$ die Funktion terminiert nach <u>einem</u> rekursiven Aufruf,

d. h. $f(n, m) = f(n - m, m + 1) = n - m$

Es gilt also $n > m$, also auch $k * m = 1 * m < n$.

Das bedeutet für die zweite Bedingung:

$2 * f(n, m) + k^2 + k * (2 * m - 1) = 2 * f(n - m, m + 1) + 1^2 + 1 * (2 * m - 1) = 2 * (n - m) + 1 + 2 * m - 1 = 2 * n$

3. Fall: $k > 1$

Es kann nun also die obige Formel angewendet werden:

$f(n, m) = f(n - k * m - \frac{k*(k-1)}{2}, m + k) = n - k * m - \frac{k*(k-1)}{2}$

Da f nur für Werte in $\mathbb{N}_0$ definiert ist, gilt

$n - k * m - \frac{k*(k-1)}{2} \geq 0$

und damit $n - k * m > 0$ bzw. $k * m < n$.

Einsetzen in die zweite Bedingung ergibt:

$2 * f(n, m) + k^2 + k * (2*m-1) = 2 * (n - k*m - \frac{k*(k-1)}{2}) + k^2 + k * (2*m-1) = 2*n - 2*k*m - k*(k-1) + k^2 + 2*k*m - k = 2*n$

e) Laut Teilaufgabe d) gilt für die Anzahl der Rekursionsschritte $k \leq \frac{n}{m}$. Somit ergibt sich für die Komplexität $F \in O(\frac{n}{m})$.

Eine andere Möglichkeit der Argumentation ist:

Die Zeitkomplexität von F ist weder $O(n)$ noch $O(m)$, da die Komplexität von beiden Parametern abhängt. Wäre die Komplexität $O(n)$, dann müssten die Funktionsaufrufe $f(31, 3)$ und $f(31, 32)$ die gleiche Komplexität besitzen. Dies ist aber nicht der Fall, da bei $f(31, 3)$ 6 rekursive Aufrufe stattfinden und $f(31, 32)$ bereits im ersten Durchlauf terminiert. Gleiches gilt für $O(m)$: Die Funktionsaufrufe $f(154, 15)$ und $f(13, 15)$ haben unterschiedliche Komplexität und damit kann nicht gelten $F \in O(m)$. Die Komplexität von F ist allerdings direkt proportional zu n, denn bei festem m und wachsendem n steigt auch die Komplexität. Umgekehrt sinkt die Komplexität bei festem n und wachsendem m, hier liegt also indirekte Proportionalität vor. Da es keine weiteren Faktoren gibt, die die Komplexität beeinflussen, gilt $F \in O(\frac{n}{m})$.

f) $f(n, m) = f(n - m, m + 1) = f(sub(n, m), s(m))$, wobei $sub(n, m)$ und $s(m)$ die in Frühjahr 2001 Thema 1 Aufgabe 3 (*siehe Seite 4*) erwähnten primitiv rekursiven Funktionen sind. f ist somit als Komposition primitiv rekursiver Funktionen selbst auch primitiv rekursiv.

Herbst 01 - Thema 2

Aufgabe 1

Algorith-
mus,
Baum

Für eine Klasse $\mathcal{N}$ von „Nimm-Spielen" gelten folgende gemeinsame Spielregeln: Jedes Spiel wird von 2 Spielern A und B mit Spielsteinen auf einem Spielbrett gespielt und beginnt in einer Anfangsstellung, in der n > 0 Spielsteine auf dem Brett stehen. A und B machen der Reihe nach abwechselnd jeweils einen Spielzug, wodurch sich eine Folge von Nachfolge-Stellungen als Spielablauf ergibt. A macht den ersten Spielzug. In jeder Stellung stehen jedem Spieler höchstens 3 verschiedene Spielzüge zur Verfügung. Jeder Spielzug verringert die Anzahl der Spielsteine auf dem Brett. Jede Stellung ist charakterisiert durch die Angaben,

- welcher Spieler am Zug ist,
- wieviele Spielsteine auf dem Brett stehen,
- ob A oder B gewonnen hat oder ob noch kein Spieler gewonnen hat.

Ein Spielablauf endet, wenn ein Spieler gewonnen hat oder wenn keine Spielsteine mehr auf dem Brett stehen. Die Länge eines Spielablaufs ist die Anzahl der dabei durchgeführten Spielzüge. Jedes Spiel der Klasse $\mathcal{N}$ definiert durch seine zusätzlichen Regeln (über Art der Spielzüge, Art der Gewinnstellungen u. a.) eine Menge S aller seiner möglichen Spielabläufe. Geben Sie einen geeigneten Datentyp zur Darstellung derartiger Mengen S sowie Algorithmen an, die für eine derartige Darstellung eines Spiels folgende Aufgaben lösen:

a) Bestimmung der maximal auftretenden Länge eines Spielablaufs.

b) Bestimmung der Anzahl der Spielabläufe, in denen der Spieler A gewinnt.

c) Klärung der Frage, ob es einen Spielablauf gibt, in dem eine Stellung erreicht wird, in der alle möglichen Spielfortsetzungen irgendwann zum Gewinn des Spielers führen, der gerade nicht am Zug ist.

Zuerst der Datentyp:

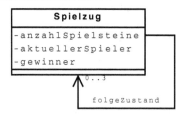

Jeder Spielzug hat bis zu drei Folgespielzüge. D. h. im Objektdiagramm entsteht hier ein Baum, bei dem jeder Knoten keine, ein, zwei oder drei Kinder hat. Blätter sind diejenigen Spielzüge, in denen einer der Spieler gewonnen hat bzw. keine Spielsteine mehr zur Verfügung stehen. Die Menge S sind alle möglichen Pfade durch diesen Baum.

```java
public class Spielzug {
    private int anzahlSpielsteine;
    private int aktuellerSpieler:
    //1 = Spieler A ist an der Reihe, 2 = Spieler B ist an der Reihe
    private int gewinner;
```

```
//0 = kein Gewinner, 1 = A gewinnt, 2 = B gewinnt
private Spielzug[] folgeSpielzug = new Spielzug[3]; }
```

a) Hier muss man den längsten Pfad im Baum ermitteln:

```
public int maxLaenge(Spielzug x) {
  //die Wurzel des (Teil-)Baums wird übergeben
  if (gewinner>0 || anzahlSpielsteine==0) {return 0;}
  else {
  return 1+ max(maxLaenge(folgeSpielzug[0]),
              maxLaenge(folgeSpielzug[1]),
              maxLaenge(folgeSpielzug[2]));}
} //max gibt das Maximum der übergebenen Parameter zurück
```

b) Es werden alle Blätter gezählt, bei denen A gewinnt:

```
public int gewinnA(Spielzug x) {
  //die Wurzel des (Teil-)Baums wird übergeben
  if (x.gewinner == 1) {return 1}
  else if (x.gewinner==2 || anzahlSpielsteine==0) {return 0;}
  else {
  return gewinnA(x.folgespielzug[0])
        + gewinnA(x.folgespielzug[1])
        + gewinnA(x.folgespielzug[2]);}
  //eine Abfrage, ob ein Spielzug NULL ist, wurde weggelassen}
```

c)
```
public boolean sichererGewinner(Spielzug x) {
  //die Wurzel des Baums wird übergeben
  boolean erg = false;
  erg = sichererGewinn(x, x.aktuellerSpieler);
  while (erg == false && x.gewinner == 0
                    && anzahlSpielsteine > 0) {
      erg = sichererGewinner(x.folgespielzug[0])
            || sichererGewinner(x.folgespielzug[1])
            || sichererGewinner(x.folgespielzug[2]);
      }
  return erg;
}


public boolean sichererGewinn(Spielzug x, int aktSpieler) {
  //die Wurzel des (Teil-)Baums und der anfänglich aktuelle
    Spieler werden übergeben
  if (x.gewinner == 0) {
    return sichererGewinn(x.folgespielzug[0], aktSpieler) &&
        if (x.folgespielzug[1] != NULL) {
          sichererGewinn(x.folgespielzug[1], aktSpieler)} &&
```

```
            if (x.folgespielzug[2] != NULL) {
                   sichererGewinn(x.folgespielzug[2], aktSpieler)} ;}
       else if (x.gewinner != aktSpieler) {return true;}
          else {return false;}
    }
```

Frühjahr 02 - Thema 1

Aufgabe 4

rekursiv
definierte
Funktion,
vollständige
Induktion

Man gebe explizite Darstellungen der folgenden über den ganzen Zahlen rekursiv definierten Funktionen an:

```
f(x): if x < 4 then f(f(x + 2)) else x - 1 end
f(x): if x ≥ 4 then f(f(x - 2)) else x - 1 end
```

Hinweis: Man mache eine Fallunterscheidung für verschiedene Wertebereiche für x und beweise die einzelnen Teilaussagen mit vollständiger Induktion!

- $f(x) = \begin{cases} x - 1 & falls \quad x \geq 4 \\ f(f(x+2)) & falls \quad x < 4 \end{cases}$

  Induktionsverankerung:
  $$f(3) = f(f(3+2)) = f(f(5)) = f(4) = 3$$
  $$f(2) = f(f(2+2)) = f(f(4)) = f(3) = 3$$
  $$f(1) = f(f(1+2)) = f(f(3)) = f(3) = 3$$
  $$f(0) = f(f(0+2)) = f(f(2)) = f(3) = 3$$

  Induktionsannahme:
  Sei $f(-n) = 3$ *mit* $n \in \mathbb{N}_0$ bereits gezeigt. Somit gilt $f(z) = 3$ für $-n \leq z < 4$, $z \in \mathbb{Z}$.

  Induktionsschluss (von n auf $n+1$):
  $f(-(n+1)) = f(-n-1) = f(f(-n+2)) = f(3) = 3$

  Insgesamt ergibt sich also:
  $f(x) = \begin{cases} x - 1 & falls \quad x \geq 4 \\ 3 & falls \quad x < 4 \end{cases}$

- $f(x) = \begin{cases} x - 1 & falls \quad x < 4 \\ f(f(x-2)) & falls \quad x \geq 4 \end{cases}$

Induktionsverankerung:
$$f(4) = f(f(4-2)) = f(f(2)) = f(1) = 0$$
$$f(5) = f(f(5-2)) = f(f(3)) = f(2) = 1$$
$$f(6) = f(f(6-2)) = f(f(4)) = f(0) = -1$$
$$f(7) = f(f(7-2)) = f(f(5)) = f(1) = 0$$
$$f(8) = f(f(8-2)) = f(f(6)) = f(-1) = -2$$
$$f(9) = f(f(9-2)) = f(f(7)) = f(0) = -1$$

Es ergeben sich offensichtlich zwei verschiedene Zahlenreihen für gerade und ungerade n.

- n gerade:
  Induktionsannahme:
  Sei $f(n) = 2 - \frac{n}{2} = \frac{4-n}{2}$ bereits gezeigt.
  Induktionsschluss (von n auf $n+2$):
  $f(n+2) = f(f(n+2-2)) = f(f(n)) = f(\frac{4-n}{2}) = \frac{4-n}{2} - 1 = \frac{4-n-2}{2} = \frac{4-(n+1)}{2}$

- n ungerade:
  Induktionsannahme:
  Sei $f(n) = 4 - \frac{n+1}{2} = \frac{7-n}{2}$ bereits gezeigt.
  Induktionsschluss (von n auf $n+2$):
  $f(n+2) = f(f(n+2-2)) = f(f(n)) = f(\frac{7-n}{2}) = \frac{7-n}{2} - 1 = \frac{7-n-2}{2} = \frac{7-(n+1)}{2}$

Insgesamt ergibt sich also:
$$f(x) = \begin{cases} x - 1 & falls \quad x < 4 \\ \frac{4-n}{2} & falls \quad x \geq 4 \text{ und x gerade} \\ \frac{7-n}{2} & falls \quad x \geq 4 \text{ und x ungerade} \end{cases}$$

Herbst 02 - Thema 2

Aufgabe 2

Die Fibonaccizahlen sind nach (F) definiert
$$f_0 = 1$$
$$(F) \qquad f_1 = 1$$
$$f_{i+2} = f_{i+1} + f_i \text{ für } i \geq 0$$

imperative, rekursive, funktionale Programmierung, Komplexität

a) Geben Sie einen funktionalen, rekursiven Algorithmus an, der die Formel (F) direkt umsetzt.

b) Bestimmen Sie die Komplexität dieses Algorithmus gemessen an der Zahl der Additionen zur Berechnung von f_n!

c) Geben Sie einen funktionalen Algorithmus an, der mit n Additionen F berechnet.

d) Implementieren Sie diesen Algorithmus in Java.

e) Implementieren Sie einen imperativen Algorithmus in Java, der f_n mit $n - 1$ Additionen berechnet!

a) ```
fibonacci :: Int -> Int
fibonacci n
    | n==0 = 1
    | n==1 = 1
    | otherwise = fibonacci (n-1) + fibonacci (n-2)
```

b) Die Zahl der notwendigen Additionen $AZ_n$ berechnet sich durch $AZ_n = AZ_{n-1} + AZ_{n-2} + 1$. Somit wächst ihr rekursiver Berechnungsaufwand genau wie die Fibonacci-Zahlen selbst schneller als jede polynomielle Funktion, er wächst exponentiell. Es gilt: $O(2^n)$

*Bemerkung: Das exponentielle Wachstum der Fibonacci-Zahlen lässt sich einfach zeigen unter Berücksichtigung der Tatsache, dass durch die Definition festgelegt wird, dass jede Fibonacci-Zahl als Summe einer positiven Zahl und der Vorgängerzahl größer ist als die vorhergehende Fibonacci-Zahl.*

$f_n = f_{n-1} + f_{n-2} \leq 2f_{n-1} \Rightarrow f_n \leq 2 \cdot 2^{n-1} = 2^n$

$f_n = f_{n-1} + f_{n-2} \geq 2f_{n-2} \Rightarrow f_n \geq 2 \cdot 2^{\frac{n-2}{2}} = 2^{\frac{n-1}{2}} = (\sqrt{2})^{n-1}$

$\Rightarrow (\sqrt{2})^{n-1} \leq f_n \leq 2^n$

*Damit wachsen die Fibonacci-Zahlen auf jeden Fall exponentiell.*

c) ```
fibonacci :: Int -> Int
fibonacci n = fibonaccih n 1 1

fibonaccih :: Int -> Int -> Int -> Int
fibonaccih n x y
    | n<=1 = y
    | otherwise = fibonaccih (n-1) y (x+y)
```

d) ```
int fibonacci(int n) {
return fibonaccih(n, 1, 1)}

int fibonaccih(int n, int x, int y) {
if (n<=1)
    return y;
else
    return fibonaccih (n-1, y, x+y)
}
```

e) ```
int fibonacci(int n) {
int x = 1;
int y = 1;
```

```
if (n<=1)
    return x;
else
    while (n >= 2) {
        int hilf = y;
        y = x+y;
        x = hilf;
        n--;
    }
    return y
}
```

Aufgabe 3

a) Erzeugen Sie aus der gegebenen Folge einen 2-3-4 Baum: *2-3-4 Baum*

   22; 10; 19; 1; 13; 12; 7; 8; 5; 42; 33; 21

   Fügen Sie dazu die einzelnen Elemente in gegebener Reihenfolge in einen
   anfangs leeren 2-3-4 Baum ein! Stellen Sie für jeden Wert die entsprechenden Zwischenergebnisse und die angewendeten Operationen als Bäume dar!

b) In dem Ergebnisbaum suchen wir nun den Wert 17. Stellen Sie den Ablauf
   des Suchalgorithmus an einer eigenen Zeichnung grafisch dar!

c) Löschen Sie nun, unter Anwendung des Algorithmus „Löschen mit Vor-
   schau" die Elemente mit den Werten 5, 22, 10 in der gegebenen Reihenfolge.
   Stellen Sie für jeden Wert die entsprechenden Zwischenergebnisse und die
   angewendeten Operationen als Bäume dar.

a)

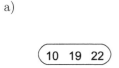

Einfügen der ersten
Zahlen bis zur kom-
pletten Füllung der
Wurzel

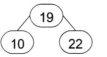

Aufspalten in 2
Teilbäume — Über-
nehmen des mittleren
Elements (19) in die
Wurzel

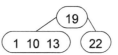

Einfügen von 1 und 13
in den entsprechenden
inneren Knoten

Einfügen der 12 nicht
möglich, also wieder
Aufspaltung

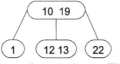

10 als mittleres Ele-
ment wird nach oben
geschrieben

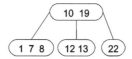

Einfügen von 7 und 8

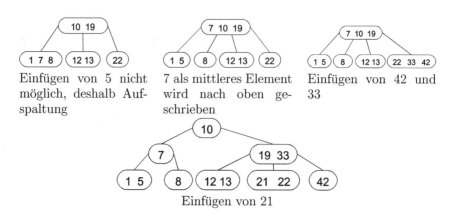

Einfügen von 5 nicht möglich, deshalb Aufspaltung

7 als mittleres Element wird nach oben geschrieben

Einfügen von 42 und 33

Einfügen von 21

(zu dieser Aufgabenstellung siehe auch Herbst 2005 - Thema II - Aufgabe 6 auf Seite 175)

b) Von der Wurzel ausgehend, wird der Baum durchsucht:

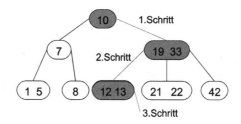

17 ist in diesem Baum nicht enthalten.

c) Die Werte 5 und 22 befinden sich jeweils in einem Blatt und sind dort auch nicht das einzige Element, weshalb beide einfach gelöscht werden können.

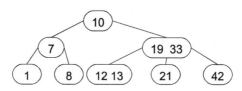

Die 10 steht nicht in einem Blatt. Deshalb tauscht man sie mit ihrem Nachfolgewert (kleinstes Element des rechten Teilbaums, also der 12) aus und löscht die 10 (nicht das einzige Element dieses Blattes!) dann im Blatt.

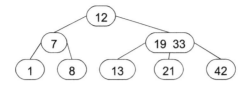

Aufgabe 4

In einem Sackbahnhof mit drei Gleisen befinden sich in den Gleisen Sl und S2   *stack,*
zwei Züge jeweils mit Waggons für Zielbahnhof A und B. Gleis S3 ist leer. Stel-   *Stackopera-*
len Sie die Züge zusammen, die nur Waggons für einen Zielbahnhof enthalten!   *tionen*
Betrachten Sie Sl, S2 und S3 als Stapel und entwerfen Sie einen Algorithmus,
der die Züge so umordnet, dass anschließend alle Waggons für A in Sl und alle
Waggons für B in S2 stehen!

Alternative 1:

Annahme:
Auf Gleis S1 und S2 sind insgesamt n Waggons vorhanden, jeder Waggon mit einer
Markierung A oder B.

Algorithmus:
Solange S1 ist nicht leer
Fahre mit dem Zug den Waggon von S1 nach S3
Ende Solange

Solange S2 ist nicht leer
Fahre mit dem Zug den Waggon von S2 nach S3
Ende Solange

Solange S3 ist nicht leer
Wenn vorderster Waggon ist mit A markiert
          Fahre mit dem Zug den Waggon nach S1
Sonst
          Fahre mit dem Zug den Waggon nach S2
Ende Solange

Alternative 2:

```
procedure umordnen(stack g1, g2, g3)
begin
    // Gleis 1 leermachen und nach G3 umschichten
    while(!(g1.isempty()) do
        g3.push(g1.top());
        g1.pop();
    od;
    // Gleis 2 schichten und gleich sortieren
```

```
    while (!(g2.isempty()) do
        if (g2.top() = 'A') then
                g1.push(g2.top());
        else
                g3.push(g2.top());
        g2.pop();
    od;
    // Gleis 3 aufteilen
    while (!(g3.isempty()) do
        if (g3.top() = 'A') then
                g1.push(g3.top());
        else
                g2.push(g3.top());
        g3.pop();
    od;
end;
```

Alternative 3:

```
procedure sortieren (stack S1,S2,S3)
begin
    while not isempty(S1) do
        if top(S1)='B' then push(S3, top(S1))
        else push(S2, top(S1))
        endif
        pop(S1);
    endwhile

    while not isempty(S2) do
        if top(S2)='A' then push(S1, top(S2))
        else push(S3, top(S2))
        endif
        pop(S2);
    endwhile

    while not isemtpy(S3) do
        push(S2, top(S3));
        pop(S3);
    endwhile
end
```

Frühjahr 03 - Thema 1

Aufgabe 4

Geben Sie ein WHILE- oder LOOP-Programm für die Fakultätsfunktion an! Makros für $x := y + z$ und $x := y \cdot z$ können Sie benutzen.   *WHILE, LOOP*

$y := x$;
$y := y - 1$;
WHILE $y \neq 0$ DO
        $x := x * y$;
        $y := y - 1$;
END

Frühjahr 03 - Thema 2

Aufgabe 2

Betrachten Sie folgende Darstellungen von integer-wertigen Mengen: *einfach verkettete Liste, balancierter binärer Suchbaum, Komplexität*

i) eine einfach verkettete Liste ohne Mehrfachvorkommen von Elementen,

ii) ein <u>balancierter</u> binärer Suchbaum.

Bearbeiten Sie nun folgende Teilaufgaben:

a) Programmieren Sie für beide Darstellungen in einer funktionalen Programmiersprache Ihrer Wahl die Suche nach einem Element! Für ii) müssen Sie dazu einen Datentyp für einen Binärbaum definieren.

b) Ausgehend von Ihren Lösungen zu a): welche *worst-case*-Komplexität (in der Elementezahl der Menge) haben Ihre beiden Suchprogramme?

c) Kennen Sie eine weitere Darstellungsweise mit einer noch besseren Suchkomplexität? Wenn ja, beschreiben Sie diese kurz!

d) In welcher der beiden Darstellungen i) und ii) ist das *Einfügen* eines Elements rechnerisch aufwändiger und warum?

a) Konstruktor für binären Baum: (*siehe dazu auch Frühjahr 04 - Thema 2*)

```
data BTree = EmptyTree | Tree Int BTree BTree deriving (Show)
```

Hierbei bezeichnet der Konstruktor `EmptyTree` einen leeren Baum und `Tree i l r` einen Baum, dessen Wurzel mit einer ganzen Zahl i markiert ist und der den linken Unterbaum `l` und den rechten Unterbaum `r` hat.

```
suche int -> BTree -> bool
suche x EmptyTree = false
```

```
         | x==i = true
         | x<i = suche x l
         otherwise suche x r
```
Suche in der linearen Liste:
```
suche int -> [int] -> bool
suche x [] = false
     | x==(head liste) = true
     otherwise suche x (tail liste)
```

b) Bei der linearen Liste tritt der worst case dann auf, wenn das gesuchte Element entweder das letzte Element der Liste ist oder gar nicht vorhanden. In diesem Fall wird die Funktion suche so oft rekursiv aufgerufen, wie die Liste lang ist, d. h. die Komplexität beträgt $O(n)$.

Ein Baum mit n Elementen hat eine Tiefe von $\log n$. Beim Suchen tritt der worst case auf, wenn sich das gesuchte Element in einem Blatt befindet bzw. nicht vorhanden ist. Dann muss der Baum einmal von der Wurzel bis zu einem bestimmten Blatt durchlaufen werden. Wegen der Tiefe des Baumes beträgt die Komplexität hierfür $O(\log n)$.

c) Eine bessere Komplexität als $O(\log n)$ gibt es nicht und deshalb ist der binäre Suchbaum bereits eine optimale Lösung.

d) In der linearen Liste können Elemente prinzipiell an jeder beliebigen Stelle eingefügt werden, da die Liste nicht sortiert ist. Der Einfachheit halber kann das Element ganz vorne angehängt werden. Vorher muss allerdings einmal die Funktion suche ausgeführt werden, um zu verhindern, dass das Element bereits vorhanden ist. Die Komplexität beträgt also auch beim Einfügen $O(n)$.

Beim binären Suchbaum wird mit der Komplexität $O(\log n)$ die Stelle gefunden, an der das neue Blatt mit dem Element eingefügt werden muss. Zum Einfügen bzw. Erzeugen des neuen Blatts werden nur einige wenige Anweisungen benötigt. Anschließend muss der Baum aber wieder ausbalanciert werden. Dies geschieht auch im worst case mit der Komplexität $O(\log n)$. Damit beträgt der Aufwand beim Einfügen eines Elements beim binären Suchbaum $2 * O(\log n) = O(\log n)$ und ist damit geringer als bei der linearen Liste.

Aufgabe 3

partiell
korrekt,
total
korrekt,
Abstiegs-
funktion

Betrachten Sie die folgende Schleife: WHILE $i \neq 100$ DO $i := i + 1$.

a) Beweisen Sie die partielle Korrektheit der Schleife bezüglich der Vorbedingung true und der Nachbedingung $i = 100$!

b) Totale Korrektheit ist nicht gegeben. Wie lautet die schwächste Vorbedingung, für die totale Korrektheit besteht?

c) Die von Ihnen in b) vorgeschlagene Veränderung der Vorbedingung erfordert einen neuen Beweis der partiellen Korrektheit. Führen Sie diesen durch, und geben Sie auch eine Abstiegsfunktion zur Termination des Programms an! Weisen Sie die geforderten Eigenschaften der Abstiegsfunktion explizit nach!

a) Hier muss zuerst die Schleifeninvariante gefunden werden.
   Diese lautet $i \leq 100$.
   $\{P = true\}$
   $\{I = (i \leq 100)\}$
   WHILE $i \neq 100$ DO $i := i + 1$
   $\{Q = (i = 100)\}$
   Es ist nun zuerst zu zeigen, dass $\{(i \leq 100) \wedge \neg(i \neq 100)\}i := i + 1\{i = 100\}$
   $\{(i \leq 100) \wedge (i = 100)\}i := i + 1\{i = 100\}$
   $\{(i \leq 100)\}i := i + 1\{i = 100\}$
   $\{(i \leq 100)\}\{i + 1 = 100\}$
   $\{(i \leq 100)\}\{i = 99\}$
   Weil $99 < 100$ ist, ist dies erfüllt.
   Weiterhin ist zu zeigen: $\{true\}\{(i \leq 100)\}$
   Auch dies ist immer erfüllt und damit ist die Schleife korrekt.

b) Falls zu Beginn $i > 100$ ist, so terminiert das Programm nicht, sondern es entsteht eine Endlosschleife. Die Abbruchbedingung wird nie erreicht, da $i \rightarrow \infty$ läuft. Die schwächste Vorbedingung, so dass die Endlosschleife vermieden wird, lautet $i \leq 100$.

c) Am 1. Teil des Beweises ändert sich nichts. Im 2. Teil ist dann zu zeigen, dass $\{(i \leq 100)\}\{(i \leq 100)\}$ und auch dieser Ausdruck ist immer wahr.
   Da die Schleife genau nach $100 - i$ Durchläufen terminiert, lautet die Abstiegsfunktion $f(x) = 100 - x$ wobei $f :] - \infty; 100] \rightarrow \mathbb{N}_0$.
   Nun muss gelten, dass $f(x') < f(x)$ für $x' = x + 1 > x$.
   $f(x + 1) = 100 - (x + 1) = 100 - x - 1 = f(x) - 1 < f(x)$

Herbst 03 - Thema 1

Aufgabe 1

Für das Alphabet $\Sigma = \{0, 1\}$und $n, m \in \mathbb{N}_0$ sei $L(n,m) \subseteq \Sigma^*$ wie folgt definiert: *Sprache*
$L(n,m) = \{w \in \Sigma^* | w$ enthält genau n Zeichen 0 und m Zeichen 1$\}$.

Geben Sie alle Elemente von $L(3,2)$ an!

Geben Sie ausführliche Erläuterungen zu Ihren Lösungen an!

Da man 3 der 3+2=5 Stellen für die Position der 3 Nullen auswählen muss, ergeben sich insgesamt $\binom{5}{3} = \frac{5 \cdot 4}{1 \cdot 2} = 10$ verschiedene Möglichkeiten:
$L(3,2) = \{00011, 00101, 01001, 10001, 00110, 01010, 10010, 01100, 10100, 11000\}$

Aufgabe 2

vollständige
Induktion

Für das Alphabet $\Sigma = \{0,1\}$und $n, m \in \mathbb{N}_0$ sei $L(n,m) \subseteq \Sigma^*$ wie folgt definiert:
$L(n,m) = \{w \in \Sigma^* | w$ enthält genau n Zeichen 0 und m Zeichen 1$\}$.

Beweisen Sie: Für alle $n, m \in \mathbb{N}_0$ mit $n > 0$ und $m > 0$ gilt:
$L(n,m) = \{0w|w \in L(n-1,m)\} \cup L(n,m) = \{1w|w \in L(n,m-1)\}$.

Geben Sie ausführliche Erläuterungen zu Ihren Lösungen an!

Induktionsverankerung:
$\overline{L(1,1) = \{01,10\} = \{01\}} \cup \{10\} = \{0w|w \in \{1\}\} \cup \{1w|w \in \{0\}\} =$
$= \{0w|w \in L(0,1)\} \cup \{1w|w \in L(1,0)\}$

Induktionsannahme:
$\overline{L(n,m) = \{0w|w \in L(n-1,m)\}} \cup \{1w|w \in L(n,m-1)\}$

Induktionsschluss:
$n \rightarrow n+1$
$L(n+1,m) = \{0w|w \in L(n,m)\} \cup \{1w|w \in L(n+1,m-1)\} =$
$= \{0w|w \in L((n+1)-1,m)\} \cup \{1w|w \in L((n+1),m-1)\}$
$m \rightarrow m+1$
$L(n,m+1) = \{0w|w \in L(n-1,m+1)\} \cup \{1w|w \in L(n,m)\} =$
$= \{0w|w \in L(n-1,(m+1))\} \cup \{1w|w \in L(n,(m+1)-1)\}$

Aufgabe 3

Algorith-
mus,
(funktio-
nale)
Program-
mierung,
Liste

Für das Alphabet $\Sigma = \{0,1\}$ und $n, m \in \mathbb{N}_0$ sei $L(n,m) \subseteq \Sigma^*$ wie folgt definiert:
$L(n,m) = \{w \in \Sigma^* | w$ enthält genau n Zeichen 0 und m Zeichen 1$\}$.

In dieser Teilaufgabe soll ein Algorithmus entwickelt werden, der zu gegebenen $n, m \in \mathbb{N}_0$ die Menge $L(n,m)$ bestimmt. Verwenden Sie dazu eine gängige höhere Programmiersprache oder einen entsprechenden Pseudocode. Nehmen Sie dabei an, dass die gewählte Sprache die Datentypen **char** (für Zeichen), **nat** (für $\mathbb{N}_0$) sowie für jeden Datentyp **d** einen Datentyp **sequ d** der Listen (Sequenzen) von Elementen vom Typ d zur Verfügung stellt. Für Listen seien die Konstante *empty* (leere Liste) und folgende Funktionen verfügbar:

isempty(x)   (Test, ob die Liste x leer ist)
first(x)   (erstes Element der Liste x)
rest(x)   (Liste x ohne ihr erstes Element)
prefix(a,x)   (Anfügen des Elements a als neues erstes Element an die Liste x)

Zeichenketten seien als Listen von Zeichen und Mengen von Zeichenketten als Listen von Zeichenketten repräsentiert. (Dabei sollen die Elemente einer Menge in der Liste nicht mehrfach vorkommen.)

1. Geben Sie einen Algorithmus an, der für ein Zeichen z und $n \in \mathbb{N}_0$ die Zeichenkette z^k (d. i. $zz...z$ mit k Zeichen z) als Ergebnis hat!

2. Geben Sie einen Algorithmus an, der für **zwei** Mengen von Zeichenketten die Vereinigung dieser Mengen als Ergebnis hat!

3. Geben Sie einen Algorithmus an, der für eine Menge M von Zeichenketten und ein Zeichen z die Menge $\{zw|w \in M\}$ als Egebnis hat!

4. Geben Sie (unter Verwendung von Teilaufgabe 2 und der Algorithmen unter a), b) und c)) einen Algorithmus an, der für beliebige $n, m \in \mathbb{N}_0$ die Menge $L(n, m)$ als Ergebnis hat!

Geben Sie ausführliche Erläuterungen zu Ihren Lösungen an!

1. *Anmerkung: In der Angabe muss es statt n hier k heißen!*

```
public sequ char zHOCHk (char z, int k) {
        sequ char liste = empty;
        for (int i = 0; i < k; i++) {
           prefix(z, liste);
           }
        }
return liste;
}
```

Im Folgenden eine *funktionale* Lösung in Haskell:

```
zeichen_k_mal :: Char -> Int -> [Char]
zeichen_k_mal z n = hzeichen_k_mal z [] n -- eine leere Liste uebergeben

hzeichen_k_mal :: Char -> [Char] -> Int -> [Char]
hzeichen_k_mal z string 0 = string
hzeichen_k_mal z string n = z:(hzeichen_k_mal z string (n-1))
```

2.
```
public sequ char vereinigung (sequ sequ char a, sequ sequ char b) {
        sequ char liste = empty;
        return vereinigungH (a, b, liste)
}
public sequ char vereinigungH (sequ char a, sequ char b, sequ char c) {
        while (!isempty(a)) {
                prefix(first(a), c);
                a = rest(a); }
        while (!isempty(b)) {
                prefix(first(b), c);
                b = rest(b); }
        return c;
}
```

Im Folgenden eine *funktionale* Lösung in Haskell:

```
vereinigen :: [[Char]] -> [[Char]] -> [[Char]]
vereinigen liste [] = liste
vereinigen liste1 liste2 =
        = vereinigen (head(liste2):liste1) (tail(liste2))
```

Wobei `sequ string` gleichbedeutend ist mit `sequ sequ char`.

3.
```
public sequ string zM (char z, sequ string m) {
        sequ string liste = new sequ string;
        while (!isempty(m)) {
                prefix(prefix(z, first(m)), liste);
                m = rest(m)
        }
return liste;
}
```

Im Folgenden eine *funktionale* Lösung in Haskell:

```
zeichen_voranstellen :: [[Char]] -> Char -> [[Char]]
zeichen_voranstellen liste z = hzeichen_voranstellen liste z []
hzeichen_voranstellen :: [[Char]] -> Char -> [[Char]] -> [[Char]]
hzeichen_voranstellen [] z liste = liste
hzeichen_voranstellen liste1 z liste2 =
   = hzeichen_voranstellen (tail(liste1)) z ((z:head(liste1)):liste2)
```

4.
```
public sequ string Lnm (int n, int m) {
        if ((n == 0) && (m == 0)) {
            return empty}
        else if (n == 0) return zHOCHk(1, m);
        else if (m == 0) return zHOCHk(0, n);
return vereinigung (zM(0, Lnm(n-1, m)), zM(1, Lnm(n, m-1)));
}
```

Im Folgenden eine *funktionale* Lösung in Haskell:

```
l_n_m :: Int -> Int -> [[Char]]
l_n_m 0 m = [zeichen_k_mal '1' m]
l_n_m n 0 = [zeichen_k_mal '0' n]
l_n_m n m = vereinigen (zeichen_voranstellen (l_n_m (n-1) m) '0')
                       (zeichen_voranstellen (l_n_m n (m-1)) '1')
```

Herbst 03 - Thema 2

Aufgabe 5

funktionale Program-mierung, vollständige Induktion, Terminie-rung, partiell korrekt

a) Zeigen Sie mit Hilfe vollständiger Induktion, dass das folgende Programm bzgl. der Vorbedingung $x > 0$ und der Nachbedingung (drei_hoch x) $= 3^x$ partiell korrekt ist!

```
(define (drei_hoch x)
    (cond ((= x 0) 1)
          (else (* 3 (drei_hoch (- x 1) ) ) ) )
)    )
```

b) Zeigen Sie, dass die gegebene Funktion(drei_hoch x) unter der Vorbedingung $x \in \mathbb{N}_0$ terminiert, indem Sie eine geeignete Terminierungsfunktion angeben und begründen Sie, warum die von Ihnen angegebene Funktion das Gewünschte leistet!

a) Induktionsverankerung: drei_hoch $0 = 1 = 3^0$

Induktionsannahme: drei_hoch x $= 3^x$

Induktionsschritt $x \rightarrow x + 1$:
drei_hoch (x+1) $= 3\cdot$(drei_hoch x)$= 3 \cdot 3^x = 3^{x+1}$

b) Zum Beweis wird eine Abstiegsfunktion $h : \mathbb{N} \rightarrow \mathbb{N}$ mit $h(x) = x$ verwendet.
$h(x') = h(x - 1) = x - 1 < x = h(x)$
Damit sinkt der Wert der Abstiegsfunktion mit jedem rekursiven Aufruf und es ist sicher, dass drei_hoch terminiert.

Aufgabe 6

Gegeben sind die drei folgenden Prozeduren zur Multiplikation zweier natürlicher Zahlen:

funktionale Programmierung, rekursiv, iterativ, Komplexität, O-Notation

```
(define (mult n m)
    (cond ((= n 0) 0)
          (else (+ n (mult (- n 1) m ) ) )
)   )
```

```
(define (mult2 n m)
    (cond ((= n 0) 0)
          ((even? n) (* 2 (mult2 (/ n 2) m) ) )
          (else (+ m (mult2 (- n 1) m) ) )
)   )
```

```
(define (mult3 n m)
    (define (mult-iter counter m sum)
        (cond ((= counter 0) sum)
              (else (mult-iter (- counter 1) m (+ m sum) ) )
    )   )
    (mult-iter n m 0) )
```

Geben Sie für jede dieser Prozeduren an, welchen Speicherbedarf und welchen Zeitbedarf die jeweils erzeugten Prozesse haben! Formulieren Sie die Ergebnisse in der $O(f(n))$-Notation!

Funktion	Zeitkomplexität	Speicherkomplexität
mult	O(n)	O(n)
mult2	2*O(log (n)) = O(log (n))	O(log (n))
mult3	O(n)	O(1)

Anmerkung: Bei mult2 entsteht durch die fortgesetzte Halbierung (für gerade Wer-
te) die Zeitkomplexität O(log(n)). Im ungünstigsten Fall erhält man nach jeder
Halbierung eine ungerade Zahl, muss also einen weiteren Schritt durchführen, um
wieder bei einer geraden Zahl anzukommen. Somit entsteht hier 2*O(log (n)). Da
bei geraden Zahlen - im Gegensatz zum beim else-Teil - keine Zwischenspeicherung
notwendig ist, beträgt die Speicherkomplexität hier nur O(log(n)).

Aufgabe 7

funktionale
Program-
mierung,
Liste

Anmerkung: Da mit dem in der Originalangabe verwendeten Begriff „Ketten-
bruch" offensichtlich „periodischer Dezimalbruch" gemeint war, wurde die An-
gabe hier entsprechend umgestaltet.

Schreiben Sie in einer funktionalen Programmiersprache folgende Prozeduren:

a) Die Prozedur `mymod(x,y)` berechnet den Rest bei der Division von natürlichen Zahlen. Falls die Division aufgeht, wird der Divisor ausgegeben. Die
   Parameter genügen der Vorbedingung $x > 0$ und $y > 0$.

   `mymod : (zahl, zahl) -> zahl`

   Beispiel: mymod(34, 7) = 6 wegen 34 : 7 = 4 Rest 6
   _____ mymod(12, 4) = 4 wegen 12 : 4 = 3 Rest 0

b) Die Prozedur `len(x)` berechnet die Anzahl der Elemente in einer Liste.

   `len : (liste) -> zahl`

   Beispiel: len([1,2,1,1,4]) = 5

c) In einer Liste werden periodische Dezimalbrüche implementiert. Sie haben
   folgende Eigenschaften:

   - Die Periode beginnt stets beim zweiten Eintrag der Liste und reicht
     bis zu deren Ende: [2, 1, 5, 4] bedeutet dann: $2, \overline{154} = 2,154154154...$
   - falls n ≤ len(liste) ist die n. Stelle des Dezimalbruchs das n. Element
     der Liste.
     Beispiel: 3. Stelle ([2, 1, 5, 4])= 5
   - falls n > len(liste) wird die Zählung der Periode stets am Beginn
     der Periode fortgesetzt.
     Beispiel: 5. Stelle ([2, 1, 5, 4]) = 1;
     _____ 7. Stelle ([2, 1, 5, 4]) = 4;
     _____ 8. Stelle ([2, 1, 5, 4]) = 1;
     _____ usw.

   Die Prozedur n_te_stelle berechnet die n. Stelle des periodischen Dezimalbruchs.

   `n_te_stelle (liste, zahl) -> zahl`

   Beispiel: n_te_stelle([2, 1, 5, 4], 3) = 5

d) Der Wert eines periodischen Dezimalbruchs lässt sich näherungsweise durch die Einbeziehung seiner ersten Stellen berechnen. Sein Wert wird umso genauer, je mehr Stellen für die Berechnung verwendet werden. Sei s(n) die n. Stelle des periodischen Dezimalbruchs und k(n) der Näherungswert des periodischen Dezimalbruchs unter Einbeziehung der ersten n Stellen des periodischen Dezimalbruchs, dann gilt folgende rekursive Definition:

$$A(n) = \begin{cases} 0 & \text{falls } n = -1 \\ 1 & \text{falls } n = 0 \\ s(n) * A(n-1) + A(n-2) & \text{falls } n \geq -1 \end{cases}$$

$$B(n) = \begin{cases} 1 & \text{falls } n = -1 \\ 0 & \text{falls } n = 0 \\ s(n) * B(n-1) + B(n-2) & \text{falls } n \geq -1 \end{cases}$$

$$k(n) = A(n)/B(n)$$

Schreiben Sie eine Prozedur, die den Näherungswert $k(n)$ nach obigen Formeln berechnet!

a)
```
mymod :: Int -> Int -> Int
mymod x y
        | x==y = y
        | x<y = x
        | otherwise mymod (x-y) y
```

b)
```
len :: [Int] -> Int
len [] = 0
len x = 1 + len(tail(x))
```

c)
```
n-te-stelle :: ([Int], Int) -> Int
n-te-stelle(x,1) = head(x)
n-te-stelle(x,y) = if len(x) < y
                    then n-te-stelle(tail(x),
                        mymod(y-len(x),len(tail(x))))
                    else n-te-stelle(tail(x), y-1)
```

d)
```
perdezbruch :: [Int] -> Int -> Float
perdezbruch bruch n = (Zaehler bruch n )/(Nenner bruch n)

Zaehler :: [Int] -> Int -> Int
Zaehler bruch -1 = 0
Zaehler bruch 0  = 1
Zaehler bruch n  = (n-te-stelle(bruch, n))
                    *(Zaehler bruch (n-1))
                    + (Zaehler bruch (n-2))

Nenner :: [Int] -> Int -> Int
Nenner bruch -1 = 1
```

```
Nenner bruch 0  = 0
Nenner bruch n  = (n-te-stelle(bruch, n))*(Nenner bruch (n-1))
                  + (Nenner bruch (n-1))
```

Lösung in Scheme:

```
(define (fa n)
  (cond ((= n (-1) 0)
    ((= n 0) 1)
    (else (+ (* (n-te-stelle li, n) (fa (n-1))) (fa (n-2))))))
(define (fb n)
  (cond ((= n -1) 1)
    ((= n 0) 0)
    (else (+ (* (n-te-stelle li, n) (fb (n-1))) (fb (n-2))))))
(define (fk n)
  (/ (fa n) (fb n)))
```

Aufgabe 8

*objekt-
orientierte
Program-
mierung,
binärer
Suchbaum*

a) Implementieren Sie in einer objektorientierten Sprache einen binären Suchbaum für ganze Zahlen! Dazu gehören Methoden zum Setzen und Ausgeben der Attribute `zahl`, `linker_teilbaum` und `rechter_teilbaum`.

b) Schreiben Sie die Methode `fuege_ein(...)`, die eine Zahl in den Baum einfügt.

c) Schreiben Sie die Methode `post_order( )`, die die Zahlen in der Reihenfolge *postorder* ausgibt!

d) Ergänzen Sie Ihr Programm um die rekursiv implementierte Methode `summe(...)`, die die Summe der Zahlen des Unterbaums, dessen Wurzel der Knoten x ist, zurückgibt! Falls der Unterbaum leer ist, ist der Rückgabewert 0! `int summe(Knoten x) {...}`

e) Schreiben Sie ein Folge von Anweisungen, die einen Baum mit Namen BinBaum erzeugt und nacheinander die Zahlen 5 und 7 einfügt! In den binären Suchbaum werden noch die Zahlen 4, 11, 6 und 2 eingefügt. Zeichnen Sie den Baum, den Sie danach erhalten haben, und schreiben Sie die eingefügten Zahlen in der Reihenfolge der Traversierungsmöglichkeit *postorder* auf.

a) class Knoten {
        private int zahl;
        private Knoten l, r;
        void setZahl (int z) {
            zahl = z;
        }

```
        void setZahl (int z) {
            zahl = z;
        }
        int getZahl () {
            return zahl;
        }
        Knoten getL () {
            return l;
        }
        Knoten getR () {
            return r;
        }
        void setL (Knoten k) {
            l = k;
        }
        void setR (Knoten k) {
            r = k;
        }
    }
    class Baum {
        Knoten wurzel = null; ...
```

b) ...

```
        void fuege_ein (int z) {
            Knoten k = new Knoten();
            Knoten test = wurzel;
            k.setZahl(z);
            if(wurzel==null) {
                wurzel =k;
            } else {
                while(test.getZahl() != k.getZahl()) {
                    if(test.getZahl() < k.getZahl()) {
                        if(test.getL() == null) {
                            test.setL(k);
                        } else {
                            test test.getL();
                        }
                    } else {
                        if(test.getR() == null) {
                            test.setR(k);
                        } else {
                            test = test.getR();
    }   }   } }   } }
```

c) void post_order() {
```
            Knoten test = wurzel;
            if (wurzel==null) {
```

```
            System.out.println("Nichts zu drucken!");
        } else {
            if (test.getL() != null) {
                test.getL().post_order();
            }
            if (test.getR() != null) {
                test.getR().post_order();
            }
            System.out.println(test.getZahl());
        } }
```

d)
```
    int summe(Knoten k) {
        Knoten test = x;
        int erg = 0;
        if (test.getL()!= null) {
            erg = erg + test.getL().getZahl() + summe(test.getL());
        }
        if (test.getR() != null) {
            erg = erg + test.getR().getZahl() + summe(test.getR());
        }
        return erg;
    }
```

e)
```
    Baum BinBaum = new Baum();
    BinBaum.fuege_ein(5);
    BinBaum.fuege_ein(7);
```

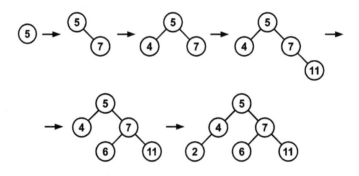

Postorder-Traversierung (l r w): 2 4 6 11 7 5

Frühjahr 04 - Thema 1

Aufgabe 4

a) Erläutern Sie informell wie man mit Hilfe einer 1-Band-Turingmaschine eine k-Band-Turingmaschine simulieren kann.

b) Begründen Sie, warum WHILE-Programme mächtiger als LOOP-Programme sind. (Die Begriffe LOOP-Programm und FOR-Programm werden in der Literatur synonym gebraucht.)

c) Erläutern Sie, wie mit Hilfe des Reduktionsprinzips die Unentscheidbarkeit eines Problems gezeigt werden kann.

(Mehr-band-)Tu-ringmaschi-ne, WHILE, LOOP, Reduktions-prinzip, Unent-scheidbar-keit

a) Die Mehrbandturingmaschine ist ein zu Turingmaschinen äquivalentes Berechnungsmodell. Der Maschine steht hier nicht nur ein Band zur Verfügung, sondern mehrere Bänder mit eigenen Schreib-Leseköpfen.

- Es stehen k ($k > 0$) Bänder zur Verfügung mit k unabhängigen Köpfen.
- Übergangsfunktion:
  $\delta : Z \times \Gamma^k \to Z \times \Gamma^k \times \{L, R, N\}^k$
  (Zustand z, k Bandsymbole, k Bewegungen)
- Die Ein- und Ausgabe stehen jeweils auf dem ersten Band. Alle anderen Bänder sind zu Beginn leer!

(s. [THEO], S. 97)

> **Satz:**
> Zu jeder Mehrband-Turingmaschine M gibt es eine (Einband-)Turingmaschine M', die dieselbe Sprache akzeptiert bzw. dieselbe Funktion berechnet.

Beweisidee:

Zunächst eine typische Konfiguration einer Mehrband-TM:

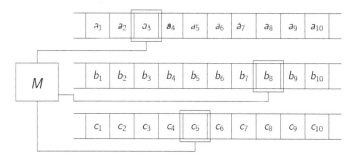

Die Simulation durch die Einband-TM wird durch die Erweiterung des Alphabetes ermöglicht. Die übereinanderliegenden Bandeinträge werden zu einem Feld zusammen gefasst.

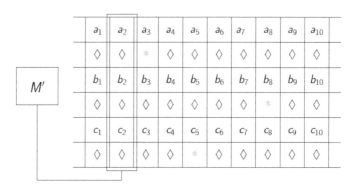

Das entstehende neue Bandalphabet: $\Gamma' = \Gamma \cup (\Gamma \cup \{*, \diamond\})^{2k}$

Erklärung:

- Darstellung der Eingabe durch Symbole von Γ. In einem ersten Durchlauf wird diese in die „Mehrband-Kodierung" umgewandelt.

- Ein Alphabetsymbol hat die Form: $(a, *, b, \diamond, c, *, ...) \in (\Gamma \cup \{*, \diamond\})^{2k}$
  mit der Bedeutung:
  Entsprechende Felder sind mit $a; b; c; ...$ belegt. 1. und 3. Kopf sind anwesend. ($*$: Kopf anwesend, $\diamond$: Kopf nicht anwesend)

Problem:

Der (Einband-)TM steht nur ein Kopf zur Verfügung, der nur an einer Stelle stehen kann. $\rightarrow$ Simulation eines Übergangs der Mehrband-TM in mehreren Schritten:

- Darstellung der Eingabe durch Symbole von Γ. In einem ersten Durchlauf wird diese in die „Mehrband-Kodierung" umgewandelt.

- Anfangs steht der Kopf der Einband-TM M' links von allen *-Markierungen.

- Nun wandert der Kopf nach rechts, überschreibt alle *-Markierungen und merkt sich die jeweils anzuwendenden Fälle der δ-Funktion. (Dazu werden viele Zustände benötigt!)

- Beim „Rückweg" nach links werden nun alle notwendigen Änderungen durchgeführt.

b)

Die Menge der LOOP-berechenbaren Funktionen ist eine echte Teilmenge der WHILE-berechenbaren Funktionen. Die Klasse der primitiv rekursiven Funktionen stimmt genau mit der Klasse der LOOP-berechenbaren Funktionen überein, während mit WHILE-Programmen alle μ-berechenbaren Funktionen darstellbar sind.

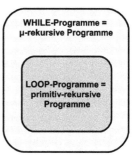

c) *Definition* (vgl. [THEO], S. 48 ff):
Seien S ein Alphabet, $L_1, L_2 \subseteq \Sigma^*$ zwei Sprachen. L_1 heißt **reduzierbar** auf L_2, wenn es eine totale berechenbare Funktion $f : \Sigma^* \to \Sigma^*$ gibt, so dass für alle $\omega \in \Sigma^*$ gilt:

$$\omega \in L_1 \Leftrightarrow f(\omega) \in L_2$$

(Schreibweise: $L_1 \leq L_2$ oder auch $f : L_1 \leq L_2$.)

Ist L_2 entscheidbar und gilt $L_1 \leq L_2$, dann ist auch L_1 entscheidbar. Umgekehrt bedeutet dies, um von einer Sprache L nachzuweisen, dass sie unentscheidbar ist, genügt es zu zeigen, dass $L' \leq L$ für eine bereits als unentscheidbar bekannte Sprache L'. Häufig werden dazu das Halteproblem oder das Selbstanwendungsproblem verwendet.

Aufgabe 5

Ein wichtiges Problem im Bereich der Graphalgorithmen ist die Berechnung kürzester Wege. Gegeben sei der folgende Graph, in dem Städte durch Kanten verbunden sind. Die Kantengewichte geben Fahrzeiten an. Außer den durch Pfeile als nur in eine Richtung befahrbar gekennzeichneten Straßen sind alle Straßen in beiden Richtungen befahrbar.

Adjazenz-matrix, Dijkstra-Algorithmus

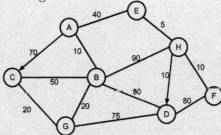

a) Geben Sie zum obigen Graphen zunächst eine Darstellung als Adjazenz-matrix an.

b) Berechnen Sie nun mit Hilfe des Algorithmus von Dijkstra die kürzesten Wege vom Knoten A zu allen anderen Knoten.

a) Adjazenzmatrix:
$$\begin{pmatrix}
0 & 10 & 70 & \infty & 40 & \infty & \infty & \infty \\
10 & 0 & 50 & 90 & \infty & \infty & 20 & 90 \\
\infty & 50 & 0 & \infty & \infty & \infty & 20 & \infty \\
\infty & 90 & \infty & 0 & \infty & 80 & 75 & \infty \\
40 & \infty & \infty & \infty & 0 & \infty & \infty & 5 \\
\infty & \infty & \infty & 80 & \infty & 0 & \infty & 10 \\
\infty & 20 & 20 & 75 & \infty & \infty & 0 & \infty \\
\infty & 90 & \infty & 10 & 5 & 10 & \infty & 0
\end{pmatrix}$$

b)

S		A	B	C	D	E	F	G	H
{}	dis	0	∞	∞	∞	∞	∞	∞	∞
	from	null	null	null	null	null	null	null	null
$\{A\}$	dis	0	10	70	∞	40	∞	∞	∞
	from	null	A	A	null	A	null	null	null
$\{A, B\}$	dis	0	10	60	100	40	∞	30	100
	from	null	A	B	B	A	null	B	B
$\{A, B, G\}$	dis	0	10	50	100	40	∞	30	100
	from	null	A	G	B	A	null	B	B
$\{A, B, G, E\}$	dis	0	10	50	100	40	∞	30	45
	from	null	A	G	B	A	null	B	E
$\{A, B, G, E, H\}$	dis	0	10	50	55	40	55	30	45
	from	null	A	G	H	A	H	B	E
$\{A, B, G, E, H, C\}$	dis	0	10	50	55	40	55	30	45
	from	null	A	G	H	A	H	B	E
$\{A, B, G, E, H, C, D\}$	dis	0	10	50	55	40	55	30	45
	from	null	A	G	H	A	H	B	E
$\{A, B, G, E, H, C, D, F\}$	dis	0	10	50	55	40	55	30	45
	from	null	A	G	H	A	H	B	E

Aufgabe 6

Hashing, binärer Suchbaum

Hashtabellen bilden eine effiziente Datenstruktur für das so genannte Wörterbuchproblem, bei dem auf einer Menge von Objekten die Operationen *insert*, *delete* und *member* benötigt werden.

a) Skizzieren Sie die drei üblichen Vorschläge für Behandlung von Kollisionen beim geschlossenen Hashing. Welche Probleme bringen die einzelnen Vorschläge mit sich und weshalb entstehen manche Probleme bei den elaborierteren Vorschlägen nicht?

b) Beschreiben Sie, wie Löschoperationen in Hashtabellen realisiert werden können. Was ist hierbei zu beachten?

c) Beschreiben Sie eine Hashfunktion für den Fall, dass die Schlüssel der zu verwaltenden Objekte Zeichenketten sind (d. h. die Hashfunktion soll aus der Menge der Zeichenketten in die Menge der Zellenadressen abbilden). Begründen Sie die Wahl Ihrer Funktion.

d) Eine Alternative zu Hashverfahren bilden binäre Suchbäume. Diese können jedoch unausgeglichen werden. Deshalb wurden verschiedene Ansätze für balancierte Bäume entwickelt. Stellen Sie eine Art von balancierten Bäumen vor. Geben Sie hierzu die Struktureigenschaften der balancierten Bäume möglichst präzise an und skizzieren Sie knapp, wie diese Struktureigenschaften bei Einfügeoperationen erhalten bleiben.

a) Kollisionen treten dann auf, wenn die Hashfunktion zwei Einträgen den gleichen Platz zuweisen würde. Geschlossenes Hashing bedeutet, dass nur ein Array mit einer bestimmten Länge zur Verfügung steht.
(*Bemerkung*: Die Begriffe offenes und geschlossenes Hashing werden teilweise genau umgekehrt verwendet. Da es aber bei der Verkettung von Listen keine drei Kollisionsbehandlungsstrategien gibt, ist die Interpretation der Aufgabe hier eindeutig.)
Mögliche Verfahren zur Kollisionsbehandlung sind (m ist die Länge der Hashtabelle, m Primzahl, $0 \leq i \leq m - 1$):

- *lineares Sondieren*: es wird mit einem Faktor c zyklisch nach einer Lücke gesucht. Hierbei können Sekundärkollisionen auftreten, wenn ein rechtmäßiges Element seinen Tabelleneintrag durch ein Überlaufelement besetzt vorfindet.

$$h_i(x) = (h(x) + i \cdot c) \bmod m$$

- *quadratisches Sondieren*: es wird nicht mit einer konstanten Schrittweite c nach einem freien Platz gesucht, sondern mit einer quadratisch wachsenden Schrittweite. Damit vermeidet man Ballungen.

$$h_i(x) = (h(x) + i^2) \bmod m$$

- *doppelte Streuadressierung, Doppel-Hashing*: Bei einer Kollision an einer Stelle i wird eine zweite Streuadresse $h_2(x)$ berechnet. Nun wird in Schrittweiten $h_2(x)$ nach freien Stellen in der Tabelle gesucht.

$$h_i(x) = (h(x) + h_2(x) \cdot i) \bmod m$$

b) Das Löschen von Elementen erfolgt in mehreren Schritten:

- Der entsprechende Eintrag wird gesucht.
- Das Element wird entfernt und die Zelle als gelöscht markiert. Dies ist notwendig da evtl. bereits hinter dem gelöschten Element andere Elemente durch Sondieren eingefügt wurden. (In diesem Fall muss beim Suchen über den freien Behälter hinweg sondiert werden).

- Als gelöscht markierte Elemente dürfen wieder überschrieben werden.

c) Für die Kodierung von Zeichenfolgen addiere man die ASCII-Nummern der einzelnen Zeichen der Zeichenfolge und wende auf den resultierenden int-Wert die Streufunktion $h(x) = x \bmod m$ an.

d) Eine Art von binären Suchbäumen ist der AVL-Baum, der auch ausgeglichener Baum heißt. Bei einem AVL-Baum unterscheiden sich in jedem Knoten die Höhen der Teilbäume höchstens um 1. Außerdem besitzt ein AVL-Baum die Eigenschaften eines binären Suchbaum, d. h. jeder Knoten hat maximal zwei Kinder und die Knoten sind so geordnet, dass sie bei einem Inorder-Durchlauf aufsteigend ausgegeben werden. Wenn ein neues Element eingefügt werden soll, wird zuerst die passende Stelle im Baum gesucht und das Element eingefügt. Dadurch kann es vorkommen, dass der Baum nicht mehr ausgeglichen ist.

1. Fall: Der Wert der Balancierung des Sohnes des Knotens, an dem die Balancierung verletzt ist, hat das selbe Vorzeichen wie der Wert der Balancierung dieses Knotens. Dann ist nur eine einfache Links- bzw. Rechtsrotation nötig, um die Balance wiederherzustellen. Das Vorzeichen des Wertes der Balancierung entscheidet über die Rotationsrichtung.

2. Fall: Der Wert der Balancierung des Sohnes des Knotens, an dem die Balancierung verletzt ist, hat ein unterschiedliches Vorzeichen wie der Wert der Balancierung dieses Knotens. Dann ist eine Links-Rechts- bzw. Rechts-Links-Rotation (*Doppelrotation*) nötig. Dabei wird erst eine Linksrotation direkt unter dem Knoten mit der verletzten Balance durchgeführt und anschließend eine Rechtsrotation an diesem Knoten (oder genau umgekehrt je nach Vorzeichen des Werts der Balancierung).

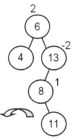

der Knoten 11 wurde eingefügt -
an Knoten 13 ist die Balance
verletzt und es wird unterhalb
eine Linksrotation durchgeführt

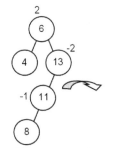

an Knoten 13 wird eine
Rechtsrotation ausgeführt

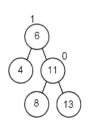

der Baum ist wieder
ausgeglichen

Frühjahr 04 - Thema 2

Aufgabe 1

a) Schreiben Sie eine Methode in Java oder einer anderen imperativen Programmiersprache, die als Parameter ein Integer-Array (beliebiger Länge) erwartet und als Wert die Summe der Array-Elemente zurück gibt. Es wird nicht nur die Korrektheit des Programms, sondern auch der Programmierstil bewertet!

b) Geben Sie die Schleifeninvariante an, die man für einen Korrektheitsbeweis des Programms im Hoare-Kalkül benutzen würde.

c) An welchen Stellen im Programm muss die Schleifeninvariante gelten?

Feld, Methode, imperative Programmierung, Schleifeninvariante, Hoare-Kalkül, Korrektheit

a)
```
int arsum (int[] feld) {
    int sum = 0;
    for (int i = 0; i < feld.length; i++) {
        sum = sum + feld[i];
    }
    return sum;
}
```

b) $sum + \sum\limits_{j=i}^{feld.length} feld[j] == \sum\limits_{0}^{feld.length} feld[j]$

c) Beim Korrektheitsbeweis für einen Algorithmus mittels einer Schleifeninvariante ist zu zeigen, dass die Schleifeninvariante bei Initialisierung, Aufrechterhaltung und Beendigung der Schleife eingehalten wird; d. h. die Invariante muss direkt vor, während und direkt nach dem Schleifendurchlauf gültig sein.

Aufgabe 2

Benutzen Sie eine funktionale Programmiersprache Ihrer Wahl.

a) Definieren Sie einen Datentyp für einen Binärbaum, dessen Knoten mit Integerwerten behaftet sind.

b) Programmieren Sie eine Funktion, die einen solchen Binärbaum als Parameter erwartet und seine Knotenwerte in einer Liste in Breitenordnung zurück gibt. Es wird nicht nur die Korrektheit des Programms, sondern auch der Programmierstil bewertet!

funktionale Programmierung, binärer Baum, Breitensuche, Korrektheit

a) `data BTree = EmptyTree | Tree Int BTree BTree deriving (Show)`

Hierbei bezeichnet der Konstruktor `EmptyTree` einen leeren Baum und `Tree i l r` einen Baum, dessen Wurzel mit einer ganzen Zahl i markiert ist und der den linken Unterbaum l und den rechten Unterbaum r hat.

b) ```
   bslin::BTree->[Int]
   bslin t = bslinh [t]

   bslinh::[BTree]->[Int]
   bslinh [] = []
   bslinh (EmptyTree:li) = bslinh li
   bslinh ((Tree i l r):li) = i:(bslinh(li++[l,r]))
   ```

`bslin::BTree->[Int]` ist eine HASKELL-Funktion, die alle Markierungen eines Binärbaumes in der Linearisierung entsprechend der Breitensuche als Liste anordnet. Dazu wird zunächst die Hilfsfunktion `bslinh` mit einer Liste aufgerufen, die als Argument eine Liste von Binärbäumen erhält. Aus dieser Liste wird jeweils die Markierung der Wurzel des ersten Elements in die Ergebnisliste geschrieben und die Unterbäume an die Argumentliste hinten angehängt.

## Aufgabe 4

*funktionale Programmierung, Abstiegsfunktion, Terminierung*

Hier ist eine Funktion (in Haskell kodiert), die angibt, ob die ihr übergebene ganze Zahl gerade oder ungerade ist:

```
even :: Int -> Bool
even x = if x < 0 then even (-x)
         else if x==0 then True
              else if x==1 then False
                   else even (x-2)
```

Geben Sie eine Abstiegsfunktion h an, die die Terminierung von even für alle Eingabewerte belegt:

a) Geben Sie die Funktionsvorschrift von h an.

b) Zeigen Sie, dass h die Eigenschaften einer Abstiegsfunktion erfüllt!

a) Eine Abstiegsfunktion ist eine Funktion, mit der nachgewiesen werden kann, dass eine Rekursion terminiert. Ihre Werte müssen sich bei jedem Aufruf verringern und es muss sicher gestellt sein, dass es ein Minimum für die Werte der Abstiegsfunktion gibt.
   Eine mögliche Funktionsvorschrift für h lautet: $h : \mathbb{N} \to \mathbb{N}$, $h(x) = x - 1$

b) Laut rekursiver Funktionsdefinition $x' = x - 2$ ist
   $h(x') < h(x)$
   $h(x - 2) < h(x)$
   und damit
   $(x - 2) - 1 < x - 1$
   $x - 3 < x - 1$
   $-3 < -1$ wahr.
   Damit ist nachgewiesen, dass der Wert von $h(x)$ mit jedem Rekursionsschritt sinkt; da er in $\mathbb{N}$ aber nicht endlos sinken kann, terminiert die Rekursion.
```

Aufgabe 5

In dieser Frage betrachten wir Verfahren zum Sortieren eines Arrays von Werten aus einer total geordneten Menge.

a) Wie ist präzise definiert, dass eine Funktion g in $O(f(n))$ ist?

b) Beim Heapsort-Verfahren bringt eine Funktion *heapify* das Eingabe-Array in eine bestimmte Form. Beschreiben Sie diese „Heap-Eigenschaft" kurz und präzise.

c) Zu welcher O-Klasse gehören die folgenden beiden Sortierverfahren? Bitte eine kurze Begründung angeben.

    i) Quicksort

    ii) Heapsort

Sortieralgorithmus, Heapsort, Quicksort, Feld, Komplexität, O-Notation

a) Die exakte Definition des Landau-Symbols lautet folgendermaßen:

g ist von der Ordnung f genau dann, wenn es Zahlen c, n_0 gibt, so dass für alle $n \in \mathbb{N}$, mit $n > n_0$ gilt: $0 \le g(n) \le c \cdot f(n)$

$$O(f(n)) = \{g : \exists c > 0, \exists n_0 \, \forall n \in \mathbb{N}, \, n > n_0 : 0 \le g(n) \le c \cdot f(n)\}$$

b) Ein Heap ist ein binärer Baum mit zwei Eigenschaften:

- Der Baum ist vollständig ausgeglichen, d. h. alle Teilbäume unterscheiden sich im Niveau um maximal 1.
- Jeder Knoten enthält ein Element aus einer geordneten Menge und für jeden Knoten gilt, dass sein Element größer oder gleich den Elementen seiner Söhne ist.

Wenn ein Heap aus einem n-elementigen Array aufgebaut werden soll, dann werden die Elemente schichtweise in einen binären Baum mit n Knoten eingetragen. Anschließend werden die Knoteninhalte so vertauscht, dass sich das größte Element jedes Teilbaums in dessen Wurzel befindet. Das größte Element des Arrays steht dann also in der Wurzel des Heaps.

c)   i) Quicksort hat im *worst case* eine Laufzeit von $O(n^2)$, wenn nämlich stets das größte bzw. kleinste Element der zu sortierenden Folge als Pivotelement ausgewählt wird. Hierbei entsteht bei der Aufspaltung in Teilfelder stets ein Teilfeld der Länge 1 und Quicksort arbeitet nicht effektiv. Im *best case*, wenn also stets das mittlere Element als Pivotelement gewählt wird, hat Quicksort eine Laufzeitkomplexität von $O(n \log n)$, da die Aufteilung in Teilfelder stets optimal ist.

  ii) Heapsort hat auch im *worst case* eine Laufzeit von $O(n \log(n))$. Auch wenn stets das kleinste Element des Heaps gesucht wird, wird dieses in $\log n$ Schritten gefunden, da ein Baum mit n Knoten die Höhe $\log n$ besitzt. Heapsort besitzt also eine stabile Laufzeit.

Herbst 04 - Thema 1

Aufgabe 1

Algorith-
mus,
Feld

Jede *Karte* in einem Kartenspiel hat eine *Farbe* Kreuz, Pik, Herz oder Karo und einen *Wert*. Mögliche Werte sind die *Zahlenwerte* 2 bis 10, die *Bildwerte* Bube, Dame, König sowie der Wert As. Eine *Kartenverteilung* besteht aus 12 Karten. Geben Sie einen geeigneten Datentyp zur Darstellung von Kartenverteilungen sowie Algorithmen an, die für eine derartige Darstellung Folgendes leisten:

a) Für eine Kartenverteilung v und eine Karte k soll festgestellt werden, ob k in v enthalten ist.

b) Für eine Kartenverteilung v soll die Anzahl der in v enthaltenen Karten k mit folgender Eigenschaft bestimmt werden: k hat einen Bildwert, und v enthält kein As von gleicher Farbe.

Zuerst einmal der Datentyp:

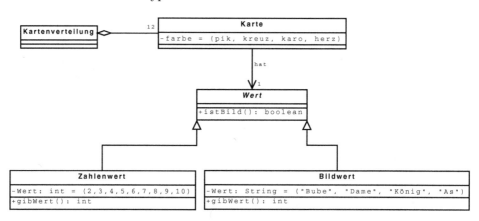

a) ```
boolean searchK (k: Karte, v: Kartenverteilung){
    for (int i == 0; i < 12; i++){
        if ((v[i].farbe == k.farbe) &&
            (v[i].gibWert() == k.gibWert()))
            {return true;}
    }
    return false;
}
```

b) ```
int anzahl(v: kartenverteilung) {
    int anz = 0;
    Karte k;
    k.wert = 'As';
```

```
        for (int i == 0; i < 12; i++) {
            if (v[i].istBild() &&
                (v[i].gibWert() <> k.gibWert())) {
                k.farbe = v[i].farbe;
                if (searchK (k,v) == false) {anz++;}
        } }
    return anz;
    }
```

Aufgabe 2

Gegeben sei die Funktionsvereinbarung (in Pseudocode-Notation)

function $f(x, y : \text{integer}) \text{integer}$:
     if $x < -y$ **then** $x - y$ **else** $f(x + 2, y - 3)$ **endif**

a) Bestimmen Sie den Wert von $f(-5, 8)$.

b) Beweisen Sie: f terminiert für alle **integer**-Zahlen x, y.

c) Geben Sie einen iterativen Algorithmus an, der $f(x, y)$ für beliebige **integer**-Zahlen x, y berechnet.

iterativer Algorithmus, Abstiegsfunktion, terminieren

a) $f(-5, 8) = f(-3, 5) = f(-1, 2) = f(1, -1) = f(3, -4) = 3 - (-4) = 7$

b) Zum Beweis wird eine Abstiegsfunktion $h : \mathbb{N} \to \mathbb{N}$ mit $h(x, y) = x + y$ verwendet.
$h(x', y') < h(x)$
$h(x + 2, y - 3) < h(x)$
Es gilt:
$(x + 2) + (y - 3) = x + y - 1 < x + y$
Damit sinkt der Wert der Abstiegsfunktion mit jedem rekursiven Aufruf und es ist sicher, dass f terminiert.

c)
```
function f(x, y: integer): integer
begin
    while (x ≥ -y)
    begin
        x = x + 2;
        y = y - 3;
    end;
    f = x - y;
end;
```

Aufgabe 4

AVL-
Baum,
Rotation,
Laufzeit

a) Definieren Sie in Pseudocode oder einer höheren Programmiersprache eine geeignete Datenstruktur zur Repräsentation von AVL-Bäumen. Schreiben Sie sodann eine Funktion, die überprüft, ob ein beliebiges Element dieser Datenstruktur tatsächlich ein AVL-Baum ist. Zu Ihrer Information: Solch eine Funktion kann zu Testzwecken sinnvoll sein, spielt aber bei der regulären Verwendung von AVL-Bäumen keine Rolle. Beachten Sie, dass ein AVL-Baum insbesondere auch ein binärer Suchbaum ist.

b) Schreiben Sie eine Funktion, die eine Linksrotation der Wurzel eines AVL-Baumes durchführt. Beschreiben Sie detailliert, welche Form der Balancierungsstörung durch diese Rotation behoben werden kann und in welchen Situationen (Einfügen, Löschen) es zu ihr kommen kann. Geben Sie die Laufzeit ihrer Implementierung mit Hilfe der O-Notation an.

a)
```
/* Knoten fuer AVL Baum */
class AVLNode {
int content; // Inhalt, hier integer
byte balance; // fuer Werte -2, -1, 0, 1, +2
AVLNode left; // linker Nachfolger
AVLNode right; // rechter Nachfolger

AVLNode (int c) { // Konstruktor fuer neuen Knoten
    content = c; // uebergebener Inhalt
    balance = 0; // Balance ausgeglichen
    left = right = null; // erst mal keine Nachfolger
    }
}
```

```
class AVL Tree {
AVLNode root; // Die Wurzel des Baumes
AVLTree () { // Konstruktor fuer leeren Baum
    root = null; // Wurzel erst mal leer
}
```

Überprüfung, ob ein Baum ein AVL-Baum ist:
Es sind zwei Eigenschaften zu überprüfen - einerseits die Ordnung des binären Suchbaums und andererseits die Höhenbalanciertheit des AVL-Baums. Hier nur die Überprüfung der AVL-Eigenschaft:

```
boolean pruefe(t : AVLNode) { //es wird direkt ein Knoten bzw.
                    die Wurzel uebergeben
    if ((t.balance < -1) || (t.balance > 1)) {
    return false;}
```

```
        else {
            if (t.left != null) {pruefe(t.left);}
            else if (t.right != null) {pruefe(t.right);}
            else {return true;}
        }
```

b) ```
   void links(t : AVLNode) {
                    //es wird wieder direkt die Wurzel übergeben
            AVLNode help = t; //Hilfsknoten mit gleichen Zweigen wie t
            help.right = t.right.left; //der umgehaengte Zweig
                    //an der linken Seite der Wurzel
                    //aendert sich nichts
            t.right.left = help; //umhaengen des neuen linken Teilbaums
            t = t.right;
   }
   ```

Die Laufzeit ist unabhängig von der Größe des Baums, es werden immer 4 Anweisungen ausgeführt. Es liegt also konstante Laufzeit $O(1)$ vor. Dieser Algorithmus wird immer dann aufgerufen, wenn die Balance an einer Stelle $+2$ beträgt.

Grafische Veranschaulichung des Algorithmus:

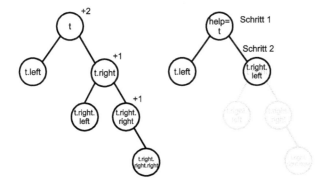
   ```

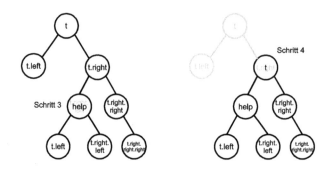

Herbst 04 - Thema 2

Aufgabe 7

*Adjazenz-
matrix,
Dijkstra-
Algorith-
mus,
Prioritäts-
warte-
schlange,
Heap*

Ein gerichteter Distanzgraph sei durch seine Adjazenzmatrix gegeben. (In einer Zeile stehen die Längen der von dem Zeilenkopf ausgehenden Wege.)

	M	A	P	R	N
M	–	5	10	–	–
A	–	–	3	9	1
P	–	2	–	1	–
R	–	–	–	–	4
N	7	–	–	6	–

a) Stellen Sie den Graph in der üblichen Form dar.

b) Bestimmen Sie mit dem Algorithmus von Dijkstra ausgehend von M kürzeste Wege zu allen anderen Knoten.

c) Beschreiben Sie wie ein Heap als Prioritätswarteschlange in diesem Algorithmus verwendet werden kann.

d) Geben Sie die Operation: „entfernen des Minimums" für einen Heap an. Dazu gehört selbstverständlich die Restrukturierung des Heaps.

a)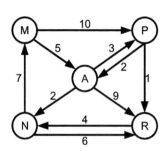

b)

S			M	A	P	R	N
$\emptyset$		dis	0	∞	∞	∞	∞
		from	null	null	null	null	null

S			M	A	P	R	N
M		dis	0	5	10	∞	∞
		from	null	M	M	null	null

S			M	A	P	R	N
M, A		dis	0	5	8	14	7
		from	null	M	A	A	A

S			M	A	P	R	N
M, A, N		dis	0	5	8	13	7
		from	null	M	A	N	A

S			M	A	P	R	N
M, A, N, P		dis	0	5	8	9	7
		from	null	M	A	P	A

S			M	A	P	R	N
M, A, N, P, R		dis	0	5	8	9	7
		from	null	M	A	P	A

c) zu **Prioritätswarteschlagen**:
Eine Datenstruktur, in der Elemente verwaltet werden, die durch Prioritäts-
ordnung verwaltet sind (veralg. FIFO). In dieser Aufgabe wird davon ausgegangen, dass das kleinste Element die höchste Priorität besitzt.
Operationen: insert, delete, deleteMin, findMin, decreaseKey, merge

zu **Heaps**:
Ein Heap ist ein vollständiger Binärbaum. Jeder Schlüssel eines Knotens ist
kleiner (in unserem Fall größer) oder gleich den Schlüsseln der vorhandenen
Kinderknoten.

Der Heap wird willkürlich als vollständiger Binärbaum aufgebaut und danach
ausgeglichen bis ein Heap entsteht. Danach das kleinste Element (= Element
mit der höchsten Priorität) herausnehmen → Baum ausgleichen bis wieder
ein Heap entsteht. Anschließend die Knoten des Heaps nach dem Algorithmus
aktualisieren. → Minimum löschen → usw.

d)

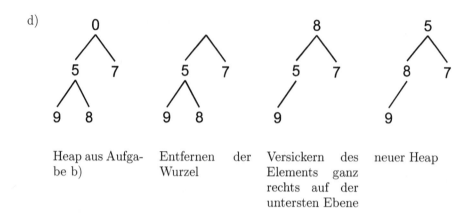

Heap aus Aufga-	Entfernen der	Versickern des	neuer Heap
be b)	Wurzel	Elements ganz	
		rechts auf der	
		untersten Ebene	

Frühjahr 05 - Thema 1

Aufgabe 1

Klasse,
Methode,
doppelt
verkettete
Liste

Betrachten Sie folgendes Klassendiagramm, das doppelt-verkettete Listen spezifiziert. Die Assoziation **head** zeigt auf das erste Element der Liste. Die Assoziationen **previous** und **next** zeigen auf das vorherige bzw. folgende Element.

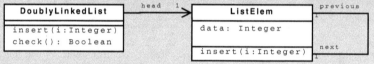

Implementieren Sie die doppelt-verketteten Listen in einer geeigneten objektorientierten Sprache (z. B. Java oder C++), das heißt:

a) Implementieren Sie die Klasse **ListElem**. Die Methode **insert** ordnet eine ganze Zahl **i** in eine aufsteigend geordnete doppelt-verkettete Liste l an die korrekte Stelle ein. Sei z. B. das Objekt l eine Repräsentation der Liste $< 0, 2, 2, 6, 8 >$; dann liefert l.**insert**(3) eine Repräsentation der Liste $< 0, 2, 2, 3, 6, 8 >$.

a) Implementieren Sie die Klasse `DoublyLinkedList`, wobei die Methode `insert` eine Zahl i in eine aufsteigend geordnete Liste einordnet. Die Methode `check` überprüft, ob eine Liste korrekt verkettet ist, d. h. ob für jedes ListElem-Objekt o, das über den **head** der Liste erreichbar ist, der Vorgänger des Nachfolgers von o gleich o ist.

a)
```java
public class ListElem{
    private int data;
    private ListElem previous;
    private ListElem next;

    public ListElem(int i)
    {data = i;}

    public ListElem()
    {}

    public void insert(int i) {
        ListElem hilf = new ListElem(i);
        if (i <= data) {
            if (previous != null) {
                hilf.next = this;
                hilf.previous = previous;
                previous.next = hilf;
                previous = hilf;
            } else {
                hilf.next = this;
                previous = hilf;
            }
        }
        else {
            if (next != null) {
                next.insert(i);
            } else {
                hilf.previous = this;
                next = hilf;
            }
        }
    }
    public ListElem getPrevious() {return previous;}
    public ListElem getNext()) {return next;}
    public int getData() {return data;}
}
```

b)
```java
public class DoublyLinkedList{
    private ListElem head;

    public DoublyLinkedList()
    { }
```

```
public void insert(int i) {
    if (head != null) {
        head.insert(i);
        if (i < head.getData()) {head = head.getPrevious();}
    }
    else {head = new ListElem(i);}
}

public boolean check() {
    ListElem aktElem = head;
    while(aktElem.getNext() != null){
        if (aktElem.getNext().getPrevious() != aktElem) {
            return false;}
        else {aktElem = aktElem.getNext();}
    }
    return true;
}
}
```

Aufgabe 3

Klasse, Methode, terminie- rende Methode, call by value, call by reference

a) Erläutern Sie den Begriff der dynamischen Bindung bei Methodenaufrufen in objekt-orientierten Sprachen.

b) Die folgenden Java-Klassen sollen Daten über Personen speichern. Die Methode getSalary in der Klasse Person soll das Gehalt einer Person als Ergebnis liefern. Die Methode getSalary in der Klasse Manager soll die Summe aus dem Managerzuschlag und dem Personen-Gehalt als Ergebnis liefern.

```
class Person {
    String name;
    double salary;
    public double getSalary() {
        return salary;}}
class Manager extends Person {
    double extraSalary;
    public double getSalary() {
        return (extraSalary + getSalary());}
    public static void main (String[] args) {
        Person p = new Manager();
        p.salary = 5000;
        p.getSalary();}}
```

Terminiert die Methode main? Begründen Sie Ihre Antwort. Wie kann man die Implementation verbessern?

c) Erklären Sie die Parameterübergabemechanismen *call by value* und *call by reference*.

d) Welche Ausgabewerte liefert die folgende Methode `main`? Erklären Sie insbesondere die letzte Ausgabezeile. Begründen Sie Ihre Antwort.

```
class CallBy {
   static int changei(int i) {
      return (++i);}
   public static void main (String[] args) {
      int i = 2;
      System.out.println(,,i ist vorher'' + i);
      int i_return = changei(i);
      System.out.println(,,changei lieferte'' + i_return + ,,zurueck'');
      System.out.println(,,i ist nachher'' + i);}}
```

a) In objektorientierten Programmiersprachen können innerhalb von Klassenhierarchien (Oberklassen mit Unterklassen) bestimmte Methoden einer Oberklasse innerhalb einer Unterklasse „überschrieben" (d. h. mit gleichem Namen neu definiert) werden. Ruft man nun für das in einer Variablen gespeicherte Objekt eine bestimmte Methode auf, gibt es für die Methodenausführung zwei Kandidaten:
1. Die Methode der Oberklasse
2. Die überschriebene Version der Unterklasse
Von dynamischer Bindung spricht man in diesem Zusammenhang dann, wenn erst zur Laufzeit in Abhängigkeit von der Tatsache, ob das Objekt eine Instanz der Ober- oder einer Unterklasse ist, entschieden wird, welche Version der jeweiligen Methode aufgerufen wird. Bei der Verwendung von dynamischer Bindung ist also zum Zeitpunkt der Compilierung noch nicht klar, ob später die Methode der Oberklasse oder einer Unterklasse ausgeführt wird. Es ist auch möglich, dass die Methode nur in mehreren Subklassen implementiert ist, und zur Laufzeit entschieden wird, zu welcher Subklasse das Objekt gehört.
Soll stattdessen immer die Methode einer Oberklasse genutzt werden, so spricht man von statischer Bindung. Viele objektorientierte Programmiersprachen erlauben, für jede Methode einzeln festzulegen, ob statische oder dynamische Bindung anzuwenden ist.
Die dynamische Bindung ist von enormer Bedeutung für die objektorientierte Programmierung, da die Flexibilität des Vererbungsprinzips nur durch dynamische Bindung zum Tragen kommt.

b) In der `main`-Methode wird zuerst ein Objekt der (Unter-)Klasse `Manager` erzeugt und dessen (von der Klasse `Person` geerbtes) Attribut `salary` auf den Wert `5000` gesetzt. Nun wird die Methode `getSalary()` aufgerufen. Da diese in der (Ober-) Klasse `Person` definierte Methode in der (Unter-)Klasse `Manager` überschrieben wird, wird nun `extraSalary + getSalary()` ausgeführt. Innerhalb dieser Programmzeile kommt es zum erneuten Aufruf der Methode `getSalary()`, was sich dann rekursiv fortsetzt; die `main`-Methode terminiert also nicht.
Man kann die Methode `getSalary()` umbenennen in z. B. `calcSalary()`.

Die letzte Zeile der `main`-Methode lautet dann `p.calcSalary();`. Somit findet kein rekursiver Aufruf mehr statt und die `main`-Methode terminiert.

c) *call by reference:* gängige Parameterübergabe in imperativen Programmiersprachen, wobei die Prozedur unmittelbar mit den aktuellen Parametern arbeitet und nicht nur mit Kopien der Werte. Wird für einen Parameter in einer Prozedur die Übergabeart *call by reference* angegeben, so wird beim Prozeduraufruf nur die Adresse des aktuellen Parameters, unter welcher der Ausdruck im Speicher steht, übergeben.
call by value: Übergabeart für Parameter einer Prozedur, bei der beim Prozeduraufruf nur der Wert des aktuellen Parameters übergeben wird, nicht jedoch der Name oder die Adresse, unter welcher der Ausdruck im Speicher steht.
(s. [DUD], Stichworte „call by value" und „call by reference")

d) Die Ausgabe lautet:

```
i ist vorher 2
changei lieferte 3 zurueck
i ist nachher 2
```

Da die Methode `changei(int i)` nur eine Kopie des Wertes der übernimmt, damit arbeitet und dann das Ergebnis der Berechnungen wieder als Wert zurückgibt (*call by reference*), bleibt der Wert der in der `main`-Methode auf 2 gesetzten Variablen `i` erhalten.

Aufgabe 4

Hoare-Kalkül, Verifikation, Vorbedingung, Nachbedingung, Schleifeninvariante, Zusicherung, Termination

a) Erläutern Sie die auf Floyd und Hoare zurückgehende Verifikationsmethode. (In Ihrer Antwort müssen Sie mindestens die Begriffe von Zusicherung, schwächste und stärkste Nachbedingung erklären.)

b) Eine Bank bietet ihren Kunden 1% Zinsen pro Monat. Betrachten Sie das folgende Hoare-Triple (*), das das Anwachsen eines Geldbetrags B beschreibt, wenn ein Kunde diesen eine gewisse Anzahl von Monaten M auf seinem Konto stehen lässt.

(*) $\{betrag = B, Zeitraum = M, M > 0\}$
```
while (Zeitraum > 0) {
    betrag = betrag*(1+1/100);
    Zeitraum = Zeitraum - 1
}
```
$\{betrag = B * (1 + 1/100)^M\}$

b1) Zeigen Sie, dass $\{betrag = B \cdot (1 + 1/100)^{M-zeitraum}, zeitraum \geq 0\}$ eine Schleifeninvariante ist.

b2) Beweisen Sie die Gültigkeit von (*).

b3) Terminiert das Programm immer? Beweisen Sie Ihre Antwort.

a) Mit der *Verifikationsmethode* wird die Korrektheit eines Programm(stücks) bewiesen. Die Wirkung eines Programms oder Codefragments kann durch die Angabe von Prädikaten zu Beginn und am Ende des Codes spezifiziert werden. *Zusicherungen* sind prädikatenlogische Aussagen über die Werte der Programmvariablen an den Stellen im Programm, an denen die jeweiligen Zusicherungen stehen. Eine Zusicherung vor einer bestimmten Anweisungsfolge wird auf diese bezogen als *Vorbedingung* („pre-condition") bezeichnet. Entsprechend nennt man eine *Nachbedingung* („post-condition") eine Zusicherung nach einer Anweisungsfolge. Vorbedingung und Nachbedingung des gesamten Programms bilden eine prädikatenlogische Spezifikation.

Eine Verifikation prüft, ob ein Programm bestimmte Zusicherungen erfüllt, d. h. ob die Nachbedingung Q einer Anweisungsfolge A nach Abarbeitung der Anweisungen aus der Vorbedingung P ableitbar ist.

Bei der Methode von Floyd und Hoare wird ausgehend von der *stärksten Nachbedingung* die *schwächste Vorbedingung* gesucht. P heißt schwächer als P' genau dann, wenn $P' \to P$ gilt.

b) b1) Es muss gezeigt werden, dass die Schleifeninvariante während des Durchlaufens der Schleife gilt, also dass $\{I \wedge B\}p\{I\}$, wobei I die Schleifeninvariante und B die Schleifenbedingung ist.

$\{(betrag = B \cdot (1+1/100)^{M-Zeitraum}, Zeitraum \geq 0)$
$\wedge (Zeitraum > 0)\}betrag = betrag * (1+1/100);$
$Zeitraum = Zeitraum - 1;$
$\{betrag = B \cdot (1+1/100)^{M-Zeitraum}\}$
$\{betrag = B \cdot (1+1/100)^{M-Zeitraum}, Zeitraum > 0\}betrag = betrag * (1+1/100);$
$\{betrag = B \cdot (1+1/100)^{M-(Zeitraum-1)}\}$
$\{betrag = B \cdot (1+1/100)^{M-Zeitraum}, Zeitraum > 0\} \{betrag * (1+1/100) = B \cdot (1+1/100)^{M-Zeitraum+1}\}$
$\{betrag = B \cdot (1+1/100)^{M-Zeitraum}, Zeitraum > 0\}$
$\{betrag = B \cdot (1+1/100)^{M-Zeitraum}\}$

Diese Bedingung ist korrekt und damit ist I eine Schleifeninvariante.

b2) Zuerst muss gezeigt werden, dass $\{I \wedge \neg B\} \Rightarrow \{P\}$ (P ist die Nachbedingung).

Es muss also gelten
$\{(betrag = B \cdot (1+1/100)^{M-Zeitraum}, Zeitraum \geq 0) \wedge \neg(Zeitraum > 0)\} \Rightarrow$
$\Rightarrow \{betrag = B \cdot (1+1/100)^{M}\}$
$\{betrag = B \cdot (1+1/100)^{M-Zeitraum}, Zeitraum = 0\} \Rightarrow$
$\Rightarrow \{betrag = B \cdot (1+1/100)^{M}\}$
Da $Zeitraum = 0$ gilt
$\{betrag = B \cdot (1+1/100)^{M}, zeitraum = 0\} \Rightarrow$
$\Rightarrow \{betrag = B \cdot (1+1/100)^{M}\}$
Als Letztes muss noch gezeigt werden, dass $\{Q\} \Rightarrow \{I\}$
$\{betrag = B, Zeitraum = M, M > 0\}$
$\{betrag = B \cdot (1+1/100)^{M-Zeitraum}, Zeitraum \geq 0\}$
Aus $Zeitraum = M \wedge M > 0$ folgt dass $Zeitraum \geq 0$.
Wenn $Zeitraum = M$ gilt

$$betrag = B \cdot (1 + 1/100)^{M-Zeitraum} = B \cdot (1 + 1/100)^0 = B \cdot 1 = B$$
Diese Bedingung ist immer korrekt.

b3) *(Zu diesem Thema siehe [GUS], S.201.)*

Um die Terminierung der Schleife zu zeigen, muss ein ganzzahliger Wert t bestimmt werden, der bei jedem Durchlauf verringert wird, aber stets positiv bleibt. In dieser Aufgabe ist $t = Zeitraum$, denn es gilt *Zeitraum* ist positiv, wegen der Vorbedingung $\{Zeitraum = M, M > 0\}$ und der Schleifenbedingung $Zeitraum > 0$. Außerdem gilt $\{Zeitraum = k\}p\{Zeitraum < k\}$, wegen der Programmzeile $Zeitraum = Zeitraum - 1$. D. h. der Wert von *Zeitraum* verringert sich bei jedem Schleifendurchlauf.

Zeitraum erfüllt also alle Bedingungen für t und damit ist bewiesen, dass das Programm terminiert.

Frühjahr 05 - Thema 2

Aufgabe 4

Komplexi-
tät,
O-Notation

Gegeben seien die Methoden foo(n) und bar(n) mit asymptotischen Aufwandsfunktionen O(log n) bzw. O(n). Es seien:

- k eine positive Konstante
- n eine Variable
- i und j zwei Laufvariablen.

Geben Sie den asymptotischen Aufwand (Komplexität) folgender Programmstücke in O-Notation an:

a) **for**   (int i = 1; i <= n; i++) {
         foo(i);
    }
    bar(n);

b) **for**   (int i = 1; i <= k; i++) {
         foo(n);
         bar(n);
    }

c) **for**   (int i = 1; i <= n; i++) {
         bar(i);
         for (int j = 1; j <= k; j++) {
             foo(n);
         }
    }

d) **for**   (int i = 1; i <= n; i++) {
         for   (int j = 1; j <= i; j++) {
            bar(j);
         }
    }

a) Der Aufwand für die Schleife beträgt $n * \log n$, dazu kommt noch die einzelne Anweisung **bar(n)** mit dem Aufwand n. Die Gesamtkomplexität beträgt also $n * \log(n) + n = n * (1 + \log(n))$ und gehört damit in die Komplexitätsklasse $O(n \log n)$.

b) In diesem Fall beträgt die Komplexität $k * (n + \log(n)) = k * n + k * \log(n)$ und gehört in die Klasse $O(n)$.

c) $n * (n + k * \log(n))$, also $O(n^2)$.

d) Sowohl die beiden Schleifen als auch die Funktion **bar** besitzen die Komplexität n, damit beträgt der Aufwand insgesamt $O(n^3)$.

Aufgabe 5

Folgendes Programmstück realisiert ein Sortieren durch Einfügen:

Sortieren durch Einfügen, O-Notation

```
1      for (int j = 1; j < feld.length; j + +) {
2          schluessel = feld[j];
3          // Fuege Element j in sortierte Folge
4          // feld[0]...feld[j-1] ein
5          int i = j - 1;
6          while (i >= 0 && feld[i] > schluessel) {
7              feld[i+1] = feld[i];
8              i=i-1;
9          }
10         feld[i+1] = schluessel;
11     }
```

a) Geben Sie für die Programmzeilen 1, 2, 6 und 7 an, wie oft diese Zeilen im besten sowie im schlechtesten Fall ausgeführt werden. Nehmen Sie an, dass das Feld 10 Elemente enthält und alle Variablen korrekt vereinbart wurden.

b) Geben Sie eine Aufwandsabschätzung in O-Notation für das Verhalten im schlechtesten Fall an.

c) Im obigen Code wird die Einfügestelle mit linearer Suche gefunden. Wieso verschlechtert sich durch die Verwendung der Binärsuche der Aufwand im günstigsten Fall? Erläutern Sie Ihre Antwort gegebenenfalls an einer Zahlenfolge.

a) Zeile 1 wird 10-mal durchlaufen. Im letzten Durchlauf ist j = feld.length = 10 und damit wird das Innere der Schleife nicht mehr bearbeitet. Zeile 2 wird demnach 9-mal durchlaufen. Zeile 6 wird in jedem Durchgang $(j + 1)$-mal durchlaufen. Insgesamt also $2 + 3 + 4 + ... + 8 + 9 = 54$-mal. Zeile 7 wird im Best Case überhaupt nicht durchlaufen und im Worst Case wird in jedem Durchlauf der for-Schleife das größte Element ganz hinten eingefügt. Damit wird Zeile 7 im 1. Durchgang einmal, dann zweimal, etc. - also jeweils einmal weniger als Zeile 6 - benötigt. Insgesamt also $1 + 2 + 3 + ... + 8 + 9 = 45$-mal.

b) *(Es sei feld.length-1 = n)*

Die while-Schleife besitzt die Komplexität $\frac{n*(n-1)}{2}$, die for-Schleife benötigt n Durchläufe, die einzelnen Anweisungen haben die Komplexität 1 und fallen nicht ins Gewicht. Durch die Schachtelung ergibt sich

$O(n * \frac{n*(n-1)}{2}) = O(\frac{n^3-n^2}{2}) = O(n^3)$.

c) Bei der linearen Suche besteht der Best Case darin, dass die Liste bereits sortiert ist. Im 1. Suchschritt wird die Zeile 6 einmal durchlaufen und die Schleife nicht ausgeführt, weil $feld[i] < schluessel$. Hierbei beträgt die Komplexität $O(1)$. Bei binärer Suche wird der Abschnitt der Liste, in der gesucht wird, in jedem Schritt halbiert und zwar so lange bis die Länge der Liste 1 ist. Der Aufwand, um eine Einfügestelle zu finden, beträgt damit in jedem Fall - also auch im Best Case - $O(\log n)$.

Aufgabe 6

Die Zahl π soll nach folgender Formel berechnet werden:

$\pi = (4/1 - 4/3 + 4/5 - 4/7...)$

iterativ, rekursiv

Hinweis: Wenn Sie die Zahl π auf eine andere Weise berechnen, z. B. durch einen Zugriff auf die Java-Bibliothek, ist Ihre Lösung ungültig.

Gegeben sei folgender Rahmen:

```
1     static final double EPSILON = 0.0001;
2
3     public static double piBerechnung(char schalter) {
4         double pi= 0.0;
5         switch (schalter) {
6         case'r':
7             pi = piBerechnungRekursiv(1.0,1.0);
8             break;
9         case 'i':
10            pi = piBerechnungIterativ(1.0,1.0);
11            break;
12        default:
13            throw new RuntimeExecption(''Fehlende Methode'');
14        } //switch
15        return pi;
16    }//piBerechnung
```

Die Berechnung soll abbrechen, wenn der Wert des Bruchs unter den vorgegebenen Wert EPSILON gefallen ist. Geben Sie bei jeder Ihrer Lösungen an, ob in Ihrer Lösung der erste berechnete Bruch, der unter dem Wert von EPSILON liegt, noch zur Summe mit hinzuaddiert wird oder nicht. Beide Varianten sind erlaubt.

a) Geben Sie eine rekursive Methode `piBerechnungRekursiv` an, die π entsprechend der oben angegebenen Formel berechnet und über eine Schnittstelle wie in der Methode `piBerechnung` angegeben verfügt. Verwenden Sie den ersten Parameter zur Übergabe des aktuell betrachteten Nenners. Der zweite Parameter soll zur Implementierung des Vorzeichens dienen.

b) Geben Sie eine iterative Methode `piBerechnungIterativ` an, die π entsprechend der oben angegebenen Formel berechnet und über eine Schnittstelle wie in der Methode `piBerechnung` angegeben verfügt.

```
a) public static double piBerechnungRekursiv(double nen, float vorz) {
       if (4/Nenner > EPSILON) {
           vorz = -vorz;
           return vorz * 4/nen + piBerechnungRekursiv(nen + 2, vorz);}
       else {return 4/nen;}
   }
```

Der letzte Bruch, der bereits kleiner als EPSILON ist, wird noch hinzuaddiert. Andernfalls müsste im `else`-Zweig 0 zurückgegeben werden.

b)
```
public static double piBerechnungIterativ() {
        int Nenner = 1;
        int Vorzeichen = 1;
        double pi = 0.0;
        while (4/Nenner > EPSILON) {
                pi = pi + (Vorzeichen * 4/Nenner);
                Vorzeichen = -Vorzeichen;
                Nenner = Nenner + 2;}
        return pi;
}
```

Der letzte Bruch, der addiert wird, ist echt größer als EPSILON.

Aufgabe 7

Algorithmus von Dijkstra

Bestimmen Sie mit dem Algorithmus von Dijkstra die kürzesten Pfade für den Knoten v.

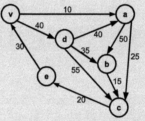

a) Machen Sie den Ablauf des Algorithmus mit Hilfe einer Tabelle folgenden Musters deutlich:

Schritt	ausgewählter Knoten	untersuchter Knoten	Knotenbewertung nach Dijsktras Algorithmus					
			v	a	b	c	d	e
·/·	·/·	·/·	v	a	b	c	d	e
0	-	-	0	∞	∞	∞	∞	∞
1	v							

b) Geben Sie die kürzesten Pfade ausgehend von Knoten v zu jedem einzelnen der übrigen Knoten an!

a)

Schritt	ausgewählter Knoten	untersuchter Knoten	Knotenbewertung nach Dijkstras Algorithmus					
			v	a	b	c	d	e
0			0	∞	∞	∞	∞	∞
1	v	a, d	0	10	∞	∞	40	∞
2	a	b, c	0	10	60	35	40	∞
3	c	e	0	10	60	35	40	55
4	d	a, b, c	0	10	60	35	40	55
5	e	v	0	10	60	35	40	55
6	b	c	0	10	60	35	40	55

b)

von v nach	a	b	c	d	e
Entfernung	10	60	35	40	55
Weg	va	vab	vac	vd	vace

Aufgabe 8

Gegeben seien die folgenden Zahlen: 7, 4, 3, 5, 0, 1

a) Zeichnen Sie eine Hash-Tabelle mit 8 Zellen und tragen Sie diese Zahlen genau in der oben gegebenen Reihenfolge in Ihre Hash-Tabelle ein. Verwenden Sie dabei die Streufunktion $f(n) = n^2 \bmod 7$ und eine Kollisionsauflösung durch lineares Sondieren.

b) Welcher Belegungsfaktor ist für die Streutabelle und die Streufunktion aus Teilaufgabe a zu erwarten, wenn sehr viele Zahlen eingeordnet werden und eine Kollisionsauflösung durch Verkettung (verzeigerte Listen) verwendet wird. Begründen Sie Ihre Antwort kurz.

Hinweis: Es ist kein formaler Beweis nötig, aber Sie müssen Ihre Antwort plausibel begründen.

Hashing, Hashtabelle, Hashfunktion

a) Die Zellen sind von 0 bis 7 nummeriert.
$7^2 \bmod 7 = 49 \bmod 7 = 0$, d. h. 7 kommt in die erste Zelle.

7							

7		4					

$3^2 \bmod 7 = 9 \bmod 7 = 2$, da die zweite Zelle bereits belegt ist, liegt eine Kollision vor. Für die Kollisionsauflösung wird *lineares Sondieren* verwendet, d. h. es wird jeweils die nächste Zelle überprüft: hier ist Zelle 3 noch frei und wird damit für die 3 verwendet.

7		4	3				

7		4	3	5			

Auch hier wird wieder mit der Schrittweite 1 sondiert:

7	0	4	3	5			

Sondiert man immer nur in eine Richtung, ergibt sich:

7	0	4	3	5	1		

Sondierung in beide Richtungen führt zu:

7	0	4	3	5			1

b) Mit der Streufunktion werden Werte zwischen 0 und 6 ermittelt. Bei der Verwendung von verketteten Listen kann nun also das letzte Feld der Tabelle nie gefüllt werden, da dafür die Streufunktion den Wert 7 liefern müsste. Die Hash-Tabelle ist also zu $\frac{7}{8}$ gefüllt. Der Belegungsfaktor beträgt $\frac{7}{8} = 87,5\%$.

Aufgabe 9

Baum

Gegeben sei folgende partielle Spezifikation eines Datentyps Baum mit der Eigenschaft, dass genau eine Integer-Zahl pro Knoten gespeichert wird.

Signatur:

neu		$\rightarrow$ *Baum*
konstr:	*Baum* $\times$ *Baum* $\times$ *int*	$\rightarrow$ *Baum*
links:	*Baum*	$\rightarrow$ *Baum*
rechts:	*Baum*	$\rightarrow$ *Baum*
anzahl:	*Baum*	$\rightarrow$ *int*

Axiome:
$$links(konstr(b1,b2,k)) = b1$$
$$rechts(konstr(b1,b2,k)) = b2$$

a) Die Funktion **anzahl** soll angeben, wieviel **int**-Werte im Baum enthalten sind. Geben Sie Axiome an, die diese Funktion festlegen.

b) Eine Klasse enthalte bereits die den Axiomen entsprechenden Methoden **links** und **rechts** mit folgenden Signaturen:
- *Baum links(Baum b)*
- *Baum rechts(Baum b)*

Geben Sie den Rumpf der folgenden Methode an:
public int anzahl (Baum b)

c) Geben Sie an, wie die Reihenfolge bezeichnet wird, in der die Knoten in Ihrer Lösung der Methode **anzahl** durchlaufen werden.

a) `anzahl(konstr(null,null,k)) = 1`
   `anzahl(konstr(`b_1`,null,k)) = 1 + anzahl(links(konstr(`b_1`,null,k)))`
   `anzahl(konstr(null,`b_2`,k)) = 1 + anzahl(rechts(konstr(null,`b_2`,k)))`
   `anzahl(konstr(`b_1`,`b_2`,k)) =`
   `= 1 + anzahl(links(konstr(`b_1`,`b_2`,k))) + anzahl(rechts(konstr(`b_1`,`b_2`,k)))`

b)
```
public int anzahl (Baum b) {
    while (links(Baum b) != null || rechts (Baum b) != null) {
        if (links(Baum b) == null) {return 1 + anzahl(rechts(Baum b));}
        if (rechts(Baum b) == null) {return 1 + anzahl(links(Baum b));}
        else {return 1 + anzahl(links(Baum b)) + anzahl(rechts(Baum b));}}}
```

c) Hier wird jeweils zuerst die Wurzel, dann der linke und dann der rechte
   Teilbaum betrachtet, der Baum also im *preorder*-Verfahren durchlaufen.

Herbst 05 - Thema 1

Aufgabe 2

Sie möchten von München nach Tallinn mit dem Auto fahren und dabei die
Anzahl der Tankstopps so klein wie möglich halten. Ihnen liegt eine Liste aller
Tankstellen auf dem Weg vor mit der jeweiligen Entfernung von München. Bekannt sind außerdem das Fassungsvermögen des Tanks und der (als konstant
angenommene) Verbrauch Ihres Autos. Mit folgendem Algorithmus können Sie
die Zahl der Tankstopps minimieren. An jeder Tankstelle entscheiden Sie, ob
das noch im Tank vorhandene Benzin zur Fahrt bis zur nächsten Tankstelle
reicht. Falls ja, so übergehen Sie die Tankstelle, falls nein, so tanken Sie dort
voll.

*Algorith-
mus,
vollständige
Induktion*

a) Zu welcher Klasse von Verfahren gehört diese Methode?

b) Implementieren Sie den Algorithmus in einer höheren Programmiersprache (funktional oder objektorientiert, auch Pseudocode) Ihrer Wahl! Sie
   dürfen voraussetzen, dass die Tankstellen als geeignete Datenstruktur bereits vorliegen, müssen sich also nicht um Ein-/Ausgabe kümmern. Allerdings müssen Sie die verwendeten Datenstrukturen genau dokumentieren!

c) Beweisen Sie, dass der Algorithmus korrekt ist, also tatsächlich die Zahl der
   Tankstopps minimiert! Dazu können Sie zum Beispiel nachweisen, dass zu
   jedem Zeitpunkt die bereits getroffenen Entscheidungen noch zu einer optimalen Lösung erweitert werden können.

a) Durch die schrittweise Verbesserungsstrategie „fahre solange der Treibstoff
   reicht und die nächste Tankstelle noch erreicht werden kann, sonst tanke"
   zählt die hier angegebene Vorgehensweise zu den Greedy-Algorithmen.

b) Tankstellen sind als float-Array gespeichert. Im ersten Eintrag mit Index 0
   steht die Entfernung von der ersten Tankstelle nach München.

```
float[] = ts[]; //Array mit Daten füllen
const float TANK = 45; // Fassungsvermögen des Tanks in Litern
const float VERBRAUCH = 7,5; // Verbrauch auf 100km in Litern
int letzte_tankstelle;
        //speichert den Index der Tankstelle,
                  an der zuletzt getankt wurde
boolean entscheiden (int t) {
        //t ist der Index der Tankstelle,
                  an der man sich gerade befindet
float gefahrene_Strecke = ts[t] - ts[letzte_tankstelle];
```

```
float tankinhalt = TANK - (gefahrene_strecke * VERBRAUCH/100);
float entfernung = ts[t + 1] - ts[t];
             //Entfernung zur nächsten Tankstelle
float tankinhalt_neu = tankinhalt-(entfernung * VERBRAUCH/100);
if (tankinhalt_neu < 0) return true;
else return false; //bei true wird getankt, bei false nicht
}
```

c) Variante 1:

Induktion über Anzahl der Tankstopps:

Wenn in München gestartet wird, ist der Tank voll und die Anzahl der Tankstopps 0. Jetzt wird solange gefahren, bis der Tank nicht mehr bis zur nächsten Tankstelle ausreichen würde. Erst dann wird der erste Tankstopp eingelegt. Das heißt, bis Anzahl_Stopps=1 ist die Lösung minimal. Sei nun Anzahl_Stopps=n (und die Anzahl bis dahin minimal). Durch den Algorithmus wird erst dann wieder getankt, wenn das Benzin nicht zur nächsten Tankstelle reichen würde. Das heißt auch für n+1 ist die Lösung optimal.

Variante 2:

Vollständige Induktion über Tankstellen:

Bis zu Tankstelle 1 wurde nicht getankt, die Anzahl der Tankstopps ist also 0. An der Tankstelle 1 wird nun entschieden, ob der Tankinhalt noch bis zur Tankstelle 2 ausreicht. Falls ja, wird nicht getankt und die Anzahl der Tankstopps ist mit 0 immer noch minimal. Falls nein, ist es unbedingt nötig zu tanken und damit wird in jedem Fall die optimale Entscheidung getroffen. Sei nun die Lösung bis zu Tankstelle n optimal. Bei Tankstelle n+1 wird entweder nicht getankt oder getankt. Wenn nicht getankt wird, dann bleibt die Anzahl der (bis dahin minimalen) Tankstopps gleich, also weiterhin minimal. Wenn getankt wird, dann wäre die Tankstelle n+2 nicht mehr zu erreichen gewesen und damit erreicht man in jedem Fall eine Erweiterung zu einer optimalen Lösung.

Aufgabe 3

Automat In einem Automatikfahrzeug müssen Sie beim Starten den Schalthebel in Position N bringen. Ist das Fahrzeug gestartet, so ertönt ein Gong, falls nicht vorher der Sicherheitsgurt angelegt wurde. Sie können dann losfahren, indem Sie den Schalthebel in die Position D bringen, allerdings muss hierbei die Bremse gedrückt werden. Nach dem Ausschalten des Motors kann der Zündschlüssel nur entfernt werden, wenn vorher der Schalthebel in Position P gebracht wurde.

a) Modellieren Sie diesen Sachverhalt durch einen Zustandsautomaten! Ihre Modellierung darf und sollte sinnvolle Übergänge enthalten, die im obigen Text nicht ausdrücklich erwähnt, aber auch nicht ausdrücklich verboten sind.

b) Zu einer gefährlichen Situation kann es kommen, wenn der Motor läuft und der Schalthebel von N nach D umgelegt wird, ohne dass die Bremse gedrückt wird. Kann diese Situation in Ihrer Modellierung auftreten? Falls ja, so ändern Sie Ihre Modellierung entsprechend ab!

c) Gib es in Ihrem Modell einen zyklischen Ablauf, der einen Zustand enthält, in dem das Auto fährt und einen Zustand, in dem der Motor ausgeschaltet ist? Falls nein, so ändern Sie Ihre Modellierung entsprechend ab!

a)

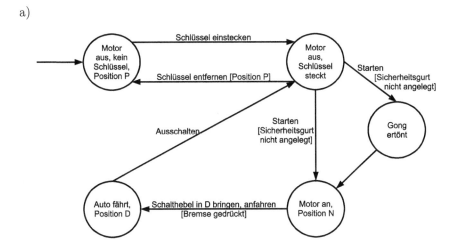

b) Da ein Übergang zu „Auto fährt, Position D" nur möglich ist, wenn die Bedingung „Bremse gedrückt" erfüllt ist (s. Zustandsautomat), braucht hier nichts geändert zu werden.

c) Da ein zyklischer Übergang von „Motor aus, Schlüssel steckt" über „Motor an, Position N" zu „Auto fährt, Position D" möglich ist (s. Zustandsautomat), braucht hier nichts geändert zu werden.

Herbst 05 - Thema 2

Aufgabe 2

Geben Sie ein WHILE-Programm an, das die Funktion $< x \rightarrow 2^x >$ berechnet.   *WHILE*

```
erg = 1;
WHILE x ≠ 0 DO
    erg = erg * 2;
    x = x-1;
END WHILE;
return erg;
```

Aufgabe 5

Gegeben sei ein Hashverfahren mit Kollisionsauflösung innerhalb der Tabelle (offene Adressierung) mit beliebiger Sondierungsfunktion! Modifizieren Sie den Algorithmus zum Einfügen eines Schlüssels so, dass alle entstehenden Sondierungsfolgen sortiert sind (Ordered Hashing)! Geben Sie einen Algorithmus zum Suchen von Schlüsseln an, der diese Eigenschaften ausnutzt. Ändert sich der Aufwand für die Operation wesentlich?

```
Eingabe: n //einzufügender Wert
i: Integer //Schritt beim Sondieren, am Anfang gilt i = 0

void einfuegen(int n, int i) {
    if tabelle(h(n +i) mod m) = 0
        fuege n an dieser Stelle ein
    else { //Platz belegt → Kollisionsauflösung
        if (n > tabelle(h(n +i) mod m))
            einfuegen(n, i+1)
        else {
            hilf = tabelle(h(n +i) mod m)
            tabelle(h(n +i) mod m) = n
            einfuegen(hilf, i+1)}
    } }
```

Suchen eines Schlüssels:

```
Eingabe: n //zu suchender Wert
i: Integer //Schritt beim Sondieren, am Anfang gilt i = 0

boolean suchen(int n, int i) {
    if tabelle(h(n +i) mod m) = n
        return true
    else {
        if (tabelle(h(n +i) mod m) < n)
            suchen(n, i+1)
        else {
            return false}
    } }
```

Der Aufwand zum Suchen bei nicht geordneten Schlüsseln ist linear, d. h. $O(n)$. Auch bei Ordered Hashing kann diese Laufzeit nicht verbessert werden, denn eine Verbesserung kann nur durch konstante Laufzeit erreicht werden und diese ist hier nicht gegeben.

Aufgabe 6

a) Erzeugen Sie aus der gegebenen Folge einen 2-3-4 Baum (B-Baum mit Ordnung m=2):

   2-3-4 Baum

   22; 10; 19; 1; 13; 12; 7; 8; 5; 42; 33; 21

   Fügen Sie dazu die einzelnen Elemente in gegebener Reihenfolge in einen anfangs leeren 2-3-4 Baum ein! Stellen Sie für jeden Wert die entsprechenden Zwischenergebnisse und die angewendeten Operationen als Bäume dar!

b) In dem Ergebnisbaum suchen wir nun den Wert 17. Stellen Sie den Ablauf des Suchalgorithmus an einer eigenen Zeichnung grafisch dar!

c) Es sei n die Zahl derjenigen Schlüssel, die in einem inneren Knoten gespeichert sind. Zeigen Sie: Die Zahl der Blätter, also Knoten ohne Kinder, beträgt $n + 1$.

a) Eine ausführliche Lösung zu dieser Aufgabe finden Sie bei *Herbst 2002 - Thema II Aufgabe 3 (Seite 127)*, wo die identische Aufgabe gestellt wurde.

b) Eine ausführliche Lösung zu dieser Aufgabe finden Sie bei *Herbst 2002 - Thema II Aufgabe 3 (Seite 127)*, wo die identische Aufgabe gestellt wurde.

c) Zu den definierenden Eigenschaften eines B-Baums gehört es, dass ein Knoten mit n Schlüsseln genau $n + 1$ Söhne hat oder keinen Sohn. Da hier ein innerer Knoten vorliegt, muss er $n + 1$ Söhne haben, um die Eigenschaft des B-Baums nicht zu verletzen (s. [DUD]).

Frühjahr 06 - Thema 1

Aufgabe 6

Gegeben ist folgender Algorithmus, der verifiziert werden soll.

```
//{x ≥ 0} = P
   y = 0
   z = 0
   while (z ≤ x − 1)
   {
           y = y + z + z + 1
           z = z + 1
   }
//{...} = Q
```

6.1. Geben Sie die Bedingungen an, welche nach dem Ablauf der while-Schleife für das Prädikat Q gelten und geben Sie die Schleifeninvariante an. Begründen Sie Ihre Antwort.

6.2. Führen Sie für diesen Algorithmus eine Verifikation durch, wobei die einzelnen Beweisschritte mit den Regeln der axiomatischen Semantik ausführlich zu beschreiben und zu begründen sind.

6.1. Um zu sehen, was mit den Variablen in der Schleife geschieht, wird eine Tabelle mit den jeweils aktuellen Werten erstellt:

Initialisierung:	$y = 0$	$z = 0$
1. Durchlauf:	$y = 0 + 0 + 0 + 1 = 1$	$z = 1$
2. Durchlauf:	$y = 1 + 1 + 1 + 1 = 4$	$z = 2$
3. Durchlauf:	$y = 4 + 2 + 2 + 1 = 9$	$z = 3$
4. Durchlauf:	$y = 9 + 3 + 3 + 1 = 16$	$z = 4$
...		

Die Schleife berechnet folglich z^2,
d. h. die Schleifeninvariante lautet $I = \{y = z^2\}$.
Nach Beendigung der Schleife ist logischerweise die Schleifenbedingung nicht mehr erfüllt, d. h. es gilt nun $z = x$ und damit $Q = \{y = x^2\}$.
Dieses Programm berechnet also (möglichst umständlich) das Quadrat einer positiven Zahl.

6.2. Im ersten Schritt ist zu zeigen, dass $I \land \neg B \Rightarrow Q$ gilt:
$(y = z^2 \land z \nleq (x - 1)) \Rightarrow (y = x^2)$
Aus $z \nleq (x - 1)$ und der Tatsache, dass z in jedem Schleifendurchauf nur um 1 erhöht wird, ist folglich $z = x$ nach Beendigung der Schleife.
$(y = z^2 \land z = x)) \Rightarrow (y = x^2)$ ist korrekt.

Nun muss gezeigt werden, dass die Schleifeninvariante gilt:

$\{y = z^2 \land z \leq (x-1)\}\, y = y+z+z+1;\, z = z+1;\, \{y = z^2\}$

$\{y = z^2 \land z \leq (x-1)\}\, y = y+z+z+1;\, \{y = (z+1)^2\}$

$\{y = z^2 \land z \leq (x-1)\}\, \{y+z+z+1 = (z+1)^2\}$

Umformen in der rechten Klammer ergibt: $\{y + z + z + 1 = z^2 + 2*z + 1\}$

Nach Kürzen erhält man $\{y = z^2\}$

Als letztes muss bewiesen werden $\{P\}\, y = 0;\, z = 0;\, \{I\}$

$\{x \geq 0\}\, y = 0;\, z = 0;\, \{y = z^2\}$

$\{x \geq 0\}\, y = 0;\, \{y = 0^2\}$

$\{x \geq 0\}\, \{0 = 0^2\}$

Auch hierbei ergibt sich kein Widerspruch und damit ist die Verifikation abgeschlossen.

Aufgabe 7

7.1. Es gibt zwei Möglichkeiten die Fakultät $F : \mathbb{N}^+ \to \mathbb{N}^+$, mit $F(n) = \prod\limits_{i=1}^{n} i$ *iterativ, rekursiv, rekursive Funktion*

zu berechnen. Zum einen kann sie iterativ und zum anderen rekursiv berechnet werden. Geben Sie für jede der Möglichkeiten jeweils eine Methode in einer höheren Programmiersprache an.

7.2. In der Linearen Algebra ist die Determinante eine Funktion, die jeder quadratischen Matrix eine Zahl zuordnet. Zum Beispiel hat die 2×2-Matrix

$A = \begin{pmatrix} a & b \\ c & d \end{pmatrix}$ die Determinante $det(A) = \begin{vmatrix} a & b \\ c & d \end{vmatrix} = ad - bc.$

Allgemein wird die Determinante eine $n \times n$-Matrix berechnet, indem aus einer gewählten Zeile i jedem Element $a_{i,1}, ..., a_{i,n}$ eine Untermatrix A_{ij} gebildet wird. Die Untermatrix A_{ij} entsteht aus A durch Streichen der i-ten Zeile und j-ten Spalte. Für die Determinante von A gilt:

$det(A) = \sum\limits_{j=1}^{n} (-1)^{i+j} \cdot a_{ij} \cdot det(A_{ij}).$

Schreiben Sie eine rekursive Funktion in einer höheren Programmiersprache, welche die Determinante der Matrix A bestimmt. Die Funktionsdeklaration könnte in C wie folgt aussehen:

```
float det(float[][] Matrix, int dimension)
```

7.1. *Für die Implementierung wurde Pascal gewählt.*

Rekursive Variante:

```
function fakultaet(n: integer): integer;
var n: integer;
begin
    if n=1 then fakultaet:=1
    else fakultaet:=n*fakultaet(n-1);
end;
```

Iterative Variante:

```
function fak_it(n: integer): integer;
var n: integer;
n_it: integer;
begin
    fak_it:=1;
    for n_it:=1 to n do
        fak_it:=fak_it*n_it;
end;
```

7.2.
```
typematrixtyp = array[0..n,0..n] of integer;
      //Typdefinition für die Matrix
var matrix:matrixtyp;

function det(matrix:matrixtyp; dimension:integer):integer;
    //Matrix und Dimension werden übergeben
var j,k,l:integer;
    summe:integer;
    neuematrix:matrixtyp;      //Hilfsmatrix
    vorzeichen:integer;

begin
if (dimension=2)
    then det:=matrix[0][0]*matrix[1][1]
             -matrix[0][1]*matrix[1][0]
    //Abbruchbedingung
else
    begin
    summe:=0;
    for j:=0 to dimension-1 do
      begin
      for k:=0 to dimension-2 do
        for l:=0 to dimension-1 do
        //Bestimmung der Untermatrix
        //ohne Zeile k und Spalte l
          if (l < j) then neuematrix[k,l] := matrix[k+1,l]
          else if (l > j)
                  then neuematrix[k,l-1] := matrix[k+1,l];
      if odd(j) then vorzeichen := -1
      else vorzeichen := 1;
      //Vorzeichen, mit dem die Teildeterminante
      //in die Summe eingeht
      summe:=summe+vorzeichen*matrix[0][j]
              *det(neuematrix, dimension-1);
      //rekursiver Aufruf mit der um eine
      //Zeile und Spalte reduzierten Matrix
      end;
```

```
    det := summe;
    end;
end;
```

Aufgabe 8

8.1. Nennen Sie den Aufwand von sortierten Listen, balancierten Suchbäumen und sortierten Arrays in Bezug zueinander bei der Speicherung von n Elementen für die Operationen Element finden und Element einfügen bzw. löschen. Geben Sie ebenfalls den zusätzlichen Speicherbedarf für die Verwaltung der Datenstrukturen an.

zweidimensionales Feld, balancierter binärer Suchbaum, Liste, O-Notation

Kriterium	Listen	Bäume	Arrays
Element finden	...	...	...
Element einfügen bzw. löschen	...	...	...
zusätzlicher Speicherbedarf	...	...	...

8.2. Gesucht ist ein nicht notwendigerweise balancierter binärer Suchbaum, bei welchem in jedem Knoten eine Zahl $n \in \mathbb{N}$ gespeichert ist. Für jeden Knoten gilt, dass alle Knoten, welche an seinem linken (rechten) Ast hängen, kleinere (größere) Elemente als n gespeichert haben. Ferner gibt es in dem Suchbaum keine doppelten Elemente n.
Geben Sie eine Methode `insert(n)` zum Einfügen und eine Methode `search(n)` zum Suchen eines Elementes an. Fügen Sie mit der Methode `insert(n)` die Elemente 5, 14, 2, 8, 14, 7 in einen leeren Baum ein und geben Sie den Baum nach jedem Einfügen eines Elementes an.

8.3. Im Weinkeller eines grausamen Königs befinden sich n wertvolle Weinflaschen. Seine Wächter haben einen Hexer gefangen genommen, der genau eine Flasche vergiftet hat. Unglücklicherweise wissen sie nicht welche. Das Gift wirkt jedoch so stark, dass man sogar dann sterben würde, wenn man den Wein aller Flaschen vermischt und davon kostet. Allerdings wirkt das Gift so langsam, dass man erst einen Monat später daran erkrankt. Mit welcher Methode könnte der König innerhalb eines Monats feststellen, welche Flasche vergiftet ist und dabei höchstens $O(log(n))$ Vorkoster einsetzen?

8.1.

Kriterium	Listen	Bäume	Arrays
Element finden	$O(n)$	$O(log(n))$	$O(log(n))$
Element einfügen bzw. löschen	$O(n)$	$O(log(n))$	$O(n)$
zusätzlicher Speicherbedarf	keiner	$O(n)$	keiner

```
8.2. void insert(int n){
         if (root == null) {
             new Baum(n);}
         else {
             insertKnoten(n, root);}

     void insertKnoten(int n, Knoten k){
         Knoten aktuellerKnoten = k;
         if n < aktuellerKnoten.wert {
             if aktuellerKnoten.links == null {
                 aktuellerKnoten.links = new Knoten();
                 aktuellerKnoten.links.wert = n;
             }
             else {insertKnoten(n, aktuellerKnoten.links)}}
         else {
             if aktuellerKnoten.rechts == null {
                 aktuellerKnoten.rechts = new Knoten();
                 aktuellerKnoten.rechts.wert = n;
             }
             else {insertKnoten(n, aktuellerKnoten.rechts)}
         }
     }

     void search(int n){
         searchKnoten(n, root);}

     boolean searchKnoten(int n, Knoten k){
             if aktuellerKnoten.wert == n {
               return true;}
             if n < aktuellerKnoten.wert {
               if aktuellerKnoten.links == null {
                   return false;}
               else {return searchKnoten(n, aktuellerKnoten.links)}
             }
             else {
               if aktuellerKnoten.rechts == null {
                   return false;}
               else {return searchKnoten(n, aktuellerKnoten.rechts)}
             }
     }
```

Erstellen des Binärbaums:

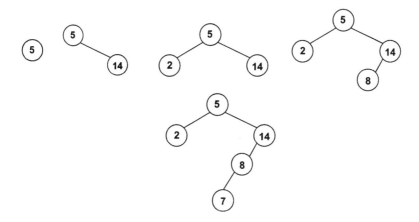

8.3. Hierbei sind zwei Lösungsansätze möglich, je nachdem, was es bedeutet Vorkoster einzusetzen. In Variante 1 werden mehr Vorkoster verwendet, von denen maximal $O(log(n))$ sterben. In Variante 2 benötigt man von vornherein nur $O(log(n))$ Vorkoster.

Als Beispiel werden $n = 8$ Flaschen betrachtet:
Variante 1

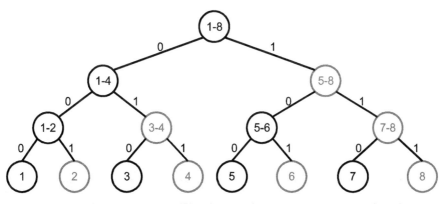

Es werden nicht nur einzelne Flaschen verkostet, sondern auch Mischungen von Flaschen. Die Beschriftungen der Knoten des obigen Baumes geben an, welche Flasche (unterste Ebene des Baumes) bzw. die Mischung welcher Flaschen (alle anderen Ebenen) jeweils betrachtet wird. Getrunken wird jeweils nur aus den farblich markierten Flaschen, die sich immer in den rechten Teilzweigen (mit 1 markiert) der Teilbäume befinden. Hier werden also 7 Vorkoster verwendet, von denen maximal 3 sterben (was hier als „einsetzen" interpretiert wurde). Dieser schlimmste Fall tritt nur ein, wenn Flasche 8 vergiftet war. Stirbt jedoch kein einziger Vorkoster, so war Flasche 1 vergiftet, die niemand (auch nicht in Mischung) verkostet hat. Die vergiftete Flasche kann aus der Kombination der gestorbenen Vorkoster jeweils eindeutig identifiziert werden.

Variante 2

	1	2	3	4	5	6	7	8
Vorkoster 1	■	■	■		■			
Vorkoster 2	■		■		■	■		
Vorkoster 3	■			■		■	■	

Es werden nur drei Vorkoster eingesetzt und jeder trinkt eine Mischung aus vier Flaschen. Auch hier kann wieder in Abhängigkeit der Toten eindeutig auf die vergiftete Flasche geschlossen werden.

Herbst 06 - Thema 1

Aufgabe 4

AVL-Baum a) Gegeben sei die folgende Folge ganzer Zahlen: 6, 13, 4, 8, 11, 9, 10.
- Fügen Sie obige Zahlen der Reihe nach in einen anfangs leeren AVL-Baum ein und stellen Sie den Baum nach jedem Einfügeschritt dar.
- Löschen Sie das Wurzelelement des entstandenen AVL-Baums und stellen Sie die AVL-Eigenschaft wieder her!

einfügen der 6 als
Wurzel; rechts anhängen
Wurzel; rechts anhängen
der 13, da 13 > 6

links anhängen
der 4, da 4 < 6

8 > 6, deshalb rechter
Teilbaum; 8 < 13,
also links anhängen

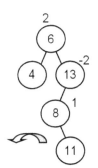

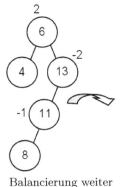

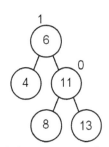

$11 > 6, 11 < 13, 11 > 8$
deshalb an linken Teil des
rechten Teilbaums 11
anhängen; Balancierung
verletzt, deshalb Linksrotation

Balancierung weiter
verletzt (-2);
deshalb Rechtsrotation

Balancierung wieder
hergestellt

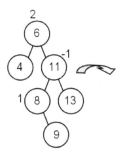

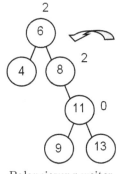

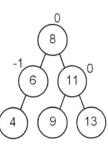

$9 > 8$, deshalb einfügen
rechts unter der 8;
Balancierung verletzt,
deshalb Rechtsrotation

Balancierung weiter
verletzt (2);
deshalb Linksrotation

Balancierung wieder
hergestellt

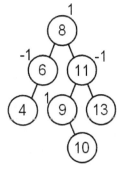

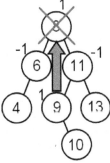

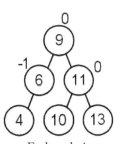

9 einfügen
Endergebnis Teil 1 mit
korrekter Balancierung

kleinster Knoten
des rechten
Teilbaums nach oben

Endergebnis

b) Gegeben sei der folgende gerichtete und gewichtete Graph:

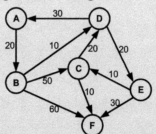

- Bestimmen Sie mit Hilfe des *Algorithmus von Dijkstra* die kürzesten Wege vom Knoten *A* zu allen anderen Knoten! Geben Sie dabei nach jedem Verarbeitungsschritt den Zustand der Hilfsdatenstruktur an.
- Skizzieren Sie einen Algorithmus zum Tiefendurchlauf von gerichteten Graphen, wobei jede Kante nur einmal verwendet werden darf!

b)

S	Heap		A	B	C	D	E	F
$\{\}$	$\{A, B, D, E, C, F\}$	dis	0	∞	∞	∞	∞	∞
		from	null	null	null	null	null	null
$\{A\}$	$\{B, D, E, C, F\}$	dis	0	20	∞	∞	∞	∞
		from	null	A	null	null	null	null
$\{A, B\}$	$\{D, C, F, E\}$	dis	0	20	70	30	∞	80
		from	null	A	B	B	null	B
$\{A, B, D\}$	$\{E, C, F\}$	dis	0	20	70	30	50	80
		from	null	A	B	B	D	B
$\{A, B, D, E\}$	$\{C, F\}$	dis	0	20	60	30	50	80
		from	null	A	E	B	D	B
$\{A, B, D, E, C\}$	$\{F\}$	dis	0	20	60	30	50	70
		from	null	A	E	B	D	C
$\{A, B, D, E, C, F\}$	$\{\}$	dis	0	20	60	30	50	70
		from	null	A	E	B	D	C

Prinzipiell wird beim Tiefendurchlauf nur irgendein noch nicht besuchter Nachbarknoten im nächsten Schritt abgearbeitet. Verwendet man immer den Nachbarknoten mit dem geringsten Abstand zum Startknoten, so resultiert der Algorithmus von Djikstra. Es sei V die Menge aller Knoten, D[v] der Abstand (Distanz) eines Knotens v zum Startknoten u. *(s. [DUD], Stichworte „Djikstra-Algorithmus" bzw. „Tiefensuche")*

```
setze D[v] = ∞ für alle Knoten v;
D[u] = 0, S := {u}
while V ≠ ∅ do
```

```
deletemin(V, v); //entferne den Knoten mit minimalem Abstand
S:= S ∪ {u};
for all Nachbarknoten w von v do
    h:= D[v] + d(v, w) //neuer Abstand
    if (h < D[w]) //nur wenn Abstand kleiner ist
        then D[w] := h;
```

c) Ein wesentlicher Nachteil der Standardimplementierung des QUICKSORT-
Algorithmus ist dessen rekursiver Aufruf.

Quicksort-
Algorith-
mus

- Implementieren Sie den Algorithmus QUICKSORT **ohne** den rekursiven Proceduraufruf!

c)
```
public class Quicksort{
// Implementierung eines Stacks:
int pos;
int [] stack;
public boolean isempty() {return( (pos == 0)); }
//Prüfung, ob Stapel leer ist
public void push(int i) {stack[++pos] = i; }
//Ablegen eines Wertes
public int top() {return( stack[pos] ); }
//Auslesen des obersten Wertes
public void pop() { if (pos > 0) pos--; }
//Entfernen des obersten Wertes

// Zu sortierende Liste
int [] A;
int N;

Quicksort() {
    stack = new int[50];
    pos = 0;
    A = new int[10];
    A[0] = 5; A[1] = 60; A[2] = 23; A[3] = 90;
    A[4] = 24; A[5] = 3;
    N = 6;
    //Länge der Liste – könnte auch als eigene Methode
    //implementiert werden
}

void Go(){
    for(int i = 0; i < N; i++) System.out.print(A[i] + „,  \);
    System.out.println();
    //Ausgabe der unsortierten Liste
    Sort();
```

```
        for(int i = 0; i < N; i++) System.out.print(A[i] + „, \);
        System.out.println();
        //Ausgabe der sortierten Liste
}

void Sort(){
        int i, j, links, rechts, x, w;

        links = 0;
        //Index des ersten Elements
        rechts = N-1;
        //Index des letzten Elements

        push (links);
        push (rechts);
        //Auf dem Stapel werden jeweils die Indizes der Enden
        //der gerade aktuellen (Teil-)Liste abgelegt.

        while (!isempty()){
                if (rechts > links){
                        x = A[(links + rechts)/2];
                        //Wert des mittleren Elements wird
                        //als Pivotelement verwendet
                        i = links;
                        j = rechts;
        //In der folgenden while-Schleife werden alle Elemente,
        //die größer sind als das Pivotelement, in die rechte
        //Teilliste sortiert, alle anderen in die linke Teilliste.
                        while (i<j){
                                while (A[i]<x) { i++; }
                                while (A[j]>x) { j--; }
                                if(i<=j){
                                        w = A[i];
                                        A[i] = A[j];
                                        A[j] = w;
                                        i = i + 1;
                                        j = j - 1;
                                }
                        }
        //Nun wird die Liste in Teillisten zerlegt.
                        if ((i-links) >= (rechts-i)){
                                push (links);
                                push (i - 1);
                                links = i ;
                        }
                        else{
                                push (i + 1);
                                push (rechts);
                                rechts = i - 1;
```

```
                }
            }
        else{ rechts = top();
              pop();
              links = top();
              pop();
}}   }    }
```

Herbst 06 - Thema 2

Aufgabe 4

Ein Navigationssystem soll folgenden Service anbieten. Ausgehend von einem aktuellen Standort eines Anfragenden sollen alle Restaurants einer bestimmten Küchenrichtung (z. B. italienisch, chinesisch) ausgegeben werden, die sich innerhalb eines quadratischen Bereichs einer anzugebenden Größe um diesen befinden.

Algorithmus, Liste, Laufzeit

Standort   Chinese   Italiener   Grieche

Gehen Sie vereinfachend davon aus, dass sowohl der Standort, als auch aller Restaurants jeweils mit ihren (x,y)-Koordinaten vorliegen, wobei $0 \leq x \leq xmax$ und $0 \leq y \leq ymax$ gelten soll. Verwenden Sie zur Formulierung von Algorithmen bzw. Datentypen eine gängige höhere Programmiersprache oder einen entsprechenden Pseudocode! Erläutern Sie Ihre Lösung ausgiebig durch Kommentare!

a) Geben Sie einen geeigneten Datentyp zur Verwaltung der Restaurants an! Zusätzlich zur Lage ((x,y)-Koordinaten) soll der Name, die Adresse, die Telefonnummer und die Küchenrichtung angegeben werden!

b) Geben Sie einen Algorithmus an, der als Eingabe einen Standort in (x,y)-Koordinaten, eine Bereichsgröße und eine bevorzugte Küchenrichtung erhält und der als Ergebnis eine Datenstruktur liefert, die alle Restaurants dieser Richtung innerhalb eines achsenparallelen, quadratischen Bereichs um den Standort enthält!

Lösungshinweis:

Eine mögliche Strategie besteht darin, zunächst nur die Restaurants mit passender x-Koordinate zu identifizieren und aus diesen diejenigen mit passender y-Koordinate auszuwählen.

c) Geben Sie die Laufzeit Ihres Verfahrens in O(n)-Notation an und begründen Sie Ihr Ergebnis!

a)
```
public class Restaurant
{
        private int x;
        private int y;
        private String name;
        private String strasse;
        private int hausnr;
        private long telefonnr;
        private String kuechenrichtung;

        //Konstruktor
        public Restaurant(int a, int b, String n, String kr)
        //fuer eine komplette Implementierung muessten hier
        //ALLE Attribute gesetzt werden
        {
                x = a;
                y = b;
                name = n;
                kuechenrichtung = kr;
        }
}
```

b)
```
public class Restaurantliste
{
    private Restaurant[] rListe;
    private Restaurant[] ergebnisListe;
    private int restaurantanzahl = 0;
    //Anzahl der tatsaechlich eingegebenen Restaurants in der Liste

    //Konstruktor
    public Restaurantliste(){
        rListe = new Restaurant[100];}
        //Liste von Objekten der Klasse Restaurant

    //Methoden
    public void eingebenRest(int x,int y,String name,String kueche){
        rListe[restaurantanzahl] = new Restaurant(x,y,name,kueche);
        //Fuellen der Restaurantliste
        //(eigentlich muessten hier ALLE Attribute gesetzt werden)
        restaurantanzahl++;
        //Erhoehen der Anzahl der tatsaechlich
        //eingegebenen Restaurants in der Liste
    }

    public void sucheRestaurant(int x,int y,int b,String kueche)
    //x und y sind die Koordinaten des Standorts,
    //b die halbe Breite des quadratischen Suchbereichs
    { int j = 0;
```

```
ergebnisListe = new Restaurant[restaurantanzahl];
//Ergebnisliste hat maximal so viele Eintraege
//wie die Restaurantliste
for(int i = 0; i<restaurantanzahl; i++){
    if ((rListe [i].gibX()>(x-b))&& (rListe[i].gibX()<(x+b)) &&
    // Pruefung, ob x-Koordinate im Suchbereich
    (rListe[i].gibY()>(y-b)) && (rListe[i].gibY()<(y+b)) &&
    // Pruefung, ob y-Koordinate im Suchbereich

    (rListe[i].gibKueche() == kueche)){
    //Pruefung der Kuechenrichtung
        ergebnisListe[j] = rListe[i];
        //Einfuegen der gefundenen Restaurants
        //in die Ergebnisliste
        j++;
    }
    }
    }
}
```

c) Da es sich um eine einfach for-Schleife handelt, beträgt die Laufzeit $O(n)$.

Aufgabe 5

a) Geben Sie einen rekursiven Algorithmus vom Typ „Teile und Herrsche" *rekursiver* zum Zeichnen einer Approximation des Geradenabschnitts an, welcher zwei *Algorith-* gegebene Punkte (x_1, y_1) und (x_2, y_2) verbindet, indem Pixel mit ganzzahli- *mus* gen Koordinaten gezeichnet werden! Dabei soll der erste zu zeichnende Punkt etwa in der Mitte zwischen den beiden gegebenen Punkten liegen. Wann kann die Rekursion abgebrochen werden? Gehen Sie davon aus, dass zum Zeichnen eines Pixels eine Operation **zeichne** mit geeigneten Parametern zur Verfügung steht. Verwenden Sie (auch im Teil c) zur Formulierung eine gängige höhere Programmiersprache oder einen entsprechenden Pseudocode. Erläutern Sie Ihre Lösung ausgiebig durch Kommentare!

b) Warum sollte man dieses Problem nicht mit einem Algorithmus vom Typ „Teile und Herrsche" lösen?

c) Geben Sie eine bessere Lösung für die unter a) beschriebene Aufgabenstellung an!

a) ```
void gerade (int x1, int y1, int x2, int y2) {
    //solange zwischen den x- oder y-Koordinaten noch
    //mindestens ein Pixel liegt
    if ((abs(x2-x1)> 1) || (abs(y2-y1)> 1)) {
        //zeichnen des mittleren Punktes →
```
```

```
            //zerlegen der Strecke in zwei Teilstrecken
            zeichne ((x1+x2)/2, (y1+y2)/2);
        //rekursiver Aufruf für die linke und rechte Teilstrecke
        //es wird hier die Ganzzahldivision verwendet
            gerade (x1, y1, (x1+x2)/2, (y1+y2)/2);
            gerade ((x1+x2)/2, (y1+y2)/2, x2, y2);
            }
        //zeichnen des Anfangs- und Endpunkts
        //des jeweiligen Streckenabschnitts
        zeichne (x1, y1);
        zeichne (x2, y2);
    return;
    }
```

b) Entstehende Rundungsfehler werden durch die rekursiven Aufrufe mitgeführt. Wegen der Baumrekursion mutliplizieren sich diese Fehler besonders häufig. Der Speicherbedarf und die Laufzeit einer iterativen Lösung sind kleiner.

c)
```
void gerade (int x1, int y1, int x2, int y2) {
    int temp;
    //sicherstellen, dass x1 <= x2 ist
    if x1 > x2 {
                temp = x1; x1 = x2; x2 = temp;
                temp = y1; y1 = y2; y2 = temp;}
    int x=x1;
    while (x<=x2) {
    //punktweises Zeichnen der Geraden mittels der
    //Geradengleichung y = Steigung*(x-x1) + t
    //Steigung = Δy/Δx, t = vertikale Verschiebung = y1
        zeichne (x,
            (int)((x-x1)*((float)(y2-y1))/((float)(x2-x1))+ y1));
        x++;
    }
    return;
    }
```

Frühjahr 07 - Thema 1
Aufgabe 2

a) Die loop-Anweisung kann in WHILE-Programmen durch while-Anweisungen ersetzt werden. Beweisen Sie diese Aussage für die folgende loop-Anweisung:

   loop a do P enddo (P sei ein beliebiges WHILE-Programm.)

b) Terminieren GOTO-Programme immer? Begründen Sie Ihre Antwort.

c) Geben Sie eine Turingmaschine $M = (Z, \{|, 0\}, \Gamma, \delta, z_0\}$ mit einem Band an, die überprüft, ob die Anzahl der 0-Symbole im Eingabewort gerade ist.

WHILE, GOTO, LOOP

a) ```
b := a;
WHILE b ≠ 0 DO
      b := b-1;
      P;
ENDDO.
```

Dieses WHILE-Programm wird genau a-mal durchlaufen und führt in jedem Durchgang P aus.

b) Variante 1:

Die Menge der GOTO-Programme ist identisch mit der Menge der WHILE-Programme. Da WHILE-Programme partielle Funktionen beschreiben und diese nicht für alle Eingaben terminieren, terminieren GOTO-Programme ebenfalls nicht für alle Eingaben.

Variante 2:

Die charakteristische Funktion einer semi-entscheidbaren Sprache ist Turing-bzw. GOTO-berechenbar, d. h. zu jeder semi-entscheidbaren Sprache gibt es eine Turing-Maschine. GOTO-Programme können Turing-Maschinen simulieren. Da hier von einer nur semi-entscheidbaren Sprache ausgegangen wird, terminiert das GOTO-Programm nicht, falls die Eingabe $x$ kein Element der Sprache ist.

c)

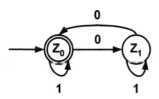

$Z = \{Z_0, Z_1\}$, $\Gamma = \{0, 1, \square\}$, $\Sigma = \{0, 1\}$, $M = (Z, \Sigma, \Gamma, \delta, z_0, \square, \{z_0\})$

| $\delta$ | $Z_0$ | $Z_1$ |
|---|---|---|
| 0 | $(Z_1, \square, R)$ | $(Z_0, \square, R)$ |
| 1 | $(Z_0, \square, R)$ | $(Z_1, \square, R)$ |
| $\square$ | $(Z_0, \square, N)$ | $(Z_1, \square, N)$ |
```

Aufgabe 3

iterativ,
rekursiv   Die Multiplikationsfunktion für zwei ganze Zahlen n, m kann durch fortgesetzte
Addition realisiert werden:

$$n \cdot m = mult(n, m) = \begin{cases} m + m \cdot (n - 1) : & \text{falls } n > 0 \\ 0 : & \text{sonst} \end{cases}$$

Geben Sie eine **iterative** und eine **rekursive** Implementierung der Multiplikationsfunktion in einer imperativen oder objektorientierten Programmiersprache
an. Verwenden Sie dabei nicht den Multiplikationsoperator dieser Programmiersprache.

```
mult_rek(n, m)
begin
        if (n = 0) then mult_rek(n, m) := 0;
        else mult_rek(n, m) := m + mult_rek(n-1, m);
end.
```

```
mult_it(n, m)
var i, summe: int
begin
        summe := 0;
        for i:= n to 1 do
                summe := summe + m
end.
```

Aufgabe 4

Adjazenz-   Repräsentieren Sie den folgenden Graphen mit Hilfe einer Adjazenzmatrix und
matrix,   einer Adjazenzliste.
Adjazenz-
liste,

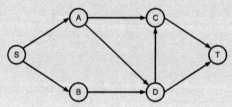

Adjazenzmatrix:

```
  S A B C D T
S 0 1 1 0 0 0
A 0 0 0 1 1 0
B 0 0 0 0 1 0
C 0 0 0 0 0 1
D 0 0 0 1 0 1
T 0 0 0 0 0 0
```

Adjazenzliste:

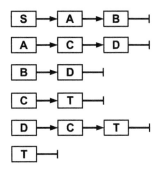

Aufgabe 5

Fügen Sie nacheinander die Schlüssel 7, 20, 30, 2, 14, 18, 9, 12, 4, 6, 16 in einen anfangs leeren binären Suchbaum ein. Zeichnen Sie den kompletten Baum.   *binärer Suchbaum*

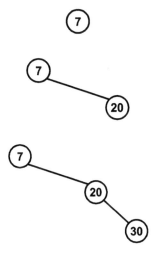

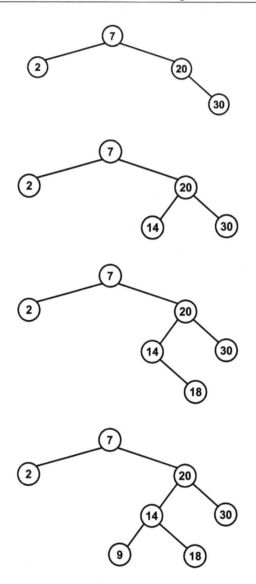

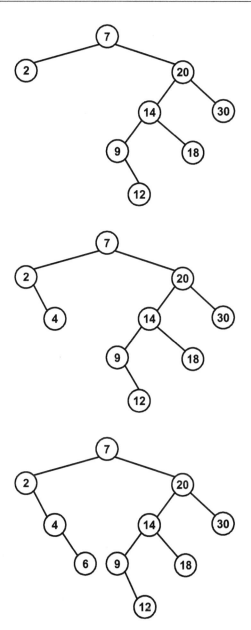

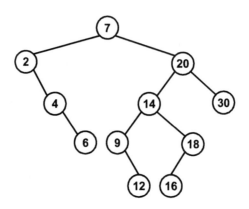

Aufgabe 6

Sortieralgo-
rithmus,
Mergesort

Gegeben seien die Zahlen 2, 3, 8, 5, 6, 4, 1, 7. Sortieren Sie diese in aufsteigender Reihenfolge mit dem Sortierverfahren *Mergesort*. Geben Sie alle Zwischenschritte in einer Tabelle an, in der Sie die durch Aufteilung entstehenden Teilfolgen durch senkrechte Striche trennen.

```
          2 3 8 5 6 4 1 7
      2 3 8 5          6 4 1 7
    2 3  |  8 5      6 4  |  1 7
   2 | 3 | 8 | 5    6 | 4 | 1 | 7
    2 3  |  5 8      4 6    1 7
      2 3 5 8          1 4 6 7
          1 2 3 4 5 6 7 8
```

Aufgabe 7

verkettete
Liste

Implementieren Sie die angegebenen Methoden einer Klasse Queue für Warteschlangen. Eine Warteschlange soll eine unbeschränkte Anzahl von Elementen aufnehmen können. Elemente sollen am Ende der Warteschlange angefügt und am Anfang aus ihr entfernt werden. Sie können davon ausgehen, dass eine Klasse QueueElement mit der folgenden Schnittstelle bereits implementiert ist.

```
class QueueElement {
    QueueElement(Object contents);
    Object getContents();
    QueueElement getNext();
    void setNext(QueueElement next);
}
```

Von der Klasse Queue ist folgendes gegeben:

```
class Queue {
    QueueElement first;
    QueueElement last;
}
```

a) Schreiben Sie eine Methode void append (Object contents), die ein neues Objekt in die Warteschlange einfügt.

b) Schreiben Sie eine Methode Object remove(), die ein Element aus der Warteschlange entfernt und dessen Inhalt zurückliefert. Berücksichtigen Sie, dass die Warteschlange leer sein könnte.

c) Schreiben Sie eine Methode boolean isEmpty(), die überprüft, ob die Warteschlange leer ist.

```
a) void append (object contents) {
       QueueElement E = new QueueElement(contents);
       last.setNext(E);
       last = last.getNext();
   }

b) Object remove() {
       Object x;
       if first != NULL {
           x = first.getContents();
           first = first.getNext();
       }
       return x;
   }

c) boolean isEmpty() {
       if first == NULL {
           return TRUE; }
       else return FALSE;
   }
```

Aufgabe 8

Vorbedin-
gung,
Nachbedin-
gung,
Schleifenin-
variante,
Terminie-
rung

Gegeben sei folgende Funktion zur Berechnung der Quadratwurzel einer positiven, reellen Zahl $a \geq 1$: Es lässt sich zeigen, dass bei Terminierung der **while**-
Schleife $x = y$ gilt. Diese Tatsache können Sie für Ihre Lösung ausnutzen.

```
double heron(double a) {
        double x, y;
        x = a; y = 1;
        while (x>y) {
            x = (x+y)/2;
            y = a/x;
        }
        return x;
}
```

a) Bestimmen Sie eine Vorbedingung, eine Nachbedingung und die Invariante
   der **while**-Schleife.

b) Begründen Sie, warum aus der Invariante und der Nachbedingung folgt,
   dass der Algorithmus tatsächlich die Quadratwurzel von a berechnet.

a) Die Vorbedingung lautet $a \geq 1$.
   Für die Nachbedingung gilt $\sqrt{a} = \sqrt{x * y} \stackrel{x=y}{=} \sqrt{x * x} = \sqrt{x^2} = x$, also
   $\sqrt{a} = x$.
   Innerhalb der Schleife gilt, dass $x*y = (\frac{x+y}{2} * \frac{a \cdot 2}{x+y} =) a$, dies ist die Invariante.

b) Aus der Schleifeninvariante $x * y = a$ und der Schleifenbedingung $x > y$ folgt
   bei der Terminierung der Schleife mit $x = y$ automatisch die Nachbedingung.
   Mit den Zusicherungen sieht dies folgendermaßen aus:
   $\{(x * y = a) \wedge (x = y)\}\{x = \sqrt{a}\}$
   $\{(x * x = a)\}\{x = \sqrt{a}\}$
   $\{(x^2 = a)\}\{x = \sqrt{a}\}$
   Diese Aussage ist korrekt.

   Für die Schleifeninvariante gilt:
   $\{(x * y = a) \wedge (x > y)\}x = (x + y)/2; y = a/x; \{x * y = a\}$
   $\{(x * y = a) \wedge (x > y)\}x = (x + y)/2; \{x * a/x = a\}$
   $\{(x * y = a) \wedge (x > y)\}x = (x + y)/2; \{a = a\}$
   $\{(x * y = a) \wedge (x > y)\}\{a = a\}$
   Auch hier ergibt sich kein Widerspruch.

Frühjahr 07 - Thema 2

Aufgabe 1

a) Beschreiben Sie in Pseudocode oder in einer Programmiersprache Ihrer Wahl einen *Greedy*-Algorithmus, der einen Betrag von n Cents mit möglichst wenigen Cent-Münzen herausgibt. Bei $n = 29$ wäre die erwartete Antwort etwa $1 \times 20ct, 1 \times 5ct, 2 \times 2ct$.   *Greedy-Algorithmus*

b) Beweisen Sie die Korrektheit Ihres Verfahrens, also dass tatsächlich die Anzahl der Münzen minimiert wird.

c) Nehmen wir an, Bayern führe eine Sondermünze im Wert von $7ct$ ein. Dann liefert der naheliegende Greedy-Algorithmus nicht immer die minimale Anzahl von Münzen. Geben Sie für dieses Phänomen ein konkretes Beispiel an und führen Sie aus, warum Ihr Beweis aus Aufgabenteil a) in dieser Situation nicht funktioniert.

a)
```
procedure wechselgeld (nat n,var nat c50,c20,c10,c5,c2,c1):
      var nat rest;
   begin
      c50 := n div 50;
      rest:= n mod 50;
      c20 := rest div 20;
      rest:= rest mod 20;
      c10 := rest div 10;
      rest:= rest mod 10;
      c5   := rest div 5;
      rest:= rest mod 5;
      c2   := rest div 2;
      c1   := rest mod 2
   endproc
```

b) Sei (c50, c20, c10, c5, c2, c1) eine münz-minimale Auszahlung des Betrags b. Dann gilt:

- $c20 < 3$, da ansonsten drei 20er-Münzen durch eine 50er und eine 10er-Münze ersetzt werden könnten.

- $c10 < 2$, da ansonsten zwei 10er-Münzen durch eine 20er-Münze ersetzt werden könnten.

- $c5 < 2$, da ansonsten zwei 5er-Münzen durch eine 10er-Münze ersetzt werden könnten.

- $c2 < 3$, da ansonsten drei 2er-Münzen durch eine 5er- und eine 1er-Münze ersetzt werden könnten.

- $c1 < 2$, da ansonsten zwei 1er-Münzen durch eine 2er-Münze ersetzt werden könnten.

- $\neg(c20 = 2 \wedge c10 = 1)$, da ansonsten die 20er- und 10er-Münzen durch eine 50er-Münze ersetzt werden könnten.

- $\neg(c2 = 2 \wedge c1 = 1)$, da ansonsten die 2er- und 1er-Münzen durch eine 5er-Münze ersetzt werden könnten.

Maximal kann also mit der kleinsten (den zwei kleinsten, den drei kleinsten) Münzsorte ein Betrag von 1 (4, 9) erreicht werden. Bzw. mit den drei größeren Münzen 10, 40 und 90 Cent. Daraus folgt: Die optimale Lösung ist eindeutig und der Algorithmus berechnet genau diese Lösung.

c) Falls es den Münzwert 7 gibt, ist der Greedy-Algorithmus nicht mehr optimal. Für die Rückgabe von 14 Cent benutzt der Greedy-Algorithmus zunächst so viele 10-Cent-Münzen wie möglich. Es würden also eine 10-Cent und zwei 2-Cent Münzen zurückgegeben. Optimal ist aber die Aufteilung in zwei 7-Cent-Münzen.

Herbst 07 - Thema 1

Aufgabe 4

*Spann-
baum,
Graph, Al-
gorithmus,
Laufzeit,
Komplexi-
tät,
O-Notation*

Wrestling ist eine Showkampf, bei dem es zwei Arten von Teilnehmern gibt: Gute und böse Wrestler. Wer gut und wer böse ist, wird von den Organisatoren vorab festgelegt, die Wrestler haben sich dann entsprechend zu kleiden und zu benehmen. Zwischen manchen Wrestlern bestehen persönliche Rivalitäten und um die Kämpfe zusätzlich anzuheizen, ist man bestrebt, die Einteilung in Gute und Böse so vorzunehmen, dass es keine Rivalitäten zwischen zwei Guten oder zwischen zwei Bösen gibt, sondern nur zwischen „Gut" und „Böse". Helfen Sie dem Management, indem Sie einen effizienten Algorithmus entwerfen, der entscheidet, ob solch eine Einteilung existiert und sie ggf. berechnet. Gegeben ist hierbei die Menge von W Wrestlern repräsentiert durch $\{1, ..., W\}$ und einer Liste von R Paaren einander rivalisierender Wrestler. „Effizient" bedeutet hier, dass die Laufzeit $O(W + R)$ sein muss. Beschreiben Sie Ihre Lösung in Pseudocode oder einer Programmiersprache Ihrer Wahl.

Beispiel: Bei drei Wrestlern $\{1, 2, 3\}$ und Rivalitäten zwischen 1,2 sowie 1,3 könnte man 1 als „gut" und 2,3 jeweils als „böse" einteilen. Besteht zusätzlich noch eine Rivalität zwischen 2 und 3, so existiert keine Lösung.

Hinweis: Bauen Sie Ihren Algorithmus auf einem geeigneten Verfahren zum Durchlaufen von (ungerichteten) Graphen auf.

Die W Wrestler werden in einem Graphen mit W Knoten dargestellt. Für jedes Paar von rivalisierenden Wrestlern wird die entsprechende Kante in den Graphen eingetragen. Der Graph besitzt also R Kanten.
Betrachtet man nun die Expansion (Spannbaum) des Graphen von einem Knoten

aus, z. B. Knoten 1 so darf in dem resultierenden Baum jeder Knoten nur entweder in den geraden oder ungeraden Ebenen auftreten. (Es wird hierbei angenommen, dass der Graph zusammenhängend ist.)

Beispiel 1:

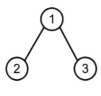 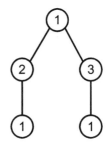

Abb. 2.1: *Graph*   **Abb. 2.2:** *Expansion des Graphen*

Beispiel 2: Nun kommt noch die Rivalität zwischen 2 und 3 hinzu:

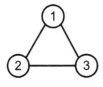 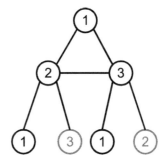

Abb. 2.3: *Graph*   **Abb. 2.4:** *Expansion des Graphen*

Beispiel 3: Zur Verdeutlichung wird noch ein Beispiel mit 5 Knoten betrachtet:

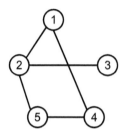
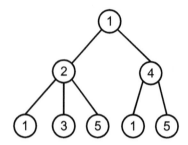

Abb. 2.5: *Graph*   **Abb. 2.6:** *Expansion des Graphen*

Hierbei ergeben sich zwei disjunkte Mengen, zum einen $\{1, 3, 5\}$ und zum anderen $\{2, 4\}$.

Beispiel 4:

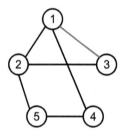

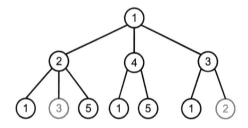

Abb. 2.7: *Graph*   **Abb. 2.8:** *Expansion des Graphen*

Nun wurde in diesen Graphen auch eine zusätzliche Kante eingefügt.
Somit finden sich die Knoten 2 und 3 sowohl auf der zweiten als auch der dritten Ebene der Expansion. Wrestler 3 darf also weder mit den Wrestlern 1 und 5 als auch den Wrestlern 2 und 4 in eine Gruppe. In diesem Fall existiert keine Lösung.

Der Algorithmus kann sowohl auf der Breitensuche, als auch auf der Tiefensuche aufbauen. In dieser Lösung wird mit der Breitensuche gearbeitet.

Am Anfang sind alle Knoten als unbesucht markiert.
Der Startknoten wird als „gut" eingeordnet, alle seine Kinder als „böse".
Der Startknoten wird als besucht markiert.
Gemäß der Breitensuche werden die Kinder des Startknotens nacheinander abgearbeitet, deren Kinder als „gut" eingeordnet und markiert.
Bei jeder Einordnung muss geprüft werden, ob der Knoten bereits in der entgegengesetzten Menge enthalten ist. In diesem Fall bricht der Algorithmus ab und es gibt keine Lösung des ursprünglichen Problems.

```
var q: queue of 1..w       //Warteschlange der unbearbeiteten Knoten
    gut: array[1..w] of integer
    //unbearbeitete Knoten sind mit 0 gekennzeichnet
    //gute Wrestler mit 1, böse mit 2
    n, v: 1..w
begin                        //alle Knoten werden als unbesucht markiert
    for n:=1 to w {
        gut[n] := 0
    }
    fuege Knoten 1 in die Queue ein
    gut[1] := 1              //der 1. Wrestler ist gut
    while q != empty {
        n := erstes Element von q
        // 1. Element der Queue entfernen und abarbeiten
        for (alle v, die Nachbarn von n sind) {
            if (gut[v]== 0) {
            //Wenn das Element noch unbearbeitet ist...
                fuege v an das Ende von q an
                if (gut[n] == 1) {gut[v] := 2}
                else {gut[v] := 1}
                //in die jeweils entgegengesetzte Gruppe einordnen
            }
            else {if (((gut[v] == 1) and (gut[n] == 1)) or
                    ((gut[v]== 2) and (gut[n] == 2))){
                Abbruch, es gibt keine Loesung
                }
                //falls der Knoten schon in einer Gruppe ist
                //und es einen Widerspruch gibt => Abbruch
} }     }
end.
```

Herbst 07 - Thema 2

Aufgabe 1

a) Beschreiben Sie kurz allgemein die Wirkungsweise des Sortier-Algorithmus Heapsort.

b) Welche Zeitkomplexität hat Heapsort? Begründen Sie Ihre Antwort.

c) Beschreiben Sie konkret die einzelnen Schritte, die durchgeführt werden, wenn die Zahlenfolge 13,8,25,3,9,20,5,21 mit Heapsort aufsteigend sortiert wird. Geben Sie dabei die jeweiligen Heapstrukturen sowohl als Baum als auch in ihrer üblichen Darstellung als Feld an.

Heap, Heapsort, Komplexität

(Für diese Aufgabe s. [DUD], Stichwort „Heapsort")

a) Aus den zu sortierenden Elementen wird zuerst ein binärer Baum gebaut. Dieser ist noch völlig unsortiert. Anschließend wird der Baum durch Versickern der Knoten ausgehend von den Blättern sortiert. Jeder Knoteninhalt, der kleiner als mindestens einer seiner Nachfolger ist, sinkt durch Vertauschen nach unten ab. Der Heap besitzt nicht die Eigenschaft eines binären Suchbaums, es wird nur gewährleistet, dass die Inhalte jeder Ebene größer sind als die darunter liegenden. Dadurch muss die Heapeigenschaft bei der Ausgabe nach jedem Element wieder hergestellt werden. Dazu wird ein Blatt, z. B. immer das am Weitesten rechts stehende, in die Wurzel geschrieben und versickert.

b) Die Komplexität beträgt $O(n \cdot \log(n))$.
Bei n Knoten hat der Baum eine Tiefe von $\log(n)$, denn der Baum ist immer ausgeglichen. Im Worst Case müssen beim Aufbau des Heaps alle Knoten umsortiert werden, was $n \cdot 2 \log(n)$ Vergleiche bedeutet. Bei der Ausgabe des Heaps müssen nach jedem Schritt maximal $\log(n)$ Vergleiche durchgeführt werden, werden alle n Knoten ausgegeben führt dies zu $n \cdot 2 \log(n)$. Insgesamt ergibt sich $O(n \cdot \log(n)) + O(n \cdot \log(n)) = O(n \cdot \log(n))$

c) Zuerst werden die Zahlenwerte ebenenweise in der gegebenen Reihenfolge eingefügt. Nun wird beginnend bei der untersten Ebene jeweils geprüft, ob die Heapeigenschaft für den aktuellen Teilbaum (Wurzel ist jeweils der aktuelle Knoten) erfüllt ist und diese dann gegebenenfalls vom aktuellen Knoten nach unten arbeitend hergestellt. Unter der Baumdarstellung ist jeweils die zugehörige Darstellung als Liste zu sehen.

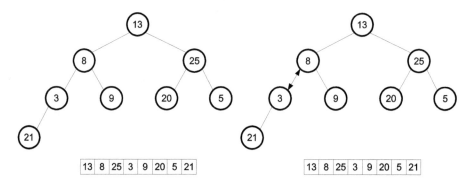

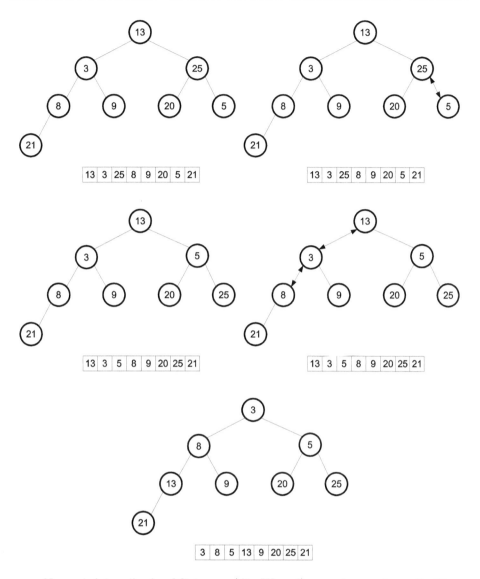

Nun wird jeweils das Minimum (die Wurzel) ausgelesen, dann die Heap-eigenschaft wieder hergestellt (dadurch, dass das rechteste Element der un-teroten Ebene den Platz der Wurzel einnimmt und dann „versickert"). Das Löschen des Wurzelwertes ist durch das rote Kreuz dargestellt, das Element, das den Platz der Wurzel einnimmt mit einem grünen Pfeil gekennzeichnet. Rechts neben dem Heap sind die jeweils bereits ausgelesenen Werte aufgelistet.

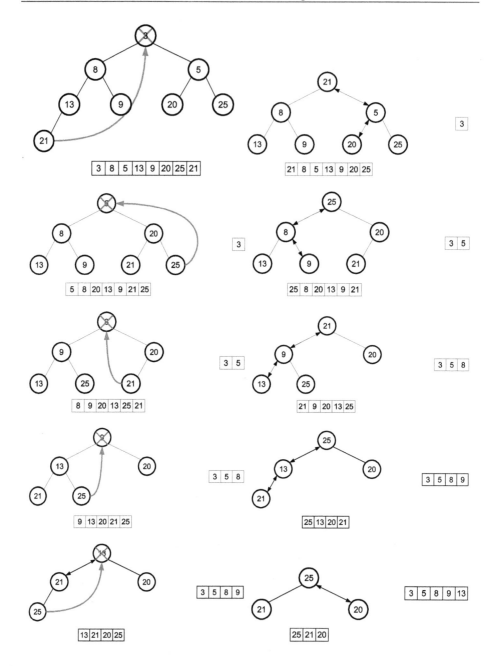

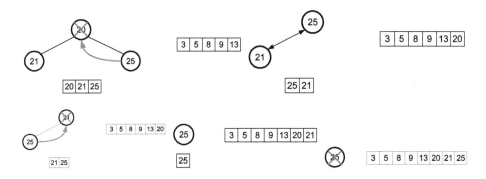

Frühjahr 08 - Thema 2

Aufgabe 1

a) Führen Sie den Dijkstra-Algorithmus zur Bestimmung aller kürzesten Pfade vom Startknoten s am folgenden Graphen aus:

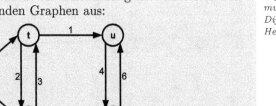

Begründen Sie Ihre Schritte geeignet.

b) Der Dijkstra-Algorithmus benutzt einen Heap R, in dem diejenigen Knoten verwaltet werden, deren Entfernung zu s noch nicht endgültig feststeht. Sei $v_1, v_2, ... v_n$ eine Anordnung der Knoten in der Reihenfolge, in der sie aus R mittels deletemin(R, v) herausgenommen werden. Weisen Sie nach, dass in dieser Anordnung die Knoten aufsteigend nach der Entfernung $d[v]$ von s sortiert sind.

Hinweis: Zeigen Sie zuerst, dass für alle benachbarten Paare (v_i, v_{i+1}) von Knoten gilt: $v_i \leq v_{i+1}$.

Algorithmus von Dijkstra, Heap

a)

S	s	t	u	v	w	Heap
	0	∞	∞	∞	∞	s t u v w
s	0	10	∞	5	∞	v t u w
s v	0	8	∞	5	7	w t u
s v w	0	8	13	5	7	t u
s v w t	0	8	11	5	7	u
s v w t u	0	8	11	5	7	

b) Zu jedem Zeitpunkt stehen im Heap alle Knoten in der Reihenfolge der zu diesem Zeitpunkt errechneten Abstände von s. Alle nicht betrachteten Knoten ergänzen in beliebiger Reihenfolge den Heap. Zu Beginn wird der Startknoten entfernt ($v_1 = s$), dessen Entfernung zu sich selbst offensichtlich minimal (nämlich gleich 0) ist. Jetzt wird der vom Startknoten aus am wenigstens weit entfernte Knoten v_2 herausgegriffen und dessen sämtliche Nachbarknoten betrachtet. Es ist sicher, dass er selbst einen größeren Abstand zu s hat als s selbst (nämlich irgendeinen positiven) und alle von ihm aus erreichbaren Nachbarknoten weiter von s entfernt sind als er selbst ($d[s, v_i] = d[s, v_2] + d[v_2, v_i]$, wobei $i \in \{3..n\}, d[v_2, v_i] > 0$). So sind auch bei jedem weiteren Knoten v_j bereits alle Vorgängerknoten untersucht, also der Weg mit der minimalen Entfernung zu v_j bereits bekannt. Alle von v_j erreichbaren Knoten werden betrachtet und als nächster Knoten v_{j+1} derjenige gewählt, für den die Summe $d[s, v_j] + d[v_j, v_{j+1}] = d[s, v_{j+1}]$ minimal ist. Somit werden auch alle weiteren Knoten mit aufsteigender Reihenfolge ihrer Entfernung von s aus dem Heap ausgelesen.

3 Objektorientierte Modellierung

Herbst 02 - Thema 1

Aufgabe 4

In einer Anforderungsanalyse für ein Banksystem wird der folgende Sachverhalt beschrieben: Eine Bank hat einen Namen und sie führt Konten. Jedes Konto hat eine Kontonummer, einen Kontostand und einen Besitzer. Der Besitzer hat einen Namen und eine Kundennummer. Ein Konto ist entweder ein Sparkonto oder ein Girokonto. Ein Sparkonto hat einen Zinssatz, ein Girokonto hat einen Kreditrahmen und eine Jahresgebühr.

Klassendiagramm, abstrakte Klasse, Vererbung, Konstruktor, abstrakte Methode

a) Deklarieren Sie geeignete Klassen in Java oder in C++, die die oben beschriebenen Anforderungen widerspiegeln! Nutzen Sie dabei das Vererbungskonzept aus, wo es sinnvoll ist! Gibt es Klassen, die als abstrakt zu verstehen sind?

b) Geben Sie für alle nicht abstrakten Klassen benutzerdefinierte Konstruktoren an mit Parametern zur Initialisierung der folgenden Werte: der Name einer Bank, die Kontonumner, der Kontostand, der Besitzer und der Zinssatz (bzw. Kreditrahmen und Jahresgebühr) eines Sparkontos (bzw. Girokontos), der Name und die Kundennummer eines Kontobesitzers!
Ergänzen Sie die Klassen um Methoden für die folgenden Aufgaben! Nutzen Sie wenn immer möglich das Vererbungskonzept aus und verwenden Sie ggf. abstrakte (bzw. virtuelle) Methoden!

c) Auf ein Konto soll ein Betrag eingezahlt werden können und es soll ein Betrag abgehoben werden können. Soll von einem Sparkonto ein Betrag abgehoben werden, dann darf der Kontostand nicht negativ werden. Bei einer Abhebung von einem Girokonto darf der Kreditrahmen nicht überzogen werden.

d) Ein Konto kann eine Jahresabrechnung durchführen. Bei der Jahresabrechnung eines Sparkontos wird der Zinsertrag gut geschrieben, bei der Jahresabrechnung eines Girokontos wird die Jahresgebühr abgezogen (auch wenn dadurch der Kreditrahmen überzogen wird).

e) Eine Bank kann einen Jahresabschluss durchführen. Dieser bewirkt, dass für jedes Konto der Bank eine Jahresabrechnung durchgeführt wird.

f) Eine Bank kann ein Sparkonto eröffnen. Die Methode soll die folgenden
   fünf Parameter haben: den Namen und die Kundennummer des Kontobesitzers, die Kontonummer, den (anfänglichen) Kontostand und den Zinssatz
   des Sparkontos. Alle Parameter sind als String-Objekte oder als Werte eines
   Grunddatentyps zu übergeben! Das Sparkonto muss nach seiner Eröffnung
   in den Kontenbestand der Bank aufgenommen sein.

a)

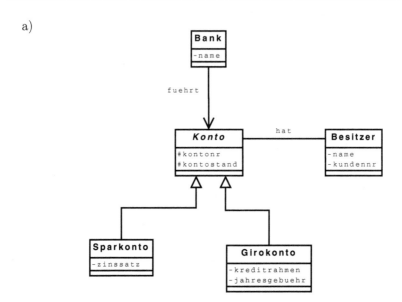

Die Klasse *Konto* ist abstrakt, da ein Konto immer entweder ein Spar- oder
ein Girokonto ist. Ein Objekt der Klasse *Konto* ist deshalb nicht sinnvoll.

```
class Bank {
      private string name;
      private ArrayList <Konto> fuehrt;}

abstract class Konto {
      protected int kontonr;
      protected float kontostand;
      protected Besitzer hatBesitzer;}

class Sparkonto extends Konto {
      private float zinssatz;}

class Girokonto extends Konto {
      private float kreditrahmen;
      private float jahresgebuehr;}
```

```
    class Besitzer {
         private string name;
         private int kundennr;
         private Konto hatKonto;}
```

b) ```
   class Bank {
       private String name;
       private ArrayList <Konto> fuehrt;
       public Bank (String name) {
           this.name = name;
   }}
```

```
   abstract class Konto {
       protected int kontonr;
       protected float kontostand;
       protected Besitzer hatBesitzer;}
```

```
   class Sparkonto extends Konto {
       private float zinssatz;
       public Sparkonto(int knr, float kst, Besitzer b, float zs) {
           super(knr, kst, b);
           zinssatz = zs;
   }}
```

```
   class Girokonto extends Konto {
       private float kreditrahmen;
       private float jahresgebuehr;
       public Girokonto(int knr,float kst,Besitzer b,float kr,float jg){
           super(knr, kst, b);
           kreditrahmen = kr;
           jahresgebuehr = jg;
   }}
```

```
   class Besitzer {
       private String name;
       private int kundennr;
       public Besitzer (String name, int kundennr) {
           this.name = name;
           this.kundennr = kundennr;
   }}
```

Bemerkung: Auch eine abstrakte Klasse kann einen Konstruktor besitzen, dieser kann nur nicht ausgeführt werden. In den abgeleiteten Klassen kann dieser Super-Konstruktor aber verwendet werden.
```

```
c) abstract class Konto {
       public void einzahlen(float betrag){
          kontostand += betrag;}
       }

   class Sparkonto extends Konto {
       public boolean abheben(float betrag){
          if (kontostand - betrag >= 0) {
             kontostand -= betrag;
             return true;}
          else return false;
       }

   class Girokonto extends Konto {
       public boolean abheben(float betrag){
          if (kontostand - betrag >= kreditrahmen) {
             kontostand -= betrag;
             return true;}
          else return false;}
       }
```

Anmerkung: Die Attribute wurden weggelassen, nur Methoden aufgeführt. Die Methode einzahlen *ist in der Klasse* Konto *implementiert, da sie sich für Spar- und Girokonten nicht unterscheidet im Gegensatz zur Methode* abheben, *die in beiden Klassen unterschiedlich implementiert ist. Kreditrahmen wird als negativer Wert gespeichert. Die Methoden zum Abheben liefern zusätzlich zur Änderung des Kontostandes eine Rückmeldung bezüglich Erfolg oder Misserfolg der Abbuchung.*

```
d) class Sparkonto extends Konto {
       public void abrechnung() {
          kontostand += kontostand*zinssatz;}
       }

   class Girokonto extends Konto {
       public void abrechnung() {
          kontostand -= jahresgebuehr;}
       }


e) class Bank {
       public abrechnung () {
          for (int i = 0; i <= fuehrt.size(); i++){
             fuehrt[i].abrechnung;}
   } }
```

```
f) class Bank {
     public anlegen (String n,int kn,int kto,float kst,float zs){
         Besitzer bes = schonVorhanden(n, kn);
         fuehrt[fuehrt.size()] = new Sparkonto(kto, kst, bes, zs);
     }
     public Besitzer schonVorhanden (String name, int kunr){
         for (int i = 0; i <= fuehrt.size(); i++){
             if (fuehrt[i].hatBesitzer.kundennr = kunr) {
                 return fuehrt[i].hatBesitzer}
         }
         return new Besitzer(name, kunr);
     }
}
```

Herbst 02 - Thema 2

Aufgabe 5

Sie sollen in dieser Aufgabe eine objektorientierte Analyse für eine Bibliothek erstellen. In dem System sollen mindestens Ausleiher, der Bibliothekar und Bücher (jedes Buch ist genau einmal, d. h. nicht mehrfach vorhanden) repräsentiert sein. Desweiteren existieren folgende Geschäftsprozesse: *Klassendiagramm, Sequenzdiagramm*

1. Buch ausleihen: ein Ausleiher, dessen Name und Anschrift dem System bekannt sind, leiht ein Buch aus.

2. Buch zurückgeben: Ein Ausleiher gibt ein geliehenes Buch zurück. Hier wird auch gleich bei überzogener Frist (dieses Buches) die Zahlung für die Mahnung eingefordert.

3. Mahnungen verschicken: Der Bibliothekar überprüft bei allen entliehenen Büchern die Ausleihfrist. Falls diese abgelaufen ist, verschickt er an den Ausleiher täglich eine Mahnung.

Ein Buch soll folgende Attribute besitzen: 1) Autoren, 2) Titel, 3) Jahr, 4) ISBN, 5) Genre und 6) Schlagwörter. Genre kann dabei eine von fünf verschiedene Möglichkeiten sein und es existieren mindestens 50 verschiedene Schlagwörter, die allerdings vom Benutzer erweitert werden können.

Als Chefentwickler müssen Sie folgende Aufgaben erledigen:

a) Zeichnen Sie ein Analyse-Klassendiagramm für dieses Szenario!

b) Fertigen Sie für alle Geschäftsprozesse Sequenzdiagramme an!

a)

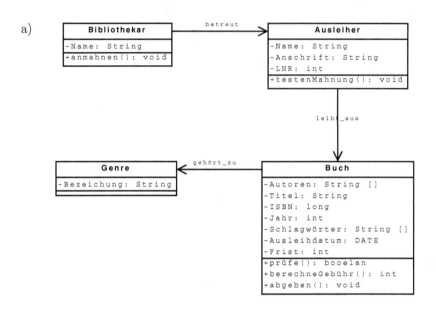

b)

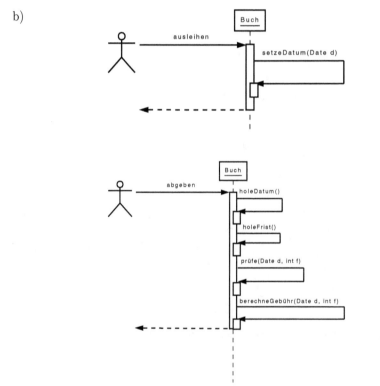

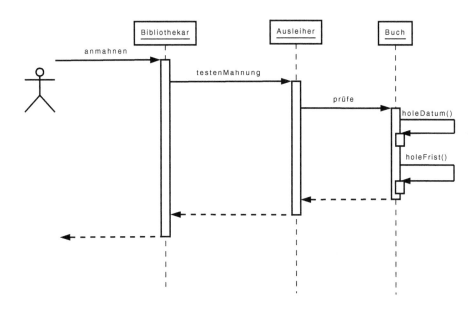

Frühjahr 04 - Thema 1

Aufgabe 6

a) Geben Sie exemplarisch drei Design-Pattern (oder Entwurfsmuster) an, erläutern Sie deren Einsatzgebiet und Funktionsweise und diskutieren Sie anhand dieser Beispiele verschiedene mögliche Arten von Design-Pattern.

b) Erstellen Sie ein Klassendiagramm (im Sinne der UML) für die Prüfungsverwaltung an einer Hochschule. Sie sollten dabei zumindest Studenten, Prüfer, mündliche Prüfungen, schriftliche Prüfungen und Prüfungsfächer modellieren. Nutzen Sie die Möglichkeiten der Vererbung und bemühen Sie sich um eine möglichst flexible Modellierung. Begründen Sie dabei einzelne Entwurfsentscheidungen.

*Entwurfs-
muster,
Klassendia-
gramm*

a) *Beobachter*: Ein objektbasiertes Verhaltensmuster, das dafür sorgt, dass bei der Änderung eines Objekts alle davon abhängigen Objekte benachrichtigt und aktualisiert werden

  Singleton: Ein objektbasiertes Erzeugungsmuster, dass sicher stellt, dass von einer Klasse genau ein Objekt existiert und globalen Zugriff auf dieses Objekt ermöglicht.

  Proxy: Ein objektbasiertes Strukturmuster, dass den Zugriff auf ein Objekt mit Hilfe eines vorgelagerten Stellvertreterobjekts kontrolliert, so dass nicht direkt auf das Objekt zugegriffen werden kann.

(s. [BAL] S. 281ff.)

Diese drei Entwurfsmuster sind objektbasiert, d. h. sie beschreiben die Beziehungen zwischen einzelnen Objekten im Gegensatz zu klassenbasierten Mustern. Mit Hilfe von Strukturmustern können Klassen und Objekte zu größeren Strukturen zusammengesetzt werden. Verhaltensmuster befassen sich mit der Interaktion zwischen Objekten und Klassen, für objektbasierte Verhaltensmuster werden Aggregation und Komposition eingesetzt. Ein Entwurfsmuster gibt eine bewährte Lösung für ein immer wiederkehrendes Problem an, das in bestimmten Situationen auftritt. Entwurfsmuster sparen an vielen Stellen Code, da sie wiederverwendbar sind und durch den einheitlichen Aufbau bleibt die Software auch besser pflegbar.

b)

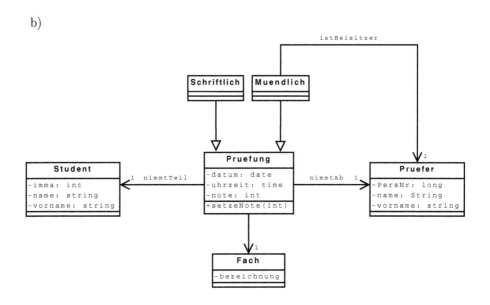

Herbst 04 - Thema 2

Aufgabe 4

*objekt-
orientierter
Entwurf,
Klassendia-
gramm,
Objektdia-
gramm,
Methode*

Ein Volkslauf besitzt einen Namen, die Länge der Strecke, der Ort und das Datum sind weitere wichtige Eigenschaften. Ein Volkslauf wird von Mitgliedern einer Laufsportgruppe veranstaltet. Läufer, die an dem Lauf teilnehmen wollen, müssen zur Anmeldung ihren Namen, die Laufsportgruppe, der sie angehören und ihre Altersklasse mitteilen. Es soll deutlich zwischen der Rolle als Laufveranstalter und als Mitläufer unterschieden werden.

a) Modellieren Sie den Sachverhalt durch ein UML-Klassendiagramm. Dabei soll zum Ausdruck kommen, dass an einem Volkslauf mindestens 50 Läufer teilnehmen und ein Läufer durchaus an mehreren Volksläufen teilnehmen kann.

b) Geben Sie ein Objektdiagramm für folgende Situation
   - Sammy nimmt teil an Residenzlauf.
   - Sammy nimmt teil an Nikolauslauf.
   - Hans veranstaltet Nikolauslauf.
   - Paul nimmt teil an Residenzlauf.
   - Haile nimmt teil an Residenzlauf.

c) Implementieren Sie die Klasse Läufer in Java. Dabei soll ein Läufer einen Namen, eine Laufsportgruppe und sein Geburtsjahr als Attribute besitzen. Eine Methode bestimmt die Altersklasse. Altersklassen sind nur vom Geburtsjahr abhängig.
   - unter 18 Jahre: Jugend
   - 19 bis 29 Jahre: Haupt
   - zwischen i und $i + 4$ Jahren: M_i $i = 30, 35, ...$

d) Sehen Sie nun vor, dass der Läufer auch seine Volkslauf-Teilnahmen einsehen kann. Legen Sie eine entsprechende Datenstruktur an. Schreiben Sie eine Methode printLaeufe (int jahr), die die Namen aller Läufe, bei denen er im Jahr jahr mitgelaufen ist, ausgibt.

a)

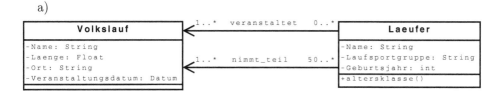

b)

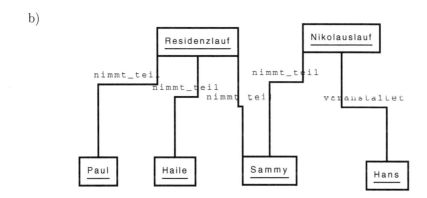

c)
```
import java.util.ArrayList;
public class Laeufer {
    private String name;
    private String laufsportgruppe;
    private int geburtsjahr;
    private ArrayList <Volkslauf> veranstaltetListe;
    private ArrayList <Volkslauf> nimmt_teilListe;

    public Laeufer(String n, String lg, int gj) {
        name = n;
        laufsportgruppe = lg;
        geburtsjahr = gj;
        veranstaltetListe = new ArrayList <Volkslauf> ();
        nimmt_teilListe = new ArrayList <Volkslauf> ();
    }

    public void nimmt_teil(Volkslauf vl) {
        nimmt_teilListe.add(vl);
        return;
    }

    public void veranstaltet(Volkslauf vl) {
        veranstaltetListe.add(vl);
        return;
    }

    public String gibAltersklasse() {
        if (aktuellesJahr - geburtsjahr <= 18)
        return 'Jugend';
        else if (aktuellesJahr - geburtsjahr <= 29)
        return 'Haupt';
        else {
            return 'M'+((aktuellesJahr - geburtsjahr)/5)*5);}
    }
}
```

d) Datenstruktur: *ArrayList* (s. o.), deren Objekte Volksläufe sind

```
public void printLaeufe(int jahr) {
    for (int i = 0; i <= nimmt_teilListe.size(); i++) {
        if (nimmt_teilListe(i).gibDatum().gibJahr() == jahr)
        System.out.println(Volkslauf.Name);
    }
}
```

Herbst 05 - Thema 2

Aufgabe 4

Seit Jahren bemühen sich die Finanzbehörden, insbesondere private Steuerzahler zur elektronischen Abgabe der Steuererklärung (ELSTER) zu bewegen. Erst in den letzten Jahren ist aufgefallen, dass die Unterstützung eines einzigen Betriebssystems zu einschränkend ist. Es sind die Grundlagen eines plattformunabhängigen ELSTER-Programms zur Unterstützung der folgenden Anforderungen zu modellieren:

objekt-orientierter Entwurf, Klassendiagramm

- Das Programm unterstützt die üblichen Formulare einer Steuererklärung, z. B. den Mantelbogen, Anlage N (Nichtselbstständige), Kap (Kapitaleinkünfte), ...
- Jedes Formular besteht aus Zeilen, die wiederum vorgegebenen Text oder Eingabefelder enthalten können. Einige Felder werden aus den Werten anderer Felder anhand vorgegebener Formeln wie in einer Tabellenkalkulation berechnet.
- Zu jedem Formular gibt es spezifische Regeln, um die Eingaben zu verifizieren.
- Eine kontextsensitive und formularspezifische Hilfe zum Ausfüllen der einzelnen Formulare ist anzubieten.
- Parallel zur Eingabe der Daten in ein Formular sollen Zusatzinformationen als Freitext erfasst werden, der dann als Anlage für z. B. Begründungen und Absetzungen zu den Formularen beigelegt werden kann.

Stellen Sie die relevanten Klassen durch ein verfeinertes UML-Analyseklassendiagramm dar! Spezifizieren Sie die Beziehungen zwischen den Klassen.

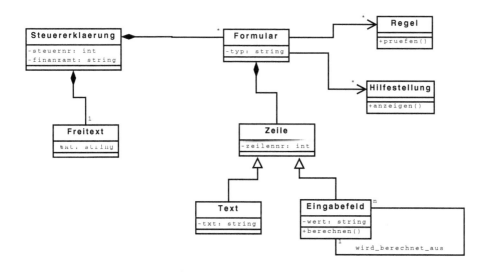

Frühjahr 06 - Thema 2

Aufgabe 3

Klassendia-
gramm,
Zustands-
diagramm

Es soll ein Mühlespiel programmiert werden. Die beiden Spieler sollen abwechselnd mit der Maus Züge wählen; das Programm soll überprüfen, ob ein Zug erlaubt ist und das Ergebnis des Zuges auf dem Bildschirm anzeigen.

1. Skizzieren Sie einen objektorientierten Entwurf für diese Aufgabenstellung in Form eines Klassendiagramms (in UML o. ä.). Ihr Diagramm sollte nicht weniger als fünf Klassen haben und neben den Beziehungen der Klassen untereinander auch deren wichtigste Methoden und Attribute beinhalten.

2. Das Programm muss mehrere Zustände haben aus denen hervorgeht, welcher Spieler am Zug ist, ob die Maus gedrückt wurde, ob das Spiel zu Ende ist, etc. Modellieren Sie diese Programmzustände als Ablaufdiagramm.

1.

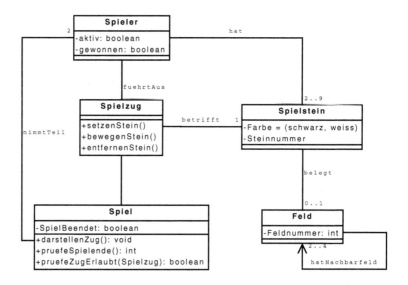

2. *Es gibt keine einheitliche Definition, was ein Ablaufdiagramm genau ist. Lediglich herrscht Übereinstimmung darin, dass hiermit Abläufe verdeutlicht werden sollen. Nachdem hier von Zuständen die Rede ist, verwenden wir im folgenden ein Zustandsdiagramm.*

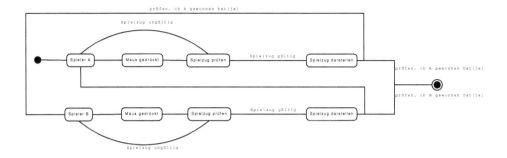

Herbst 06 - Thema 1

Aufgabe 5

a) Erklären Sie den Begriff Vererbung und benennen Sie die damit verbunde- *Klassendia-*
nen Vorteile! *gramm,*
Objektdia-
b) Erstellen Sie zu der folgenden Beschreibung eines Systems zur Buchung von *gramm,*
Flügen ein Klassendiagramm, das neben Attributen und Assoziationen mit *Sequenzdia-*
Kardinalitäten auch Methoden zur Tarifberechnung enthält! Setzen Sie da- *gramm,*
bei das Konzept der Vererbung sinnvoll ein! *Vererbung*
  • Die Fluggesellschaft bietet verschiedene Flugrouten an, die durch den
    jeweiligen Startflughafen und Zielflughafen charakterisiert werden.
  • Jeder Flug besitzt eine Flugnummer, ein Abflugzeit, eine geplante
    Ankunftszeit und ist genau einer Flugroute zugeordnet. Flugrouten sol-
    len auch gespeichert werden, falls noch keine zugehörigen Flüge existie-
    ren.
  • Flugbuchungen beziehen sich auf einzelne Plätze im Flugzeug. Sowohl
    in der Economy Class als auch in der Business Class gibt es Nichtrau-
    cher- und Raucherplätze. Zu jeder Buchung wird das Datum vermerkt.
  • Zu jedem Passagier müssen die Adressinformationen erfasst werden.
  • Die Berechnung des Tarifs soll vom System unterstützt werden. Jeder
    Flug besitzt einen Grundpreis. Für Plätze der Business Class wird ein
    Aufschlag verrechnet. Auf diesen ermittelten Zwischenpreis sind zwei
    Arten von Rabatten möglich:
    – Jugendliche Privatkunden unter 25 Jahren erhalten einen Nach-
      lass auf den Flugpreis.
    – Geschäftsreisende erhalten Vergünstigungen in Abhängigkeit ihrer
      gesammelten Flugmeilen.
c) Erstellen Sie ein exemplarisches Objektdiagramm! Es soll mindestens einen
Flug enthalten, in dem sowohl ein privater Kunde als auch ein Geschäfts-
kunde einen Platz gebucht haben! Wählen Sie geeignete Attributwerte!
d) Beschreiben Sie den Vorgang „Tarifberechnung" wahlweise als
Sequenzdiagramm **oder** Kommunikationsdiagramm!

a) In der objektorientierten Programmierung versteht man unter Vererbung, dass neue Klassen *N* alle oder gewisse Eigenschaften (Attribute, Methoden) einer bereits existierenden Klasse *K* übernehmen. Hierdurch wird Implementierungsarbeit gespart. *K* wird **Oberklasse** oder **Superklasse** von *N* genannt; die Klasse *N* heißt **Unterklasse** oder **Subklasse** von *K*. Jede ererbte Eigenschaft darf aber auch bei der Deklaration von *N* umdefiniert („überschrieben") werden. Die Vererbung ist nicht auf zwei Schichten beschränkt. Es kann eine ganze Vererbungshierarchie erstellt werden.

Das Vererbungskonzept dient auch der Polymorphie, indem zunächst eine recht grobe Klasse kreiert wird, die man erst im Laufe der Entwicklung immer weiter zu der angestrebten Subklasse verfeinert.

(s. [DUD] S. 719f.)

Bei der folgenden Modellierung wird davon ausgegangen, dass Geschäftskunden immer Businessclass und Privatkunden stets Economyclass buchen.

b)

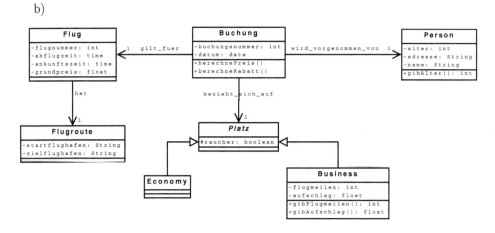

c)

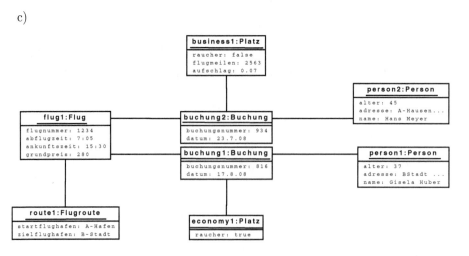

d)

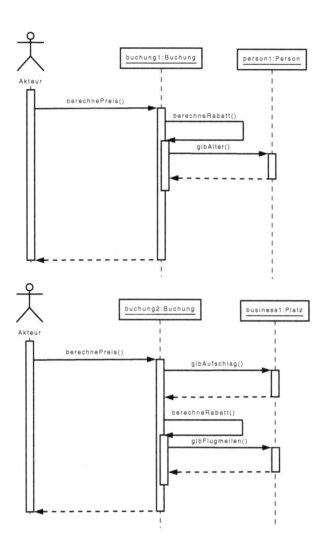

Herbst 06 - Thema 2

Aufgabe 3

Klassendia-gramm, Objektdia-gramm, Sequenzdia-gramm

Im Folgenden sollen Zusammenhänge innerhalb einer Präsentationssoftware als Klassendiagramm dargestellt werden. Folgende Zusammenhänge sind zu berücksichtigen: Eine Präsentation besteht aus mehreren Folien (mindestens aus einer), die sich in einer bestimmten Reihenfolge befinden. Eine Folie kann Textboxen sowie einfache Vektor- und Pixelgrafiken enthalten. Textboxen enthalten Text und haben eine Position sowie eine Breite und eine Höhe. Sie können eine Füllfarbe haben und umrandet sein, in diesem Fall kann eine Randstärke und eine Randfarbe angegeben werden. Für den enthaltenen Text kann die Schriftart und die Schriftgröße erfasst werden. Vektorgrafiken können aus Linien, Rechtecken und Kreisen zusammengesetzt werden. Für diese können jeweils die Position, die Linienstärke und Linienfarbe sowie ggf. eine Füllfarbe erfasst werden. Pixelgrafiken liegen als externe Dateien vor und werden an einer bestimmten Position mit einer gegebenen Höhe und einer Breite eingebunden. Die Elemente auf einer Folie werden in einer bestimmten Reihenfolge gezeichnet, um bestimmte Elemente im Vordergrund, andere Elemente im Hintergrund verdecken zu lassen. Jeder Folie ist ein Folienmaster zugeordnet, auf dem immer wiederkehrende Elemente (z. B. ein Logo) zur Erstellung eines einheitlichen Layouts für mehrere Folien erfasst werden können. Dabei kann ein Folienmaster prinzipiell dieselben Elemente enthalten, wie eine normale Folie. Eine Präsentation kann ggf. mehrere Folienmaster verwenden. Alle Elemente auf einer Folie (Textboxen, Rechtecke etc.) können zu Gruppen zusammengefasst werden. Gruppen können ihrerseits weitere Gruppen sowie die genannten Folienelemente enthalten.

a) Erstellen Sie für die beschriebenen Zusammenhänge ein UML-Klassendiagramm! Um eine Präsentation vorführen zu können, müssen verschiedene Elemente der Folie über eine Operation **darstellen** zur Darstellung verfügen. Ergänzen Sie diese! Jede Klasse soll mindestens über ein Attribut verfügen. Spezifizieren Sie alle Attribute, Operationen und Beziehungen durch Angabe von Datentypen, Beziehungstypen und -namen sowie Kardinalitäten!

a)

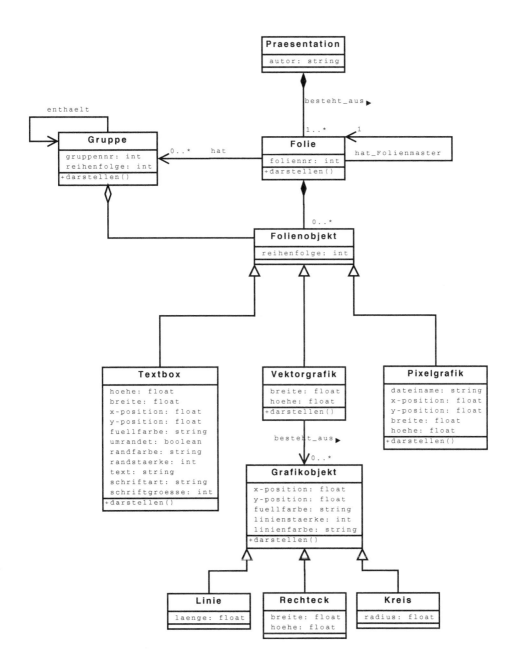

b) Gegeben sei folgende Folie:

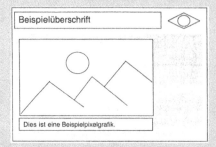

Die Folie enthält eine Überschrift. Im Hauptteil befindet sich eine Pixelgrafik mit einer Bildunterschrift. Grafik und Bildunterschrift bilden eine Gruppe. Der Folienmaster enthält ein hellgraues Rechteck als Hintergrund für den Hauptteil (ohne Überschrift) und ein Logo (Pixelgrafik) in der oberen rechten Ecke. Geben Sie zu dieser Folie und dem zugehörigen Folienmaster ein Objektdiagramm an!

Hinweis:

Gehen Sie von den üblichen Folienmaßen aus: Höhe = 21cm, Breite = 29,7cm. Alle Angaben für Breiten, Höhen und Positionen von Folienelementen dürfen Sie schätzen, keinesfalls müssen diese maßstabsgetreu sein! Das Koordinatensystem habe in der oberen linken Ecke seinen Nullpunkt, Punkte im Inneren des Folienbereichs haben positive x- und y-Koordinaten.

b)

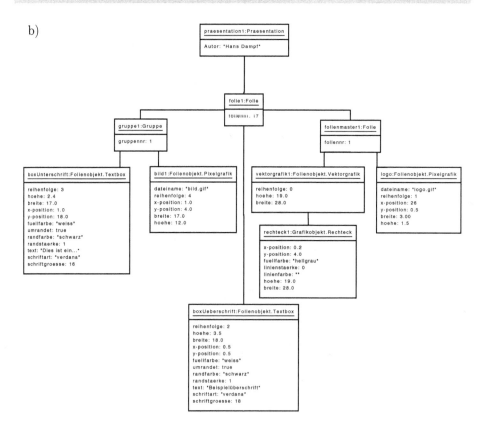

c) Die Folie aus Aufgabe b) soll präsentiert (dargestellt) werden. Zeichnen Sie
  für diese Situation ein UML-Sequenzdiagramm!

c)

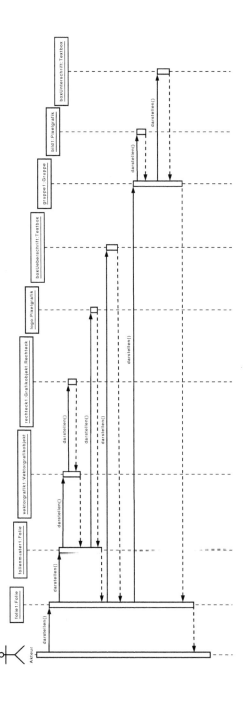

4   Betriebssysteme

Frühjahr 01 - Thema 1

Aufgabe 3

Prozess,
Thread,
Prozesszu-
stand,
Semaphor,
Erzeuger-
Verbrau-
cher-
Problem

3.1.1 Beschreiben Sie die Gemeinsamkeiten und Unterschiede zwischen einem Prozess und einem Thread.

3.1.2 Welche Zustände kann ein Thread während seiner Laufzeit annehmen?

3.2. Skizzieren Sie ein Programm-Modul (Klasse), das einen Ringpuffer implementiert, mit den Prozeduren (Methoden):
einfügenElement und **entnehmenElement**.
Die Prozeduren sollen von mehreren Threads parallel aufrufbar sein, d. h. Sie müssen insbesondere auf die Koordinierung achten. Als Element können Sie einen beliebigen Datentyp wählen.

3.2.1 Skizzieren Sie in einer Ihnen geläufigen Programmiersprache (bzw. in einer programmiersprachenähnlichen Notation) die verwendeten Datenstrukturen.

3.2.2 Skizzieren Sie in ähnlicher Notation („prozedural") die beiden Prozeduren (Methoden) zum Einfügen und Entfernen eines Elements. Der Schwerpunkt soll auch hierbei auf den notwendigen Koordinierungsmaßnahmen liegen.

3.2.3 Beschreiben Sie die Funktionsweise des von Ihnen verwendeten Koordinierungsmechanismus.

3.1.1 *(siehe Frühjahr 07 Thema 2 Aufgabe 1a) auf Seite 304*

3.1.2 Da ein Thread einem leichtgewichtigen Prozess ähnlich ist, kann er die gleichen Zustände annehmen wie ein Prozess: bereit, blockiert, aktiv *(siehe Herbst 06 Thema 1 Aufgabe 2.2 auf Seite 291)*

3.2.1 *(siehe Frühjahr 03 Thema 2 Aufgabe 5 auf Seite 245)*

3.2.2 *(vgl. hierzu Herbst 07 Thema 1 Aufgabe 4b) auf Seite 318)* - Hierbei beschreibt die Methode „producer" das Erzeugen eines Elements und „consumer" das Verbrauchen oder Entnehmen der Elemente.
(siehe außerdem Frühjahr 03 Thema 2 Aufgabe 5 auf Seite 245)

3.2.3 *(siehe Frühjahr 03 Thema 2 Aufgabe 5 auf Seite 245)*

Herbst 01 - Thema 1

Aufgabe 2

Eine der wesentlichen Aufgaben eines Betriebssystems ist es, die vorhandenen Hardware- und Software-Betriebsmittel zu verwalten und für einen verklemmungsfreien Ablauf der einzelnen Prozesse zu sorgen.

2.1. In welche Klassen können Betriebsmittel eingeteilt werden? Geben Sie für jede der genannten Betriebsmittelklassen ein Beispiel an.

2.2. Bei der Zuteilung von Betriebsmitteln an Prozesse sollte das Auftreten von Deadlocks ausgeschlossen werden. Welche vier Bedingungen sind Voraussetzung für einen Deadlock? Bei welchen der oben genannten Betriebsmittelklassen können diese Bedingungen eintreten?

2.3. Erklären Sie den Unterschied zwischen Deadlock-Verhinderung und Deadlock-Vermeidung, und nennen Sie jeweils ein Ihnen bekanntes Verfahren.

2.1. Betriebsmitteln sind klassifizierbar in:
- aktive, zeitlich aufteilbare (Prozessor)
- passive, nur exklusiv nutzbare (periphere Geräte, z. B. Drucker u. Ä.)
- passive, räumlich aufteilbare (z. B. Speicher, Plattenspeicher)

2.2. Exklusive Belegung:
Mindestens ein Betriebsmitteltyp muss nur exklusiv belegbar sein.
Nachforderungen von Betriebsmittel möglich:
Es muss einen Prozess geben, der bereits Betriebsmittel hält, und ein neues Betriebsmittel anfordert.
Kein Entzug von Betriebsmitteln möglich:
Betriebsmittel können nicht zurückgefordert werden bis der Prozess sie wieder freigibt.
Zirkuläres Warten:
Es gibt einen Ring von Prozessen, in dem jeder auf ein Betriebsmittel wartet, das der Nachfolger im Ring besitzt.
(siehe auch Herbst 06 Thema 1)

Exklusive Belegung ist wie der Name bereits sagt bei der Klasse der passiven, nur exklusiv nutzbaren Betriebsmittel gegeben, allerdings werden hier keine Betriebsmittel nachgefordert. Nachgefordert werden kann z. B. Speicherplatz; dieser ist beim schreibenden Zugriff auch nur exklusiv nutzbar! Bei zeitlich aufteilbaren Betriebsmitteln kann es zwar zu Nachforderungen kommen, aber eine exklusive Belegung kann nicht vorliegen.

2.3. *(siehe Frühjahr 07 Thema 1 Aufgabe 3b) auf Seite 302* sowie [DUD], Stichworte *„Nebenläufigkeit", „Philosophenproblem")*

Aufgabe 3

Gegeben sei ein Keller, in den Elemente der Klasse *Element* abgelegt werden können. Auf dem Keller seien zwei Methoden definiert: *füge_ein*, mit der ein Element der Klasse *Element* in den Keller eingefügt werden kann und *entnimm*, mit der ein Element aus dem Keller entnommen werden kann. Es können maximal *max* Elemente im Keller abgelegt werden.

Semaphor, Synchronisation, Prozesszustandsgraph

Für die Benutzung des Kellers seien folgende Synchronisationsbedingungen gegeben:

- Die Methoden *füge_ein* und *entnimm* sind wechselseitig ausgeschlossen auszuführen.
- Die Methode *füge_ein* darf nur ausgeführt werden, wenn der Keller nicht voll ist, d. h. wenn die Anzahl der Elemente im Keller kleiner *max* ist.
- Die Methode *entnimm* darf nur ansgeführt werden, wenn der Keller nicht leer ist, d. h. wenn die Anzahl der Elemente im Keller größer 0 ist.

3.1. Implementieren Sie die Klasse Keller so, dass die oben genannten Synchronisationsbedingungen durchgesetzt werden. Verwenden Sie zur Durchsetzung der Synchronisationsbedingungen ausschließlich Semaphore (gegeben durch die Klasse Semaphor). Achten Sie dabei auf die korrekte Initialisierung der verwendeten Semaphore.

Sie dürfen für Ihre Lösung folgende zwei Klassen als gegeben voraussetzen:

```
public class Semaphor
// Konstruktor
public Semaphor(int init) ...
// Methoden
public void prolog 0 ...
public void epilog 0 ...
}
public class Element
// Konstruktor
public Element (...) ...
// Methoden
...
}
```

3.2. Nennen Sie die Eigenschaften eines Semaphors und erklären Sie seine Funktionsweise.

3.3. Prozesse, die einen wie oben beschriebenen Puffer nutzen, können im Verlauf ihrer Lebenszeit unterschiedliche Zustände annehmen. Zeichnen Sie einen allgemeinen Prozesszustandsgraphen und markieren Sie die möglichen Übergänge aus Teilaufgabe 3.1. in diesem Graph.

(Eine komplette Lösung zu diesen Aufgaben findet sich in [REP].)

Aufgabe 4

4.1. Beschreiben Sie die beiden Speicherverwaltungsstrategien First Fit und Best Fit und nennen Sie jeweils deren Vor- und Nachteile.

4.2. Beschreiben und bewerten Sie die beiden Plattenzugriffsstrategien SSF (shortest seek time first) und SCAN (Aufzugsstrategie). Welches Gütekriterium für Festplatten wird heutzutage meist angegeben und wie beurteilen Sie es?

✎ *(Eine komplette Lösung zu diesen Aufgaben findet sich in [REP].)*

Frühjahr 02 - Thema 1

Aufgabe 6

Seiten-
adressie-
rung,
Seiten-
größe,
interne
Fragmen-
tierung,
Seitenta-
belle

Gegeben sei ein System mit Seitenadressierung. Die Seitengröße betrage p.

1. Nennen Sie Gründe, die für eine Wahl eines kleinen bzw. großen Wertes für die Seitengröße p sprechen.

2. Was versteht man im Fall von Seitenadressierung unter *interner Fragmentierung*?

3. Welche Information muss in der Seitentabelle unabhängig von der gewählten Seitenverdrängungsstrategie *mindestens* enthalten sein?

4. Es sei e die Größe eines Seitentabelleneintrags und s die durchschnittliche Größe eines im Hauptspeicher gehaltenen Programms. Bei welchem Wert für die Seitengröße p wird die Summe aus *interner Fragmentierung* und *Größe der Seitentabelle* minimal?

5. Welcher Wert ergibt sich nach Teilaufgabe 4. für die optimale Seitengröße p bei $s = 32KByte$ und $e = 8Byte$?

✎ *(s. hierzu auch [TAN])*

1. Für eine kleinere Seitengröße spricht, dass die einzelnen Seiten besser ausgenutzt werden (können) und somit weniger Speicherplatz verschwendet wird. Außerdem benötigen Programme Daten meist nur phasenweise; es reichen also kleinere Seiten um abwechselnd die benötigten Daten in den Speicher zu laden.

   Kleinere Seiten bedeuten allerdings größere Seitentabellen.

   Die Zeitdauer um eine Seite aus dem Hauptspeicher zu laden, ist aber unabhängig von der Größe dieser Seite.

2. *Interne Fragmentierung* bezeichnet den Verschnitt im Speicherplatz, der entsteht, wenn die Seiten nicht vollständig ausgenutzt werden.

3. Es muss auf jeden Fall die zugehörige physikalische Adresse enthalten sein.

4. Durchschnittlich bleibt die Hälfte der Seiten ungenutzt, d. h. die interne Fragmentierung beträgt $\frac{p}{2}$.

   Der Speicherverbrauch ist also insgesamt $V = \frac{s \cdot e}{p} + \frac{p}{2}$.

   Das Minimum des Verbrauchs findet sich dort, wo die 1. Ableitung gleich null ist:

   $\frac{-s \cdot e}{p^2} + \frac{1}{2} \overset{!}{=} 0$

   Löst man dies nun nach p auf, erhält man: $p = \sqrt{2 \cdot s \cdot e}$

5. $p = \sqrt{2 \cdot s \cdot e} = \sqrt{2 \cdot 32 KByte \cdot 8 Byte} = \sqrt{2^1 \cdot 2^5 \cdot 2^{10} \cdot 2^3 Byte^2} =$
   $= \sqrt{2^{19} Byte^2} = 2^9 \cdot \sqrt{2} Byte \approx 0,7 KByte$

Aufgabe 7

Geben Sie die vier Voraussetzungen für die Entstehung eines Deadlocks an sowie wie diese verletzt werden können, um Deadlocks zu vermeiden!

Deadlock

(siehe Herbst 01 Thema 1 Aufgabe 2.2 auf Seite 230)

Frühjahr 02 - Thema 2

Aufgabe 1

a) Erläutern Sie anhand einer Skizze die Bildung der physikalischen Adresse bei Seitenadressierung. Welche Vorteile verspricht man sich von ihrer Benutzung? Welche Nachteile bringt ihr Einsatz mit sich?

b) In den Einträgen der Seiten-Kachel-Tabelle werden meist noch Indikatoren mitgeführt, die anzeigen, ob

   1. die Seite im Arbeitsspeicher anwesend ist (Anwesenheits-Bit),
   2. die Seite im Arbeitsspeicher angesprochen wurde (Benutzt-Bit),
   3. die Seite im Arbeitsspeicher modifiziert wurde (Modifikations-Bit).

   Wozu werden diese Informationen bei 'Nachladen auf Verlangen (demand paging)' vom Betriebssystem benutzt?

Seiten-adressie-rung, physikali-sche Adresse, Seiten-Ka-chel-Tabel-le, demand paging

a) *(siehe Frühjahr 07 Thema 2 Aufgaben 3a) und 3d) auf Seite 307)*
   Meist findet nicht das ganze Programm Platz im Hauptspeicher, sondern es werden nur die gerade benötigten Teile geladen. Dadurch, dass Haupt- und Hintergrundspeicher in gleich große Kacheln bzw. Seiten aufgeteilt sind, können die Programme stückweise geladen werden.

b) Wenn die Seite anwesend ist, muss sie nicht nachgeladen werden. Ist die
Seite allerdings abwesend, so kommt es zu einem Seitenfehler (page fault).
Unter Berücksichtigung der Seitenersetzungsstrategie wird eine andere Seite
ausgewählt, diese aus dem Speicher verdrängt und die gewünschte Seite aus
dem Hauptspeicher nachgeladen. Bei der Auswahl der zu ersetzenden Seiten
verwenden viele Strategien das Benutzt-Bit, d. h. es werden bevorzugt Seite
ersetzt, die seit längerem nicht mehr genutzt werden. Wenn eine Seite aus
dem Speicher verdrängt wird, kommt das Modifikations-Bit zum Tragen. Bei
gesetztem Modifikations-Bit kann die Seite nicht einfach gelöscht werden,
sondern muss in den Hauptspeicher zurückgeschrieben werden.

Aufgabe 2

binärer
Suchbaum,
demand
paging

a) Entwickeln Sie (für Einbenutzerbetrieb) eine Datenstruktur zur Speicherung eines Telefonverzeichnisses, wobei die Einträge Name, Vorname und
Telefonnummer enthalten sein sollen! Die Datenstruktur soll sowohl eine effiziente Vorgehensweise beim Einfügen neuer Einträge als auch bei der Suche nach Einträgen ermöglichen (Löschen braucht nicht vorgesehen zu werden). Als Basis soll ein Betriebssystem mit 'Anforderung auf Verlangen
(Demand Paging)' dienen. Die Frage des Ablegens der Datenstruktur in
einer Datei bzw. des Wiederladens können Sie unberücksichtigt lassen. Erläutern Sie anhand von Beispielen die Vorgehensweise beim Einfügen und
beim Suchen!

b) Entwickeln Sie eine nicht-rekursive Prozedur, die das Verzeichnis alphabetisch sortiert ausgibt. Die Prozedur soll direkt auf der Datenstruktur arbeiten, d. h. ohne Verwendung der Such-Prozedur! Dabei können Sie unterstellen, dass eine Prozedur zum Drucken eines Eintrags bereits existiert.

*Diese themenübergreifende Aufgabe wird von uns an der Stelle eingearbeitet, an
der sie in der Staatsexamensaufgabe aufgeführt ist.*

a) Als Datenstruktur wird ein Binärbaum verwendet. Jeder Knoten speichert
einen Eintrag bestehend aus Name, Vorname und Telefonnummer. Dadurch
beträgt der Aufwand zum Einfügen und Suchen von Einträgen $O(\log(n))$. Es
muss nie die ganze Datenstruktur im Speicher gehalten werden, es genügen
alle Vorgängerknoten bis zur Wurzel. Soll nun ein Element eingefügt werden, wird die Wurzel in den Speicher geladen. Ausgehend von deren Werten
wird entweder der linke oder rechte Sohn geladen, dann dessen linker oder
rechter Sohn usw. bis die Stelle zum Einfügen gefunden ist. Dabei werden
maximal $\log(n)$ Knoten geladen. Ein Eintrag soll dabei genauso groß sein wie
eine Kachel und ideal wäre es, wenn $m = \log(n)$ wäre. Die Vorgehensweise
beim Suchen ist analog zum Einfügen. Hierbei kann es aber passieren, dass
schon nach weniger als $\log(n)$ Schritten abgebrochen wird, weil das Element
gefunden wurde.

```
class Knoten {
      private String name;
      private String vorname;
      private int tel;
      private Knoten l, r;
      }
}
class Baum {
      Knoten wurzel = null;
      void fuege_ein (int tel, String n, String v, Knoten k) {
            Knoten e = new Knoten(tel, n, v);
            if(k==null) {
               k =e;
            } else {
               while(k.getName() != e.getName()) {
                  if(k.getName() < e.getName()) {
                     if(k.getL() == null) {
                        k.setL(e);
                     } else {
                        k = k.getL();
                     }
                  } else {
                     if(k.getR() == null) {
                        k.setR(e);
                     } else {
                        k = k.getR();
}     }     }  }  }  }
```

b) Wenn man die Telefonliste nach Namen aufsteigend sortiert ausgeben will, so ist dies mit einem Inorder-Durchlauf möglich. Um die Rekursion zu vermeiden wird ein Stack verwendet.

```
public void inorder() {
    Stack stack = new Stack();
    Node n = root;
    while (n != null || !stack.isEmpty()) {
       if (n== null) {
            n = (Node) stack.pop();
            Ausgabe der Werte von n;
            n = n.right;
       }
       if (n != null) {
            stack.push(n);
            n = n.left;
       }
    }
}
```

Herbst 02 - Thema 1

Aufgabe 2

Seitenerset-
zungsstra-
tegien,
FIFO,
LRU, Sei-
tenfehler,
Beladys
Anomalie

1. Gegeben sei ein Prozess mit einem virtuellen Speicher von fünf Seiten, für dessen Realisierung drei Seitenrahmen ($Frame = \{K_1, K_2, K_3\}$) zur Verfügung stehen. Geben Sie für die Strategien LRU (Least Recently Used) und FIFO (First in First out) die Entwicklung der Kachelseitentabelle für die Zugriffsreferenzkette $\omega = 123412512345$ an!

2. Die Seitenrahmen seien zu Beginn leer. Markieren Sie jedes Auftreten von Seitenfehlern und notieren Sie jeweils die Gesamtzahl der Seitenfehler!

3. Geben Sie für die Strategie FIFO (First in First out) auch die Belegung der Kachelseitentabelle für vier Seitenrahmen ($Frame = \{K_1, K_2, K_3, K_4\}$) und obiger Zugriffsreferenzkette ω an. Beschreiben Sie das auftretende Phänomen!

1. *Die Lösungen zu den Teilaufgaben 1 und 2 sind in den folgenden Tabellen zusammengefasst.*

LRU:

Referenzierte Seiten	Inhalt K_1	Inhalt K_2	Inhalt K_3	Summe der Seitenfehler
1	1^0			1
2	1^1	2^0		2
3	1^2	2^1	3^0	3
4	4^0	2^2	3^1	4
1	4^1	1^0	3^2	5
2	4^2	1^1	2^0	6
5	5^0	1^2	2^1	7
1	5^1	1^0	2^2	7
2	5^2	1^1	2^0	7
3	3^0	1^2	2^1	8
4	3^1	4^0	2^2	9
5	3^2	4^1	5^0	10

FIFO:

Referenzierte Seiten	Inhalt K_1	Inhalt K_2	Inhalt K_3	Summe der Seitenfehler
1	1^0			1
2	1^1	2^0		2
3	1^2	2^1	3^0	3
4	4^0	2^2	3^1	4
1	4^1	1^0	3^2	5
2	4^2	1^1	2^0	6
5	5^0	1^2	2^1	7
1	5^1	1^3	2^2	7
2	5^2	1^4	2^3	7
3	5^3	3^0	2^4	8
4	5^4	3^1	4^0	9
5	5^5	3^2	4^1	9

2. *s. o.*

3. FIFO mit 4 Kacheln:

Referenzierte Seiten	Inhalt K_1	Inhalt K_2	Inhalt K_3	Inhalt K_4	Summe der Seitenfehler
1	1^0				1
2	1^1	2^0			2
3	1^2	2^1	3^0		3
4	1^3	2^2	3^1	4^0	4
1	1^4	2^3	3^2	4^1	4
2	1^5	2^4	3^3	4^2	4
5	5^0	2^5	3^4	4^3	5
1	5^1	1^0	3^5	4^4	6
2	5^2	1^1	2^0	4^5	7
3	5^3	1^2	2^1	3^0	8
4	4^0	1^3	2^2	3^1	9
5	4^1	5^0	2^3	3^2	10

Hier wird ab dem sechsten Schritt in jedem Schritt genau die Seite ausgelagert, die beim nächsten Zugriff benötigt wird. Dadurch ergeben sich trotz erhöhter Kachelanzahl mehr Seitenfehler als vorher. Dieses Phänomen heißt *Beladys Anomalie*.

Aufgabe 3

Beschreiben und erklären Sie das UNIX-Dateisystem! Gehen Sie insbesondere auf die Verwaltung der belegten und freien Datenblöcke ein!

UNIX-Dateisystem

Im UNIX-Dateisystem werden außer regulären Dateien und Verzeichnissen auch Daten wie symbolische Links, block- und zeichenorientierte Geräte sowie feststehende Programmverbindungen und Netzwerk-Kommunikationsendpunkte als Dateien verwaltet. Jede dieser Dateien hat die Attribute Name, Größe, letzter schreibender und letzter lesender Zugriff, das Datum der letzten Statusänderung, Eigentümer, zugehörige Gruppe, Anzahl der Hardlinks, Zugriffsmodus und Dateityp, Inode-Nummer sowie mehrere Verweise auf die Datenblöcke.

UNIX fasst grundsätzlich alle Partitionen und angeschlossenen Laufwerke zu einem Dateibaum zusammen. Physikalisch bleiben die Daten natürlich auf den entsprechenden Partitionen bzw. Laufwerken, logisch wird aber aus all den verschiedenen Partitionen ein einziger Dateibaum zusammengebaut. Das Prinzip ist dabei ganz einfach das, dass die Partitionen ausgehend von der Wurzelpartition an einem bestimmten Punkt des Dateisystems eingehängt werden.

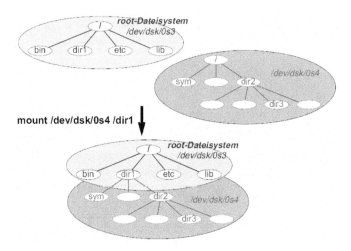

Das Prinzip des UNIX-Dateisystems beruht auf den sogenannten I-Nodes. Die I-Node-Liste stellt eine Art Inhaltsverzeichnis dar. Die einzelnen Elemente der I-Node-Liste sind die Dateiköpfe, also die Orte wo Dateiattribute, Größe usw. gespeichert sind. Diese Dateiköpfe werden I-Nodes genannt. In einem I-Node werden außer den oben erwähnten Dateiattributen (außer dem Dateinamen!) üblicherweise zusätzlich angegeben: Adresse von Datenblock 0 ... Adresse von Datenblock 9, Adresse des ersten Indirektionsblocks, Adresse des Zweifach-Indirektionsblocks, Adresse des Dreifach-Indirektionsblocks. Die Indirektionsblöcke verweisen hierbei nicht direkt auf Dateiblöcke, sondern auf weitere I-Node-Listen bzw. Indirektionsblöcke. Bestimmte grundlegende Informationen zum Dateisystem selbst (Größe in Blöcken, Größe der Blöcke in Bytes, Zeiger auf ersten freien Datenblock, Zeiger auf erste freie I-Node, verschiedene Statusbits) sind im sogenannten Superblock enthalten.

Die Verzeichnisse enthalten nur die Zuordnungen Dateiname → Inode (Link), es können auch mehrere Dateinamen auf den gleichen Inode verweisen, was mit sogenannten Hard-Links (Verweisen von einer Datei auf eine andere) zwischen Dateien des gleichen Filesystems realisiert wird. Wenn eine Datei erzeugt wird, erhält sie einen Link Counter mit dem Wert eins. Werden Links hinzugefügt, wird er erhöht; wird ein Link gelöscht, wird dieser Counter verringert. Der Link Counter in der Inode ist insbesondere für Hard-Links von Bedeutung. Er hält die aktuelle Anzahl der Links an das Objekt fest. Es können Links beliebig erzeugt und gelöscht werden, ohne dass das Objekt selbst gelöscht wird. Erst mit dem Löschen der letzten Namensbindung wird der Link Counter auf Null gesetzt, was zur Freisetzung der Inode und damit bei Dateien zur Freisetzung der Datenblöcke führt, womit das Objekt endgültig gelöscht wird.

Eine andere Möglichkeit des Zugriffs auf eine bestimmte Datei von mehreren Stellen aus stellen die symbolischen Links dar. Bei ihnen handelt es sich tatsächlich um Verweise auf eine bestehende Datei, d. h., der symbolische Link ist in Wahrheit eine Datei, die nur den Dateinamen einer anderen Datei enthält. Das System kann bei dieser Art des Links im Gegensatz zum Hardlink immer zwischen Orginal und Link unterscheiden. Symbolische Links erlauben es auch, Verweise über die Partitionsgrenzen hinweg zu erstellen. Allerdings ist hier nicht sichergestellt, dass der Link auch auf etwas zeigt, was existiert. Wird z. B. ein symbolischer Link auf eine Datei angelegt und anschließend diese Datei gelöscht, so zeigt der Link ins Leere.

Aufgabe 4

1. Was ist ein Prozess?
2. Prozesse können im Verlauf ihrer Lebenszeit unterschiedliche Zustände annehmen. Zeichnen Sie einen allgemeinen Prozesszustandsgraphen und markieren Sie die Übergänge, die vom Dispatcher realisiert werden.
3. Welche Hilfsmittel und Datenstrukturen benötigt man für die Realisierung und Verwaltung von Prozessen?

Prozessverwaltung, Prozesszustandsgraph

1. *Definition nach [DUD]* :
   Ein *Prozess* ist der Vorgang einer algorithmisch ablaufenden Datenbearbeitung. Speziell in Betriebssystemen ist ein Prozess ein Vorgang, der durch ein Programm kontrolliert wird, welches zur Ausführung einen Prozessor benötigt. Es kann mehrere Prozesse zu einem Programm geben, die je nach Anwendung auch gleichzeitig oder nebenläufig ablaufen. Ein Prozessor kann immer nur einen Prozess gleichzeitig verarbeiten. Daher wurde die Möglichkeit geschaffen, Prozesse nur teilweise auszuführen, zu unterbrechen, und später wieder aufzusetzen und fortzuführen, was im Prozessmodell beschrieben wird.

2.

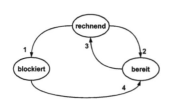

1. Prozess blockiert z. B. wegen Eingabe
2. Scheduler wählt anderen Prozess
3. Scheduler bzw. Dispatcher wählt diesen Prozess
4. Eingabe vorhanden, Blockade aufgehoben

Zu diesem Thema siehe auch Herbst 06 - Thema 2 - Aufgabe 2.2!

3. Ein Prozess, der im Prinzip ein in Ausführung befindliches Programm darstellt, benötigt zusätzlich einen zugeordneten Adressraum. Dieser enthält außer dem in Ausführung befindlichen Programm, die Programmdaten und den zugehörigen Stack. Darüber hinaus sind noch der Programmzähler, der Zeiger auf den Stack (Stapelzeiger) und andere Register sowie weitere Informationen, die zur Ausführung des Programms benötigt werden, vorhanden. All diese Informationen sind in einer Liste von Speicherstellen, in denen der Prozess lesen und schreiben darf, abgelegt.

Zu diesem Thema siehe auch Herbst 06 - Thema 2 - Aufgabe 2.1!

Herbst 02 - Thema 2

Aufgabe 7

Prozesszustände, Scheduling, Dispatching, swapping

1. Skizzieren Sie den Zustandsautomaten, der die 7 allgemein möglichen Zustände eines Prozesses sowie die möglichen Übergänge zwischen diesen Zuständen enthält!
2. Welcher Zustandsübergang eines Prozesses wird beim *Dispatching* realisiert?
3. Erläutern Sie kurz den Unterschied zwischen *Scheduling* und *Dispatching*! (1-2 Sätze)
4. Was versteht man unter *Swapping*, und in welchen Fällen tritt es auf? (1-2 Sätze)

1.

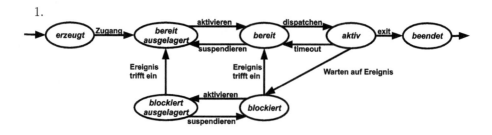

2. Beim *Dispatching* wird der Übergang bereit → aktiv realisiert.

3. *Scheduling* ist die Entscheidungsfindung (meist mit längerfristiger Planung), welchem Prozess/Thread eine Ressource zugeteilt wird. Der für diese Entscheidungsfindung verantwortliche Teil des Betriebssystems heißt Scheduler. Der *Dispatcher* ist nur dafür zuständig einen Prozess von der CPU zu verdrängen und den nächsten Prozess, den der *Scheduler* bestimmt hat, zu laden.

4. Jeder Prozess wird komplett in den Hauptspeicher geladen bzw. auf die Festplatte ausgelagert. *Swapping* wird z. B. dann angewendet, wenn sich keine bereiten Prozesse mehr im Speicher befinden oder der Speicher aus anderen Gründen voll ist, aber ein weiterer Prozess geladen werden soll.

Aufgabe 8

In dieser Aufgabe sei für die Speicherverwaltung einfache Segmentierung vorgesehen. Für jedes Segment eines Prozesses muss ein Eintrag in der Segmenttabelle des Prozesses existieren. Adressen (logische und physische) haben eine Länge von 16 Bit, von denen 5 Bit für die Segmentnummer reserviert sind.

Speicher-verwaltung, Segmentierung, Fragmentierung, logische/physikalische Adresse

1. Welche Informationen über die Segmente müssen in der Segmenttabelle enthalten sein?

2. Zeigen Sie (mit Hilfe einer Zeichnung) die Abbildung einer logischen auf eine physische Maschinenadresse!

3. Welche Art der Fragmentierung tritt bei der hier angenommenen einfachen Segmentierung auf? Beschreiben Sie zusätzlich kurz (jeweils 1 Satz) die Ihnen bekannten Fragmentierungsarten!

4. Was ist bei den oben angenommenen Werten der Maximalwert für die Segmentgröße?

5. Welche Überprüfungen kann man vornehmen, um festzustellen, ob es sich bei einer gegebenen logischen Adresse um eine gültige Adresse handelt?

1. Es muss die Segmentstartadresse und die Segmentlänge gespeichert werden.

2.

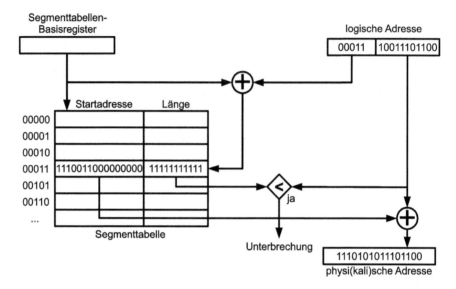

3. Bei der Verwendung von Paging tritt die *interne Fragmentierung* auf. Durch die Vorgabe von festen Seitengrößen entsteht relativ viel Verschnitt; dieser wird als interne Fragmentierung bezeichnet. Bei der Segmentierung entspricht die Segmentgröße genau dem benötigten Speicherbedarf. Wird ein Segment aus dem Speicher entfernt und statt dessen ein anderes geladen, so hat dies i. A. nicht die gleiche Größe. Es entsteht also eine Lücke zum nächsten Segment. Nach und nach entstehen immer mehr Löcher zwischen den Segmenten; dies wird als *externe Segmentierung* bezeichnet. *(s. [TAN])*

4. Die Länge eines Segments beträgt maximal
16 Bit (Länge logische Adresse) - 5 Bit (Länge Segmentnummer) = 11 Bit.

5. Es muss überprüft werden, ob der Rest der logischen Adresse, der zur Startadresse hinzu addiert wird, größer ist als die Länge des Segments. Falls dies der Fall ist, wird der Speicherzugriff nicht ausgeführt, da er ins nächste Segment führen würde *(siehe auch obige Skizze)*.

Aufgabe 9

1. Erklären Sie, wie ein allgemeiner Semaphor, S (Zählsemaphor) mit Hilfe von binären Semaphoren und gewöhnlichen Variablen realisiert werden kann!

2. Nennen und erklären Sie (1-2 Sätze) die Vorteile, die die Verwendung von Monitoren gegenüber der Verwendung von Semaphoren bietet!

3. Wieso löst das Konzept der Unterbrechungsvermeidung das Problem des wechselseitigen Ausschlusses nur bei Einprozessorsystemen (1-2 Sätze)?

1. Mit Hilfe der binären Semaphore muss der exklusive Zugriff auf eine gewöhnliche Integer-Variable sichergestellt werden. D. h. die Operationen `erhoehen()` und `reduzieren()` müssen durch binäre Semaphore geschützt sein. Innerhalb der Methode `erhoehen()` muss überprüft werden, ob die Variable die maximale Größe überschreiten würde. In diesem Fall muss durch binäre Semaphore dafür gesorgt werden, dass der entsprechende Prozess nicht weiterarbeiten kann, bis diese Methode erfolgreich ausgeführt wurde. Beim `reduzieren()` muss darauf geachtet werden, dass der Wert der Variablen nicht negativ wird. Auch hier muss der Prozess bis zum erfolgreichen Durchlaufen der Methode gestoppt werden.

2. *(siehe [TAN])*
   Mit Monitoren werden Deadlocks und Race Conditions verhindert. Dadurch, dass immer nur ein Prozess innerhalb eines Monitors aktiv sein kann, kann der Programmierer keine Deadlocks durch sich gegenseitig blockierende Semaphore entwerfen. Außerdem wird durch die Verwendung der Zustandsvariablen `wait` und `signal` verhindert, dass schlafende Prozesse nicht mehr aufgeweckt werden bzw. Prozesse sich gegenseitig blockieren.

   Beispiel für Monitoring:

Monitor belegen	Monitor enter
Drucker frei?	
falls nein:	
Monitor freigeben	Drucker freigeben
warten	signalisieren
Monitor belegen	
falls ja:	
drucken	Monitor leave

   Befindet sich ein Prozess (hier rechts dargestellt) innerhalb eines Monitors und belegt ein Betriebsmittel (hier einen Drucker) und ein zweiter Prozess (hier links dargestellt) belegt den Monitor um das selbe Betriebsmittel zu belegen, so gibt der zweite Prozess den Monitor sofort wieder frei, wartet aber auf die Freigabe des Druckers. (Monitor freigeben, warten) muss hierbei atomar sein! Ist jetzt der Druckauftrag des ersten Prozesses beendet, so gibt dieser den Drucker frei und signalisiert dies allen wartenden Prozessen. Anschließend verlässt er den Monitor, einer der wartenden Prozesse kann den Montor belegen und den Drucker nutzen.

3. Durch das Prinzip der *Unterbrechungsvermeidung* wird verhindert, dass mehrere Prozesse abwechselnd auf die gleichen Variablen und Speicherbereiche zugreifen. Erst wenn ein Prozess abgearbeitet ist, darf der nächste Prozess an den Prozessor und damit aktiv auf Variablen zugreifen. Bei Mehrprozessorsystemen kann nicht garantiert werden, dass parallel laufende Prozesse im gleichen Speicherbereich arbeiten.

Frühjahr 03 - Thema 1

Aufgabe 3

Betriebs-mittel-graph, Deadlock

Was versteht man unter einer Verklemmung (Deadlock)? Erläutern Sie Ihre Definition anhand eines Beispiels eines Prozess-Betriebsmittelgraphen! Beschreiben Sie mindestens eine Strategie zur Vermeidung von Verklemmungen!

(S. [DUD] Stichwort „Nebenläufigkeit")

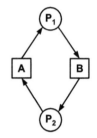

Verklemmung: Ein Prozess ist im Besitz eines Betriebsmittels A und benötigt im weiteren Verlauf das Betriebsmittel B, welches jedoch im Moment im Besitz eines anderen Prozesses ist. Der letztere Prozess benötigt seinerseits das Betriebsmittel A, um seine Verarbeitung fortsetzen zu können. Ergebnis: Keiner der Prozesse kann weiterarbeiten.

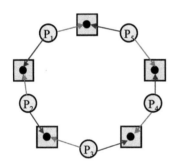

Allgemein können an einer Verklemmung auch mehr als zwei Prozesse beteiligt sein. In diesem Fall muss ein Zyklus im Graph vorliegen, d. h. jeder Prozess wartet in einem Ringschluss auf das Betriebsmittel, das der nächste Prozess hält. Ein Beipiel hierfür ist der Betriebsmittelgraph des Philosophenproblems (s. links).

Eine einfache, jedoch nicht immer günstige Strategie zur Vermeidung von Verklemmungen erhält man durch die Festlegung, dass Prozesse alle benötigten Betriebsmittel nicht nacheinander im Laufe ihrer Abarbeitung anfordern dürfen, sondern immer auf einmal im Voraus anfordern müssen.

Frühjahr 03 - Thema 2

Aufgabe 5

Für die Kommunikation zwischen zwei Prozessen bzw. zwischen zwei Threads wird häufig ein Ringpuffer verwendet. Realisieren Sie einen derartigen Ringpuffer in einer Ihnen geläufigen Programmiersprache. Die Mehrbenutzersynchronisation könnnen Sie wahlweise unter Nutzung von Semaphoren oder mittels des Monitor-Konzepts (wie es in Java verwendet wird) realisieren. Zeigen Sie durch entsprechende graphische Visualisierungen, wie Ihre Lösung bei gleichzeitigem Zugriff mehrerer Threads/Prozesse funktioniert. Gehen Sie insbesondere auf die Erläuterung des kritischen Bereichs ein. Wie wird bei Ihrer Lösung der wechselseitige Ausschluss garantiert? Ist Ihre Lösung verklemmungsfrei? Zeigen Sie an einem Beispiel das Auftreten einer Verklemmung, wenn mehrere Prozesse über mehrere Ringpuffer Daten austauschen. Geben Sie einige Lösungsideen an, die Verklemmungen vermeiden.

Prozess, Thread, Ringpuffer, Verklemmung, Semaphor, kritischer Bereich, wechselseitiger Ausschluss

```
public class Ringpuffer {
    private int[] puffer // Inhalt, hier integer
    private semaphor zugriff;
    // binäre Semaphore
    private semaphor nochFreiePlätze, belegtePlätze;
    // Zähl-Semaphore
    private int juengstes, aeltestes;

    public Ringpuffer (int groesse) {
        //Konstruktor
        puffer = new int[groesse];
        aeltestes = 0;
        juengstes = groesse -1;
        zugriff = 1;
        nochFreiePlätze = groesse;
        belegtePlätze = 0;
    }

    public void erzeugen(int x) {
        nochFreiePlätze.down();
        zugriff.down();
        puffer[juengstes] = x;
        juengstes = (juengstes + 1) % puffer.length;
        zugriff.up();
        belegtePlätze.Up();
    }
}
```

```
    public int verbrauchen() {
        //es wird das Element zurückgegeben
        belegtePlätze.down();
        zugriff.down;
        int x = puffer[aeltestes];
        aeltestes = (aeltestes + 1) % puffer.length;
        zugriff.up();
        nochFreiePlätze.up();
        return x;
}   }
```

Man kann hier einen Semaphor verwenden, den man mit Hilfe eines Vektors realisiert, der wie folgt vorbelegt wird (n ist die Größe des Ringpuffers): $\begin{pmatrix} 1 \\ n \\ 0 \end{pmatrix}$

Die erste Komponente steuert hierbei den wechselseitigen Ausschluss, die zweite stellt einen Zähler für die noch freien Plätze dar, während die dritte für die belegten Plätze verantwortlich ist.

Durch Erzeuger können durch Addition folgender Vektoren die genannten Änderungen vorgenommen werden:

Erzeugeranmeldung: $\begin{pmatrix} - \\ -1 \\ - \end{pmatrix}$

Zugriff auf Ringpuffer: $\begin{pmatrix} -1 \\ - \\ - \end{pmatrix}$

Freigabe Ringpuffer: $\begin{pmatrix} +1 \\ - \\ +1 \end{pmatrix}$

Durch Verbraucher können durch Addition folgender Vektoren die genannten Änderungen vorgenommen werden:

Verbraucheranmeldung: $\begin{pmatrix} - \\ - \\ -1 \end{pmatrix}$

Zugriff auf Ringpuffer: $\begin{pmatrix} -1 \\ - \\ - \end{pmatrix}$

Freigabe Ringpuffer: $\begin{pmatrix} +1 \\ +1 \\ - \end{pmatrix}$

Der wechselseitige Ausschluss wird durch eine Zugriffssperre reguliert, die beim Zugriff auf den Ringpuffer durch Erzeuger bzw. Verbraucher gesetzt und bei der Freigabe des Zugriffs wieder entfernt wird.

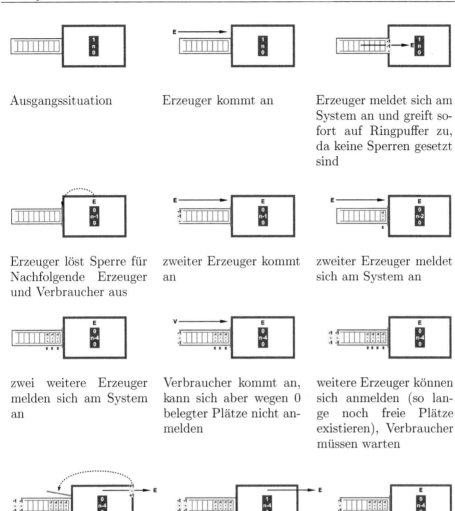

Ausgangssituation

Erzeuger kommt an

Erzeuger meldet sich am System an und greift sofort auf Ringpuffer zu, da keine Sperren gesetzt sind

Erzeuger löst Sperre für Nachfolgende Erzeuger und Verbraucher aus

zweiter Erzeuger kommt an

zweiter Erzeuger meldet sich am System an

zwei weitere Erzeuger melden sich am System an

Verbraucher kommt an, kann sich aber wegen 0 belegter Plätze nicht anmelden

weitere Erzeuger können sich anmelden (so lange noch freie Plätze existieren), Verbraucher müssen warten

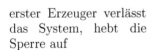

erster Erzeuger verlässt das System, hebt die Sperre auf

erster Erzeuger gibt Zugriff frei und erhöht Anzahl der belegten Plätze

erster Verbraucher meldet sich an, zweiter Erzeuger greift auf Ringpuffer zu und setzt Sperre

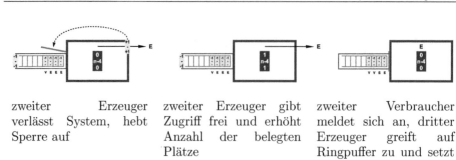

| zweiter Erzeuger verlässt System, hebt Sperre auf | zweiter Erzeuger gibt Zugriff frei und erhöht Anzahl der belegten Plätze | zweiter Verbraucher meldet sich an, dritter Erzeuger greift auf Ringpuffer zu und setzt Sperre |

 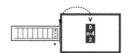 

| nach dem vierten greift der fünfte Erzeuger auf den Ringpuffer zu, die Verbraucher (und eventuell weitere angekommene Erzeuger bzw. Verbraucher) warten | erster Verbraucher greift auf Ringpuffer zu, setzt Sperre | erster Verbraucher verlässt System, gibt Zugriff frei und erhöht Anzahl der noch freien Plätze |

Kommen im Laufe der Zeit Erzeuger an, wenn der Wert der noch freien Plätze 0 beträgt, so müssen diese vor dem Einreihen in die Warteschlange warten bis ein Verbraucher die Anzahl der freien Plätze wieder erhöht hat. Dieses System ist verklemmungsfrei.

Wenn die Prozesse keinen Platz haben um ein Element zwischenzuspeichern, muss ein Prozess, der von einem Ringpuffer Daten entnimmt, dort als Verbraucher fungieren und am nächsten Ringpuffer als Erzeuger. Er muss also in dem Moment, in dem er den Zugriff auf Ringpuffer1 freigibt, sich bereits einen Platz im nächsten Ringpuffer reservieren (nochFreiePlätze.down()). Falls er hier warten muss, weil Ringpuffer2 voll ist, kann er die Methode des Verbrauchers nicht abschließen, also die Anzahl der freien Plätze erhöhen. Wenn nun ein zweiter Prozess von Ringpuffer2 (der voll ist) Daten entnehmen möchte und sie auf den ebenfalls vollen Ringpuffer1 schreiben will, muss er hier warten, bis wieder ein Platz auf Ringpuffer1 frei wird. Prozess1 wartet nun darauf, dass Prozess2 einen Platz in Ringpuffer2 freigibt und Prozess2 wartet auf den Platz, den Prozess1 auf Ringpuffer1 freigibt.

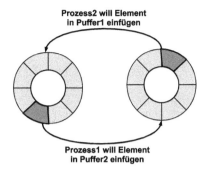

**Prozess2 will Element
in Puffer1 einfügen**

**Prozess1 will Element
in Puffer2 einfügen**

Herbst 03 - Thema 1

Aufgabe 1

Für die Kommunikation zwischen verschiedenen Prozessen/Threads soll ein gemeinsamer Datenbereich dienen. Wir unterscheiden zwischen Lesern und Schreibern. Es sollen beliebig viele Leser gleichzeitig lesen dürfen; aber ein Schreiber benötigt exklusiven Zugriff auf den Datenbereich. Es darf also weder ein Leser noch ein anderer Schreiber gleichzeitig im kritischen Bereich sein. Realisieren Sie dies mit Hilfe von Semaphoren. Zeigen Sie durch entsprechende graphische Visualisierungen, wie Ihre Lösung bei gleichzeitigem Zugriff mehrerer Threads/Prozesse funktioniert! Gehen Sie insbesondere auf die Erläuterung des kritischen Bereichs ein! Wie wird bei Ihrer Lösung der wechselseitige Ausschluss garantiert? Ist Ihre Lösung verklemmungsfrei?

Prozessor, Thread, Semaphor, kritischer Bereich, Verklemmung, Leser-Schreiber-Problem

Man kann hier einen Semaphor verwenden, den man mit Hilfe eines Vektors realisiert, der wie folgt vorbelegt wird: $\begin{pmatrix} 1 \\ 0 \\ 0 \end{pmatrix}$

Die erste Komponente steuert hierbei den gegenseitigen Ausschluss von Schreibern, die zweite stellt einen Zähler für Leser dar, während die dritte für die Anmeldung der Schreiber verantwortlich ist.

Durch Leser können durch Addition folgender Vektoren die genannten Änderungen vorgenommen werden:

Betreten des Semaphors zum Lesen: $\begin{pmatrix} - \\ 1 \\ 0 \end{pmatrix}$

Verlassen des Semaphors: $\begin{pmatrix} - \\ -1 \\ - \end{pmatrix}$

Schreiber ändern den Semaphorvektor durch die beschriebenen Aktionen mittels folgender Vektoren:

Anmeldung zum Schreiben: $\begin{pmatrix} - \\ - \\ 1 \end{pmatrix}$

Betreten des Semaphors zum Schreiben: $\begin{pmatrix} -1 \\ 0 \\ - \end{pmatrix}$

Verlassen des Semaphors: $\begin{pmatrix} 1 \\ - \\ -1 \end{pmatrix}$

Der wechselseitige Ausschluss wird nun durch Schreib- bzw. Lesesperren reguliert, die beim Betreten des Semaphors durch Leser bzw. Schreiber gesetzt und beim Verlassen entfernt werden.

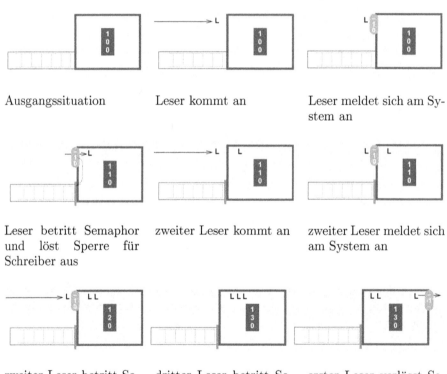

Ausgangssituation   Leser kommt an   Leser meldet sich am System an

Leser betritt Semaphor   zweiter Leser kommt an   zweiter Leser meldet sich
und löst Sperre für   am System an
Schreiber aus

zweiter Leser betritt Se- dritter Leser betritt Se- erster Leser verlässt Semaphor, dritter Leser   maphor   maphor
kommt an

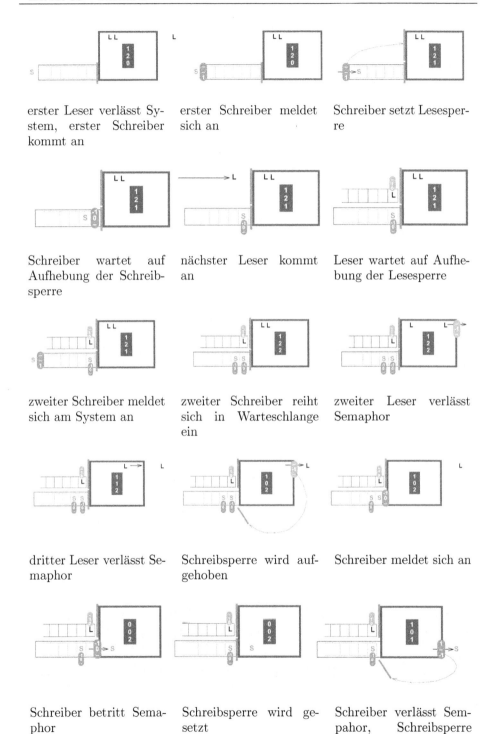

erster Leser verlässt System, erster Schreiber kommt an

erster Schreiber meldet sich an

Schreiber setzt Lesesperre

Schreiber wartet auf Aufhebung der Schreibsperre

nächster Leser kommt an

Leser wartet auf Aufhebung der Lesesperre

zweiter Schreiber meldet sich am System an

zweiter Schreiber reiht sich in Warteschlange ein

zweiter Leser verlässt Semaphor

dritter Leser verlässt Semaphor

Schreibsperre wird aufgehoben

Schreiber meldet sich an

Schreiber betritt Semaphor

Schreibsperre wird gesetzt

Schreiber verlässt Sempahor, Schreibsperre wird aufgehoben

| zweiter Schreiber betritt Semaphor | Schreibsperre wird gesetzt | Schreiber verlässt Semaphor, Schreib- und Lesesperre werden entfernt, weil Schreiberwarteschlange leer |

Nun kann der letzte Leser aus der Leserwarteschlange den Semaphor betreten (dabei Schreibsperre setzen) und nach dem Lesevorgang wieder verlassen (dabei Schreibsperre wieder aufheben).

Die oben dargestellte Lösung ist verklemmungsfrei, da ein wechselseitiges Warten auf Freigabe des Semaphors nicht vorkommen kann.

Herbst 03 - Thema 2

Aufgabe 5

Scheduling, Round-Robin, Shortest-Job-First, (nicht-)pre-emptive Scheduling-verfahren, Reaktions-zeit

Folgende Prozesse sollen betrachtet werden (die Zeiten seien in beliebigen Zeiteinheiten gegeben):

Prozess	Ankunftszeit	Laufzeit
A	0	3
B	1	2
C	2	1
D	3	2
E	4	3

Ein Prozess, der zum Zeitpunkt t eintritt, wird auch zum Zeitpunkt t in die Warteschlange eingereiht. Kommen zwei Prozesse zur gleichen Zeit, so wird die Ordnung auf den Prozessnamen (Alphabet) herangezogen. Wird ein Prozess vor seinem Terminieren zum Zeitpunkt t' unterbrochen, so reiht er sich in die Warteschlange mit Ankunftszeit t' wieder ein.

1. Erklären Sie zunächst den Unterschied zwischen preemptiven und nicht-preemptiven Scheduling-Verfahren!

2. Geben Sie für die Strategien Shortest Job First (SJF) und Round Robin (RR) mit Quantum $t = 1$ jeweils in Form eines Diagramms für die ersten 11 Zeiteinheiten an, wann welchem Prozess Rechenzeit zugeteilt wird und wann die Prozesse ggf. terminieren!

3. Die Reaktionszeit r_i eines Prozesses p_i sei definiert als:

$$r_i = erster\ Rechenzeitpunkt - Ankunftszeitpunkt;$$

Geben Sie die mittlere Reaktionszeit der Strategien RR und SJF aus Teilaufgabe a) an!

4. Wie muss die Größe des Quantums bei RR gewählt werden, damit sich diese Strategie äquivalent zur FIFO-Strategie verhält?

5. Nennen Sie drei unabhängige Einflussgrößen, die man zur Festlegung der Quantumslänge bei RR sinnvoll heranziehen kann!

---

1. Bei nicht-preemptiven Verfahren wird ein Prozess, sobald er einmal die CPU zugeteilt bekommen hat, nicht mehr unterbrochen bis er terminiert. Bei preemptiven Verfahren wird einem Prozess abhängig von einer Zeitdauer oder einer Priorität die CPU entzogen und der Prozess unterbrochen, obwohl er eigentlich noch bereit wäre.

2. SJF (es macht hier keinen Unterschied, ob preemptiv oder non-preemptiv):

	0	1	2	3	4	5	6	7	8	9	10
A	■	■	■								
B					■	■					
C				■							
D							■	■			
E									■	■	■

Round Robin:

	0	1	2	3	4	5	6	7	8	9	10
A	■	■		■							
B			■				■				
C					■						
D								■		■	
E									■		■

3. $R_{SJF} = (r_1 + r_2 + r_3 + r_4 + r_5)/5 = ((0 - 0) + (4 - 1) + (3 - 2) + (6 - 3) + (8 - 4))/5 = 11/5 = 2,2$
$R_{RR} = ((0 - 0) + (2 - 1) + (4 - 2) + (6 - 3) + (7 - 4))/5 = 9/5 = 1,8$

4. Die Zeitscheibe muss so groß sein, dass jeder Prozess innerhalb einer Zeitscheibe terminiert. In diesem Fall also 3.

5. Zeitdauer für Prozesswechsel
   durchschnittliche Laufzeit der Prozesse $\rightarrow$ Vermeidung der FIFO-Anomalie
   Reaktionszeit

Aufgabe 6

Seitenerset-
zungsstra-
tegien,
LIFO,
LRU, LFU,
swapping,
paging,
Seite,
Segment

Bei der Ausführung eines Speicherzugriffs bei der virtuellen Speicherverwaltung kann es vorkommen, dass sich die referenzierte Seite nicht im Arbeitsspeicher befindet. Diese Situation wird Seitenfehler *(page fault)* genannt. Die Behandlung eines Seitenfehlers erfordert i. Allg. Maßnahmen zur Ersetzung einer Seite im Arbeitsspeicher, d. h., um die gewünschte Seite in einen Seitenrahmen des Arbeitsspeichers einlagern zu können, muss zunächst eine andere Seite vom Arbeitsspeicher auf den Hintergrundspeicher ausgelagert werden.
Die Menge der Seiten sei gegeben durch $N = \{0, 1, 2, 3, 4, 5\}$ und die Menge der Seitenrahmen, die für die Speicherung der Seiten im Arbeitsspeicher zur Verfügung steht, sei gegeben durch $Frame_a = \{f_1, f_2, f_3, f_4\}$. Auf die 6 Seiten der Menge N werde in folgender Reihenfolge zugegriffen:

$$\omega = 1\,3\,5\,4\,2\,4\,3\,2\,1\,0\,5\,3\,5\,0$$

Arbeiten Sie mit den zur Verfügung stehenden Seitenrahmen der Menge $Frame_a$ die Seitenzugriffsfolge ω gemäß den nachfolgenden Ersetzungsstrategien ab. Erstellen Sie hierzu jeweils eine Tabelle mit den hierfür angegebenen Spalten.

1. LIFO : Last in First out

Referenzierte	Inhalt	Inhalt	Inhalt	Inhalt	Summe der
Seiten	f_1	f_2	f_3	f_4	Seitenfehler

2. LRU : Least Recently used

Referenzierte	Inhalt	Inhalt	Inhalt	Inhalt	Summe der
Seiten	f_1	f_2	f_3	f_4	Seitenfehler

3. LFU : Least Frequently used

Referenzierte	Inhalt	Inhalt	Inhalt	Inhalt	Summe der
Seiten	f_1	f_2	f_3	f_4	Seitenfehler

4. Erklären Sie den Unterschied zwischen Swapping und Paging!

5. Erklären Sie den Unterschied zwischen Segmenten und Seiten (pages)!

1. LIFO:

Referenzierte Seiten	Inhalt f_1	Inhalt f_2	Inhalt f_3	Inhalt f_4	Summe der Seitenfehler
1	1^0				1
3	1^1	3^0			2
5	1^2	3^1	5^0		3
4	1^3	3^2	5^1	4^0	4
2	1^4	3^3	5^2	2^0	5
4	1^5	3^4	5^3	4^0	6
3	1^6	3^5	5^4	4^1	6
2	1^7	3^6	5^5	2^0	7
1	1^8	3^7	5^6	2^1	7
0	1^9	3^8	5^7	0^0	8
5	1^{10}	3^9	5^8	0^1	8
3	1^{11}	3^{10}	5^9	0^2	8
5	1^{12}	3^{11}	5^{10}	0^3	8
0	1^{13}	3^{12}	5^{11}	0^4	8
4	1^{14}	3^{13}	5^{12}	4^0	9

2. LRU:

Referenzierte Seiten	Inhalt f_1	Inhalt f_2	Inhalt f_3	Inhalt f_4	Summe der Seitenfehler
1	1^0				1
3	1^1	3^0			2
5	1^2	3^1	5^0		3
4	1^3	3^2	5^1	4^0	4
2	2^0	3^3	5^2	4^1	5
4	2^1	3^4	5^3	4^0	5
3	2^2	3^0	5^4	4^1	5
2	2^0	3^1	5^5	4^2	5
1	2^1	3^2	1^0	4^3	6
0	2^2	3^3	1^1	0^0	7
5	2^3	5^0	1^2	0^1	8
3	3^0	5^1	1^3	0^2	9
5	3^1	5^0	1^4	0^3	9
0	3^2	5^1	1^5	0^0	9
4	3^3	5^2	4^0	0^1	10

3. LFU:

Referenzierte Seiten	Inhalt f_1	Inhalt f_2	Inhalt f_3	Inhalt f_4	Summe der Seitenfehler
1	1^0				1
3	1^0	3^0			2
5	1^0	3^0	5^0		3
4	1^0	3^0	5^0	4^0	4
2	2^0	3^0	5^0	4^0	5
4	2^0	3^0	5^0	4^1	5
3	2^0	3^1	5^0	4^1	5
2	2^1	3^1	5^0	4^1	5
1	2^1	3^1	1^0	4^1	6
0	2^1	3^1	0^0	4^1	7
5	2^1	3^1	5^0	4^1	8
3	2^1	3^2	5^0	4^1	8
5	2^1	3^2	5^1	4^1	8
0	0^0	3^2	5^1	4^1	9
4	0^0	3^2	5^1	4^2	9

4. Swapping = ganzer Prozess samt Prozesstabelle auslagern
   Paging = nur einzelne Seiten auslagern.

5. Seiten haben eine feste Größe, Segmente eine variable Länge.
   Bei Segmenten muss geprüft werden, ob bei der Adressumsetzung der Offset
   nicht die Segmentlänge überschreitet.

Aufgabe 7

Semaphor, Konflikt, Deadlock

Zwei Prozesse P1 und P2 seien wie folgt unter Verwendung von booleschen Semaphoren programmiert (WAIT entspricht UP und SIGNAL entspricht DOWN):

```
P1:    REPEAT                        P2:    REPEAT
           <unkritischer Bereich>            <unkritischer Bereich>
   (1)     WAIT(Platz)                       WAIT(Bestand)
   (2)     WAIT(S)                           WAIT(S)
           <kritischer Bereich>              <kritischer Bereich>
           SIGNAL(S)                         SIGNAL(S)
           SIGNAL(Bestand)                   SIGNAL(Platz)
           <unkritischer Bereich>            <unkritischer Bereich>
       UNTIL false                       UNTIL false
```

Ein Vertauschen der Zeilen (1) und (2) von Prozess P1 könnte zu Konflikten
führen. Erklären Sie anhand einer Belegung der Semaphore S, Platz und Bestand
und einer Beschreibung eines zeitlichen Ablaufs der beiden Prozesse P1 und P2,
wie in diesem Fall ein Deadlock entstehen kann.

Angenommen, $Platz = 1$, P1 könnte nun in den kritischen Bereich eintreten und setzt $S = 1$. Im nächsten Schritt blockiert nun P1, da WAIT(Platz) nicht ausgeführt werden kann. Um die Blockade von P1 zu lösen, müsste P2 $Platz = 0$ setzen. Dies ist aber erst nach dem kritischen Abschnitt möglich. Da sich aber bereits P1 im kritischen Abschnitt befindet, kann P2 diesen nicht durchlaufen und hat keine Möglichkeit den Semaphor Platz zu verändern. Welchen Wert dabei der Semaphor Bestand hat, ist irrelevant. Ist $Bestand = 0$, blockiert P2 erst nach WAIT(Bestand), andernfalls davor. Falls $Bestand = 1$, müsste P1 den Wert wiederum nach seinem kritischen Bereich ändern. Da P1 aber bereits blockiert ist, kann dieser Fall nie eintreten.

Frühjahr 04 - Thema 1

Aufgabe 10

a) Was versteht man unter den Begriffen Programm und Prozess?

b) Was ist der Unterschied zwischen Benutzermodus und Kernel-Modus?

c) Mit Hilfe von Scheduling-Strategien wird in Betriebssystemen entschieden, welcher der lauffähigen Prozesse den Prozessor zugeteilt bekommt. Beschreiben Sie die Ziele und die Vorgehensweise einer solchen Strategie in einem heute typischen Mehrbenutzer-/Mehrprogramm-Betriebssystem wie UNIX oder Linux!

ACID-Prinzip, Transaktion

a) *(siehe Herbst 06 Thema 1 Aufgabe 2.2 auf Seite 291)*

b) *(siehe Frühjahr 07 Thema 1 Aufgabe 2 auf Seite 300)*

c) *(siehe Frühjahr 07 Thema 2 Aufgabe 2b) auf Seite 306 und Herbst 07 Thema 1 Aufgabe 3c) auf Seite 317)*

Aufgabe 11

a) Was ist virtueller Speicher?

b) Skizzieren Sie den Ablauf der Umsetzung von einer virtuellen Adresse in eine phys. Hauptspeicheradresse bei Seitenadressierung!

c) Wie wird ein Shared-Memory-Segment zwischen zwei Prozessen bereitgestellt?

d) Was ist Seitenflattern? Welche Ursachen führen dazu, wie kann man es beheben?

Speicherverwaltung, Seitenflattern, Seitenadressierung

a) *(siehe [DUD] Stichwort „Speicherverwaltung")*

Im Allgemeinen finden nicht das gesamte Programm und alle benötigten Daten im schnellsten Speicher Platz, sondern nur ein kleiner, gerade benötigter Teil. Pufferspeicher und Hintergrundspeicher sind in gleich große Speicherbereiche aufgeteilt. Bei einem virtuellen Speicher adressiert der Benutzer direkt den Hintergrundspeicher, der Prozessor adressiert jedoch nur den Pufferspeicher.

∿ b) *(siehe Frühjahr 07 Thema 2 Aufgabe 3a) auf Seite 307)*

c) Shared Memory (dt. „geteilter Speicher") bezeichnet eine bestimmte Art der Kommunikation zwischen zwei Prozessen. Bei dieser Art der Kommunikation nutzen zwei oder mehrere Prozesse einen bestimmten Teil des Hintergrundspeichers (RAM) gemeinsam. Für alle beteiligten Prozesse liegt dieser gemeinsam genutzte Speicherbereich in deren Adressraum und kann mit normalen Speicherzugriffsoperationen ausgelesen und verändert werden. Meist wird dies über Pagingmechanismen realisiert, indem beide Prozesse gleiche Seitendeskriptoren verwenden, wodurch die gleiche Speicherseite (Kachel) im Hintergrundspeicher verwendet wird. Die Seitenkacheltabelle dieser beiden Prozesse verweist also teilweise auf die gleichen Kacheln.

∿ d) *(siehe Frühjahr 07 Thema 1 Aufgabe 1c) auf Seite 298)*

Herbst 04 - Thema 1

Aufgabe 3

Thread, Adressraum, Erzeuger-Verbraucher-Problem

1. Besitzt jeder Thread einen eigenen Kellerspeicher? Erläutern Sie Ihre Antwort.

2. Besitzt jeder Thread einen eigenen Adressraum? Erläutern Sie Ihre Antwort.

3. Erläutern Sie die Realisierung von Threads im Benutzer-Adressraum.

4. Erläutern Sie die Realisierung von Threads im System-Adressraum.

5. Threads in Java:
   Im Folgenden soll der Betrieb eines Parkhauses teilweise simuliert werden. Ein Objekt der Klasse Parkhaus repräsentiert das Parkhaus. Jedes Fahrzeug wird als eigener Thread simuliert.

Folgende Klassen seien gegeben:

```
public class ParkhausTest {
    public static void main (String [] args) {
        Parkhaus p = new Parkhaus (50);
        /* Hier 100 Threads mit Hilfe der Klasse Fahrzeug und des
        Objekts p erzeugen und starten (siehe Teilaufgabe a) */
}}
```

```
public class Parkhaus {
   private int kapazitaet;      // Kapazitaet des Parkhauses
   private int anzFahrzeuge;    // Anzahl der parkenden Fahrzeuge
   public Parkhaus (int kapazitaet) {
                this.kapazitaet = kapazitaet;
                anzFahrzeuge = 0 ;}
   // Einfahrt (Methode noch zu ergaenzen, siehe Teilaufgabe b)
   public void einfahrt() {
                anzFahrzeuge++;}
   // Ausfahrt (Methode noch zu ergaenzen, siehe Teilaufgabe b)
   public void ausfahrt() {
                anzFahrzeuge--;}
}}
public class Fahrzeug implements Runnable {
   private Parkhaus p;
   public Fahrzeug(Parkhaus p){
                this.p = p;}
   public void run() {
                In Parkhaus einfahren
                p.einfahrt();
                //Aufenthalt
                try {
                     Thread.sleep((int)(Math.random()*10000));
                } catch (InterruptedException e) {}
                // Aus Parkhaus ausfahren
                p.einfahrt();
}}
```

a) Ergänzen Sie die Klasse `ParkhausTest` so, dass mit Hilfe der Klasse `Fahrzeug` und des Objekts `p` einhundert Threads erzeugt und gestartet werden.

b) Ergänzen Sie die Methoden `einfahrt()` und `ausfahrt()` der Klasse `Parkhaus` so, dass der Zugriff auf `anzFahrzeuge` unter wechselseitigem Ausschluss geschieht! Ferner soll folgendes Szenario simuliert werden: Wenn die Kapazität des Parkhauses erschöpft ist, warten einfahrbereite Fahrzeuge in einer Wartezone. Immer wenn ein Fahrzeug das Parkhaus verlassen hat, verlässt ein beliebiges wartendes Fahrzeug die Wartezone.

1. Ja, jeder Thread benötigt für die Verwaltung von Rücksprungadressen bei Funktionsaufrufen und seiner lokalen Variablen einen eigenen Kellerspeicher.

2. Nein, die Threads arbeiten auf dem Adressraum des zugehörigen Prozesses. Nur dadurch kann erreicht werden, dass Threads gemeinsam eine Aufgabe lösen.

3. Das Betriebssystem weiß nichts von der Existenz der Threads, jeder Prozess verwaltet seine Threads und die zugehörigen Threadtabellen selbst. Die Threads werden also auf Anwendungsprogramm-Ebene realisiert.

4. Hier werden die Threads vom Betriebssystem realisiert. D. h. das Betriebssystem verwaltet die einzelnen Threads und die zugehörige Threadtabelle im Kern. Es ist damit einfacher Threads zu blockieren, aber teurer Threads zu erzeugen.

5. a)
```
public class ParkhausTest {
    public static void main (String[ ] args) {
        Parkhaus P = new Parkhaus (50) ;
        Thread t[100] ;
        for (int i = 0; i ≤ 99; i++) {
            t[i] = new Thread(Fahrzeug(p));
            t[i].start();
} } }
```

b)
```
public class Parkhaus {
    private int kapazitaet;
                //Kapazitaet des Parkhauses
    private int anzFahrzeuge;
                //Anzahl der parkenden Fahrzeuge
    private int fahrzeuge;
                //Boolescher Semaphor zum Zugriff
                //auf anzFahrzeuge
    private int frei;
                //Semaphor, der die freien Plätze angibt
    private int belegt;
                //Semaphor, der die belegten Plätze angibt

    public Parkhaus (int kapazitaet) {
        this.kapazitaet = kapazitaet;
        anzFahrzeuge = 0 ;
    }
// Einfahrt
public void einfahrt() {
    frei.down();
    fahrzeuge.down();
    anzFahrzeuge++;
    fahrzeuge.up();
    belegt.up();
}
// Ausfahrt
public void ausfahrt() {
    belegt.down();
    fahrzeuge.down();
    anzFahrzeuge--;
    fahrzeuge.up();
    frei.up(); }
}
```

Es handelt sich hierbei um ein klassisches *Erzeuger-Verbraucher-Problem*.

Aufgabe 4

Vor dem Zugang zu den Flugsteigen eines Flugplatzes findet in einer *Sicherheitszone* eine Sicherheitsüberprüfung der Passagiere statt. In der Sicherheitszone dürfen sich immer nur maximal 10 Passagiere aufhalten. Die Sicherheitszone enthält einen *Kontrollbereich* mit einem *Gepäckkontrolleur* und einem *Personenkontrolleur*. Um jedes Gepäckstück eindeutig einem Passagier zuordnen zu können, ist im Kontrollbereich nur maximal ein Passagier erlaubt. Der Gepäckkontrolleur darf erst dann mit seiner Kontrolle beginnen, wenn ein Passagier den Kontrollbereich betreten hat. Erst nachdem der Gepäckkontrolleur dem Passagier das Gepäckstück abgenommen hat, darf der Personenkontrolleur mit der Kontrolle beginnen. Der Gepäckkontrolleur darf dem Passagier das Gepäckstück erst dann wieder zurückgeben, wenn der Personenkontrolleur seine Kontrolle beendet hat. Nur wenn eine komplette Kontrolle (Person und Gepäck) durchgeführt wurde, darf der Passagier den Kontrollbereich verlassen.

Folgende Prozesse seien definiert:

Passagier {
    <betritt Sicherheitszone>
    <betritt Kontrollbereich>
    <verlässt Kontrollbereich>
    <verlässt Sicherheitszone>}
Gepäckkontrolleur {
    <nimmt Passagier Gepäckstück ab>
    <kontrolliert Gepäckstück>
    <gibt Passagier Gepäckstück zurück>}
Personenkontrolleur {
    <kontrolliert Person>}

Stellen Sie mit Hilfe von Semaphoren den oben skizzierten Ablauf sicher. Geben Sie zu jedem Semaphor einen kurzen aussagekräftigen Kommentar an. Geben Sie auch zu jedem Semaphor die Art (boolesch oder ganzzahlig) so wie die Anfangsbelegung an.

Semaphor

```
VAR sicherheit = 9 // (0,..9) Plätze in der Sicherheitszone
    kontrolle = 1 //Sperre des Kontrollbereichs (boolesch)
    gepaeck = 0 //Sperre des Gepäckkontrolleurs (boolesch)
    gepaeckFertig = 0 //Gepäckkontrolleur ist fertig (boolesch)
    person = 0 //Sperre des Personenkontrolleurs (boolesch)
    personFertig = 0 //Personenkontrolleur ist fertig (boolesch)

Passagier{
    sicherheit.down();
```

```
      <betritt Sicherheitszone>
      kontrolle.down();
      <betritt Kontrollbereich>
      gepaeck.up();
      gepaeckFertig.down();
      <verlässt Kontrollbereich>
      kontrolle.up();
      <verlässt Sicherheitszone>
      sicherheit.up();
}

Gepäckkontrolleur{
      gepaeck.down();
      <nimmt Passagier Gepäckstück ab>
      person.up();
      <kontrolliert Gepäckstück>
      personFertig.down();
      <gibt Passagier Gepäckstück zurück>
      gepaeckFertig.up();
}

Personenkontrolleur{
      person.down();
      down(passagierkontrolle);
      personFertig.up();
}
```

Herbst 04 - Thema 2

Aufgabe 6

Prozess, Betriebs- mittel, Verklem- mung

Zu einem Zeitpunkt t sei in einem System mit drei Prozessen [A, B, C] folgende Betriebsmittel-Zuteilung gegeben:

A hält **eine** Instanz vom Ressource-Typ **R1** und **zwei** Instanzen vom Ressource-Typ **R2**

B hält **eine** Instanz vom Ressource-Typ **R2** und **eine** Instanz vom Ressource-Typ **R3**

C hält **eine** Instanz vom Ressource-Typ **R2**

Dabei existieren insgesamt im System:

Eine Instanz vom Ressource-Typ **R1**

Vier Instanzen vom Ressource-Typ **R2**

Zwei Instanzen vom Ressource-Typ **R3**

Zu einem Zeitpunkt t sei in einem System mit drei Prozessen [A, B, C] folgende Betriebsmittel-Zuteilung gegeben:

Folgende Anforderungen bestehen:

A benötigt **eine** Instanz von **R2**, um erfolgreich terminieren zu können.
B benötigt **eine** Instanz von **R2**, um erfolgreich terminieren zu können.
C benötigt **eine** Instanz von **R3**, um erfolgreich terminieren zu können.

a) Vervollständigen Sie den Betriebsmittel-Zuteilungsgraphen in folgendem Schema:

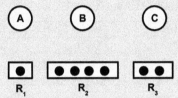

b) Gibt es Prozesse, die blockiert (= verklemmt) sind? Wenn ja: welche Prozesse sind dies und warum?

c) Was ändert sich am obigen Systemzustand bzgl. des Blockierens von Prozessen, wenn zusätzlich zu den bestehenden Anforderungen gilt:
C benötigt **eine** Instanz vom Ressource-Typ **R1**, um erfolgreich terminieren zu können?

a)

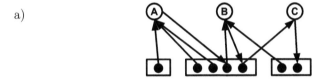

b) C kann seine Betriebsmittel zugeteilt bekommen, terminiert und der Graph reduziert sich:

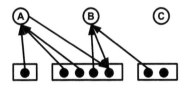

Jetzt warten sowohl A als auch B auf die letzte freie Instanz von R_2. Bei gleichzeitigem und gleichpriorem Zugriff geht es hier nicht mehr weiter, da sich die Prozesse (ansonsten) wegen der Betriebsmittelbelegung gegenseitig blockieren.

Teilt das Betriebssystem einem der beiden die letzte Instanz von R_2 zu, ist die Blockade aufgelöst.

c) C kann nun nicht mehr terminieren, da sich C und A im Deadlock bezüglich R_1 befinden. A müsste R_1 freigeben, was aber nicht geht, da er selbst auf die

nicht verfügbare Instanz von R_2 wartet, die u. a. C hält. Es liegt der Zyklus
$C \rightarrow R_1 \rightarrow A \rightarrow R_2 \rightarrow C$ vor.

Aufgabe 7

terminie-render Prozess, Betriebs-mittel-Zu-teilung, Banker's Algorith-mus

Zu einem Zeitpunkt t sei in einem System mit fünf Prozessen [A, B, C, D, E] folgende Betriebsmittel-Zuteilung gegeben:

Prozess	Farbdrucker	s/w-Drucker	CD-Brenner	Scanner
A	3	0	1	1
B	0	1	0	0
C	1	1	1	0
D	1	1	0	1
E	0	0	0	0

Nachfolgende Tabelle gibt an, wie viele Ressourcen die Prozesse noch benötigen, um bis zur erfolgreichen Terminierung arbeiten zu können:

Prozess	Farbdrucker	s/w-Drucker	CD-Brenner	Scanner
A	1	1	0	0
B	1	1	1	2
C	3	1	0	0
D	0	0	1	0
E	2	1	1	0

Von jedem Ressourcentyp sind insgesamt vorhanden:

Farbdrucker	s/w-Drucker	CD-Brenner	Scanner
6	3	4	2

1. Stellen Sie zunächst die für die beteiligten Prozesse benötigten Matrizen **Need** (= momentaner Restbedarf), **Max** (= Maimalbedarf bei Betreten des Systems) und **Allocation** (= momentane Belegung) und den Vektor **Available** (= momentane Verfügbarkeit) auf. Prüfen Sie anschließend (z. B. mit dem Banker's Algorithmus), ob das System in einem sicheren Zustand ist (d. h. es existiert eine Reihenfolge, in der alle Prozesse terminieren können). Falls der Zustand *sicher* ist, reicht die Auflistung einer möglichen Terminierungsreihenfolge mit der jeweiligen Angabe des aus einer Terminierung resultierenden **Available** Vektors. Falls der Zustand *nicht sicher* ist, geben Sie einen Systemzustand an, in dem Prozesse nicht mehr erfolgreich terminieren können.

2. Ausgehend von obiger Situation benötige Prozess E statt einem nun zwei CD-Brenner. Kann diese Anforderung erfüllt werden?

3. Erläutern Sie knapp, warum der Lösungsansatz aus a) in real existierenden Systemen schwierig umzusetzen ist!

$$
\text{1. } need = \begin{pmatrix} 1 & 1 & 0 & 0 \\ 1 & 1 & 1 & 2 \\ 3 & 1 & 0 & 0 \\ 0 & 0 & 1 & 0 \\ 2 & 1 & 1 & 0 \end{pmatrix} \quad max = \begin{pmatrix} 4 & 1 & 1 & 1 \\ 1 & 2 & 1 & 2 \\ 4 & 2 & 1 & 0 \\ 1 & 1 & 1 & 1 \\ 2 & 1 & 1 & 0 \end{pmatrix} \quad allocation = \begin{pmatrix} 3 & 0 & 1 & 1 \\ 0 & 1 & 0 & 0 \\ 1 & 1 & 1 & 0 \\ 1 & 1 & 0 & 1 \\ 0 & 0 & 0 & 0 \end{pmatrix}
$$

$$
available = \begin{pmatrix} 1 & 0 & 2 & 0 \end{pmatrix}
$$

Prozess D kann als erster (und einziger) bedient werden. Dann stellt sich die Situation so dar:

$$
need = \begin{pmatrix} 1 & 1 & 0 & 0 \\ 1 & 1 & 1 & 2 \\ 3 & 1 & 0 & 0 \\ 0 & 0 & 0 & 0 \\ 2 & 1 & 1 & 0 \end{pmatrix} \quad allocation = \begin{pmatrix} 3 & 0 & 1 & 1 \\ 0 & 1 & 0 & 0 \\ 1 & 1 & 1 & 0 \\ 0 & 0 & 0 & 0 \\ 0 & 0 & 0 & 0 \end{pmatrix} \quad available = \begin{pmatrix} 2 & 1 & 2 & 1 \end{pmatrix}
$$

Nun können Prozess A und E bedient werden. Nach Bedienung von E ändert sich an der Available-Tabelle nichts, da E momentan nichts belegt hält. Nach anschließender Bedienung von A stellt sich die Situation so dar:

$$
need = \begin{pmatrix} 0 & 0 & 0 & 0 \\ 1 & 1 & 1 & 2 \\ 3 & 1 & 0 & 0 \\ 0 & 0 & 0 & 0 \\ 0 & 0 & 0 & 0 \end{pmatrix} \quad allocation = \begin{pmatrix} 0 & 0 & 0 & 0 \\ 0 & 1 & 0 & 0 \\ 1 & 1 & 1 & 0 \\ 0 & 0 & 0 & 0 \\ 0 & 0 & 0 & 0 \end{pmatrix} \quad available = \begin{pmatrix} 5 & 1 & 3 & 2 \end{pmatrix}
$$

Nun kann Prozess B oder C bedient werden. Nach Bedienung von B stellt sich anschließend die Situation so dar:

$$
need = \begin{pmatrix} 0 & 0 & 0 & 0 \\ 0 & 0 & 0 & 0 \\ 3 & 1 & 0 & 0 \\ 0 & 0 & 0 & 0 \\ 0 & 0 & 0 & 0 \end{pmatrix} \quad allocation = \begin{pmatrix} 0 & 0 & 0 & 0 \\ 0 & 0 & 0 & 0 \\ 1 & 1 & 1 & 0 \\ 0 & 0 & 0 & 0 \\ 0 & 0 & 0 & 0 \end{pmatrix} \quad available = \begin{pmatrix} 5 & 2 & 3 & 2 \end{pmatrix}
$$

Abschließend kann nun Prozess C bedient werden. Das System befindet sich also in einem *sicheren* Zustand.

2. Die Ausgangssituation stellt sich wie folgt dar:

$$
need = \begin{pmatrix} 1 & 1 & 0 & 0 \\ 1 & 1 & 1 & 2 \\ 3 & 1 & 0 & 0 \\ 0 & 0 & 1 & 0 \\ 2 & 1 & 2 & 0 \end{pmatrix} \quad max = \begin{pmatrix} 4 & 1 & 1 & 1 \\ 1 & 2 & 1 & 2 \\ 4 & 2 & 1 & 0 \\ 1 & 1 & 1 & 1 \\ 2 & 1 & 2 & 0 \end{pmatrix} \quad allocation = \begin{pmatrix} 3 & 0 & 1 & 1 \\ 0 & 1 & 0 & 0 \\ 1 & 1 & 1 & 0 \\ 1 & 1 & 0 & 1 \\ 0 & 0 & 0 & 0 \end{pmatrix}
$$

$$
available = \begin{pmatrix} 1 & 0 & 2 & 0 \end{pmatrix}
$$

Auch hier kann wiederum nur Prozess D als erster bedient werden. Dann stellt sich die Situation so dar:

$$need = \begin{pmatrix} 1 & 1 & 0 & 0 \\ 1 & 1 & 1 & 2 \\ 3 & 1 & 0 & 0 \\ 0 & 0 & 0 & 0 \\ 2 & 1 & 2 & 0 \end{pmatrix} \quad allocation = \begin{pmatrix} 3 & 0 & 1 & 1 \\ 0 & 1 & 0 & 0 \\ 1 & 1 & 1 & 0 \\ 0 & 0 & 0 & 0 \\ 0 & 0 & 0 & 0 \end{pmatrix} \quad available = \begin{pmatrix} 2 & 1 & 2 & 1 \end{pmatrix}$$

Es bleibt also dabei, dass als nächstes die Prozesse A oder E bedient werden können, der weitere Ablauf sieht genauso aus wie bei Teilaufgabe a), der Systemzustand ist wiederum *sicher*.

3. In real existierenden Systemen können folgende Schwierigkeiten das System zum Scheitern verurteilen:
   i. ein Prozess weiß nicht von vorne herein, welche Betriebsmittel er benötigen wird
   ii. es kommen laufend neue Prozesse hinzu
   iii. ein Prozess fordert Betriebsmittel erst dann an, wenn er sie wirklich braucht und gibt sie danach sofort wieder frei und nicht erst, wenn er terminiert.

Ein mögliches Beispiel hierzu ist:

Ein User startet ein Textverarbeitungsprogramm; dies legt zu diesem Zeitpunkt aber nicht sofort sämtliche Drucker lahm, weil der User ja irgendwann mal was drucken könnte. Der Drucker wird vielmehr erst dann angefordert, wenn der User drucken möchte.

Außerdem können von anderen Programmen auch Druckaufträge erfolgen, selbst wenn die Textverarbeitung noch nicht beendet wurde.

Aufgabe 8

Seitenerset-zungsstra-tegien, FIFO, LRU, OPT, paging, Seitenfehler

Bei der Verwaltung von virtuellem Speicher werden Seitenverdrängungsalgorithmen benötigt, da der virtuelle Adressraum i. A. erheblich größer ist als der physikalisch tatsächlich vorhandene Speicher. Gegeben sei nun ein Prozess, der auf die logischen Seiten 1 bis 4 in der folgenden Reihenfolge zugreift: **1, 3, 2, 4, 3, 3, 4, 3, 1**

Wie viele Seitenfehler werden produziert, wenn dem Prozess jeweils eine, zwei, drei oder vier Kacheln zur Verfügung stehen? Beantworten Sie diese Fragen für die Seitenverdrängungsalgorithmen:

a) **OPT** (Belady's optimale Strategie)
b) **FIFO** (First-In-First-Out)
c) **LRU** (Least-Recently-Used)

Hinweis:
Beachten Sie dabei, dass die Kachel(n) zu Beginn leer ist/sind; d. h. der erste Zugriff auf eine logische Seite erzeugt auf jeden Fall einen Seitenfehler.)

Bei vier Seiten und vier Kacheln kommt es bei keiner Seitenersetzungsstrategie zu Seitenfehlern, außer bei den anfänglichen Einlagerungen, d. h. es entstehen genau vier Seitenfehler.

Bei einer Kachel ist die Strategie egal, denn es kann keine Kachel gewählt werden. Es kommt immer zu acht Seitenfehlern.

a) zwei Kacheln:

1	1	2	4	4	4	4	4	1
	3	3	3	3	3	3	3	3

$\Rightarrow$ 5 Fehler.

drei Kacheln:

1	1	1	1	1	1	1	1	1
	3	3	3	3	3	3	3	3
		2	4	4	4	4	4	4

$\Rightarrow$ 4 Fehler.

b) zwei Kacheln:

1	1	2	2	3	3	3	3	3
	3	3	4	4	4	4	4	1

$\Rightarrow$ 6 Fehler.

drei Kacheln:

1	1	1	4	4	4	4	4	4
	3	3	3	3	3	3	3	1
		2	2	2	2	2	2	2

$\Rightarrow$ 5 Fehler.

c) zwei Kacheln:

1_0	1_1	2_0	2_1	3_0	3_0	3_1	3_0	3_1
	3_0	3_1	4_0	4_1	4_2	4_0	4_1	1_0

$\Rightarrow$ 6 Fehler.

drei Kacheln:

1_0	1_1	1_2	4_0	4_1	4_2	4_0	4_1	4_2
	3_0	3_1	3_2	3_0	3_0	3_1	3_0	3_1
		2_0	2_1	2_2	2_3	2_4	2_5	1_0

$\Rightarrow$ 5 Fehler.

Aufgabe 9

Eine kleine PKW-Tankstelle besitze 4
Tankplätze (TP1, ... , TP4), wobei man
an jeder Säule alle gängigen Treibstoff-
Sorten zapfen kann. Ferner existiert ein
Waschplatz zur Autowäsche, in dem zu
einem Zeitpunkt genau ein PKW gewa-
schen werden kann (Waschplatz WP).
Von der Straße her kommend können
bis zu 5 PKWs in der Zufahrt zur Tank-

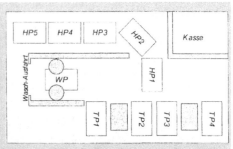

stelle halten und warten (Halteplätze HP1, ... , HP5). Ein Kunde will immer
entweder tanken oder waschen - niemals beides. Weitere Warteplätze auf dem
Tankstellen-Gelände sind nicht nutzbar. Realisieren Sie nun den reibungslosen
Ablauf der Tankstelle mit Zähl-Semaphoren (Counting Semaphores).

a) Definieren Sie in einer beliebigen objektorientierten Sprache oder in Pseudo-
   Code die benötigten *Schnittstellen* (Konstruktoren und Methoden) und die
   internen Datenfelder einer Zähl-Semaphore `Semaphore`. Eine konkrete Implementierung der Konstruktoren- und Methodenrümpfe ist nicht nötig.
b) Benutzen Sie Ihre Zähl-Semaphore aus Teil a), um den untenstehenden Programmcode zu vervollständigen. Es können in Ihrer Lösung einer, keiner
   oder mehrere Semaphore-Aufrufe auf einer ...-Linie stehen.

```
class Tankstelle {
    Semaphore Tankplatz   = new Semaphore(.......);
    Semaphore Waschplatz  = new Semaphore(.......);
    Semaphore Halteplatz  = new Semaphore(.......);
    public void benutzeTankstelle (auto einAuto) {
    ...............................................
    fahreWartestreifen (einAuto);
    if (einAuto.willTanken()) {
        ...........................................
        belegeTankplatz (einAuto);
        ...........................................
        } else {
        ...........................................
        belegeWaschplatz (einAuto);
        ...........................................
        }
        ...........................................
        fahreAusfahrt (einAuto);
        ...........................................
    } // [...] }
```

a) ```
class Semaphore {
    private int n;

    //Konstruktor
    public Semaphore (int n) {
    this.n = n;
    }

    //Methoden
    public void up() {
    ...
    }

    public void down() {
    ...
    }
```

b) ```
class Tankstelle {
    Semaphore Tankplatz = new Semaphore(4);
    Semaphore Waschplatz = new Semaphore(1);
    Semaphore HaltePlatz = new Semaphore(5);

    public void benutzeTankstelle (Auto einAuto) {
        Halteplatz.down();
        fahreWartestreifen (einAuto);
        if (einAuto.willTanken()) {
            Tankplatz.down();
            belegeTankplatz(einAuto);
            Halteplatz.up();
            Tankplatz.up();
        }
        else {
            Waschplatz.down();
            belegeWaschplatz(einAuto);
            Halteplatz.up();
            Waschplatz.up();
        }
        fahreAusfahrt(einAuto);
    }
}
```

Frühjahr 05 - Thema 2

Aufgabe 10

Prozess,
Betriebs-
mittel,
Prozess-
fortschritts-
diagramm,
unmögli-
cher
Bereich,
(un-)siche-
rer
Bereich,
Deadlock

Gegeben seien zwei Prozesse A und B. A benötigt zu seiner Ausführung 12 Zeiteinheiten, B benötigt 10 Zeiteinheiten. Es stehen insgesamt 5 verschiedene, exklusive Betriebsmittel (BM) zur Verfügung, die von den Prozessen während der Ausführung benötigt werden. Die folgende Tabelle zeigt, in welchen Intervallen die beiden Prozesse BM belegen:

Prozess	BM1	BM2	BM3	BM4	BM5
A	1 - 3, 9 - 11	6 - 8	4 - 5	7 - 11	2 - 3, 9 - 10
B	2 - 4	3 - 5, 7 - 9	4 - 6	4 - 5, 8 - 9	1 - 4

a) Zeichnen Sie das Prozess-fortschrittsdiagramm und geben Sie die unmöglichen und unsicheren Bereiche an!

b) Erklären Sie die Bedeutung von unmöglichen und unsicheren Bereichen und deren Zusammenhang mit Deadlocks!

c) Zeichnen Sie 4 verschiedene Pfade im obigen Prozessfortschrittsdiagramm ein, die die Prozesse A und B terminieren lasssen!

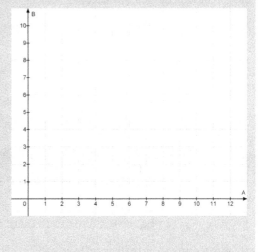

a) Sichere Bereiche sind als solche gekennzeichnet. Die umrahmten Bereiche auf der Hauptdiagonalen des Diagramms stellen unmögliche Bereiche dar, also solche in denen (mindestens) ein Betriebsmittel von beiden Prozessen gleichzeitig benötigt wird. Alle anderen (schattierten) Bereiche sind unsichere Bereiche.

b) Zeitbereiche, in denen mehrere Prozesse auf die gleiche Ressource gleichzeitig zugreifen wollen, sind unmögliche Bereiche, können also nie eintreten. In einem unsicheren Zustand gibt es keine Ausführungsreihenfolge der Prozesse, so dass diese terminieren; z. B. hält ein Prozess eine Ressource, die ein anderer kurz darauf anfordert. In einem unsicheren Zustand kann es zu einem Deadlock kommen, dies muss aber nicht zwangsläufig geschehen.

c) *(s. Grafik bei Teilaufgabe a))*
Der grob gestrichelte Pfad deutet an, dass zuerst Prozess A mit allen benötigten Betriebsmitteln versorgt wird während B erst wartet bis A terminiert

und dann seine Betriebsmittel zugeteilt bekommt. Analog wird entlang des grob gepunkteten Pfades zuerst Prozess *B* komplett versorgt bevor *A* an der Reihe ist. Die beiden anderen Pfade erteilen wechselweise für die Prozesse *A* und *B* die Betriebsmittel und umgehen unmögliche Bereiche.

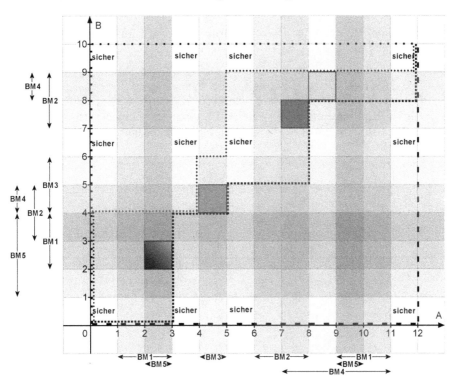

Aufgabe 11

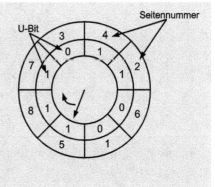

Der *Second-Chance*-Algorithmus (eine Variante des *Clock*-Algorithmus) verwendet für die Auswahl der zu verdrängenden Seiten eine zyklische Datenstruktur wie die rechts skizzierte.

Der einzige Unterschied zum Clock-Algorithmus besteht darin, dass der Zeiger immer auf die **zuletzt eingelagerte** Seite verweist. Bei einem Zugriff auf eine Seite wird das zugehörige U-Bit (Use-Bit) von der Hardware auf 1 gesetzt.

Clock-Algorithmus, second-chance, least recently used

Eine Seite mit der Nummer 10 soll in den Hauptspeicher geladen werden.

a) Erklären Sie die prinzipielle Funktionsweise des *Clock*-Algorithmus (2-3 Sätze)!

b) Welche Seite wird in obigem Beispiel aus dem Hauptspeicher verdrängt werden?

c) Skizzieren Sie die obige Datenstruktur nach dem Einlagern der neuen Seite!

d) Was passiert, wenn die U-Bits aller Seiten auf 1 gesetzt sind und ein Zugriff auf eine nicht im Hauptspeicher befindliche Seite erfolgt?

e) Der *Enhanced-Second-Chance*-Algorithmus verwendet zusätzlich zum vom *Second-Chance*-Algorithmus bekannten Use-Bit (U-Bit) noch ein Modified-Bit (M-Bit), das angibt, ob eine im Hauptspeicher geladene Seite verändert wurde oder nicht. Jede im Hauptspeicher enthaltene Seite fällt damit in eine der folgenden Klassen:

   - $U = 0, M = 0$
   - $U = 1, M = 1$
   - $U = 0, M = 1$
   - $U = 1, M = 0$

   i) In welcher Reihenfolge sollten Seiten dieser unterschiedlichen Klassen für eine Verdrängung aus dem Hauptspeicher ausgewählt werden? Begründen Sie kurz Ihre Entscheidung!

   ii) Was erhofft man sich durch diese Strategie zu verbessern?

f) Wie könnte der (einfache) *Second-Chance*-Algorithmus verbessert werden, so dass der *Least Recently Used (LRU)* besser aproximiert? (1-2 Sätze)

a) *(siehe Frühjahr 07 Thema 1 Aufgabe 1b) auf Seite 298)*

b) Seite 3, denn das ist die nächste Seite, die der Zeiger findet, bei der das Use-Bit 0 ist.

c)

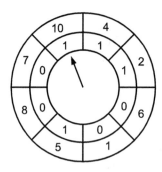

d) Der Zeiger läuft alle Seiten ab und setzt dabei das Use-Bit auf 0. Da bei allen Seiten das Use-Bit gesetzt war, wird nach einem Zeigerumlauf die älteste Seite verdrängt. Der Algorithmus mutiert hier also zu FIFO.

e)   i)   *(siehe [TAN], S. 236)*   ✏

Es wird eine beliebige Seite aus der niedrigsten, nicht-leeren Klasse genommen, wobei die Reihenfolge der Klassen lautet:

1. $U = 0, M = 0$
2. $U = 1, M = 0$
3. $U = 0, M = 1$
4. $U = 1, M = 1$

Nicht modifizierte Seiten können einfach überschrieben werden, während Seiten mit gesetztem M-Bit zurück in den Hauptspeicher geschrieben werden müssen. Dies ist relativ aufwändig. Außerdem werden zuerst ungenutzte Seiten und dann genutzte entfernt.

ii)   Dadurch, dass zuerst nicht-modifizierte Seiten ausgelagert werden, wird der Algorithmus schneller, da die auszulagernde Seite nicht zurückgeschrieben werden muss (siehe i)). Man erhofft durch den Einsatz dieses Verfahrens, eine höhere Geschwindigkeit beim Speicherzugriff/bei der Speichernutzung zu erreichen.

f)   Eine Erweiterung/Verbesserung des Second-Chance-Algorithmus stellt das sogenannte *Aging* dar. Anstatt eines einzelnen Use-Bits werden z. B. 8 Bits genutzt. In jedem Zeitintervall wird dieser Zähler verringert, indem die Bits um eine Position nach rechts geschoben werden. Wird die Seite benutzt, wird auf das Bit ganz links 1 addiert. Die Seite mit dem niedrigsten Wert wird ersetzt.

Herbst 05 - Thema 1

Aufgabe 1

Da die Aufgabenstellung identisch ist zu (*Frühjahr 07 Thema 1 Aufgabe 1 auf Seite 298*) wird hier auf weitere Ausführungen verzichtet.   ↶

Aufgabe 2

Da die Aufgabenstellung identisch ist zu (*Frühjahr 07 Thema 1 Aufgabe 2 auf Seite 300*) wird hier auf weitere Ausführungen verzichtet.   ↶

Aufgabe 3

Da die Aufgabenstellung identisch ist zu (*Frühjahr 07 Thema 1 Aufgabe 3 auf Seite 302*) wird hier auf weitere Ausführungen verzichtet.   ↶

Aufgabe 4

Da die Aufgabenstellung identisch ist zu (*Frühjahr 07 Thema 1 Aufgabe 4 auf Seite 303*) wird hier auf weitere Ausführungen verzichtet.   ↶

Herbst 05 - Thema 2

Aufgabe 1

Da die Aufgabenstellung identisch ist zu (*Frühjahr 07 Thema 2 Aufgabe 1 auf Seite 304*) wird hier auf weitere Ausführungen verzichtet.

Aufgabe 2

Da die Aufgabenstellung identisch ist zu (*Frühjahr 07 Thema 2 Aufgabe 2 auf Seite 306*) wird hier auf weitere Ausführungen verzichtet.

Aufgabe 3

Da die Aufgabenstellung identisch ist zu (*Frühjahr 07 Thema 2 Aufgabe 3 auf Seite 307*) wird hier auf weitere Ausführungen verzichtet.

Aufgabe 4

Da die Aufgabenstellung identisch ist zu (*Frühjahr 07 Thema 2 Aufgabe 4 auf Seite 308*) wird hier auf weitere Ausführungen verzichtet.

Aufgabe 5

Da die Aufgabenstellung identisch ist zu (*Frühjahr 07 Thema 2 Aufgabe 5 auf Seite 309*) wird hier auf weitere Ausführungen verzichtet.

Frühjahr 06 - Thema 1

Aufgabe 1

Folgendes Szenario gilt für alle drei zu diesem Thema gehörenden Aufgaben:

A) Ein Programm zur Durchführung der Datensicherung auf einem Magnetbandgerät arbeite nach folgendem Schema: Eine Konfigurationsdatei „backup.conf" enthält eine Liste von Dateikatalogen, die zu sichern sind.

B) Das Datensicherungsprogramm liest jeden dieser Dateikataloge durch und schreibt nacheinander die Verwaltungsinformationen und den Inhalt der darin enthaltenen Dateien in einen Speicherblock der Größe 4MB.

C) Das Magnetbandgerät arbeitet otpimal, wenn es mit möglichst großen Schreibaufträgen versorgt wird. Deshalb wird ein zweiter Prozess erzeugt, der Zugriff auf den gleichen Speicherblock hat und der jeweils 1MB große Datenbereiche daraus an das Magnetbandgerät überträgt.

a) Ziel der Datensicherung ist natürlich eine möglichst originalgetreue Rekonstruktion im Fall von Datenverlust. Nennen Sie Dateiattribute (Verwaltungsinformationen des Dateisystems zu einer Datei), die Sie bei der Datensicherung mit abspeichern würden. Begründen Sie dies jeweils.

b) Dateisysteme sind meist hierarchisch aufgebaut. Was bedeutet dies und wie geht man damit in dem Datensicherungsprogramm um?

Dateisystem

a) Siehe *Herbst 07 Thema 1 Aufgabe 2c) auf Seite 315* - hier finden sich alle zu speichernden Dateiattribute und aus deren Beschreibung lässt sich die Notwendigkeit sie mitzusichern jeweils leicht erkennen.

b) Eine Erläuterung des einfach strukturierten flachen Namensraums, der sich hinter der hierarchischen Sicht auf ein Dateisystem verbirgt, findet sich in *Herbst 07 Thema 1 Aufgabe 2a) auf Seite 315*. Man muss dann bei der Datensicherung nicht nur den Inhalt aller Dateien, sondern alle notwendigen I-Nodes und sonstigen Verwaltungsinformationen mitspeichern.

Aufgabe 2

a) Der in den Schritten B und C erwähnte Speicherblock soll von dem in Schritt B beschriebenen Prozess 1 gefüllt und von dem in Schritt C beschriebenen Prozess 2 ausgelesen werden. Wie erreicht man es, dass beide Prozesse gemeinsam auf diesen Speicherblock zugreifen können - welches Speicherverwaltungskonzept muss dafür von der Hardware und dem Betriebssystem unterstützt werden?

Dateisystem

b) Beschreiben Sie für den Fall einer segmentierten Speicherverwaltung wie die Abbildung der logischen Adressen der beiden Prozesse auf diesen gemeinsam erreichbaren Speicherblock funktioniert. Skizzieren Sie hierzu die an dem Abbildungsvorgang beteiligten Datenstrukturen des Betriebssystems.

a) Für beide Prozesse muss der gemeinsam genutzte Speicherbereich in deren Adressraum liegen und kann dann mit normalen Speicherzugriffsoperationen ausgelesen und verändert werden. Meist wird dies über Pagingmechanismen realisiert, indem beide Prozesse gleiche Seitendeskriptoren verwenden, wodurch die gleiche Speicherseite (Kachel) im Hintergrundspeicher verwendet wird. Das Betriebssystem muss diese *shared-memory* genannte Art der Interprozesskommunikation unterstützen, damit beide Prozesse auf den Speicherbereich zugreifen können.

b) Eine allgemeine Beschreibung zur Abbildung von logischen auf physi(kali)sche Adressen findet sich in *Herbst 02 Thema 2 Aufgabe 8.2 auf Seite 241*.

	Startadresse	Länge
00000		
00001		
00010		
00011	1110011000000000	11111111111
00101		
00110		
...		

Segmenttabelle für Prozess 1

	Startadresse	Länge
00000		
00001	1110011000000000	11111111111
00010		
00011		
00101		
00110		
...		

Segmenttabelle für Prozess 2

Die Seitentabellen der beiden Prozesse verweisen an einer Stelle auf den Speicherblock, d. h. sie enthalten die gleiche physi(kali-)sche Adresse.

Aufgabe 3

Semaphor, Prozess-koordina-tion, Erzeuger-Verbrau-cher-Problem

Grundsätzlich ist eine nebenläufige Arbeit von Prozess 1 und Prozess 2 möglich. gehen Sie jetzt davon aus, dass der Speicherblock von 4MB für die komplette Datensicherung nicht ausreicht.

a) Wie organisieren Sie den Speicherblock, um die nebenläufige Arbeit möglichst gut zu ermöglichen?

b) An welchen Stellen werden die beiden Prozesse typischerweise in den Zustand „blockiert" übergehen, so dass der jeweils andere Prozess die Zeit für seine Arbeit nutzen kann?

c) Um die in Schritt C geforderte Übertragung von jeweils 1MB an das Bandgerät bei einem Schreibauftrag sicher zu gewährleisten, müssen die beiden Prozesse koordiniert werden. Welche Art von Prozesskoordinierung
ist hier erforderlich? Skizzieren Sie die Koordinierung für die beiden Prozesse in einer programmiersprachlichen Form.

a) Der Zugriff auf den gemeinsamen Speicherblock (evtl. als Ringpuffer umgesetzt) kann über Semaphore gesteuert werden, durch die der wechselseitige
Ausschluss der beiden Prozesse gewährleistet ist.

b) Immer dann, wenn einer der beiden Prozesse auf den gemeinsamen Speicherblock zugreift, geht der andere jeweils in den Zustand blockiert über. So kann
nicht während des Auslesens von Daten gleichzeitig in den Speicherblock geschrieben werden und nicht während des Beschreiben des Speichers dieser
gleichzeitig ausgelesen werden.

c)
```
void process1()
{
      while (TRUE)
      {
         P1(frei);        //Zähler für freie Bereiche wird
                          //erniedrigt
         P(sperren);      //exklusiver Zugriff auf Speicher
         'Schreibe Daten in Speicher';
         V(sperren);      //Puffer freigeben
         V1(belegt);      //belegte Bereiche erhöhen
      }
}

void process2()
{
      while (TRUE)
      {
         P(belegt);       //Zähler für belegte Bereiche wird
                          //erniedrigt
         P(sperren);      //exklusiver Zugriff auf Speicher
         'Lese Daten aus Speicher' ;
         V(sperren);      //Puffer freigeben
         V(frei);         //freie Bereiche erhöhen
      }
}

type semaphore = 0..n;
procedure P (var s: semaphore);
begin
   if s ≥ 1 then s:= s-1;
   else begin
```

```
              'Stoppe den ausführenden Prozess';
              'Trage ihn in die Warteschlange W(s) ein'
        end
end;

procedure P1 (var s: semaphore);
begin
  if s ≥ 1 then s:= s-4;
  else begin
              'Stoppe den ausführenden Prozess';
              'Trage ihn in die Warteschlange W(s) ein'
        end
end;

procedure V (var s: semaphore)
begin
  s:= s+1
  if 'Warteschlange W(s) nicht leer' then
      begin
        'Wähle einen Prozess Q aus W(s) aus';
        'Springe zu der P-Operation in Q, die Q stoppte';
      end
end;
procedure V1 (var s: semaphore)
begin
  s:= s+4
  if 'Warteschlange W(s) nicht leer' then
      begin
        'Wähle einen Prozess Q aus W(s) aus';
        'Springe zu der P-Operation in Q, die Q stoppte';
      end
end;
```

(siehe hierzu [DUD] Stichwort „Nebenläufigkeit")

Frühjahr 06 - Thema 2

Aufgabe 1

a) Erläutern Sie bitte knapp im Zusammenhang mit Interprozesskommunikation die Begriffe „sleep&wakeup" und „busy-waiting". Welches sind die Vor- und Nachteile der beiden Strategien?

b) Erläutern Sie knapp das Problem, das entsteht, wenn mehrere Prozesse parallel und unkoordiniert auf eine gemeinsame Ressource - beispielsweise eine globale Variable - lesend und schreibend zugreifen!

c) Korrigieren Sie die Fehler im unten stehenden Java-Programm, damit daraus ein Programm entsteht, welches parallele Prozesse koordiniert: **einen Produzenten** und eine beliebige Anzahl **n** von **Konsumenten**.
Der Produzent legt jeweils eine einzelne Zufallszahl in einer globalen Puffer-Variablen ab. Die Konsumenten bedienen sich aus diesem globalen Puffer, wenn dort eine Zahl zur Verfügung steht.
Die Fehler befinden sich jeweils nur in den run()-Methoden der beiden Klassen. Schreiben Sie in Ihrer Lösung die beiden run()-Methoden in korrigierter Fassung.

Prozess, Erzeuger-Verbraucher-Problem

```
class Konsument implements Runnable
{
    private Produzent myProduzent;
    private BinSemaphore myBSVoll;
    private BinSemaphore myBSLeer;
    private BinSemaphore myBSExklusiverZugriff;
    public Konsument (Produzent myProduzent, BinSemaphore myBSVoll,
                      BinSemaphore myBSLeer,
                      BinSemaphore myBSExklusiverZugriff)
    {
        this.myProduzent = myProduzent;
        this.myBSVoll = myBSVoll;
        this.myBSLeer = myBSLeer;
        this.myBSExklusiverZugriff = myBSExklusiverZugriff;
    } public void run() //Bitte korrigieren
    {
        while (true)
        {
            myBSExklusiverZugriff.p();
            myBSVoll.p();
            System.out.println(''konsumiert:''+myProduzent.globalerPuffer);
            myBSLeer.v();
            myBSExklusiverZugriff.v();
        }
    }
}
```

```
class Produzent implements Runnable
{
  public int globalerPuffer;
  private BinSemaphore myBSVoll;
  private BinSemaphore myBSLeer;
  private BinSemaphore myBSExklusiverZugriff;
  java.util.Random zufallszahlenGenerator;
  public static void main (String[] args)
  {
    int n=10;
    BinSemaphore bsVoll = new BinSemaphore(false);
    BinSemaphore bsLeer = new BinSemaphore(true);
    BinSemaphore bsExklusiverZugriff = new BinSemaphore(true);
    Produzent derProduzent = new Produzent(bsVoll,
                                           bsLeer,
                                           bsExklusiverZugriff);
    new Thread(derProduzent).start();
    for (int i=0; i<n; i++)
    {
      new Thread(new Konsument(derProduzent,
                     bsVoll, bsLeer, bsExklusiverZugriff)).start();
    }
  }
  public Produzent (BinSemaphore myBSVoll,
                    BinSemaphore myBSLeer,
                    BinSemaphore myBSExklusiverZugriff)
  {
    this.myBSVoll = myBSVoll;
    this.myBSLeer = myBSLeer;
    this.myBSExklusiverZugriff = myBSExklusiverZugriff;
    zufallszahlenGenerator = new java.util.Random();
  }
  public void run() //Bitte korrigieren
  {
    while (true)
    {
              myBSLeer.v();
              myBSExklusiverZugriff.v();
              int neueZahl = zufallszahlenGenerator.nextInt(99);
              System.out.println(''produziert:''+neueZahl);
              globalerPuffer = neue Zahl,
              myBSExklusiverZugriff.p();
              myBSVoll.p();
    }
  }
}
```

a)   sleep&wakeup: Ein schlafender Prozess bleibt bis zum *wakeup* gesperrt
                     und ist in dieser Zeit völlig inaktiv. Der Nachteil ist hier-
                     bei, dass Prozesse für den *wakeup* auf andere Prozesse an-
                     gewiesen sind, da sie sich nicht selbst aufwecken können.
                     Es kann also passieren, dass Prozesse endlos schlafen.

     busy-waiting: Ein Prozess überprüft permanent, ob er weiter arbeiten
                     darf, es kann also nicht mehr vorkommen, dass er endlos
                     schläft. Diese Überprüfung führt zu Verschwendung der
                     CPU. Hierbei kann es auch zur Prioritätsumkehr kom-
                     men, wenn ein Prozess mit hoher Priorität auf die Ter-
                     minierung eines Prozesses mit niedriger Priorität wartet,
                     dieser aber nicht ausgeführt wird, weil noch Prozesse mit
                     höherer Priorität vorhanden sind. Dies kann dann zu ei-
                     ner Verklemmung führen. Desweiteren können Prozesse
                     mit niedriger Priorität aushungern.

b) Hierbei kann es zu sogenannten **race conditions** kommen, d. h. die Ausgabe
   eines Prozesses oder der Wert einer Variable ist davon abhängig, welcher
   Prozess den Wettlauf bei der Zugriffszeit „gewonnen" hat. Prozess A benötigt
   z. B. eine globale Variable, bevor er jedoch seine Berechnungen zu Ende
   führen kann, wird er vom Scheduler unterbrochen und Prozess B kommt an
   die Reihe. Dieser wiederum ändert den Wert der globalen Variable. Prozess
   A arbeitet im folgenden mit einem falschen Variablenwert.

c) *(siehe [DUD], Stichwort Nebenläufigkeit")*
   Run-Methode des Konsumenten:

```
public void run()
{
  while (TRUE)
  {
    myBSVoll.p();
    myBSExklusiverZugriff.p();
    System.out.println(''konsumiert:''+myProduzent.globalerPuffer);
    myBSExklusiverZugriff.v();
    myBSLeer.v();
  }
}
```

Run-Methode des Produzenten:

```
public void run()
{
  while (TRUE)
  {
    myBSLeer.p();
    myBSExklusiverZugriff.p();
    int neueZahl = zufallszahlenGenerator.nextInt(99);
    System.out.println(''produziert:''+neueZahl);
    globalerPuffer = neueZahl;
    myBSExklusiverZugriff.v();
    myBSVoll.v();
  }
}
```

Aufgabe 2

Scheduling-verfahren, FCFS, SJF, Round-Robin, Gantt-Dia-gramm

Zu einem bestimmten Zeitpunkt T kommen folgende Jobs in der gegebenen Reihenfolge in einer Rechenanlage mit einer CPU zur Bearbeitung an. Der zusätzliche Aufwand beim Umschalten zwischen den Jobs soll vernachlässigt werden.

Job	Bearbeitungszeit
1	10
2	1
3	2
4	1
5	5
6	9

a) Beschreiben Sie unter Verwendung von Gantt-Diagrammen (siehe Beispiel unten) die Bearbeitung der Jobs für die Schedulingverfahren **FCFS** (First-Come-First-served), **SJF** (Shortest-Job-First) und **RR (q=2)** (Round-Robin mit Zeitquantum=2).

Beispiel für ein Gantt-Diagramm

Zeit	1	2	3	4	5	6	7	8	9
Prozessor#1		Job#1		Job#2		Job#3			leer

b) Geben Sie für alle drei Schedulingverfahren den „Turnaround" (Gesamt-zeit im System) eines jeden Jobs an.

c) Geben Sie für alle drei Schedulingverfahren die Anfangswartezeiten, d. h. die Zeit eines jeden Jobs an, die er warten muss, bis er zum ersten Mal die CPU zugeteilt bekommt.

d) Welches Schedulingverfahren besitzt (angewandt auf das obige Beispiel und über alle Jobs gerechnet) die geringste durchschnittliche Gesamtwartezeit, d. h. bei welchem Verfahren ist die Zeit der Inaktivität der Prozesse durchschnittlich am geringsten?

a)

FCFS:

Zeit	1	2	3	4	5	6	7	8	9	10
Prozessor						Job#1				

Zeit	11	12	13	14	15	16	17	18	19
Prozessor	Job#2	Job#3		Job#4			Job#5		

Zeit	20	21	22	23	24	25	26	27	28
Prozessor					Job#6				

SJF:

Zeit	1	2	3	4	5	6	7	8	9	10
Prozessor	Job#2	Job#4	Job#3				Job#5			Job#6

Zeit	11	12	13	14	15	16	17	18	19
Prozessor				Job#6					Job#1

Zeit	20	21	22	23	24	25	26	27	28
Prozessor					Job#1				

RR:

Zeit	1	2	3	4	5	6	7	8	9	10
Prozessor	Job#1(8)		Job#2(0)		Job#3(0)		Job#4(0)		Job#5(3)	Job#6(7)

Zeit	11	12	13	14	15	16	17	18	19
Prozessor	Job#1(6)		Job#5(1)		Job#6(5)		Job#1(4)		Job#5(0)

Zeit	20	21	22	23	24	25	26	27	28
Prozessor	Job#6(3)		Job#1(2)		Job#6(1)		Job#1(0)		Job#6(0)

b) Der Turnaround beträgt für jeden Job:

	FCFS	SJF	RR
Job #1	10	28	27
Job #2	11	1	3
Job #3	13	4	5
Job #4	14	2	6
Job #5	19	9	19
Job #6	28	18	28

c) Die Anfangswartezeit beträgt für jeden Job:

	FCFS	SJF	RR
Job #1	0	18	0
Job #2	10	0	2
Job #3	11	2	3
Job #4	13	1	5
Job #5	14	4	6
Job #6	19	9	8

d) Die Gesamtwartezeit ist bei FCFS und SJF gleich der Anfangswartezeit:

	FCFS	SJF	RR
Job #1	0	18	17
Job #2	10	0	2
Job #3	11	2	3
Job #4	13	1	5
Job #5	14	4	14
Job #6	19	9	19

Die durchschnittliche Wartezeit beträgt:
FCFS: $67/6 = 11,1$
SJF: $34/6 = 5,6$
RR: $60/6 = 10$
$\Rightarrow$ bei SJF ist die durchschnittliche Zeit der Inaktivität am Geringsten.

Aufgabe 3

Speicher-
verwaltung,
First Fit,
Best Fit,
Worst Fit

a) Beschreiben Sie knapp die Speicherverwaltungsstrategien **First-Fit**, **Best-Fit** und **Worst-Fit**. Nennen Sie (tabellarisch strukturiert) zu jeder Strategie mindestens einen Vorteil und einen Nachteil.

b) Gegeben sei die Liste mit den folgenden, freien Speicherblöcken (in genau dieser Reihenfolge, wobei 1MB = 1024KB). Diese Blöcke liegen nicht nebeneinander im RAM.
1000KB   1MB   200KB   110KB   4MB

Es werden nun an das Betriebssystem in folgender Reihenfolge Speicheranforderungen gestellt:
1000KB   900MB   200KB   100KB   110KB   2MB

Wie teilt jede der Strategien **First-Fit**, **Best-Fit** und **Worst-Fit** den Speicher zu? Zur vollständigen Lösung gehört die Liste aller freien Blöcke nach jeder erfüllten Anforderung.

c) Bezogen auf das obige Beispiel beantworten Sie bitte die folgenden Fragen mit knapper Begründung:
  - Welches Verfahren schneidet bzgl. Erfüllung der Anfragen am schlechtesten ab?
  - Welches Verfahren arbeitet bzgl. der Fragmentierung am effizientesten?

a)

First-Fit	durchsucht die Liste der freien Speicherblöcke bis eine ausreichend große Lücke gefunden wird. Diese wird beschrieben und der entstehende freie Rest bleibt weiterhin in der Liste bestehen.
Vorteil:	First-Fit ist das schnellste der drei Verfahren, weil am wenigsten gesucht wird.
Nachteil:	Die freien Speicherblöcke werden nicht optimal genutzt.
Best-Fit	durchsucht die gesamte Liste und wählt das kleinste, gerade noch passende Loch aus.
Vorteil:	Große Restbereiche werden nicht unnötig durch kleinere Einträge belegt, so dass später auch größere Platz-Anforderungen noch bedient werden können.
Nachteil:	Best-Fit muss in jedem Schritt die gesamte Liste durchlaufen und ist deshalb langsamer. Außerdem entstehen viele kleine, unbrauchbare Lücken.
Worst-Fit	will kleine Lücken vermeiden und belegt immer das größte noch verfügbare Loch. Auch hierbei wird wieder die gesamte Liste durchsucht.
Vorteil:	Es bleiben mehr brauchbare Löcher übrig.
Nachteil:	Ebenso wie bei Best-Fit wird die ganze Liste durchlaufen und damit ist Worst-Fit ebenfalls langsamer als First-Fit. Außerdem wird der größte Block ständig verkleinert, so dass größere Anforderungen irgendwann nicht mehr erfüllt werden können, weil viele kleine Anforderungen die größten Blöcke belegt haben.

b) First-Fit:

Segment:	1000KB	1MB	200KB	110KB	4MB
1000KB	0KB				
900KB		124KB			
200KB			0KB		
100KB		24KB			
110KB				0KB	
2MB					2MB

Best-Fit:

Segment:	1000KB	1MB	200KB	110KB	4MB
1000KB	0KB				
900KB		124KB			
200KB			0KB		
100KB				10KB	
110KB		14KB			
2MB					2MB

Worst-Fit:

Segment:	1000KB	1MB	200KB	110KB	4MB
1000KB					3096KB
900KB					2196KB
200KB					1996KB
100KB					1896KB
110KB					1786KB
2MB	kein ausreichend großes Segment mehr				

c) Worst-Fit schneidet am schlechtesten ab, weil die letzte Speicheranforderung nicht mehr erfüllbar ist.

First-Fit ist in der Fragmentierung ein kleines bisschen effizienter, weil nur ein unbrauchbares Speichersegment übrig bleibt, während es bei Best-Fit zwei sind.

Herbst 06 - Thema 1

Aufgabe 1

Verklem-
mung,   1.1 Definieren Sie den Begriff Verklemmung!

1.2 Welche Bedingungen müssen erfüllt sein, damit eine Verklemmung entsteht?

1.3 Das Philosophenproblem

Fünf Philosophen sitzen an einem runden Tisch, in dessen Mitte ein immer voller Teller mit Nudeln steht. Rechts und links von jedem Philosophen liegt jeweils eine Gabel. Zum Essen benötigt ein Philosoph zwei Gabeln. Die Philosophen sind nur mit zwei Dingen beschäftigt: Denken und Essen. Ist einer hungrig, so greift er zuerst nach der linken und dann nach der rechten Gabel und fängt an zu essen. Ist eine Gabel belegt, so wartet er, bis sie wieder frei ist. Hat der Philosoph sich satt gegessen, so legt er die Gabeln wieder an ihren Platz und fährt fort mit Denken.

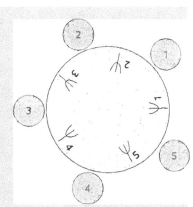

Philoso-phen-problem, ganzzahli-ger Semaphor

a) Betrachten Sie unten stehenden Pseudocode, der einen einzelnen Philosophen simuliert! Erläutern Sie in einem Satz, wie es in dieser Lösung zu einer Verklemmung kommen könnte!

```
N=5; Procedure phil(i:INTEGER)
     WHILE (TRUE) DO
         think;                //Philosoph denkt nach
         take_fork(i);         //nimm die linke Gabel
         take_form((i+1)%N);   //nimm die rechte Gabel,
                               % ist Modulo-Operator
         eat;                  //essen
         put_fork(i);          //lege linke Gabel zurück
         put_fork((i+1)%N);    //lege rechte Gabel zurück
     END;
END phil;
```

b) Neben einer Verklemmung könnte noch eine weiteres Problem auftauchen. Erläutern Sie kurz welches!

1.1 Mit *Deadlock* oder *Verklemmung* bezeichnet man in der Informatik einen Zustand, bei dem ein oder mehrere Prozesse auf Betriebsmittel warten, die dem Prozess selbst oder einem anderen beteiligten Prozess zugeteilt sind. *(vgl. [TAN])*

1.2 *(siehe Herbst 01 Thema 1 Aufgabe 2.2 auf Seite 230)*

1.3 a) Wenn die Prozesse aller fünf Philosophen gleichzeitig starten, dann nimmt jeder Philosoph zuerst die linke Gabel auf, kann dann aber nicht mehr die rechte Gabel nehmen, da diese bereits sein Nachbar hat. Damit liegt eine Verklemmung vor.

   b) Es handelt sich hierbei um das Fairness-Problem, d. h. es ist nicht garantiert, dass jeder Philosoph zum Essen kommt. Es kann vorkommen, dass immer der selbe Philosoph warten muss und er dadurch aushungern kann.

1.4 An einem Flughafen gibt es eine Lagerhalle, an der Transportflugzeuge ihre Ware abliefern und aufnehmen können. Lieferanten bringen jeweils zwei Kisten, während Abholer jeweils nur eine Kiste abholen. Zum Be- und Entladen fliegen die Flugzeuge zuerst über eine Start- und Landebahn ein und fahren dann vor die Lagerhalle. Dort steht ein Kran, der die Flugzeuge be- und entlädt. Danach fliegen die Flugzeuge wieder von der gleichen Start- und Landebahn weg. Beachten Sie folgende Bedingungen:

- Die Start- und Landebahn kann jeweils nur von einem Flugzeug befahren werden.
- Vor der Lagerhalle ist unbegrenzt Platz, so dass dort mehrere Lieferanten und Abholer stehen können.
- Die Lagerhalle hat eine Kapazität von höchstens 30 Kisten.
- Lieferanten dürfen nur zur Lagerhalle fahren, wenn die Lagerhalle noch für alle Kisten Kapazitäten hat. Ansonsten müssen sie nach dem Landen warten.
- Abholer dürfen nur zur Lagerhalle fahren, wenn noch mindestens eine Kiste in der Lagerhalle ist. Ansonsten müssen sie nach dem Landen warten.
- Es gibt nur einen Kran, der Flugzeuge nacheinander be- und entladen kann.
- Der Kran kann erst zu einem Flugzeug fahren, wenn es zur Lagerhalle gefahren ist.
- Ein Flugzeug darf erst zur Startbahn fahren, nachdem der Kran vom Flugzeug abgefahren ist.
- Die Lagerhalle ist zu Beginn leer.

1.5 Die Prozesse sehen folgendermaßen aus:

```
Lieferant                        Abholer                          Kran
{                                {                                {
while (TRUE)                     while (TRUE)                     while (TRUE)
{                                {                                {
  <auf Start-/Landebahn landen>    <auf Start-/Landebahn landen>    <Anfahrt zu Flugzeug>
  <zur Lagerhalle fahren>          <zur Lagerhalle fahren>          <be-/entlade Flugzeug>
  <2 Pakete abliefern>             <1 Paket holen>                  <Abfahrt von Flugzeug>
                                                                  }
  <auf Start-/Landebahn starten>   <auf Start-/Landebahn starten>  }
}                                }
}                                }
```

Vervollständigen Sie mit Hilfe von Semaphoren die obigen Prozesse so, dass es zu keiner Verklemmung kommen kann! Verwenden Sie ganzzahlige Semaphore und geben Sie zu den verwendeten Semaphoren die Startwerte an! Sperrphasen sind möglichst kurz zu halten.

```
1.4 var landebahn,nochFreiePlaetze,belegtePlaetze,kran:semaphore;
                                  //Definition der Semaphoren
        landebahn := 1;           //die Landebahn ist zu Beginn leer
```

```
        nochFreiePlaetze := 30;
        belegtePlaetze := 0;
        kran := 1;                  //der Kran ist frei

    Lieferant
    { while (TRUE)
    {    down(landebahn);           //exklusiver Zugriff auf die
                                    //Start-/Landebahn

        <landen> ;
        up(landebahn);             //Start-/Landebahn freigeben
        nochFreiePlaetze = nochFreiePlaetze - 2;
        <zur Lagerhalle fahren>;   //nur wenn noch 2 Plätze frei
        down(kran);                //exklusive Belegung des Krans
        Kran();
        <zwei Pakete abliefern>;
        up(kran);                  //Kran freigeben
        belegtePlaetze = belegtePlaetze + 2;
                                    //Sperrzeit für Kran gering
        <zur Start-/Landebahn fahren>;
        down(landebahn);           //exklusiver Zugriff auf die
                                    //Start-/Landebahn

        <starten>;
        up(landebahn);             //Start-/Landebahn freigeben
    }    }

    Abholer
    { while (TRUE)
    {    down(landebahn);           //exklusiver Zugriff auf die
                                    //Start-/Landebahn

        <landen>;
        up(landebahn);
        down(belegtePlaetze);      //nur zur Halle fahren,
                                    //wenn noch mind. 1 Kiste da ist
        <zur Lagerhalle fahren>;
        down(kran);                //exklusive Belegung des Krans
        Kran();
        <ein Paket abholen>;
        up(kran);                  //Kran freigeben
        up(nochFreiePlaetze);
        <zur Start-/Landebahn fahren>;
        down(landebahn);           //exklusiver Zugriff auf die
                                    //Start-/Landebahn

        <starten>;
        up(landebahn);             //Start-/Landebahn freigeben
    }    }
    Kran
    { while (TRUE)
```

```
{    <Anfahrt zu Flugzeug>;
     <be-/entlade>;
     <Abfahrt von Flugzeug>;
}    }
```

Aufgabe 2

2.1 Erklären Sie kurz den Unterschied zwischen einem Programm und einem Prozess!

2.2 Nennen Sie die Zustände, die ein Prozess aus Betriebssystemsicht einnehmen kann! Übertragen Sie dafür rechts abgebildetes Zustandsdiagramm auf Ihr Arbeitsblatt! Tragen Sie die Zustände in die Kreise ein und benennen Sie die Zustandsübergänge 1 bis 4!

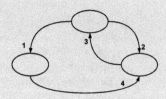

2.3 Erläutern Sie kurz die Vorgehensweisen der folgenden Scheduling-Algorithmen:

- Round Robin
- First-come, First-served
- priority scheduling (statisch)

Gehen Sie auch auf die Kriterien Fairness, Echtzeitfähigkeit und unterbrechend ein!

2.4 Fünf Stapelverarbeitungsaufgaben A bis E kommen in einem Rechenzentrum an. Die folgende Tabelle zeigt für jede Stapelverarbeitungsaufgabe die Ankunftszeit, die Laufzeit sowie die Priorität. Die Priorität wächst mit steigenden Zahlen.

	Ankunftszeit	Laufzeit	Priorität
A	0ms	10ms	3
B	1ms	6ms	5
C	2ms	2ms	2
D	3ms	4ms	1
E	4ms	8ms	4

a) Bestimmen Sie für jeden der in Aufgabe 2.3 genannten Scheduling-Algorithmen die durchschnittliche Prozessdurchlaufzeit (Verweilzeit)! Vernachlässigen Sie dabei den Overhead des Prozesswechsels! Die Zeitscheibe für Round Robin betrage 2ms.

b) Welchen Algorithmus würden Sie auswählen? Begründen Sie kurz Ihre Entscheidung!

2.1 *(siehe Frühjahr 07 Thema 2 Aufgabe 1 auf Seite 304)*

2.2   a) Prozess blockiert z. B. wegen Eingabe
      b) Scheduler wählt anderen Prozess
      c) Scheduler wählt diesen Prozess
      d) Eingabe vorhanden, Blockade aufgehoben

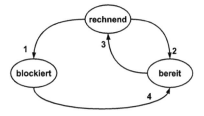

2.3	Round Robin:	Dabei werden alle rechenbereiten Jobs in einer Warteschlange angeordnet. Jeweils der vorderste Job wird aus der Schlange genommen, bekommt für eine bestimmte, kurze Zeitspanne den Prozessor zugeteilt und wird dann, falls er mehr Zeit benötigt, erneut hinten an die Warteschlange angestellt. Neu hinzukommende Jobs werden ebenfalls an das Ende der Schlange gestellt. Die Zeitspanne, oder auch Zeitscheibe genannt, ist immer gleich groß, typischerweise in Größenordnungen von 10 bis 50 Millisekunden. Round Robin ist fair, unterbrechend und im Allgemeinen nicht echtzeitfähig.
	First-come, First-served:	Hierbei werden alle Prozesse in der Reihenfolge ihres Eingangs bearbeitet. Dabei werden einzelne Prozesse immer komplett verarbeitet, bevor der nächste Prozess an die Reihe kommt. Diese Strategie erzielt eine gute Auslastung bezüglich der CPU, allerdings nicht bezüglich der Ressourcen, die längere Zeit für eine Anforderung benötigen können, wie z. B. Ein-/Ausgabe oder Massenspeicher. FCFS ist nicht fair, arbeitet ohne Priorität, und ist weder unterbrechend noch echtzeitfähig.
	priority scheduling (statisch):	Bei dieser Strategie wird jedem Prozess eine Priorität zugeordnet. Die Abarbeitung erfolgt dann in der Reihenfolge der Prioritäten. Priority scheduling ist echtzeitfähig, die Fairness wird durch die Prioritäten geregelt. Wir gehen im folgenden von der unterbrechenden Variante dieser Strategie aus - je nach Literaturquelle ist auch eine nicht-unterbrechende Variante möglich.

2.4   a)

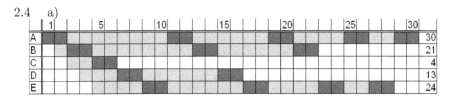

Round Robin: $(28 + 21 + 4 + 15 + 26)/5 = 94/5 = 18,8$

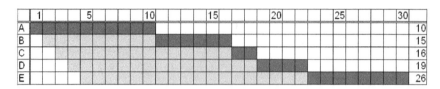

First-come, First-served: $(10 + 15 + 16 + 19 + 26)/5 = 86/5 = 17,2$

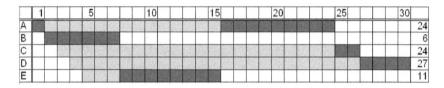

priority scheduling: $(24 + 6 + 24 + 27 + 11)/5 = 92/5 = 18,4$

b) Für Stapelverarbeitung sind keine unterbrechenden Verfahren geeignet, so dass FCFS ausgewählt wird. Ginge man beim priority scheduling von der nicht-unterbrechenden Variante aus, müsste als zweites Argument die durchschnittliche Verweilzeit (die möglichst kurz sein sollte) hinzugezogen werden.

Aufgabe 3

dynamische Segmentierung, Best Fit, First Fit, Worst Fit

3.1 Eine Arbeitsspeicherverwaltung wende dynamische Segmentierung an und habe in der Freispeicherliste noch drei Segmente von 700, 450 und 300 Speichereinheiten zur Verfügung (Reihenfolge wie Aufzählung). Es treffen nun nacheinander Anforderungen von 100, 300, 400, 300 und 250 Speichereinheiten an. Wie würden mit dem first fit- und dem best fit-Verfahren die Speichereinheiten auf die Segmente verteilt werden? Stellen Sie Ihr Ergebnis in einer zu unten stehender äquivalenten Tabelle dar, vergleichen Sie die Ergebnisse und erläutern Sie die Unterschiede! Geben Sie hierbei jeweils die noch freien Speichergrößen an!

Anforderung	First Fit			Best Fit		
Segment	Segm. 1	Segm. 2	Segm. 3	Segm. 1	Segm. 2	Segm. 3
Initial	700	450	300	700	450	300
100						
300						
400						
300						
250						

3.2 Als weitere Möglichkeit gibt es das Verfahren worst fit. Erläutern Sie kurz die Verfahrensweise, Vor- und Nachteile!

3.1 First Fit verwendet die erste ausreichend große Lücke und ist damit schneller als Best Fit, das die kleinste, gerade noch ausreichende Lücke sucht. Best Fit testet also immer alle Segmente. Außerdem liefert Best Fit in der Praxis schlechtere Ergebnisse, da sehr viele kleine, unbrauchbare Lücken entstehen, also Speicherplatz verschwendet wird.

Anforderung	First Fit			Best Fit		
Segment	Seg. 1	Seg. 2	Seg. 3	Seg. 1	Seg. 2	Seg. 3
Initial	700	450	300	700	450	300
100	600	450	300	700	450	200
300	300	450	300	700	150	200
400	300	50	300	300	150	200
300	0	50	300	0	150	200
250	0	50	50	kein ausreichend großes Segment mehr		

3.2 Worst Fit verwendet immer die größte Lücke, um möglichst große Restlücken zu lassen. Auch Worst Fit liefert in der Praxis keine guten Ergebnisse (es sind schneller als bei anderen Verfahren nur noch Reste übrig, die zu klein sind für große Teile) und ist ebenfalls nicht so schnell wie First Fit.

Herbst 06 - Thema 2

Aufgabe 1

a) Skizzieren Sie (grafisch) die Abbildung einer logischen Adresse in eine physikalische Adresse in einem System mit Segmentierung!

b) Was muss das Betriebssystem tun, wenn aufgrund von Hauptspeichermangel ein Segment ausgelagert werden soll? Beschreiben Sie den Ablauf und welche Änderungen in welchen der in Teilaufgabe a) beschriebenen Datenstrukturen vorgenommen werden müssen!

c) Was passiert, wenn der Prozess nach dem Auslagern erneut auf die Daten des Segments zugreift? Beantworten Sie in Ihrer Beschreibung vor allem die Fragen:

- Welche Einheit des Systems erkennt, dass das Segment nicht vorhanden ist?
- Woran wird das erkannt?
- Welche Aktivitäten finden daraufhin im Betriebssystem oder in der Anwendung statt?
- Welche Datenstrukturen werden in diesem Zusammenhang wie modifiziert?
- Welche Prozesszustände nimmt der betroffene Prozess in welcher Phase ein?

d) Ein Segment soll von zwei Prozessen gemeinsam genutzt werden. Was muss das Betriebssystem hierfür tun?

e) Nennen Sie drei wesentliche Unterschiede zwischen Segmentierung und Seitenadressierung!

Speicherverwaltung, Seitenadressierung, logische, physi(kali-)sche Adresse, Segmentierung, ganzzahliger Semaphor, Prozesszustand

a) *(siehe Herbst 02 Thema 2 Aufgabe 8.2 auf Seite 241)*

b) Das Betriebssystem wählt ein ausreichend großes Segment aus und entfernt dieses nach Schutz- und Zugriffsprüfungen aus dem Speicher. Hierbei wird das entsprechende Präsenzbit auf 0 gesetzt. Der zugehörige Prozess, der dieses Segment benutzt, muss vorher gestoppt werden. Je nach Inhalt des Segments müssen eventuell geänderte Daten in den Hintergrundspeicher zurückgeschrieben werden. Hierzu muss entsprechend Platz im Hauptspeicher gefunden werden. Am Ende der Wartezeit werden die ausgelagerten Segmente dann später in den Hauptspeicher zurückgeschrieben.

Das neue Segment wird mit seiner Startadresse und seiner Länge in die Segmenttabelle (wiederum nach Schutz- und Zugriffsprüfungen) aufgenommen, das entsprechende Bit für die Anwesenheit im Hauptspeicher wird gesetzt. In der Regel entsteht zu diesem Zeitpunkt eine Lücke zum nächsten Segment, da die Segmente selten genau gleich groß sind. Falls die Speicherverwaltung kein passendes Segment zum Ersetzen findet, weil sehr viele kleine Lücken im Speicher sind, so kann der Speicher verdichtet oder ein weiteres Segment ausgelagert werden. Die Speicherverdichtung ist allerdings sehr rechenaufwändig.

Die Wiedereinlagerung kann auf Grund der logischen Adressierung an beliebiger passender Stelle des Hauptspeichers erfolgen, es muss lediglich die Segmenttabelle (insbesondere Setzen des entsprechenden Präsenzbits) angepasst werden.

c) Das Betriebssystem stellt anhand des nicht gesetzten Präsenzbits dieses Segments in der Segmenttabelle fest, dass es sich nicht im Hauptspeicher befindet. Der enstprechende Prozess der Anwendung wird vom Betriebssystem unterbrochen (befindet sich dann also im Zustand wartend/blockiert). Das Betriebssystem übernimmt die Kontrolle und sucht nun im Hintergrundspeicher nach dem entsprechenden Namenseintrag (der Name des Segments findet sich auch in der Segmenttabelle). Ist das Segment ermittelt prüft das Betriebssystem Schutz- und Zugriffseinstellungen und sucht nach einem passenden Platz zum Einlagern des Segments in den Hauptspeicher. Falls es keinen findet, wird erst einmal ein anderes passendes Segment ausgelagert. Die Segmenttabelle wird angepasst und insbesondere das Präsenzbit des eingelagerten Segments gesetzt. Das Betriebssystem „weckt" nun den „schlafenden" Prozess, der sich daraufhin im Zustand „bereit" befindet. Nach einem Resume läuft er dann weiter, die Kontrolle liegt jetzt wieder beim Anwendungsprogramm.

d) Um gemeinsam auf Daten zugreifen zu können wird ein sogenanntes Shared-Memory Segment angelegt, auf das beliebig viele Prozesse zugreifen können. Damit es hierbei nicht zu Konflikten und somit zu inkonsistenten Daten bei gleichzeitigen Schreib- sowie Schreib-Lesezugriffen kommen kann, ist die Synchronisation (z. B. mittels Semaphoren) sehr wichtig. Da der Bezeichner des Speicherbereichs für dieses Shared Memory Segment vom Betriebssystem verwaltet wird, ist es für jeden Prozess auf dem gleichen Rechner verfügbar und steht auch verschiedenen Threads innnerhalb eines Prozesses zur Verfügung.

e) Dadurch, dass Segmente eine inhaltliche Einheit bilden, können bei der *Segmentierung* Programmcode und Daten getrennt voneinander geschützt werden. Insbesondere wird dadurch gewährleistet, dass der Code nicht verändert wird und wenn ein Code-Segment ausgelagert wird, muss es (da sicher nicht modifiziert) nicht in den Hauptspeicher zurückgeschrieben werden. Bei der *Seitenadressierung* kann eine Seite sowohl Daten als auch Code enthalten. Da das Betriebssystem den Inhalt der Seite nicht kennt, kann der Code nicht geschützt werden.

Bei der *Segmentierung* können Segmente während der Programmausführung wachsen und schrumpfen, da die Segmentgröße geändert werden kann. Insbesondere der Stack wird zu Beginn der Programmausführung wachsen. Bei der *Seitenadressierung* muss immer eine ganze Seite belegt werden, auch wenn nur ein kleiner Teil davon benötigt wird.

Die *Segmentierung* bietet außerdem den Vorteil, dass Code-Segmente gemeinsam genutzt werden können. Dies wird z. B. bei Bibliotheken häufig genutzt (s. Teilaufgabe d)). Bei der *Seitenadressierung* kann der Code nicht gemeinsam genutzt werden, da das Betriebssystem nicht weiß, in welchen Seiten der Code steht.

Aufgabe 2

Gegeben sei folgendes Szenario: Ein Prozess P0 erzeugt Daten, die er zur Vorverarbeitung einem Prozess P1 übergibt. Das Ergebnis der Vorverarbeitung übergibt P1 dann an Prozess P2, der eine Weiterverarbeitung vornimmt. Das Ergebnis der Weiterverarbeitung wird entweder an Prozess P3 zur Ausgabe übergeben oder muss - falls es bestimmten Kriterien noch nicht genügt - nochmals an Prozess P1 zur erneuten Vorverarbeitung übergeben werden.

Prozesskoordination, Erzeuger-Verbraucher-Problem, Verklemmung

Die Prozesse P1 bis P3 verfügen jeweils über einen FIFO-Puffer (B1 - B3) mit n Speicherplätzen über den sie ihre Eingaben entgegen nehmen. P1 hat nur einen solchen Puffer (B1), über den sowohl P0 als auch P2 die Daten bei ihm anliefern. Die Prozesse geben ihre Daten grundsätzlich in Form von Datenpaketen weiter, ein Puffer-Speicherplatz kann ein solches Datenpaket aufnehmen.

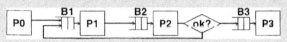

a) Beschreiben Sie an welchen Stellen Koordinierungsbedarf in diesem Szenario besteht und mit welchen Koordinierungsmechanismen man die Zugriffe jeweils koordinieren kann!

b) Skizzieren Sie nun in einer programmiersprachlichen Form die Operationen
put und get:
void put(message m) nimmt eine Nachricht entgegen und kopiert sie in
den Puffer. Falls gerade kein Platz in dem Puffer frei ist, blockiert die Operation so lange, bis wieder ein Speicherplatz für die Nachricht frei wird.
message get() entnimmt die nächste Nachricht aus dem Puffer. Falls der
Puffer leer ist, blockiert die Operation so lange, bis wieder eine Nachricht
vorliegt.

c) Ist Ihre Lösung verklemmungsgefährdet? Begründen Sie Ihre Antwort, indem Sie beschreiben, wann eine Verklemmung auftreten kann bzw. warum
Verklemmungen nicht auftreten werden!

a) Auf die einzelnen Pufferplätze darf immer nur ein Prozess gleichzeitig zugreifen. Da beim Zugriff auf einen aber zusätzlich Pufferplätze freigegeben
bzw. belegt werden, muss dieser exklusiv erfolgen. Dieses Problem kann mit
Semaphoren koordiniert werden. Dazu benötigt man jeweils einen Semaphor
für die belegten und freien Pufferplätze, sowie einen binären Semaphor für
den exklusiven Zugriff.

b) Dieses typische Erzeuger-Verbraucher-Problem wurde ausführlich in *Frühjahr
03 Thema 2 Aufgabe 5 auf Seite 245* gelöst. Die dortige erzeugen-Methode
entspricht der hier verlangten put-Methode, get wird durch verbrauchen
wiedergegeben.

c) Dadurch, dass P1 nur einen Puffer besitzt, auf dem P0 und P2 gleichberech-
tigt Daten erzeugen, kann es zu einer Verklemmung kommen, wenn B1 und
B2 voll sind und P2 ein Datenpaket auf B1 schreiben will. Damit wieder ein
Pufferplatz frei wird, müsste P1 sein aktuell bearbeitetes Datenpaket in B2
speichern, was aber nicht möglich ist.
(siehe hierzu auch Frühjahr 03 Thema 2 Aufgabe 5 auf Seite 245)

Aufgabe 3

*Prozessko-
ordination,
Erzeuger-
Verbrau-
cher-
Problem,
Verklem-
mung*

Gehen Sie von folgendem, gegenüber Aufgabe 2 veränderten Szenario aus:
Die Puffer können jeweils nur eine Nachricht aufnehmen. Die Prozesse verarbeiten die Nachricht direkt aus dem Eingangspuffer und schreiben das Ergebnis
direkt in den Puffer des empfangenden Prozesses. Beide Puffer werden erst dann
wieder freigegeben, wenn die Verarbeitung beendet ist. Der Prozess P2 stellt
dabei zu Beginn der Verarbeitung fest, ob eine neue Vorverarbeitung durch P1
oder die Ausgabe durch P3 erfolgen wird (noch bevor die ersten Ergebnisdaten
produziert werden). Bevor ein Prozess seinen Eingabepuffer belegt, überprüft
er, ob überhaupt Daten darin vorhanden sind. Liegen keine Daten vor, wartet
er 10 Sekunden bevor er es erneut versucht.

a) Skizzieren Sie den Ablauf und die Koordinierung in den Verarbeitungs-funktionen der Prozesse P1 (`Funktion work1()`) und P2 (`Funktion work2()`).

b) Welche Bedingungen für Verklemmungen treffen in dem geschilderten Szenario zu? Beschreiben Sie jeweils den Zusammenhang zwischen „abstrakter Bedingung" und konkreter Situation!

c) Welche Möglichkeiten zur Verklemmungsvermeidung gibt es in dem geschilderten Szenario ganz konkret? Wie müssten Sie Ihre Funktionen `work1` und `work2` dafür jeweils ändern?

a)
```
work1 ()

    if (not(isempty(B1))) {
        B1.belegt = true;
        verarbeite Daten;
        B2.belegt = true;
        schreibe Ergebnis in B2;
        B2.belegt = false;
        B1.belegt = false;}
    else {wait 10 s};
```

```
work2 ()
    Ausgang = B1 or B3;
    if (not(isempty(B2))) {
        B2.belegt = true;
        verarbeite Daten;
        Ausgang.belegt = true;
        schreibe Ergebnis in Ausgang;
        Ausgang.belegt = false;
        B2.belegt = false;}
    else {wait 10 s};
```

b) Die Betriebsmittel sind nachforderbar. Solange die Belegung der zwei Puffer nicht durch eine unteilbare Operation gesperrt wird, sondern aus zwei einzelnen Anweisungen besteht, kann es dadurch zu Verklemmungen kommen. Außerdem enthält das Szenario den Zyklus $B1 \rightarrow P1 \rightarrow B2 \rightarrow P2 \rightarrow B1$. Solche Zyklen in der Betriebsmittelbelegung sind eine Bedingung für Verklemmungen.

Das Kriterium der exklusiven Belegbarkeit trifft für die Puffer ebenso zu. Dies ist auch sinnvoll, da nicht gleichzeitig lesend und schreibend auf den Speicher zugegriffen werden kann.

Nach der Aufgabenstellung ist auch kein Entzug von Betriebsmitteln möglich. Die Puffer werden jeweils erst dann wieder freigegeben, wenn die Verarbeitung abgeschlossen ist.

c) Die einfachste Variante ist die Vermeidung des Zyklus. Hierbei müsste nur `work1` so abgeändert werden, dass zuerst $B2$ und dann $B1$ belegt werden.

Frühjahr 07 - Thema 1

Aufgabe 1

a) Beschreiben Sie die Seitenersetzungsstrategie LRU *(Least Recently Used)*. Gehen Sie dabei ein auf Funktionsweise und Motivation der Strategie sowie auf Probleme bei der Realisierung!

Speicher-verwaltung, Seitenerset-zungsstra-

tegien,
LRU, Sei-
tenflattern,
Clock-Algo-
rithmus,
second-
chance

c) Welche Strategien zur näherungsweisen Realisierung von LRU gibt es? Erläutern Sie an einem Beispiel detailliert die Funktionsweise! Warum und wie werden durch die von Ihnen beschriebene Strategie die Probleme von LRU vermieden?

d) Was versteht man unter Seitenflattern *(Thrashing)*? Was sind die Ursachen? Welche Möglichkeiten gibt es Seitenflattern zu vermeiden?

a) Bei LRU wird die Seite ersetzt, die am wenigsten genutzt wurde. Es muss also zu jeder Kachel ein Zähler implementiert werden, der die Seitenzugriffe zählt. LRU stellt eine gute Näherung an das optimale Verfahren dar. Dieses verdrängt die Seite, die am längsten nicht mehr genutzt wird. Da ein Computer aber nicht in die Zukunft sehen kann, stellt LRU eine gute Alternative dar. Problematisch ist allerdings die Implementierung, da nach jedem Seitenzugriff der Zähler einer Kachel erhöht werden muss und die Liste aller Kacheln aufsteigend nach den Zählern neu sortiert werden muss.

b) Zur Näherung von LRU kann der second-chance- bzw clock-Algorithmus eingesetzt werden. (Diese beiden unterscheiden sich nur in der Implementierung.)

Der Clock-Algorithmus ist eine Variante von FIFO um zu verhindern, das häufig benutzte Seiten ausgelagert werden. Jede Seite besitzt ein Referenz-Bit. Muss eine Seite ausgelagert werden, werden diese Referenz-Bits überprüft, angefangen von der ältesten Seite. Ist dieses Bit nicht gesetzt, wird die Seite ausgelagert, weil sie am längsten nicht mehr referenziert wurde. Ist das Bit gesetzt, bedeutet dies, dass die Seite in letzter Zeit genutzt wurde und deshalb wird sie nicht ausgelagert (zweite Chance), aber das Referenz-Bit wird zurückgesetzt. Der Algorithmus prüft in diesem Fall der Reihe nach alle Referenz-Bits bis er eines findet, das nicht gesetzt ist. Sind alle Bits gesetzt, löscht der Algorithmus nacheinander alle und ersetzt dann die älteste Seite, bei der er angefangen hat die Bits zu prüfen. Second-chance degeneriert in diesem Fall zu FIFO.

Der Vorteil dieses Verfahren besteht darin, dass bei einem Seitenzugriff nur ein einziges Bit geändert werden muss, im Gegensatz zum Hochsetzen aller Zähler in jedem Schritt bei LRU. Der Verwaltungsoverhead wird also deutlich kleiner, das Verfahren hat nur sehr geringen Aufwand.

c) *(siehe [TAN])*

Was ist Seitenflattern?

- Wenn ein Prozess nicht so viele Rahmen hat, wie benötigt werden, muss er Seiten ersetzen.
- Wenn auch noch alle seine Seiten in aktivem Gebrauch sind, muss er eine Seite ersetzen, welche später noch einmal benötigt wird.
- Folglich gibt es sehr schnell wieder und immer wieder Seitenfehler.
- Der Prozess produziert immer mehr Fehler, indem er Seiten ersetzt, für welche sich dann Fehler ergeben.

- Dieser Vorgang heißt Seitenflattern. Ein Prozess flattert, wenn er mehr Zeit für das Seitenaustauschen benötigt als für das Ausführen.

Ursachen für Seitenflattern
Seitenflattern resultiert aus schwierigen Ausführungsproblemen:
- Das Betriebssystem überwacht die CPU-Nutzung.
- Wenn die CPU-Nutzung zu niedrig ist, wird der Multiprogrammbetrieb erhöht.
- Ein neuer Prozess wird gestartet, für den nicht genügend Seiten vorhanden sind. → Er nimmt sich Seiten, die eigentlich anderen Prozessen zugeteilt wurden.
- Da die Seiten von den anderen Prozessen wieder benötigt werden, beginnen auch sie Seiten zu „stehlen".
- Dadurch entstehen Fehlprozesse, welche vor dem Seitenaustauschbaustein warten müssen.
- Je größer die Warteschlange wird, desto mehr leert sich die ready queue, d. h. die CPU-Nutzung sinkt.
- Es werden also immer neue Prozesse gestartet und der „Teufelskreis" ist geschlossen.

Das Working-Set Modell
- Wenn eine Seite im aktiven Gebrauch ist, dann ist sie auch im Working-Set.
- Wenn sie nicht mehr genutzt wird, wird sie nach Δ Zeiteinheiten aus dem Working-Set genommen.
- Das Working-Set ist der minimale Anteil an Seiten, der sich während des Programmlaufs im Speicher befinden muss.
- Die Genauigkeit ist abhängig von der Wahl von Δ.
- Die wichtigste Eigenschaft eines Working-Set ist seine Größe.

Seitenfehlerrate
- Seitenflattern hat eine Seitenfehlerrate. Diese Fehlerrate möchte man kontrollieren.
- Wenn sie zu hoch ist, benötigt der Prozess mehr Rahmen.
- Wenn sie zu niedrig ist, hat der Prozess zu viele Rahmen.
- Man kann eine Höchst- und Untergrenze für die Seitenfehlerzahl festlegen.
- Wenn die Zahl der Seitenfehler die obere Grenze überschreitet, wird dem Prozess ein neuer Rahmen zugewiesen.
- Sinkt die Zahl der Fehler unter die Untergrenze, wird dem Prozess ein Rahmen weggenommen.
- Auf diese Weise kann man die Seitenfehlerrate direkt messen und kontrollieren, um Seitenflattern zu vermeiden.

Aufgabe 2

a) Skizzieren Sie die Zustände, die ein Prozess unter einem Mehrbenutzer-Betriebssystem wie z. B. UNIX typischerweise einnehmen kann!

b) Ein Prozess habe folgenden Ablauf (grob skizziert):

1. Start, Variablen initialisieren
2. Konfigurationsdatei einlesen
3. kurze Vorberechnungen durchführen (Dauer: 2ms)
4. Berechnungsdaten aus Datei einlesen
5. Berechnung durchführen (Dauer: 800ms)
6. Ergebnis in Datei ausgeben
7. Ende

- Nehmen Sie zunächst an, das Betriebssystem arbeitet mit einer „First Come First Served" - Scheduling-Strategie. Welche Zustände nimmt der Prozess während dieses Ablaufs ein, wodurch werden welche Zustandsübergänge ausgelöst?
- Nehmen Sie nun an, das Betriebssystem arbeitet mit der Strategie „Round Robin" und es gibt weitere, laufbereite Prozesse im System. Die Zeitscheibenlänge sei 300ms. Wie sieht der Ablauf des Prozesses (Zustände, Zustandsübergänge, Ursachen) aus?

c) In vielen Betriebssystemen wird zwischen einem Benutzermodus und einem Systemmodus unterschieden. Beschreiben Sie die Eigenschaften und Unterschiede der beiden Modi. Wie erfolgt die Umschaltung zwischen den Modi? Was sind die Ziele dieser Unterscheidung? In welchen Rechensystemen ist die Unterscheidung sinnvoll oder sogar wichtig und in welchen Systemen ist sie verzichtbar?

a) *(vgl. hierzu auch (mit anderer Anzahl der möglichen Zustände) Herbst 01
Thema 1 Aufgabe 3.3, Herbst 02 Thema 1 Aufgabe 4.2, Herbst 02 Thema 2
Aufgabe 7.1; s. auch [DUD], Stichwort „Prozess")*

b)

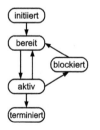

- Im Zustand „aktiv" wird der Prozess auf einem Prozessor ausgeführt. Prozesse im Zustand „blockiert" warten auf bestimmte Ereignisse, die für den weiteren Ablauf der Prozesse notwendig sind, z. B. auf die Zuteilung von Speicherplatz, die Antwort auf eine Anfrage usw. Prozesse, die ihren Ablauf fortsetzen können, befinden sich im Zustand „bereit". Sie warten auf das Freiwerden eines Prozessors, der momentan noch mit der Bearbeitung eines anderen Prozesses beschäftigt ist. Prozesse, die die Rechenanlage gerade betreten, bzw. sie nach vollständiger Verarbeitung

verlassen, gelangen in die Zustände „initiiert" bzw. „terminiert". Die
Zustandsübergänge steuert die Prozessorverwaltung.

- Zu Beginn befindet sich der Prozess im Zustand „initiiert", wird dann in
  den Zustand „bereit" versetzt und wartet auf die Zuteilung des Prozessors. Erfolgt diese Zuteilung, ist der Prozess „aktiv" und initialisiert die
  Variablen. Außerdem gibt er den Auftrag, die Konfigurationsdatei ein-
  zulesen. Während der Wartezeit auf die Rückmeldung der Datei, ist der
  Prozessor nicht aktiv, der Prozess wird aber wegen der FCFS-Strategie
  nicht verdrängt. Er bleibt im Zustand „aktiv" bis das Ergebnis in die
  Datei ausgegeben wurde und er damit in den Zustand „terminiert" versetzt werden kann.

Start, Variablen einlesen	Der Prozess wird wiederum nacheinander in die Zustände „initiiert", „bereit" und „aktiv" versetzt.
Konfigurationsdatei einlesen	Nachdem der Prozess die Datei angefordert hat, wird er in den Zustand „blockiert" versetzt, denn das Lesen der Datei dauert relativ lange, da dafür in der Regel Festplattenzugriffe nötig sind. Während dieser Zeit bekommen andere Prozesse die CPU zugeteilt. Wenn die Datei eingelesen ist, wechselt der Prozess in den Zustand „bereit" und reiht sich in die Warteschlange ein.
kurze Vorberechnungen durchführen	Der Prozess bekommt eine Zeitscheibe zugeteilt und wird „aktiv".
Berechnungsdaten aus Datei einlesen	Wiederum „blockiert" der Prozess bis die angeforderten Daten verfügbar sind. Danach befindet er sich im Zustand „bereit" und wird hinten in die Warteschlange eingereiht.
Berechnung durchführen	Für die Berechnung benötigt der Prozess insgesamt 3 Zeitscheiben, er muss also mehrfach vom Zustand „bereit" in „aktiv" wechseln.
Ergebnis in Datei ausgeben	Der Prozess bleibt im Zustand „aktiv" bis die Datei ausgegeben ist.
Ende	Der Prozess befindet sich im Zustand „aktiv" und wird in den Zustand „terminiert" versetzt. Damit wird der Speicherplatz, den der Prozess belegt, freigegeben und die zugehörigen Register gelöscht.

c) Benutzermodus (User-Mode):
   Programmcode wird von einem Prozess im Benutzermodus ausgeführt (nicht
   privilegiert!).

   Systemmodus (Kernel-Mode):
   Alle Funktionen des Betriebssystems werden im Systemmodus im privile-

gierten Modus (supervisor) ausgeführt. In der Umgebung des Systemkerns gibt es für jeden Prozess einen eigenen Stack (lokale Daten), jedoch nur ein Datensegment (globale Daten) für alle Prozesse gemeinsam. Prozesswechsel im Systemmodus sind nur an fest definierten Stellen möglich, an denen die globalen Datenstrukturen in konsistentem Zustand sind. Daraus können sich Probleme bei Multiprozessorsystemen ergeben.

Wechsel zwischen Benutzer- und Systemmodus:
Betriebssystemdienste werden durch einen Prozess durchgeführt. Zunächst wird ein Wechsel vom Benutzer- in den Systemmodus (privilegiert!) vorgenommen und anschließend Funktionen des Systemkerns aufgerufen. Es fordert also ein Prozess nicht einen Betriebssystemdienst von einem Kernprozess an, sondern sein Aktivitätsträger wechselt in den Systemkern und führt dort den Systemdienst selbst aus.
Der Wechsel zwischen Benutzer- und Kernelmodus geschieht durch Traps (system calls, SVCs) und Exceptions (z. B. Division durch 0), die ebenfalls einen Wechsel in den Systemkern bewirken, wo die Fehlerbehandlung veranlasst wird.

Aufgabe 3

Verklem-
mung,
sicherer
Zustand,
Banker's
Algorith-
mus

a) Welche Bedingungen müssen gegeben sein, damit eine Verklemmung auftreten kann?

b) Welche drei grundsätzlichen Verfahren gibt es, um mit der Verklemmungsproblematik umzugehen? Beschreiben Sie jedes Verfahren! Wie ist jeweils die grundsätzliche Vorgehensweise? Geben Sie ein Beispiel für einen Algorithmus an, der bei einem dieser Verfahren zum Einsatz kommt und beschreiben Sie den Algorithmus!

a) (*siehe Herbst 01 Thema 1 Aufgabe 2.2 auf Seite 230*)

b) Deadlocks können entweder erkannt und behoben, vermieden oder verhindert werden.

- **Erkennung und Behebung von Deadlocks:**
  Deadlocks können z. B. mit Ressourcenallokationsgraphen erkannt werden. Liegt nach der Reduktion ein Zyklus vor, ist ein Deadlock vorhanden. Als Reaktion darauf können nacheinander die am Deadlock beteiligten Prozesse abgebrochen werden, bis der Deadlock aufgehoben ist. Diese Methode ist aber nicht unbedingt empfehlenswert.

- **Deadlock-Verhinderung:**
  Bei diesem Ansatz wird kein prinzipiell verklemmungsfreies System garantiert. Deadlocks können in realen Systemen nicht verhindert werden, da Informationen über zukünftige Betriebsmittelanforderungen nicht

verfügbar sind. In realen Systemen versucht man, Deadlocks zumindest prinzipiell zu vermeiden, indem man eine der vier Deadlock-Bedingungen nicht zulässt, z. B. die zyklische Wartebedingung: Alle Betriebsmittel werden global nummeriert und Prozesse bekommen nur neue Betriebsmittel, die eine höhere Nummer haben als die bereits zugeteilten Betriebsmittel. Damit kann kein Zyklus entstehen → kein Deadlock.

- **Deadlock-Vermeidung:**
  Überwachung der Betriebsmittelvergabe, um unsichere, d. h. verklemmungsbedrohte Zustände zu vermeiden. Die Deadlock-Vermeidung benötigt also Wissen über die zukünftigen Ressourcenanforderungen der Prozesse. Hierbei gibt es zwei mögliche Verfahren: Ein Prozess darf nicht gestartet werden, falls seine Anforderungen zu einem Deadlock führen könnten und eine Ressourcenanfrage darf nicht befürwortet werden, falls sie zu einem Deadlock führen könnte. Für den zweiten Fall existiert der Banker's Algorithmus von Djikstra *(zu diesem Thema siehe auch Herbst 04 Thema 2 Aufgabe 7 auf Seite 264)*:

  Der Banker's Algorithmus von Djikstra:

  Gesamtressourcen: $E = (E_1, \ldots, E_m)$
  Verfügbare Ressourcen: $A = (A_1, \ldots, A_m)$
  von Prozess i belegte Ressourcen: $C_i = (C_{i1}, \ldots, C_{im})$
  von Prozess i benötigte Ressourcen: $R_i = (R_{i1}, \ldots, R_{im})$
  Zu Beginn sind alle Prozesse i nicht markiert.

```
while ( ∃unmarkiertes i ∧ ∀j|1≤j≤m Rij ≤ Aj) {
        ⇒ i kann abgearbeitet werden
        ⇒ Ressourcen freigeben: Aj = Aj + Cij
        ⇒ i markieren
}
if (alle i markiert) {
        ⇒ sicherer Zustand }
else { ⇒ schlechter Zustand }
```

Aufgabe 4

a) Was sind die grundlegenden Aufgaben eines Dateisystems?

b) Wie ist ein Dateisystem unter UNIX oder Windows prinzipiell strukturiert? Welche Verwaltungseinheiten gibt es?

a) *(siehe Frühjahr 07 Thema 2 Aufgabe 4a))*

b) *(siehe Frühjahr 07 Thema 2 Aufgabe 4b))*

Frühjahr 07 - Thema 2

Aufgabe 1

a) Erläutern Sie die Begriffe *Programm*, *Prozess* und *Thread!*
   • Wie entstehen Programme, Prozesse bzw. Threads?
   • Wie werden sie vom Betriebssystem verwaltet?
   • Welche Eigenschaften, Attribute etc. werden für die Verwaltung benutzt?
b) Was haben diese Konzepte miteinander zu tun, wo liegen die Unterschiede?
c) Beschreiben Sie unterschiedliche Möglichkeiten zur Realisierung von Threads! Was sind jeweils die Vor- und Nachteile?

a) Ein *Prozess* ist im Prinzip ein *Programm*, das gerade ausgeführt wird. Allerdings ist jedem *Prozess* ein Adressraum zugeordnet, der außer dem in Ausführung befindlichen *Programm*, die Programmdaten und den zugehörigen Stack enthält. Zusätzlich sind noch der Programmzähler, der Zeiger auf den Stack (Stapelzeiger) und andere Register vorhanden sowie weitere Informationen, die zur Ausführung des Programms benötigt werden. All dies ist innerhalb des Adressraums in einer Liste von Speicherstellen mit einem minimalen und einem maximalen Wert abgelegt, in denen der *Prozess* lesen und schreiben darf. In einem Text-Segment finden sich Maschineninstruktionen des Programms; dieser Bereich ist in der Regel schreibgeschützt und wird von mehreren Prozessen gemeinsam benutzt. Das Daten-Segment enthält die Daten des Programms (global und static) und ist dynamisch erweiterbar. Lokale Daten und Aufrufparameter von Funktionen sowie Sicherungsbereiche für Registerinhalte und Rücksprungadressen werden im bei Bedarf wachsenden Stack-Segment abgelegt.

Jedem Prozess ist ein sogenannter *Prozesskontrollblock* (Process control block; *PCB*) zugeordnet. Er ist eine Datenstruktur, die alle nötigen Daten für einen Prozess enthält. Dazu gehören in UNIX beispielsweise Prozessnummer (PID), verbrauchte Rechenzeit, Erzeugungszeitpunkt, Kontext (Register etc.), Speicherabbildung, Eigentümer (UID, GID), Wurzelkatalog, aktueller Katalog, offene Dateien.

Im Speicherbereich der *user area* des gerade aktiven Prozesses, die auf eine feste Adresse des virtuellen Adressraums des Systemkerns abgebildet oder über einen festen Zeiger im Systemkern adressiert wird, werden als Verwaltungsdaten für jeden Prozess Daten zur Verwaltung des Programmablaufs durch den Systemkern, z. B. die Segmenttabelle bzw. ein Verweis auf die Seiten-Kachel-Tabelle, Verweise auf Einträge in der Prozesstabelle, Statistik-Daten (Laufzeiten, ...), das aktuelle Directory (current working directory), die aktuelle Root, die user file descriptor table, Adressen der signal-handler-Funktionen, der Bereich zum Sichern des Prozesszustands (Register) bei Prozesswechsel und der Puffer für Systemaufruf-Parameter und -Rückgabewerte gespeichert.

Globale Prozessverwaltungsdaten werden in der Prozesstabelle gehalten. Hier finden sich also alle wichtigen Verwaltungsdaten über einen Prozess, die immer verfügbar sein müssen; sie werden in proc-Strukturen gehalten. Alle proc-Strukturen bilden zusammen die Prozesstabelle, die beim Booten statisch als Feld angelegt oder dynamisch als Liste verwaltet wird. Eine proc-Struktur enthält u. a. folgende Daten: Prozesszustand (laufend/bereit, blockiert, ausgelagert, ...), Verweise auf die Segmente des Prozesses (meist über page table), einen Verweis auf die user area, einen Verweis auf die credential-Struktur mit den Zugriffsrechten (User-Ids, Gruppen-Rechte), Speicher für Daten zur Signalverarbeitung, Scheduling-Parameter (z. B. Priorität), Informationen über Ereignissse, auf die der Prozess wartet.

Erzeugung von Prozessen:
Jeder UNIX-Prozess kann mit einem Systemaufruf (fork()) einen neuen Prozess erzeugen. Hierbei erzeugt fork( ) eine nahezu identische Kopie des aufrufenden Prozesses. Der fork( ) aufrufende Prozess wird Vaterprozess (parent process) genannt, der durch fork( ) neu erzeugte Prozess wird als Sohnprozess (child process) bezeichnet. Der Sohnprozess erbt alle Rechte und Einschränkungen vom Vaterprozess. Wesentlicher Unterschied zwischen Vater- und Sohnprozess ist z. B. die PID.

Ein Prozess kann aus einem oder mehreren *Threads* bestehen. Eine Gruppe von Threads nutzt gemeinsam eine Menge von Betriebsmitteln, z. B. Instruktionen, Datenbereiche, Dateien, Semaphoren. Jeder Thread repräsentiert eine eigene Aktivität mit eigenem Programmzähler, eigenem Registersatz und eigenem Stack. Das Umschalten zwischen zwei Threads einer Gruppe ist erheblich billiger als eine normale Prozessumschaltung. Denn es müssen nur die Register und der Programmzähler gewechselt werden. Die Speicherabbildung muss nicht geändert werden und alle Systemressourcen bleiben verfügbar. Somit ist der Verwaltungsaufwand für Threads üblicherweise geringer als der für Prozesse. Ein Prozess kann aus genau einem Thread des Betriebssystems bestehen, wenn bei dem Programmablauf keine Parallelverarbeitung vorgesehen ist.

b) Threads können entweder im Benutzer-Adressraum oder im System-Adressraum realisiert werden.
(vgl. hierzu auch Herbst 04 Thema 1 Aufgaben 3.3 und 3.4 auf Seite 259 ⌢ sowie Frühjahr 07 Thema 1 Aufgabe 2c) auf Seite 300)

Aufgabe 2

a) Beschreiben Sie die grundlegenden Scheduling-Strategien und ihre Eigenschaften!

b) Wie könnte eine realistische Scheduling-Strategie für ein Mehrbenutzer-
und Mehrprogramm-Betriebssytem aussehen?

- Welche Ziele sollte solch eine Scheduling-Strategie haben?
- Über welche Parameter muss man bei der Strategie entscheiden und
was sind die Auswirkungen der Paramter?
- Welche Probleme können unter sehr starker Systemlast entstehen und
was kann man dagegen tun?

⌐ a) *(vgl. hierzu auch Herbst 06 Thema 1 Aufgabe 2.3 und Herbst 07 Thema 1*
Aufgabe 3a))

b) Jede Scheduling-Strategie sollte fair sein, d. h. jeder Prozess bekommt Rechenzeit von der CPU, kein Prozess verhungert. Es muss Policy Enforcement
durchgesetzt werden, d. h. Richtlinien werden sichtbar durchgeführt. Gelten
grundsätzlich für eine Reihe von Prozessen Sonderregeln, so muss der Scheduler gewährleisten, dass diese berücksichtigt werden. Außerdem sollten alle
Teile des Systems ausgelastet sein. In Mehrbenutzer-Systemen werden heutzutage komplexere Verfahren als Round Robin eingesetzt.

⌐ *(siehe hierzu auch Herbst 07 Thema 1 Aufgabe 3c auf Seite 317)*
Bei der Berechnung der Priorität spielt auch die *CPU_usage* eine Rolle, d.
h. wieviel CPU-Zeit der Prozess in der letzten Zeit zugeteilt bekommen hat.
Um das Scheduling fair zu gestalten, erhalten Prozesse mit viel CPU_usage
eine niedrigere Priorät. Ist die Systemlast sehr hoch durch sehr viele laufbereite Prozesse, erhalten die Prozesse, die noch nicht weiter abgearbeitet
sind, eine hohe Priorität, während diejenigen, die schon fast fertig sind, sehr
niedrig eingeordnet werden. Die einzelnen Prozesse terminieren nicht und im
Normalfall kommen laufend neue hinzu, die wiederum eine hohe Priorität
erhalten. Um diesem Problem entgegenzuwirken, wird die Priorität in regelmäßigen Abständen (z. B. 1 Sekunde) neu berechnet und die CPU_usage
verfällt mit der Zeit. Beispielsweise wird der Wert des alten CPU_usage halbiert (also ein Rechtsshift gemacht) und die Anzahl der CPU-Zeit des letzten
Zeitraums hinzuaddiert. Prozesse, die einmal eine sehr hohe CPU_usage hat-
ten und fast fertig abgearbeitet sind, wandern somit nach und nach in der
Priorität wieder nach oben und können terminieren.

Aufgabe 3

a) Skizzieren und beschreiben Sie den Ablauf einer Adressumrechnung von einer virtuellen Adresse in eine reale Hauptspeicheradresse in einem seiten-
adressierten System!

b) Wie ist der Ablauf, wenn sich die adressierte Seite nicht im Hauptspeicher befindet?

c) Wie groß ist heute typischer Weise eine Seite?

d) Welche Probleme würden sich ergeben, wenn man die Adressabbildung in ihrer einfachsten Form auf einem heute gebräuchlichen PC realisieren würde? Welche Konzepte gibt es, diese Probleme zu mildern?

Adresse, Seite, Seitenadressierung, Seiten-Kachel-Tabelle

a)

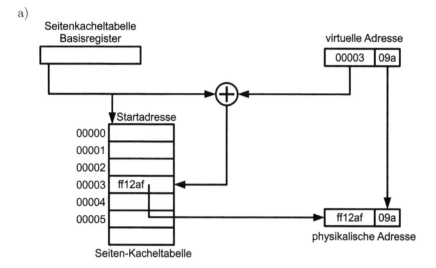

Der erste Teil der virtuellen Adresse ist die Nummer der Seitenkachel. In der Seitenkacheltabelle findet sich unter dieser Nummer zu jeder Kachel jeweils die zugehörige Adresse im Hintergrundspeicher. Der zweite Teil der virtuellen Adresse ist die Adresse innerhalb der Kachel bzw. der Seite im Hintergrundspeicher. Kombiniert mit der Adresse aus der Seitenkacheltabelle ergibt sich dann die physikalische Adresse.

b) Wenn sich die adressierte Seite nicht im Hauptspeicher befindet, kommt es zu einem *Seitenfehler*. Falls der Hauptspeicher voll ist - die Seite also nicht einfach nachgeladen werden kann - muss nun ein Seitenwechsel vorgenommen werden. Dabei wird eine Seite aus dem Hauptspeicher verdrängt und falls sie geändert wurde, in den Hintergrundspeicher zurück geschrieben. Die angeforderte Seite wird dann an die frei gewordene Stelle aus dem Hintergrundspeicher kopiert. Welche Seite aus dem Hauptspeicher verdrängt wird, entscheidet die Seitenersetzungsstrategie, z. B. LRU oder FIFO. *(s. [DUD])*

c) Praktische Größenordnungen für Seiten liegen heute bei 2 - 64 KByte. *(s. [DUD], Stichwort „Speicherverwaltung")* Am häufigsten werden wohl Größen von 512 Bytes - 8192 Bytes eingesetzt.

d) Heutige PCs verfügen über relativ viel Speicher. Teilt man diesen in kleine Kacheln auf, wird die Seitentabelle extrem groß und die Suche nach einem

Eintrag in der Tabelle wird sehr zeitaufwändig. Vergrößert man die Kacheln, erzeugt man aber mehr internen Verschnitt, da die jeweils letzte Seite eventuell nicht vollständig genutzt werden kann. Durchschnittlich bleibt hierbei die Hälfte der Seiten ungenutzt.

Eine Verbesserung stellen die Kombination von Seitenadressierung mit Segmentierung und mehrstufige Seitenadressierung mit Ein- und Auslagerung dar.

Aufgabe 4

Dateisystem, Dateiattribut

a) Was sind die grundlegenden Aufgaben eines Dateisystems?
b) Wie ist ein Dateisystem unter UNIX oder Windows prinzipiell strukturiert? Welche Verwaltungseinheiten gibt es?
c) Welche Informationen und Attribute werden zu einer Datei von einem Betriebssystem typischerweise verwaltet?

a) *(s. [DUD], Stichwort „Dateiverwaltung")*
   Dateisystem, auch Dateiverwaltung:
   Komponente eines Betriebssystems, die den gesamten Speicherplatz auf Tertiärspeichern verwaltet. Zu den Aufgaben der Dateiverwaltung gehört u. a.:
   • Lokalisierung von Dateien, die von Benutzern der Rechenanlage angefordert werden;
   • Zuweisung von Speicherplatz an Programme, die neue Dateien anlegen möchten;
   • Übersicht über die Dateien der einzelnen Benutzer sowie die im System insgesamt vorhandenen und zur Zeit montierten Datenträger.

b) *(für UNIX siehe hierzu Herbst 02 Thema 1 Aufgabe 3 auf Seite 237)*

c) Zur Wahrnehmung der o. g. Aufgaben legt die Dateiverwaltung zu jeder Datei eine Tabelle (den sogenannten *Dateideskriptor*) an, die folgende Informationen über die Datei enthält:
   • den Namen der Datei
   • die Adresse des Datenträgers, auf dem die Datei gespeichert ist
   • die Adresse der Datei auf dem Datenträger (z. B. Spurnummer und Sektor einer Floppy Disk),
   • die Organisation der Datei (z. B. sequenziell, indexsequenziell),
   • den Schutzstatus (welcher Benutzer darf auf diese Datei zugreifen?)

Aufgabe 5

kritischer Bereich,

a) Welche Verfahren/Konzepte zur Absicherung eines kritischen Abschnitts gibt es?

Semaphor, zählender Semaphor, Erzeuger-Verbrau- cher-Problem

b) Charakterisieren Sie diese Verfahren jeweils (Vor- und Nachteile, wo werden sie eingesetzt?)!

c) Wie funktionieren die P- und V-Operationen von Semaphoren? Skizzieren Sie den Ablauf der Operationen in einer programmiersprachlichen Form! Was ist bei der Implementierung der P-Operation zu beachten?

d) Skizzieren Sie in einer programmiersprachlichen Form die Abläufe in einem Erzeuger-Verbraucher-System, das die vollen und leeren Pufferplätze über zählende Semaphore koordiniert!

a)   • Aktives Warten: Ein Prozess, der nicht in seinen kritischen Bereich eintreten darf, überprüft in regelmäßigen Abständen, ob er weiterarbeiten kann. Dies verschwendet sehr viel CPU-Zeit.

   • Sleep & Wakeup: Prozesse, die nicht weiterarbeiten können, werden schlafen gelegt, also inaktiv gesetzt. Erst wenn sie von einem anderen Prozess aufgeweckt werden, können sie prüfen, ob sie weiterarbeiten können. Prozesse können auch ewig schlafen, wenn sie von keinem anderen Prozess aufgeweckt werden.

   • Semaphor: Ein Semaphor ist eine ganzzahlige, nichtnegative Variable verbunden mit einer Warteschlange. Auf einen Semaphor kann nur mit zwei Operationen zugegriffen werden, der Warteoperation und der Signaloperation. Die Warteoperation wird im Allgemeinen zu Beginn eines kritischen Abschnitts, die Signaloperation am Ende eines kritischen Abschnitts ausgeführt. Der Anfangswert des Semaphors legt fest, wie viele Prozesse sich gleichzeitig in dem kontrollierten kritischen Abschnitt befinden dürfen. Damit der Zugriff auf die Semaphoroperationen nicht selbst wieder zu Konflikten führt, müssen diese eigene kritische Abschnitte bilden. *(s. [DUD])*

   • Monitor: Ein Monitor verwaltet einen eigenen Speicherbereich und stellt ihn auf Anforderung einem Prozess zur Verfügung. Zu jedem Zeitpunkt darf höchstens ein Prozess den Monitor belegen. Die Monitor-Operationen werden unter gegenseitigem Ausschluss ausgeführt, ohne dass im Programmcode Synchronisationsanweisungen notiert werden müssen. Ein Programmierer kann sich somit auf die Funktionalität des Moduls konzentrieren und das Synchronisationsproblem außer Acht lassen. *(s. [DUD])*

b) Vorteile von Semaphoren sind, dass sie einfach und effizient zu realisieren sind. Außerdem muss kein aktives Warten eingesetzt werden, wodurch der Prozessor nicht unnötig blockiert wird. Nachteile entstehen durch das niedrige Abstraktionsniveau. Desweiteren ist die Programmierung sehr fehleranfällig: eine fehlende P-Operation bewirkt, dass kein wechselseitiger Ausschluss stattfindet; eine fehlende V-Operation kann zum Deadlock führen. Insgesamt wird die Programmierung sehr unstrukturiert, da die P- und V-Operationen über das ganze Programm verstreut sind.

Das Monitorkonzept bietet den Vorteil, dass der gegenseitige Ausschluss hier automatisch durch den Compiler gewährleistet wird. Ein Nachteil ist, dass Monitore von einer Programmiersprache angeboten werden müssen, d. h. der Compiler mit dem Sprachkonstrukt Monitor umgehen können muss, während Semaphore über Systemaufrufe realisiert werden können, wenn das Betriebssystem Semaphore anbietet.

Setzt man zum Beispiel das Monitorprinzip zur Verwaltung eines Druckers ein, so hat man zwar keine Warteschlange wie bei Semaphoren zur Verfügung, aber den Vorteil, dass bei belegtem Betriebsmittel die Freigabe des Monitors und das Warten auf das frei werden des Betriebsmittel eine atomare Einheit bilden.

In der Realität werden Monitore oft mittels Semaphoren realisiert.

c) *(s. [DUD], Stichwort „Nebenläufigkeit")*

```
type semaphore = 0..n;
procedure P (var s: semaphore);
begin
   if s ≥ 1 then s:= s-1;
   else begin
           'Stoppe den ausführenden Prozess';
           'Trage ihn in die Warteschlange W(s) ein'
      end
end;

procedure V (var s: semaphore)
begin
   s:= s+1
   if 'Warteschlange W(s) nicht leer' then
      begin
         'Wähle einen Prozess Q aus W(s) aus';
         'Springe zu der P-Operation in Q, die Q stoppte';
      end
end;
```

d) *(vgl. hierzu Herbst 07 Thema 1 Aufgabe 4b) auf Seite 318)*

Herbst 07 - Thema 1

Aufgabe 1

Gegeben sei folgendes C-Programm:

```
char feld[5000];
int main() {
    int i;
    for (i=0); i<10000; i++) {feld[i] = 'x'; }
}
```

Speicherverwaltung, Seitendeskriptor, Seitenrahmen, Seiten-Kachel-Tabelle, Dispatching, Seitenadressierung

Dieses Programm wird für einen 16-Bit-Prozessor mit MMU für Seitenadressierung übersetzt und gebunden. Die Seitengröße sei 4096 Byte. Der logische Adressraum sei so organisiert, dass die erste Seite immer ungenutzt bleibt (um Fehlzugriffe auf NULL-Zeiger zu erkennen). Für den Programmcode wird eine Seite benutzt, die ggf. auch von mehreren Prozessen gemeinsam genutzt werden kann. Die Daten liegen dahinter, der Stack wie üblich am Ende des Adressraums. Für den Stack wird die minimal mögliche Speichermenge angelegt. Die MMU unterstützt Zugriffsschutz (lesen, schreiben, ausführen) für die einzelnen Seiten, Auslagerung von Seiten, die Bildung von Freiseitenpuffern und einen Clock-(Second-Chance)-Algorithmus.

a) Beschreiben Sie den Aufbau eines Seitendeskriptors einer solchen MMU (Skizze mit Erläuterung der verschiedenen Daten und ihrem Verwendungszweck)!

b) In einer Liste freier Kacheln (Seitenrahmen) des Hauptspeichers sind aufgeführt (jeweils die Anfangsadresse der Kachel): 0x4000, 0x7000, 0x2000, 0x9000, 0x6000, 0xa000, 0x3000. Obiges Programm wird nun geladen. Skizzieren Sie den Aufbau der kompletten Seiten-Kachel-Tabelle des Prozesses! (Lassen Sie in Ihrer Zeichnung um die Tabelle herum Platz für die Erweiterungen der Skizze in den Teilaufgaben c) und d)!)

c) Wenn der Prozess in den Zustand laufend versetzt wird, muss die MMU in der Lage sein, die entsprechenden Adressumsetzungen vorzunehmen. Was muss das Betriebssystem beim Dispatching tun, damit dies funktioniert? Erweitern Sie die Skizze um die hierfür erforderlichen Elemente und markieren Sie diese mit c)!

d) Die Adresse $\&feld[0]$ sei 0x1008. Beschreiben Sie, wie die Adressumsetzung bei der Anweisung feld[0]='x'; erfolgt, so dass der Wert 'x' an eine Stelle im Hauptspeicher des Rechners geschrieben wird! Ergänzen Sie auch Ihre Skizze entsprechend und markieren Sie die Elemente mit d)!

e) In welcher Seite liegt die Variable i?

f) Die for-Schleife überschreitet das Ende des Feldes feld. Was hat dies für Folgen? Bei welchem Schleifendurchlauf treten diese Folgen auf?

a)

caching	referenced	modified	R	W	X	precent/ absent	Seitenrahmennummer (physikalische Basisadresse)

Im Seitendeskriptor ist natürlich die *Seitenrahmenadresse* enthalten. Hierbei wird nur die physikalische Basisadresse der Seite gespeichert, die erst durch Hinzufügen der entsprechenden logischen Adresse dann die komplette physikalische Adresse der Seite ergibt.

Das *Present/Absent-Bit* zeigt an, ob eine Seite momentan im Speicher liegt. Wird auf einen Tabelleneintrag zugegriffen, bei dem an dieser Stelle eine 0 steht, kommt es zu einem Seitenfehler.

Die nächsten drei Bits (*Schutzbits*) enthalten Informationen über die lesenden (R), schreibenden (W) und ausführenden (X) Zugriffsrechte auf die Seite.

Im *Modified-Bit* wird notiert, ob ein Programm eine Seite geändert hat. Ist dies der Fall, so muss bei der Auslagerung der Seite das Betriebssystem den Seitenrahmen zurückschreiben, während bei unveränderter Seite diese einfach überschrieben werden kann.

Das *Referenced-Bit* wird bei jedem Lese- oder Schreibzugriff gesetzt. Es unterstützt das Betriebssystem bei einigen Seitenersetzungstrategien.

Bei abgeschaltetem *Caching-Bit* wird nicht immer die gleiche Kopie der Register eines Gerätes im Cache benutzt, sondern bei jedem Schleifendurchlauf der Registerinhalt neu ausgelesen; dies ist zum Beispiel bei Ein-/Ausgabegeräten von großer Bedeutung.

b)

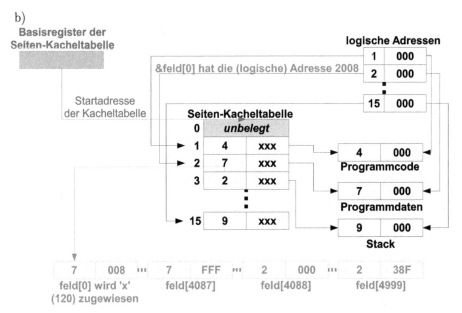

Die in Teilaufgabe a) erwähnte Basisadresse besteht jeweils aus den ersten beiden Stellen des Adresseintrags, die letzten beiden ergeben sich durch Addition der Werte der zugehörigen logischen Adresse. Da für den Programmcode eine Seite genutzt werden soll, beginnen die Daten auf der zweiten Seite (an der Stelle 7008 wegen Teilaufgabe d) und benötigen noch eine weitere Seite, um die 5000 Feldeinträge komplett zu speichern. Wie gefordert wird der Stack ans Ende des Adressraumes geschoben und bekommt eine Seite zugewiesen.

c) Das Betriebssystem schreibt alle Seiten mit gesetztem Modified-Bit zurück und ändert den Wert des Seiten-Kacheltabellen-Basisregisters (in der Grafik dunkelgrau dargestellt). Dadurch wird die Startadresse für die Seitenkacheltabelle des alten Prozesses durch die des neuen ersetzt. Das Vorhandensein von Code und Daten des neuen Prozesses wird vom Betriebssystem überprüft und diese gegebenenfalls geladen.

d) *Bemerkung: Da sich die Adresse 0x1008 im Programmcodebereich befände, in den keine Daten gespeichert werden dürfen, gehen wir bei der weiteren Lösung von der logischen Adresse 0x2008 aus.*
Um feld[0] den Wert 'x' (wohl den ASCII-Wert für x, also 120) zuzuordnen, muss der zugehörigen Speicherzelle der Wert zugewiesen werden. Zuerst wird die logische Adresse 2008, wie in der Grafik hellgrau dargestellt, umgesetzt in die physikalische Adresse von feld[0] - hier 7008. Dort wird dann der Wert 120 eingetragen.

e) Als *lokale* Variable wird i auf dem Stack gespeichert, liegt hier also auf der Seite 0x9xxx und wird wie alle Integerwerte in 2 Byte gespeichert.

f) Im 5001. Schleifendurchlauf ist i=5000 (0x1388). Es müsste nun feld[5000] mit 'x' gefüllt werden. Da zwar das Feld selbst nur 5000 Einträge hat, aber die gesamte Seite 0x2xxx für Daten reserviert ist, beschreibt das Betriebssystem einfach nach dem letzten Feldeintrag die nächsten Speicherzellen 2390 bis 2FFF mit 'x'. Dann gilt i = 8192 (2 Seiten) - 8 (Startbytes s. Angabe) + 1 (folgender Schleifendurchlauf) = 8185. In diesem Schleifendurchlauf müsste auf eine dritte Seite zugegriffen werden, die nicht alloziert wurde - das Betriebssystem liefert einen *segmentation fault*.

Aufgabe 2

UNIX-Da-
teisystem,
Hard-Link,
Symbolic-
Link

a) Hinter der hierarchischen Sicht auf ein Dateisystem wie es typischerweise unter UNIX oder WindowsNT eingesetzt wird, verbirgt sich ein einfach strukturierter flacher Namensraum (die eigentlichen „Namen" sind die Inode-Nummern unter UNIX bzw. die Indizes in die Master-File-Table bei WindowsNT). Beschreiben Sie für ein solches Dateisystem Ihrer Wahl, wie das Betriebssystem es organisiert, dass der Inhalt der Datei /home/user/datei1 bzw. \home\user\datei1 (Dateigröße sei ca. 1MByte) aufgefunden werden kann! Skizzieren Sie hierzu alle Datenstrukturen, die hierfür auf dem Hintergrundspeicher angelegt sind, und beschreiben Sie für jeden Typ einer solchen Datenstruktur, wofür sie konzeptionell vorgesehen ist!

b) Zu jeder Datei verwaltet das Betriebssystem eine Menge von Attributen. Wo werden diese Attribute verwaltet?

c) Beispiele für solche Dateiattribute sind: Dateityp, Zugriffsrechte, Dateigröße, Zeit der letzten Änderung, Zeit des letzten Zugriffs, Link-Zähler und Eigentümer. Beschreiben Sie für jedes dieser Attribute jeweils möglichst ausführlich, wofür das Betriebssystem das Attribut verwaltet (was sagt das Attribut im Detail aus, in welchen Situationen ändert es sich ggf., auf welche Operationen hat es Auswirkungen etc.)!

d) UNIX- und auch neuere Versionen von WindowsNT-Dateisystemen unterscheiden zwischen „Hard-Links" und „Symbolic-Links". Was ist der Unterschied und warum benötigt man diese unterschiedlichen Arten von Links?

a)

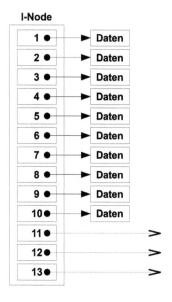

Mit Hilfe von I-Nodes wird eine strikte Trennung von Dateiinhalt und Verwaltungsinformationen (Dateityp, Dateigröße, Eigentümer, Gruppe, Zugriffsrechte, etc.) erreicht. In der Grafik links ist z. B. ein System dargestellt, bei dem jeder I-Node 10 Felder für direkte Adressierung von Datenblöcken enthält, während die restlichen drei zur indirekten Adressierung dienen.

Um den Inhalt der Datei */home/user1/datei1* zu finden, muss zuerst der I-Node für das *root-Verzeichnis* (2) gelesen werden. Anschließend werden die Datenblöcke (hier 13) und nach dem nächsten geforderten Eintrag (hier *home*) durchsucht. Ist der zugehörige I-Node (z. B. 3) gefunden, wird analog vorgegangen, um die jeweilig passenden I-Nodes für *user1* (z. B. 8) und schließlich *datei1* (z. B. 6) zu finden. Anschließend kann dann der hierzu gehörige Datenblock gelesen werden.

b) im zugehörigen I-Node

c)

Dateityp	Hier wird angegeben, in welchem Format (zusätzlich zu den „Üblichen": Verzeichnis, Gerät,...) die Datei vorliegt. Um insbesondere die UNIX-spezifischen „Dateitypen" korrekt und schnell ansprechen zu können, muss diese Information hier verwaltet werden. Der Typ ändert sich im allgemeinen nicht.
Zugriffsrechte	Hier wird angegeben, wer (Gruppe, Eigentümer, alle) welche Art von Zugriff (Lesen, Schreiben, Ausführen) auf diese Datei hat. Die einmal festgelegten Rechte werden ggf. z. B. während eines schreibenden Zugriffs im Mehrbenutzerbetrieb für die anderen Benutzer geändert.
Dateigröße	Dieses Attribut bleibt beim lesenden Zugriff auf die Datei gleich und wird beim schreibenden Zugriff evtl. geändert. Das Betriebssystem verwendet diesen Wert für die Verwaltung der Speicherung der Datei.
Zeit der letzten Änderung	Das Betriebssystem verwendet diese Information zur Synchronisation im Mehrbenutzerbetrieb. Eine Änderung dieses Wertes erfolgt bei jedem schreibenden Zugriff.
Zeit des letzten Zugriffs	Das Betriebssystem kann diesen Wert verwenden, um die Verwaltung nicht genutzter Dateien und die Identifizierung von „Dateileichen" zu realisieren. Dieses Attribut wird auch bei jedem lesenden Zugriff geändert.
Linkzähler	Gibt die jeweils aktuelle Anzahl der Hard-Links auf diese Datei an. Löschung der Datei ist erst möglich, wenn dieser Wert beim Rückwärtszählen gleich Null ist.
Eigentümer	Das Betriebssystem benötigt diesen Eintrag, um die Zugriffsrechte korrekt zu verwalten und z. B. nur dem Eigentümer das Löschen einer Datei zu gestatten.

d) symbolische Links	Hardlinks
enthalten einen Verweis auf einen Verzeichniseintrag	enthalten einen Verweis auf einen I-Node
können von einem Dateisystem in andere verweisen	sind nur innerhalb *eines* Dateisystems einsetzbar
beim Löschen wird nur der Link gelöscht, keine Daten	falls es sich um den letzten Hardlink auf eine Datei handelt, wird diese komplett gelöscht - genau, wie der zugehörige I-Node

Aufgabe 3

Scheduling-verfahren

a) Nach welchen Kriterien kann man Auswahlstrategien zur Prozessorvergabe (Scheduling) klassifizieren?

b) Welche Strategie würden Sie für das Scheduling in einem Betriebssystem einsetzen, das für die Überwachung und Steuerung von Abläufen in einem Kernkraftwerk eingesetzt ist? Welche Parameter sind hierbei für die Schedulingstrategie primär entscheidend und wie werden sie in der von Ihnen gewählten Strategie eingesetzt?

c) Welche Strategie wird heutzutage üblicherweise in Mehrbenutzer-/Mehrprogramm-Betriebssystemen wie z. B. UNIX eingesetzt? Welche Ziele werden mit solch einer Strategie verfolgt? Bei solch einer Strategie spielen mehrere Parameter eine Rolle - teilweise haben diese Parameter sehr gegensätzliche Wirkungen. Beschreiben Sie die Parameter und ihre Wirkung auf das Systemverhalten!

a) Ein Merkmal von Scheduling-Verfahren ist, ob sie *unterbrechend* sind. Bei *nicht unterbrechenden* Verfahren laufen Prozesse bis zur Terminierung oder Blockade, während bei unterbrechenden Verfahren, wie z. B. Round Robin jedem Prozess nur ein Zeitslot zugeteilt wird und danach ein Prozesswechsel stattfindet, obwohl der Prozess weiterhin laufbereit wäre.
Ein weiteres Kriterium ist die Vergabe von *Prioritäten*. Bei einer solchen Einteilung werden wichtigere Prozesse bevorzugt und unwichtigere müssen länger warten. Die Vergabe der Prioritäten kann *statisch* oder *dynamisch* erfolgen. Statisch bedeutet hierbei, dass der Prozess, wenn er das erste Mal in den Zustand bereit kommt, eine Priorität bekommt und diese sich dann nicht mehr ändert. Bei dynamischer Prioritätenvergabe werden die Prioritäten nach bestimmten Kriterien während der Prozessausführung geändert (z. B. verbrauchte CPU-Zeit). Weiterhin kann bei prioritätenbasiertem Scheduling zwischen *verdrängenden* und *nicht verdrängenden* Verfahren unterschieden werden. Bei nicht verdrängenden Verfahren wird ein Prozess gemäß seiner Priorität in die Warteschlange eingereiht. Im anderen Fall kann es passieren, dass ein neuer Prozess mit der aktuell höchsten Priorität den gerade laufenden Prozess von der CPU verdrängt.

b) Es handelt sich hierbei um ein Echtzeit-System. Deshalb sind Prioritäten für die einzelnen Prozesse wichtig. Es gibt Prozesse, die innerhalb einer gewissen Zeitspanne ausgeführt werden müssen, es muss also eine Deadline eingehalten werden.

c) *(siehe [TAN] S. 753ff „Scheduling in UNIX")*
UNIX verwendet einen zweistufigen Algorithmus. Die höhere Ebene dient dazu, die Prozesse zwischen Speicher und Platte zu transportieren und damit zu gewährleisten, dass jeder Prozess einmal in den Speicher gelangt. Die niedrigere Ebene verwaltet alle bereiten Prozesse, die auch im Speicher liegen müssen. Hier werden dynamisch Prioritäten vergeben und für jede Prioritätsklasse gibt es eine eigene Warteschlange. Innerhalb der Warteschlangen wird mit Round Robin gearbeitet. Dieses Scheduling-Verfahren wird auch mit multi-level-feedback-scheduling bezeichnet. (multi-level, weil zweistufig, feedback, weil die Prozesse ein Feedback bekommen, indem ihre Prioritäten angepasst werden.) Der Scheduler durchsucht alle Prioritätenklassen aufsteigend (die niedrigsten Nummern haben die höchste Priorität) bis er eine Warteschlange findet, die nicht leer ist. Dort arbeitet er den ersten Prozess mit der Zeitscheibe z. B. 100ms ab und dieser Prozess reiht sich wieder hinten ein.
Prozesse im *Kernmodus* bekommen negative Prioritätswerte zugeteilt, Prozesse im *Benutzermodus* positive.
Durch die Verwendung von Round Robin können mehrere Programme/Benutzer gleichzeitig Prozesse laufen lassen. Bei einer FIFO-Warteschlange könnte es passieren, dass einzelne Benutzer sehr lange Wartezeiten hätten während bei Round Robin alle Prozesse gleichgestellt sind.
Um zu vermeiden, dass sehr unwichtigen Prozessen sehr viel CPU-Zeit zugeteilt wird, muss man vermeiden, dass allen Prozessen die gleiche Priorität eingeräumt wird. Damit laufende Prozesse im Kernmodus möglichst schnell aus dem Kern wieder entfernt werden können, werden die Prioritäten dynamisch angepasst. Prozesse, die fast vollständig abgearbeitet sind, erhalten eine höhere Priorität.
Wichtige Parameter bei dieser Strategie sind die Zeitscheibe von Round Robin und die Zeitdauer für einen Prozesswechsel. Wird bei Round Robin die Zeitscheibe zu kurz gewählt, ist die CPU mehr mit Prozesswechseln beschäftigt als mit den eigentlichen Rechenoperationen. Wird die Zeitscheibe hingegen zu lange gewählt, mutiert Round Robin zu FIFO und die Prozesse am Ende der Warteliste haben wieder relativ lange Wartezeiten.

Aufgabe 4

Zwei Threads implementieren ein klassisches Erzeuger-Verbraucher-System: Thread T1 liest von einem Eingabekanal (blockierendes Lesen, falls dort gerade keine Daten anstehen) und schreibt die Daten in einen Ringpuffer. Thread T2 entnimmt die Daten aus dem Ringpuffer und gibt sie auf einem Ausgabekanal aus.

Thread, Erzeuger-Verbrau-cher-Problem, User-Level-Thread,

Kernel-Le-
vel-Thread a) Wählen Sie zur Synchronisation der beiden Threads ein geeignetes Verfahren und begründen Sie diese Wahl kurz!

b) Skizzieren Sie in einer Programmiersprache Ihrer Wahl die Funktion producer(), die die Aufgabe von Thread T1 realisiert, sowie eine Funktion consumer(), die die Aufgabe von Thread T2 realisiert!

c) Warum funktioniert die beschriebene Aufgabe mit User-Level-Threads nicht einwandfrei, sondern nur mit Kernel-Level-Threads? Beschreiben Sie hierzu kurz den grundsätzlichen Unterschied zwischen den beiden Kategorien und arbeiten Sie dabei heraus, welcher Umstand das korrekte Verhalten des beschriebenen Erzeuger-Verbraucher-Szenarios verhindert!

a) Um die Koordination der beiden Threads zu organisieren, damit sie nicht gleichzeitig auf die gleiche Stelle im Ringpuffer zugreifen, können Semaphoren verwendet werden. Dadurch kann gewährleistet werden, dass immer nur ein Thread auf den Puffer zugreift.

b) *(siehe hierzu [DUD] Stichwort „Nebenläufigkeit")*

```
void producer()
{
    while (TRUE)
    {
        'Erzeuge Datum';          //ein Datenelement wird erzeugt
        P(nichtvoll);             //Zähler für freie Plätze wird
                                  //erniedrigt
        P(gesperrt);              //exklusiver Zugriff auf Puffer
        'Schreibe Datum in Puffer';
        V(gesperrt);              //Puffer freigeben
        V(nichtleer);             //belegte Plätze erhöhen
    }
}


void consumer()
{
    while (TRUE)
    {
        P(nichtleer);             //Zähler für belegte Plätze wird
                                  //erniedrigt
        P(gesperrt);              //exklusiver Zugriff auf Puffer
        'Entnimm Datum aus Puffer' ;
        V(gesperrt);              //Puffer freigeben
        V(nichtvoll);             //freie Plätze erhöhen
        'Verarbeite Datum'
    }
}
```

c) User-Level-Threads werden nur auf der Anwendungsebene realisiert, das Betriebssystem sieht nur einen Thread, auch wenn er eigentlich aus mehreren besteht. Blockiert ein Thread innerhalb einer Gruppe, so sind alle anderen auch blockiert. Wenn nun Thread T1 in den Zustand „blockierendes Lesen" kommt, wird Thread T2 ebenfalls blockiert. Bei Kernel-Level-Threads managed das Betriebssystem die einzelnen Threads. Ein blockierender Systemaufruf blockiert nur diesen einen Thread und hat keine Auswirkungen auf die übrigen Threads. Für Kernel-Level-Threads muss das Betriebssystem angepasst/erweitert werden, während User-Level-Threads auf jedem System realisiert werden können. Der Wechsel zwischen User-Level-Threads ist schneller, da hierfür nicht in den Kern gewechselt werden muss.

Herbst 07 - Thema 2

Aufgabe 1

Die folgenden drei Jobs stehen zu den angegebenen Zeiten (in Minuten) zur Ausführung an:

Scheduling-verfahren, FCFS, SJF, Preemptive SJF, RR, Multi-Level-Scheduling, Gantt-Diagramm

Job	Ankunftszeit	Bearbeitungsdauer
1	0	20
2	4	10
3	10	6

2.1. Stellen Sie die zeitlichen Abläufe in Gantt-Diagrammen (Balkendiagramme über der Zeitachse) dar und berechnen Sie dazu den Turnaround eines jeden Jobs, sowie den Average Turnaround bei den folgenden Scheduling-Strategien:

- First-Come-First-Served (FCFS)
- Shortest-Job-First (SJF)
- Preemptive Shortest-Job-First (Preemptive SJF)
- Round-Robin (RR) mit Zeitquantum q = 8

2.2. Zusätzlich zu den obigen Jobs 1 bis 3 (von der Kategorie Batch) sollen zu den Zeitpunkten 6 und 12 die Jobs Nummer 4 und 5 (von der Kategorie Interactive) mit jeweils einer Laufzeit von 10 Zeiteinheiten zur Bearbeitung anstehen. Nun soll eine Multi-Level-Scheduling-Strategie verfolgt werden derart, dass jeweils eine Warteschlange für die Kategorien Interactive und Batch existiert, wobei das Scheduling bei interaktiven Jobs mit dem Round-Robin-Verfahren mit Zeitquantum q = 4 und bei den Batch-Jobs nach FCFS abläuft. Die Warteschlange der interaktiven Jobs hat Priorität über die Warteschlange der Batch-Jobs, d. h. falls gerade ein Batch-Job bearbeitet wird und es kommt ein neuer interaktiver Job an, so wird der Batch-Job solange angehalten, bis keine interaktiven Jobs mehr im System sind. Geben Sie die Wartezeit eines jeden Jobs an!

1.1) FCFS:

	1				5					10					15					20					25					30					35			
1																																						20
2																																						26
3																																						26

durchschnittlicher Turnaround: 24

SJF:

	1				5					10					15					20					25					30					35			
1																																						20
2																																						32
3																																						16

durchschnittlicher Turnaround: 22,7

PSJF:

	1				5					10					15					20					25					30					35			
1																																						36
2																																						10
3																																						10

durchschnittlicher Turnaround: 18,7

RR:

	1				5					10					15					20					25					30					35			
1																																						36
2																																						28
3																																						20

durchschnittlicher Turnaround: 28

1.2)

	1				5					10					15					20					25			
1																												
2																												
3																												
4																												
5																												

		30				35				40				45				50				55			
																									20
																									36
																									40
																									4
																									4

Aufgabe 2

Sie sind gerade an einen neuen Wohnort gezogen und wollen dies nun dort bei der zuständigen Meldebehörde anzeigen. Bei dieser Meldebehörde gibt es einen Warteraum, der maximal 20 Personen fasst. Sobald Sie in den Warteraum eintreten können, ziehen Sie aus einem Automaten eine fortlaufend vergebene Nummer, mit der Sie später von einem der drei Schalter aus aufgerufen werden. Ein Schalterbeamter wählt jeweils aus den (maximal 20) wartenden Personen diejenige mit der niedrigsten Nummer aus und bearbeitet diese Anmeldung vollständig.

Implementieren Sie Ihr obiges Vorgehen zur Anmeldung und die Arbeit eines Schalterbeamten in Pseudo-Code! Die Synchronisation der beteiligten Prozesse soll ausschließlich über allgemeine Semaphore (Counting Semaphore) geschehen. Hinweis: Die obige Aufgabenstellung beinhaltet im Wesentlichen ein Erzeuger-Verbraucher-Schema mit beschränktem Puffer.

Semaphor, Erzeuger-Verbraucher-Problem

(s. [DUD], Stichwort „Nebenläufigkeit")

```
var frei,
    besetzt,
    gesperrt : semaphore;

    frei := 20;
    besetzt := 0;
    gesperrt := 1;


neuePerson {
while TRUE {
    'Ziehe Nummer';
    frei.down();
    gesperrt.down();
    'gehe in Wartehalle'
    gesperrt.up();
    besetzt.up();
    }
}


Schalterbeamter {
while TRUE {
    besetzt.down();
    gesperrt.down();
    'Rufe Person mit niedrigster Nummer auf'
    gesperrt.up();
    frei.up();
    'bearbeite Antrag'
    }
}
```

Aufgabe 3

Speicher-
verwaltung,
First Fit,
Best Fit,
Worst Fit
In der Freispeicherliste zu einem Arbeitsspeicher existieren die freien Blöcke in der angebenen Reihenfolge mit den Größen:

10KB, 4KB, 20KB, 9KB, 12KB

Geben Sie für jeden Vergabeschritt die verbleibenden freien Speicherblöcke für die Anfragen an (ebenfalls in dieser Reihenfolge) nach Blöcken der Größe:

12KB, 10KB, 9KB

Verwenden Sie dabei die folgenden Speichervergabe-Verfahren:

3.1) First-Fit

3.2) Best-Fit

3.3) Worst-Fit

3.1) First-Fit:

Segment:	10KB	4KB	20KB	9KB	12KB
12KB			8KB		
10KB	0KB				
9KB				0KB	

3.2) Best-Fit:

Segment:	10KB	4KB	20KB	9KB	12KB
12KB					0KB
10KB	0KB				
9KB				0KB	

3.3) Worst-Fit:

Segment:	10KB	4KB	20KB	9KB	12KB
12KB			8KB		
10KB					2KB
9KB	1KB				

Frühjahr 08 - Thema 1

Aufgabe 1

In einem System mit Seitenadressierung (paged adress space), Adresslänge = 16 Bit, Seitengröße = 4KByte, Hauptspeichergröße = 64 KByte wird ein Programm durch einen Prozess ausgeführt *zur Erinnerung:* $4096_{10} = 1000_{16}$).
Die erste Seite des virtuellen Adressraums wird nicht genutzt. Das Textsegment des Prozesses umfasst 2 Seiten, das Datensegment umfasst ebenfalls 2 Seiten, direkt im Anschluss daran. Das Stack-Segment umfasst eine Seite ganz am Ende des virtuellen Adressraums. Die Seiten des Textsegments liegen im Hauptspeicher in den Seitenrahmen (=Kacheln) auf Adresse 0x4000 und 0x7000, die erste Seite des Datensegments liegt in Seitenrahmen 0x6000, die zweite Seite ist ausgelagert und liegt auf der Platte im Block 0x37000. Die Seite des Stacks liegt im Seitenrahmen 0x9000. Das (sehr kleine) Betriebssystem belegt die ersten 4 Seitenrahmen. Die Seitenrahmen von 0xa000 bis 0xf000 sind durch einen anderen Prozess belegt.

1. Skizzieren Sie den Aufbau des virtuellen Adressraums des Prozesses sowie den Aufbau und die Belegung des Hauptspeichers und die Abbildungen dazwischen!

2. Die Seiten des Textsegments seien read-only in den Adressraum abgebildet, alle anderen Seiten zum Lesen und Schreiben. Die Ausführung von Maschinenbefehlen aus dem Daten- oder Stack-Segment ist nicht zulässig.
   Skizzieren Sie die Datenstrukturen, die die MMU für die Umsetzung des beschriebenen virtuellen Adressraums benötigt und wie dabei die logische Adresse 0x3240 umgesetzt wird!

3. In dem Programm stehen folgende Anweisungen:
```
void f1() {
    static int *p = (int *)0x4018;
    int i;
    ...
    *p = 41;
    i = 5;
    ...
```
   Beschreiben Sie, was bei der Ausführung des Prozesses passiert, wenn er die beiden obigen Zuweisungen ausführt:
   a) Welche Aktivitäten laufen der Reihe nach in der Anwendung und im Betriebssystem ab? (Nummerieren Sie diese Schritte!)

Speicherverwaltung, Seitenrahmen, Seiten-Kachel-Tabelle, Seitenadressierung, Prozesszustand

b) Welche Wechsel des Prozesszustandes finden hierbei bei welchen
   Schritten statt?
c) Tragen Sie in Ihre Skizzen zu den Teilaufgaben 3a) und 3b) die Änderungen ein, die im Laufe der Ausführung der Anweisungen erfolgen,
   und markieren Sie die entprechenden Stellen mit c)! Tragen Sie auch
   die Orte ein (ungefähr), an denen die Werte 41 und 5 im Hauptspeicher hingeschrieben werden!

1.

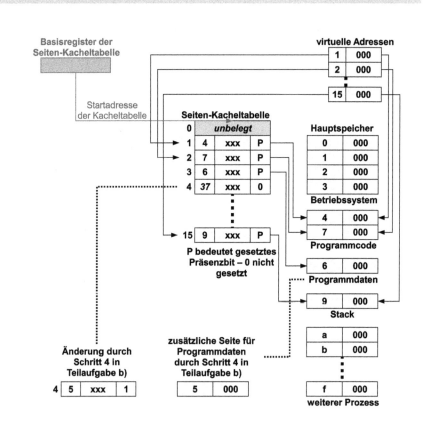

(Siehe Grafik!)
Die Informationen über die Zugriffsrechte sind zusätzlich in den in der Seiten-
Kachel-Tabelle aufgeführten Seitendeskriptoren enthalten.
Die logische Adresse 0x3240 wird so abgebildet, dass zuerst wegen der 3 auf
den Eintrag 3 in der Seiten-Kachel-Tabelle zugegriffen wird. Dort erfährt
das System dann, dass die zugehörige Seite präsent ist und dass sowohl ein
Lese- auch ein Schreibzugriff möglich ist. Um die Adresse im Hauptspeicher
zu berechnen, wird die 0x6000 addiert mit der 0x0240 (hinterer Teil der
logischen Adresse), was schließlich zur Adresse 0x6240 führt.

2. a) <u>Schritt 1:</u> Der Zahl 0x4018 wird die Seitennummer 4 entnommen.

<u>Schritt 2:</u> In der Seitenkacheltabelle wird im Deskriptor der entsprechenden Seite festgestellt, dass diese momentan nicht präsent ist, sondern im Hintergrundspeicher ausgelagert ist.

<u>Schritt 3:</u> Um die Seite (wieder) einlagern zu können wird ein passender Platz im Hauptspeicher gesucht (z. B. 0x5xxx).

<u>Schritt 4:</u> Jetzt wird die Seite eingelagert und dazu die Seiten-Kacheltabelle angepasst.

<u>Schritt 5:</u> Der Versatz und der Inhalt der Seiten-Kachel-Tabelle werden addiert und man erhält die Adresse 0x5018.

<u>Schritt 6:</u> Sowohl für *p (ab 0x5018) als auch für die Integervariable i (auf dem Stack ab 0x9000) wird jetzt Speicherplatz alloziert.

<u>Schritt 7:</u> Nun werden der Wert für i und die Zahl 41 für *p an den jeweiligen Stellen gespeichert.

b) Bei Schritt 2 wird der Prozess blockiert, das Betriebssystem übernimmt die Kontrolle. Nach Schritt 4 wird der schlafende Prozess in den Zustand bereit überführt und das Programm übernimmt wieder die Kontrolle.

c) *(Siehe Grafik in Teilaufgabe a)!)*
Die 41 wird nach der Stelle 0x5018 im Hauptspeicher abgelegt, 5 wird in den Bereich 0x9xxx geschrieben.

Aufgabe 2

1. Welche Bedingungen müssen gegeben sein, damit eine Verklemmung auftreten kann?
2. Welche drei grundsätzlichen Verfahren gibt es, um mit der Verklemmungsproblematik umzugehen?
   a) Beschreiben Sie jedes Verfahren! Wie ist jeweils die grundsätzliche Vorgehensweise?
   b) Geben Sie ein Beispiel für einen Algorithmus an, der bei einem - dieser Verfahren zum Einsatz kommt und beschreiben Sie den Algorithmus!

Verklemmung, sicherer Zustand, Banker's Algorithmus

Siehe Frühjahr 07 Thema 1 Aufgabe 3 auf Seite 302!)

Aufgabe 3

Dateisys-
tem *Für die folgenden Teilaufgaben 3, 4 und 5 wird das Datensicherungs- und Ar-*
chivsystem eines Unternehmens betrachtet. Hierzu besitzt das unternehmens-
eigene Rechenzentrum einen Bandroboter mit fünf Bandlaufwerken und einem
Regallager für die Bänder. Das System wird zur täglichen Datensicherung sowie
zur gezielten Archivierung von Datenbeständen genutzt.

a) Wie würden Sie den Dateibestand eines großen Softwareentwicklungspro-
jekts auf der Festplatte organisieren, damit die Programmquellen (mehrere
Anwendungsprogramme sowie Funktionsbibliotheken), die Dokumentation,
sowie mehrere, aktuell an Kunden ausgelieferte Binärversionen der Software sowohl als Ganzes, als auch in den beschriebenen Teilen einfach ar-
chiviert werden können? Erläutern Sie Ihre Entscheidung am besten anhand einer Skizze!

b) Welche Informationen über Dateien bzw. über Kataloge würden Sie archi-
vieren? Wozu werden welche Informationen im Archiv bzw. bei oder
nach einem Restaurieren des Archivs benötigt?

a) Hierfür eignet sich am Besten ein hierarchisches Dateisystem. Die Dateien
werden dort nach ihrem Inhalt und nicht z. B. nach ihrem Erzeugungsdatum
sortiert abgelegt.

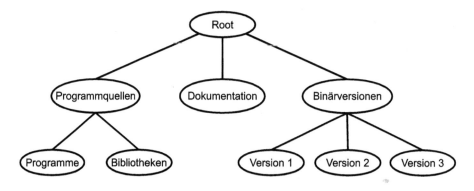

b) *Siehe Frühjahr 06 Thema 1 Aufgabe 1d) auf Seite 275*

Aufgabe 4

Da von modernen Plattensystemen schneller gelesen wird, als auf ein Bandgerät geschrieben werden kann, sollen die Daten auf mehrere Bänder parallel geschrieben werden. Hierzu soll das Archivierungsprogramm folgendermaßen organisiert werden:

Prozess, Thread, Ringpuffer, logische, physi(kali-)sche Adresse

- Ein Prozess P_0 leistet die oben in Teilaufgabe 3 beschriebene Funktionalität und schreibt die Daten in einen großen Speicherbereich (10MB), der in Blöcken zu je 1MB organisiert ist und als Ringpuffer betrieben wird.

- Für jedes Bandgerät i (i=1...5) gibt es einen Prozess P_i, der jeweils den nächsten verfügbaren Block aus dem Ringpuffer entnimmt und auf das Bandgerät schreibt.

1. Wie kann der Ringpuffer als gemeinsamer Speicher in einem Betriebssystem mit Seitenadressierung realisiert werden? In welchen Datenstrukturen müssen hierzu welche Einträge erfolgen?

2. Skizzieren Sie die logischen Adressräume der Prozesse P_0 und P_1 und den Zusammenhang zu dem physikalischen Hauptspeicher!

3. Die beschriebene Realisierung mit Hilfe von Prozessen ist teuer. Wodurch entstehen diese Kosten (Speicher, Laufzeit)?

4. Eine Realisierung mit Hilfe von Threads wäre günstiger. Welche Arten von Threads kennen Sie, wodurch unterscheiden sie sich, was ist der Unterschied zu Prozessen?

5. Welche Thread-Art ist für die beschriebene Aufgabe geeignet und sollte statt einer Realisierung mit Prozessen genutzt werden? Welche Kosten spart man dadurch ein, welche Abläufe werden effizienter?

6. Warum ist die andere Thread-Art für die Aufgabe nicht geeignet?

1. *Siehe Frühjahr 06 Thema 1 Aufgabe 2a) auf Seite 276!*

2. *Siehe Frühjahr 06 Thema 1 Aufgabe 2b) auf Seite 276!*

3. Da viele Betriebsmittel zur Verwaltung (wie z. B. Dateideskriptoren, Prozesskontrollblöcke) eines Prozesses notwendig sind und beim Prozesswechsel jeweils ganze Speicherbereiche und der Adressraum abgebildet werden müssen, sind Prozessumschaltungen sehr aufwändig. Die hohen Kosten entstehen im Hinblick auf den Speicher an mehreren Stellen, da Prozesse z. B. keinen gemeinsamen Adressraum und andere gemeinsame Datenbereiche nutzen. Außerdem entstehen dann wegen der daraus resultierenden höheren Umschaltzeiten auch Kosten im Hinblick auf die Laufzeit.

4. *Siehe Frühjahr 07 Thema 1 Aufgabe 2c) auf Seite 300 und Frühjahr 07 Thema 2 Aufgabe 1a) auf Seite 304!*

5. User-Level werden vom Prozessor als ein einziger Thread gesehen. Dadurch werden immer alle Threads gleichzeitig blockiert und eine parallele Programmierung ist nicht möglich. Somit sollten hier Kernel-Level-Threads eingesetzt

werden. Außerdem kennt das Betriebssystem die Kernel-Level-Threads und schaltet zwischen ihnen um. Dies ist kostengünstiger als die Prozessumschaltung, da kein Adressraumwechsel vorgenommen werden muss.

6. Erzeugung und Umschaltung sind bei User-Level-Threads zwar extrem billig, aber wie oben beschrieben wird zwischen ihnen nicht durch das Betriebssystem, sondern durch das Anwendungsproramm umgeschaltet - das Betriebssystem betrachtet sie als Einheit und blockiert im Bedarfsfall die gesamte Einheit.

Aufgabe 5

Prozess, Thread, Ringpuffer, Verklemmung

Unter der Annahme, dass mehrere Archivierungen bzw. Restaurierungen gleichzeitig anfallen können und dabei jeweils parallel zwei bis fünf Laufwerke genutzt werden, gibt es eine ganze Reihe von Koordinierungsproblemen:

- Zugriff auf einzelne Bänder
- Zugriff auf Bandlaufwerke
- Zugriff auf Ringpuffer

1. Welche Art von Koordinierungsproblem liegt in den obigen drei Situationen jeweils vor?
2. Die Archivierung von vier unterschiedlichen Softwareprojekten wird fast gleichzeitig gestartet. Entsprechend der Aufgabe 4 soll jeweils auf drei Laufwerken parallel geschrieben werden. Welche Problematik hinsichtlich Verklemmungen existiert hier?
3. Nennen Sie zwei unterschiedliche Maßnahmen zur Verklemmungsvorbeugung im obigen (in Teilaufgabe 2 beschriebenen) Szenario! Welche der für Verklemmungen notwendigen Bedingungen werden dadurch jeweils entkräftet?
4. Skizzieren Sie in einer programmiersprachen-ähnlichen Form zwei Funktionen put und get, die den Zugriff auf den Ringpuffer realisieren!

1. • Da jedes Band jeweils nur von einem Bandlaufwerk gleichzeitig belegbar ist, herrscht hier exklusiver Ausschluss.
    • Ein vom Prozess P_i aus dem Ringpuffer entnommenes Datenpaket wird an das i-te Bandlaufwerk weitergeleitet. Wir nehmen an, das Bandlaufwerk besitze genau genug Speicherplatz für ein Datenpaket. P_i dürfte zwar sofort das nächste Datenpaket vom Ringpuffer entnehmen, aber bei einer konkreten Umsetzung mit Semaphoren würde wegen möglichst geringer Blockade-Zeit ein Zugriff erst dann möglich sein, wenn das Datenpaket vom Bandlaufwerk aufs Band geschrieben worden ist und das Bandlaufwerk wieder ein neues Datenpaket aufnehmen kann.
    • Der Prozess P_i löscht ein Datenpaket vom Ringpuffer und übergibt es an ein Bandlaufwerk. Der Prozess kann nun zwar sofort wieder ein

Datenpaket am Ringpuffer entnehmen, muss aber ggf. warten, bis das Bandlaufwerk wieder aufnahmefähig ist. Beim Ringpuffer selbst entsteht zusätzlich dadurch ein klassisches Erzeuger-Verbraucher-Problem, dass P_0 Daten evtl. schneller erzeugt, als die P_i diese wieder entfernen.

2. Das hier beschriebene Szenario stellt im Prinzip ein abgewandeltes Philosophen-Problem (*siehe Herbst 06 Thema 1 Aufgabe 2a) auf Seite 287*) dar. ⌒ Hier benötigen 4 Prozesse („Philosophen") gleichzeitig die drei Laufwerke („Gabeln") und somit geht einer leer aus. Wenn immer der selbe Prozess warten muss, kann er „aushungern", also seine Daten nie sichern.

3. Eine Möglichkeit der Verklemmungsvermeidung ist es, die vier Prozesse durchzunummerieren und den Laufwerken fest zuzuordnen.
Die Bedingung der exklusiven Belegung könnte man dadurch beheben, dass jeder Prozess das Laufwerk nur für eine bestimmte Datenmenge oder Zeiteinheit zugeteilt bekommt.

4. Mit entsprechend geänderter Puffergröße findet sich eine Lösung in *Frühjahr 03 Thema 2 Aufgabe 5 auf Seite 245.* ⌒

Frühjahr 08 - Thema 2

Aufgabe 1

UNIX-Filesysteme implementieren das Konzept der I-Nodes. Dabei findet eine strikte Trennung des eigentlichen Dateiinhalts von den Verwaltungsinformationen (z. B. Dateigröße, Dateityp, Eigentümer, Gruppe, Zugriffsrechte) statt. Die Anzahl der I-Nodes sowie die Größe der Blöcke werden bei der Formatierung des Dateisystems festgelegt.

UNIX-Dateisystem, Hard-Link, Symbolic-Link

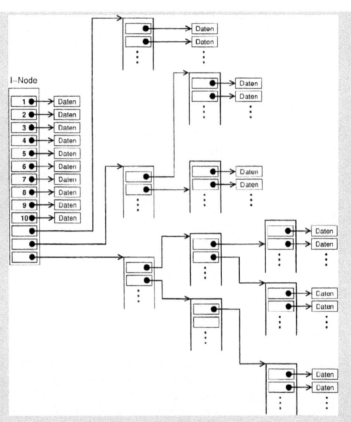

Gehen Sie in dieser Aufgabe von folgenden Annahmen aus:

- Jeder I-Node enthält 10 Felder für direkte Adressen auf Datenblöcke der Datei, sowie jeweils einen Verweis auf den ersten, zweiten und dritten Indirektionsblock - insgesamt also 13 Adressfelder (siehe Grafik).

- Der erste Indirektionsblock (Indirektionsblock erster Stufe) enthält Adressen von Datenblöcken. Der zweite Indirektionsblock (Indirektionsblock zweiter Stufe) enthält Adressen von weiteren Indirektionsblöcken erster Stufe, die ihrerseits Adressen von Datenblöcken enthalten. Analog für den dritten Indirektionsblock mit wieder einer zusätzlichen Stufe.

- Alle Adressen sind 4 Bytes lang.

- Die Blockgröße beträgt einheitlich 4KBytes (gilt sowohl für Daten- als auch für Indirektionsblöcke).

Beantworten Sie die folgenden Fragen!

a) Wie groß ist der Inhalt einer Datei **mindestens** (genaue Angabe in Bytes), wenn ihr I-Node auf genau zwei Datenblöcke direkt verweist?

b) Wie groß ist der Inhalt einer Datei **höchstens** (genaue Angabe in Bytes), wenn ihr I-Node auf genau zwei Datenblöcke direkt verweist?

c) Es soll auf die Datei /baum/zweig/ast zugegriffen werden. Wie viele I-Nodes und Datenblöcke müssen dazu mindestens gelesen werden?

d) Warum ist es sinnvoll, den Dateityp im I-Node festzuhalten?

e) Mit Hilfe des Befehls ln lassen sich in UNIX Verknüpfungen (Links) auf eine Datei erstellen. Dabei wird zwischen Hardlinks (ln quellDatei zielDatei) und symbolischen Links (ln -s quellDatei zielDatei) unterschieden. Wodurch unterscheiden sich diese beiden Varianten?

Auf einem Rechner wird das Dateisystem Ext2 (ohne Journaling) mit einer Blockgröße von 4 KBytes verwendet. Folgende Situation ist gegeben:

- Der I-Node mit der Nummer 332 adressiert die Datenblöcke mit den Adressen *0xA0A8AFA0*, *0xA0A8AFA4* und *0xA0A8AFA8* direkt. Die verbleibenden sieben Felder für direkte Adressen, sowie die drei Felder für die Adressierung von Indirektionsblöcken enthalten keine Adressen (NULL). Der Referenzzähler (Linkzähler) steht auf 1.
- Der Datenblock *0xA8124AAA0* beschreibt das Verzeichnis **studies**, welches unter anderem die Datei notes.txt enthält. Der entsprechende Verzeichniseintrag verweist auf den I-Node 332.
- Der Datenblock *0x011100B0* beschreibt das Verzeichnis **info**, welches unter anderem die Datei notes_copy.txt enthält. Der entsprechende Verzeichniseintrag verweist auf den I-Node 332.

f) Worin besteht in diesem Beispiel die Inkonsistenz?

g) Können die Dateien **notes.txt** und **notes_copy.txt** in den jeweiligen Verzeichnissen vom Nutzer gelesen werden, auch wenn die Inkonsistenz nicht behoben wird? Geben Sie an, ob keine, eine oder beide Dateien gelesen werden können und begründen Sie Ihre Antwort!

h) Was passiert mit dem I-Node 332, wenn der Nutzer nur die Verknüpfung **notes_copy.txt** aus dem Verzeichnis **info** entfernt (**rm notes_copy.txt**)? (Mit Begründung!)

a) $4KB + 1B = 4096B + 1B = 4097B$

b) $8KB = 8192B$

c) Zu den Dateitypen von UNIX zählen außer den „normalen" Dateien:
- Verzeichnis
- symbolische Links
- zeichenorientierte Geräte
- blockorientierte Geräte
- named pipes (gepufferter uni- oder bidirektionaler Datenstrom zwischen zwei Prozessen nach dem „First In – First Out"-Prinzip; named pipes können auch zur Kommunikation zwischen Prozessen eingesetzt werden, die nicht miteinander verwandt sind und sich darüber hinaus auf unterschiedlichen Rechnern innerhalb eines Netzwerkes befinden dürfen)
- Sockets (bidirektionale Software-Schnittstelle zur Interprozess- (IPC) oder Netzwerk-Kommunikation; sie stellen eine vollduplexfähige Alternative zu pipes dar)

Um diese korrekt und schnell ansprechen zu können, ist es notwendig zu wissen, um welchen Dateityp es sich handelt.

d)

symbolische Links	Hardlinks
enthalten einen Verweis auf einen Verzeichniseintrag	enthalten einen Verweis auf einen I-Node
können von einem Dateisystem in andere verweisen	sind nur innerhalb *eines* Dateisystems einsetzbar
beim Löschen wird nur der Link gelöscht, keine Daten	falls es sich um den letzten Hardlink auf eine Datei handelt, wird diese komplett gelöscht - genau, wie der zugehörige I-Node

e) Unter den beiden letzten Spiegelstrichen wird beschrieben, dass zwei Hardlinks auf I-Node 332 verweisen. Unter dem ersten Spiegelstrich wird aber erwähnt, dass der Referenzzähler nur auf 1 (nicht auf 2) steht.

f) Es können *beide* Dateien gelesen werden, da der inkonsistente Wert des Referenzzählers erst beim Löschen (s. u.) zum Tragen kommt. Zum Lesen des Dateiinhalts ist es lediglich notwendig, dass die Datei mit ihrem Namen angesprochen werden kann, was der I-Node-Eintrag hier bewerkstelligt.

g) Wird `notes_copy.txt` gelöscht, so wird wegen des Wertes 1 des Referenzzählers sowohl der Dateiinhalt als auch der zugehörige I-Node 332 gelöscht.

Aufgabe 2

Prozesszustand, Prozesszustandsgraph

Diese Aufgabenstellung beschäftigt sich mit dem gängigen 7-Zustands-Modell zur Beschreibung möglicher Ausführungszustände eines Prozesses sowie deren Übergänge. Die fünf Grundzustände sind Erzeugt, Bereit, Rechnend, Blockiert und Beendet, wobei in den beiden Zuständen Bereit und Blockiert jeweils unterschieden wird, ob der jeweilige Prozess sich aktuell im Hauptspeicher befindet (resident) oder ausgelagert wurde (swapped/supended).

a) Geben Sie für jede der folgenden Transitionen an, ob es sich um einen **gültigen Übergang** handelt! Falls ja, geben Sie ein Beispiel an, welches den jeweiligen Zustandswechsel auslösen könnte! Falls nein, begründen Sie, warum dieser Zustandsübergang nicht sinnvoll ist!

Beispiel: Erzeugt → Bereit: Gültig; Beispiel: Das Prozess-Image liegt vollständig im Speicher, und der Prozess ist nun rechenbereit. Er wartet darauf, vom Scheduler zur Ausführung ausgewählt zu werden.

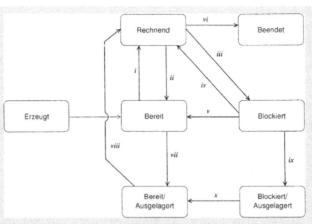

i) Bereit → Rechnend
ii) Rechnend → Bereit
iii) Rechnend → Blockiert
iv) Blockiert → Rechnend
v) Blockiert → Bereit

vi) Rechnend → Beendet
vii) Bereit → Bereit-Ausgelagert
viii) Bereit-Ausgelagert → Rechnend
ix) Blockiert → Blockiert-Ausgelagert
x) Blockiert-Ausgelagert → Bereit-Ausgelagert

b) Welche(r) der Zustände Bereit, Rechnend und Blockiert könnte(n) eingespart werden, wenn das Betriebssystem in reinem Batch-Betrieb (d. h. kein Multiprogramming) arbeitet)? (Mit Begründung.)

a)   i) gültig: ein bereiter Prozess wird vom Scheduler ausgewählt und bekommt die CPU zugeteilt.

ii) gültig: ein gerade aktiv rechnender Prozess bekommt die CPU entzogen, ist aber weiterhin bereit.

iii) gültig: ein rechnender Prozess blockiert z. B. weil er auf eine Eingabe wartet.

iv) ungültig: der Scheduler teilt die CPU nur bereiten Prozessen zu. Der Prozess muss also erst in den Zustand bereit wechseln und warten, bis er an die Reihe kommt.

v) gültig: die Blockade eines Prozesses wird aufgehoben, z. B. weil er eine Eingabe erhält.

vi) gültig: ein Prozess terminiert nachdem seine Berechnungen ausgeführt sind.

vii) gültig: ein Prozess wird wegen Platzmangels aus dem Hauptspeicher ausgelagert.

viii) ungültig: der Prozess muss zuerst wieder eingelagert werden, bovor er in den Zustand rechnend wechseln kann.

ix) gültig: ein blockierter Prozess wird wegen Platzmangel ausgelagert.

x) gültig: die Blockade eine ausgelagerten Prozesses, z. B. eine von einem anderen Prozess genutzte Ressource wird frei, ist aufgehoben.

b) Der Zustand „blockiert" könnte eingespart werden, da in einem Batch-System kein Prozesswechsel im Falle einer Blockade stattfindet. Ein Prozess, der einmal im Zustand „rechnend" ist, bleibt darin so lange, bis er terminiert, auch wenn er zwischenzeitlich phasenweise blockiert.

Aufgabe 3

Beim Scheduling nach der Round-Robin-Strategie wird eine FIFO-Warteschlange von Prozessen verwaltet, wobei jeweils dem in der Schlange ersten Prozess für eine feste Zeitdauer Q (die Länge der sog. Zeitscheibe) die CPU zugeteilt wird. Ein Prozess, dessen Zeitscheibe abgelaufen ist, wird am Ende der Warteschlange wieder eingereiht. Die mittlere Bedienzeit T eine Prozesses bezeichne die Zeitspanne, für die ein Prozess im Mittel die CPU benötigt, bevor er das Warteschlangensystem aufgrund einer angestoßenen E/A-Operation bzw. bei Prozessende freiwillig verlässt. Es handelt sich bei T also um die reine Rechenzeit des Prozesses. Die mittlere Verweilzeit V hingegen bezeichne die gesamte Zeitspanne, die ein Prozess im Mittel im System verweilt (ggf. wechselnd zwischen den Zuständen Bereit und Rechnend). Die mittlere Wartezeit W sei die durchschnittliche Summe der Zeiträume, in denen ein Prozess zwar im System verweilt, aber nicht rechnet. Ein Prozesswechsel benötige eine Zeitdauer S, die als Overhead verloren geht, aber unvermeidbar ist. Zusammenfassend ergeben sich die folgenden Zusammenhänge:

- Größe der Zeitscheibe: Q
- Mittlere Bedienzeit (reine Rechenzeit) eines Prozesses: T
- Mittlere Verweilzeit eines Prozesses: $V, V \geq T$
- Mittlere Wartezeit eines Prozesses: $W, W = V - T$
- Zeit für Prozesswechsel: S

a) Beschreiben Sie kurz, was beim Prozesswechsel passiert und welche Aufgabe das Betriebssystem dabei erfüllt! Erklären Sie in diesem Zusammenhang in kurzen Stichworten den Begriff des Prozesskontextes!

b) Die Zeitdauer S wird also wesentlich von der Komplexität des Prozesswechsels beeinflusst. Wovon hängt diese Komplexität maßgeblich ab?

c) Gegeben sind die Prozesse P_1 bis P_4 mit den in der folgenden Tabelle angegebenen Ankunfts- und Bedienzeiten. Es gelte $Q = 2$ und vereinfachend $S = 0$ (also vernachlässigbar klein). Eine Zeitscheibe muss nicht voll ausgenutzt werden. Terminiert ein Prozess vor Ablauf von Q, so wird diese eine Zeitscheibe entsprechend verkürzt und der nächste Prozess kann sofort aktiviert werden.

Prozess	Ankunftszeitpunkt	Bedienzeit
P_1	0	4
P_2	1	5
P_3	3	2
P_4	6	4

    i) Ermitteln Sie für jeden Prozess die **individuelle Verweil- und Wartezeit**! Erstellen Sie ein Tabelle nach folgendem Muster!
    Tipp: Machen Sie sich dazu die Ausführungsreihenfolge der Prozesse durch ein Diagramm (z. B. Gantt-Chart) klar, und zeichnen Sie auch die Warteschlange (separates Blatt)! Für die Bewertung spielen die Zeichnungen allerdings keine Rolle.

Prozess	Verweilzeit	Wartezeit
P_1		
P_2		
P_3		
P_4		

    ii) Berechnen Sie die **mittlere Verweil- und Wartezeit** für dieses System!

d) Unter der Annahme, dass in einem System stets rechenbereite Prozesse zur Verfügung stehen, lässt sich die CPU-Auslastung ρ wie folgt definieren: $\rho = \frac{T}{T + n \cdot S}$, wobei n die Anzahl der pro Prozess durchschnittlich anfallenden Prozesswechsel ist. Dabei soll gelten: Ein Prozesswechsel gehört zu dem Prozess, der zuletzt (also unmittelbar **vor** dem Prozesswechsel) gerechnet hat. Terminiert ein Prozess, so gehört der anschließende Wechsel zu einem rechenbereiten Prozess also auch noch zu dem gerade terminierten Prozess.

    a) Wie wirkt sich ein hoher Wert für S auf die CPU-Auslastung aus?

    b) Geben Sie für n eine Formel in Abhängigkeit von T und Q an!

    c) Welche CPU-Auslastung ergibt sich, wenn gilt: $Q > T$? Gegen welche Ihnen bekannte Scheduling-Strategie konvergiert Round Robin in diesem Fall?

    d) Welche CPU-Auslastung ergibt sich, wenn gilt: $Q = S$?

a) Prozesswechsel: Prozess wird unterbrochen, das Betriebssystem ordnet einem anderen Prozess den Zustand „aktiv" zu und gibt diesem Prozess die Kontrolle.
Folgende Schritte werden dabei vom Betriebssystem durchgeführt:

1.	Sicherung des Prozesskontextes des aktiven Prozesses
2.	Aktualisierung des Prozesskontrollblocks (PCB - näheres dazu s. u.) des rechnenden (aktiven) Prozesses (z. B. neuer Zustand)
3.	Einordnung des PCBs in die entsprechenden Warteschlangen
4.	Auswahl eines anderen Prozesses (Scheduling) für die Ausführung
5.	Laden des Kontextes des ausgewählten Prozesses
6.	Aktualisierung des PCBs des ausgewählten Prozesses (Zustand $\rightarrow$ aktiv)
7.	Aktualisierung der speicherrelevanten Datenstrukturen

Der Prozesskontrollblock, auch Prozesskontext genannt, beinhaltet Informationen über den Zustand des Prozesses, die Inhalte der CPU-Register (etwa

Befehlszählregister, Akkumulator usw.) zum Zeitpunkt der Ausführung des Prozesses, sowie ergänzend die Seitentabelle, seinen Stackpointer sowie seine Speicherbelegung und den Zustand seiner geöffneten Dateien. Weitere Inhalte im Datensatz sind beispielsweise die Prozessnummer, die vom Prozess geöffneten Dateien, Information über Eltern- oder Kindprozesse, Prioritäten, in Anspruch genommene Zeit, Scheduling- und Verwaltungsinformationen sowie alle Informationen, welche abgespeichert werden müssen, wenn der Prozess vom Zustand „rechnend" in die Zustände „rechenbereit" oder „blockiert" übergeht, um ein nahtloses Weiterlaufen nach der Unterbrechung zu garantieren.

b) Je umfangreicher der PCB (Anzahl Kindprozesse, beteiligte Dateien...), desto teurer wird der Prozesswechsel.

c) i)

	Verweilzeit	Wartezeit
P_1	6	2
P_2	12	7
P_3	5	3
P_4	9	5

ii) mittlere Verweilzeit: $32/4 = 8$
mittlere Wartezeit: $17/4 = 4,25$

d) i) Weil S im Nenner des Bruchs vorkommt, bewirkt ein hoher Wert für S ein geringeres ρ, also eine geringere CPU-Auslastung.

ii) n ist die Anzahl der Prozesswechsel, die nötig sind bis ein Prozess abgearbeitet ist. Bei einer Rechenzeit T benötigt der Prozess n Zeitscheiben der Länge Q. $\Rightarrow n = \lceil \frac{T}{Q} \rceil$

iii) Wenn $Q > T$ bedeutet dies, dass der Prozess innerhalb einer Zeitscheibe abgearbeitet werden kann, n ist also 1. Für ρ gilt dann $\rho = \frac{T}{T+S}$ wenn S klein ist, dass ρ gegen 100% konvergiert. Round Robin konvergiert dann gegen First Come First Served, da die Prozesse in der Reihenfolge ihres Eintreffens abgearbeitet werden.

iv) $\rho = \frac{T}{T+n \cdot S} = \frac{T}{T+\frac{T}{Q} \cdot Q} = \frac{T}{T+T} = \frac{1}{2}$

Aufgabe 4

In dieser Aufgabe sollen verschiedene Seitenersetzungsstrategien (Paging-Strategien) am konkreten Beispiel verglichen werden. Dabei sei die Menge der Seiten gegeben durch $N = \{0, 1, 2, 3, 4\}$. Die Menge der Seitenrahmen, die für die Speicherung der Seiten im Arbeitsspeicher zur Verfügung stehen, sei gegeben durch $F = \{f_0, f_1, f_2\}$. Auf die 5 Seiten der Menge N werde in folgender Reihenfolge zugegriffen:

$$w = 0\,4\,3\,4\,3\,1\,3\,4\,0\,3\,2\,1\,0$$

Seitenersetzungsstrategien, LRU, LFU, Seitenflattern

Ein Seitenfehler liegt immer dann vor, wenn sich eine referenzierte Seite nicht im Arbeitsspeicher befindet. Dieser ist zu Beginn leer.

a) Ermitteln Sie die Anzahl der Seitenfehler für die Paging-Strategie LRU (Least Recently Used), indem Sie den Zustand des Speichers nach jedem Zugriff in einer Tabelle nach folgendem Muster dokumentieren! Informationen, die aufgrund der Paging-Strategie zusätzlich noch benötigt werden, tragen Sie ebenfalls ein!

Referenzierte Seiten	f_0	f_1	f_2	Summe Seitenfehler
0				
4				
3				
4				
3				
1				
3				
4				
0				
3				
2				
1				
0				

b) Ermitteln Sie nun die Anzahl der Seitenfehler für die Paging-Strategie LFU (Least Frequently Used), indem Sie den Zustand des Speichers nach jedem Zugriff in einer Tabelle nach folgendem Muster dokumentieren! Informationen, die aufgrund der Paging-Strategie zusätzlich benötigt werden, tragen Sie ebenfalls wieder ein!

Referenzierte Seiten	f_0	f_1	f_2	Summe Seitenfehler
0				
4				
3				
4				
3				
1				
3				
4				
0				
3				
2				
1				
0				

c) In der Praxis ergibt sich ein signifikantes Problem beim Einsatz der zweiten Strategie (Least Frequently Used). Welches? Wie könnte man LFU modifizieren, um dieses Problem zu minimieren?
Tipp: Überlegen Sie sich, was passiert, wenn auf eine Seite zunächst über einen langen Zeitraum häufig zugegriffen wird, später dann die Seite nicht mehr benötigt wird (da z. B. der zugehörige Prozess terminiert wurde)!

a) Least Recently Used

Referenzierte Seiten	f_0	f_1	f_2	Summe Seitenfehler
0	0^0			0
4	0^1	4^0		0
3	0^2	4^1	3^0	0
4	0^3	4^0	3^1	0
3	0^4	4^1	3^0	0
1	1^0	4^2	3^1	1
3	1^1	4^3	3^0	1
4	1^2	4^0	3^1	1
0	0^0	4^1	3^2	2
3	0^1	4^2	3^0	2
2	0^2	2^0	3^1	3
1	1^0	2^1	3^2	4
0	1^1	2^2	0^0	5

b) Least Frequently Used

Referenzierte Seiten	f_0	f_1	f_2	Summe Seitenfehler
0	0^1			0
4	0^1	4^1		0
3	0^1	4^1	3^1	0
4	0^1	4^2	3^1	0
3	0^1	4^2	3^2	0
1	1^1	4^2	3^2	1
3	1^1	4^2	3^3	1
4	1^1	4^3	3^3	1
0	0^1	4^3	3^3	2
3	0^1	4^3	3^4	2
2	2^1	4^3	3^4	3
1	1^1	4^3	3^4	4
0	0^1	4^3	3^4	5

c) Häufig verwendete Seiten besitzen einen hohen Referenzzähler und werden
   dadurch nicht ersetzt. Es bleiben also weniger freie Kacheln für die aktuell
   häufig verwendeten Seiten. Es kann passieren, dass es zum Seitenflattern
   kommt, dass also eine Seite abwechselnd ein- und ausgelagert wird.
   Eine Lösung für dieses Problem besteht darin, die Zähler bei jedem Schritt
   zu dekrementieren. D. h. in Binärdarstellung werden die Zähler um ein Bit
   nach rechts geschoben.

Aufgabe 5

Gegeben sind die drei Prozesse P_1, P_2 und P_3 sowie die vier Betriebsmittel R_1
bis R_4. Zum betrachteten Zeitpunkt t gilt:

Prozess, Betriebs- mittel- graph, Verklem- mung

- P_1 nutzt R_3 und fordert R_1 an.
- P_2 nutzt R_4 und fordert R_3 an.
- P_3 nutzt R_1 und fordert R_2 und R_4 an.

a) Zeichnen Sie den **Resource-Allocation-Graph (Betriebsmittelgraph)**
   für den Zeitpunkt t unter Berücksichtigung aller vorhandenen Betriebsmittel!
b) Welche Betriebsmittelanforderung(en) ist (sind) sofort erfüllbar?
c) Entscheiden und begründen Sie anhand des Resource-Alloction-Graphen,
   ob nach Erfüllung der erfüllbaren Anforderung(en) ein Deadlock vorliegt!

a)

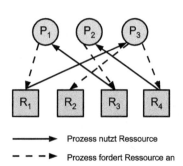

b) Die einzige Anforderung, die sofort erfüllbar ist, ist dass P_3 R_2 zugeteilt
bekommt, da R_2 als einzige Ressource von keinem anderen Prozess genutzt
wird.

c)

Entfernt man die erfüllbaren Anforderungen aus dem Graphen,
so, sieht man, dass ein Zyklus vorhanden ist. Aus diesem
Grund liegt ein Deadlock vor.

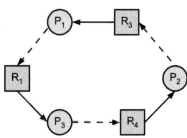

5 Datenbanken

Frühjahr 01 - Thema 1

Aufgabe 2

ER-Model-
lierung,
relationales
Schema,
Schlüssel,
Datenbank-
anfrage,
relationale
Algebra

2.1. Die Entwicklung eines großen Programmsystems soll durch eine Datenbank unterstützt werden. Sie soll festhalten, welche Komponenten von den einzelnen Entwicklern beigesteuert werden und auf welchen Rechnern die Komponenten gespeichert sind. Außerdem soll sie Auskunft über die Zerlegung von Komponenten in Teilkomponenten geben. Zur Lösung dieser Aufgabe wurde folgendes Entity-Relationship-Diagramm entwickelt.

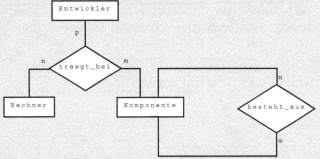

2.1.1. Entwerfen Sie ein Schema nach dem Relationenmodell, das diesem Diagramm entspricht. Bestimmen Sie die Primär- und Fremdschlüssel. Entwickler (E) habe die Attribute ENR, Name (ENAME) und Ort (EORT). Komponente(K) habe die Attribute KNR, Bezeichnung (KBEZ), Programmiersprache (KSPRA) und verwendeter Compiler (KCOMP). Rechner (R) bestehe aus IP-Adresse (RADR) und Komponentennummer (KNR). Beitrag (B) wird durch ENR, KNR und Datum (DATUM) beschrieben. Komponentenliste (KL) hat die Attribute Ober-Komponente (OKN) und Teilkomponente (TKN).

2.1.2. Drücken Sie die folgenden beiden Anfragen in umgangssprachlicher Formulierung aus:

1. $\pi_{TKN}(KL \bowtie_{OKN=TKN} \pi_{TKN}(KL \bowtie_{OKN=TKN} \pi_{TKN} \sigma_{OKN='Abrechnung'} KL))$

2. $\pi_{RADR}(R \bowtie_{KNR=KNR} (B \bowtie_{OKN=TKN} \sigma_{EORT='Banghalore'} E))$

2.2. Zur Verwaltung des Ausleihwesens benutzt eine Universitäts-Bibliothek folgende Datenbank:

LESER: L(<u>LSNR</u>, NAME, VORNAME, WOHNORT)
BUCH: B(<u>ISBN</u>, TITEL, VERLAG, EXEMPLARE)
EXEMPLAR: E(<u>ISBN, EXPNR</u>, STANDORT)
AUSLEIHE: A(<u>LSNR, ISBN, EXPNR</u>, DATUM)

Formulieren Sie folgende Anfragen in SQL:

2.2.1. Welche Bücher sind an mehreren Standorten vorhanden?

2.2.2. Von welchen Buchtiteln sind sämtliche Exemplare ausgeliehen?

2.3. Zur Organisation des Prüfungswesens werde folgende Datenbank benutzt:

Professor: P   (PNAME, FBNR)
Student: S   (MATRNR, NAME, VORNAME, FBNR)
Fachbereich: F   (FBNR, FNAME, DEKAN)
Prüfung: PR (PNAME, MATRNR, NOTE)

2.3.1. Folgende Anfrage soll nach den Heuristiken „Selektion möglichst früh" und „Projektion möglichst spät" optimiert werden.

$$\pi_{MATRNR,NAME,VORNAME}\sigma_{FNAME='Informatik'}S \bowtie F$$

(Liste der Studenten, die im Fachbereich Informatik eingeschrieben sind.)

2.3.2. Erläutern Sie an dem Beispiel, inwiefern obige Heuristiken (evtl. abhängig vom Mengengerüst) zu einer Optimierung der Anfrage führen.

2.1.1. E(<u>ENR</u>, FNAME, EORT)
       K(<u>KNR</u>, KBEZ, KSPRA, KCOMP)
       R(<u>RADR</u>, *KNR*)
       B(*<u>ENR, KNR</u>*, DATUM)
       KL(*<u>OKN, TKN</u>*)

2.1.2. 1.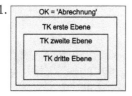
Alle Teilkomponenten der dritten Ebene (vgl. Abbildung links) der Komponente 'Abrechnung'.

   2. Es werden die Rechneradressen selektiert, wo auf den zugehörigen Rechnern Komponenten von Entwicklern aus Banghalore entwickelt werden.

2.2.1. SELECT DISTINCT ISBN
       FROM   E AS E1, E AS E2
       WHERE E1.ISBN = E2.ISBN
              AND E1.Standort $\neq$ E2.Standort;

2.2.2. SELECT DISTINCT Titel
       FROM   B, E

```
WHERE   B.ISBN = E.ISBN
        AND E.EXPNR = ALL
                (SELECT EXPNR
                FROM   A
                WHERE  E.ISBN = A.ISBN);
```

2.3.1. $\pi_{MATRNR,NAME,VORNAME} S \bowtie (\sigma_{FNAME='Informatik'} F)$

2.3.2. Ohne Optimierung entstehen beim Join $S \bowtie F$ sehr viele Tupel, die hinterher wieder verworfen werden, nämlich alle Tupel, in denen andere Fachbereiche vorkommen. Angenommen es gäbe 1000 Studenten, dann liefert der Join ebenfalls 1000 Tupel. Wird zuerst der Fachbereich selektiert, ergibt der Join nur so viele Tupel, wie es Informatikstudenten gibt. Dies sind in der Regel deutlich weniger.

Herbst 01 - Thema 1

Aufgabe 1

Es soll eine Datenbank für ein Kino- und Film-Auskunftssystem für eine Stadt entworfen werden. Das System soll vergangene und zukünftige Spielpläne enthalten können.

ER-Modellierung, Relationship, Entität, Schlüsselkandidat

Entity Mengen:

Regisseure/Innen	mit den Attributen NAME, VORNAME, GEB-DATUM, VITA
Filme	mit dem Attribut TITEL
Schauspieler	mit denselben Attributen wie Regisseure/Innen aber zusätzlich dem künstlichen Schlüssel S# vom Typ **integer**
Kinos	mit den Attributen BEZEICHNUNG, STRASSE, HAUSNR, TELEFON-NR

Relationsships:

spielt	Ein Schauspieler spielt in einem Film.
führt	Ein Regisseur führt Regie in einem Film.
läuft	Ein Film läuft in einem Kino.

Integritätsbedingungen:

Neben den offensichtlichen Integritätsbedingungen sollen folgende gelten:

I1 In einem Film führt nur 1 Person Regie.

I2 In einem Kino können mehrere Filme laufen. aber nur zu verschiedenen Zeiten (es gibt nur 1 Vorführraum).

I3 TITEL, BEZEICHNUNG sowie die Kombination NAME, VORNAME sind eindeutig für Filme, Kinos bzw. Regisseure. Für Schauspieler sei die Kombination NAME, VORNAME, GEB-DATUM eindeutig.

1.1.

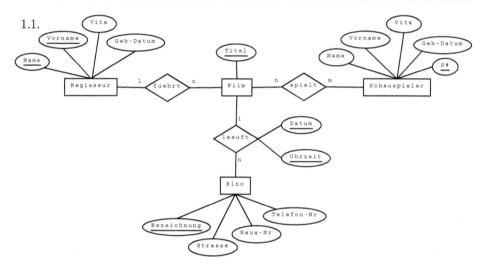

Schlüsselkandidaten:
Regisseur: {(Name, Vorname)}
Film: {(Titel)}
Schauspieler: {(S#), (Name, Vorname, Geb-Datum)}
Kino: {(Bezeichnung), (Strasse, Haus-Nr), (Telefon-Nr)}

Eine Modellierungsvariante der Relation läuft lässt sich mit einer ternären
Relationship erzeugen:

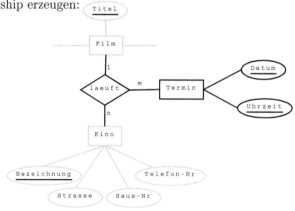

Da aber die Entität Termin an keiner anderen Stelle benötigt wird und binäre Relationships leichter weiter zu verarbeiten sind als ternäre, bleiben wir im Folgenden bei der ursprünglichen Modellierung.

1.2. Geben Sie zu dem entwickelten E/R Diagramm ein relationales Schema an und kennzeichnen Sie durch Unterstreichen die gewählten Primärschlüssel.

relationales Schema, Primär- schlüssel

```
1.2. Regisseur(Name, Vorname, Geb-Datum, Vita)
     Film(Titel)
     Schauspieler(S#, Name, Vorname, Geb-Datum, Vita)
     Kino(Bezeichnung, Strasse, Haus-Nr, Telefon-Nr)
     spielt(Titel, S#)
     fuehrt(Titel, Name, Vorname)
     laeuft(Datum, Uhrzeit, KinoBezeichnung, Titel)
```

Verfeinerung der relationalen Schemas:
Die Relationen Film und fuehrt können zusammengefasst werden:

```
Regisseur(Name, Vorname, Geb-Datum, Vita)
Film(Titel, RegName, RegVorname)
Schauspieler(S#, Name, Vorname, Geb-Datum, Vita)
Kino(Bezeichnung, Strasse, Haus-Nr, Telefon-Nr)
spielt(Titel, S#)
laeuft(Datum, Uhrzeit, Kino, Titel)
```

1.3. Formulieren Sie für das relationale Schema die folgenden Anfragen bzw. Operationen in SQL:

SQL

- Eine Liste aller Filmregisseure
- In welchen Filmen spielt Meryll Streep?
- NAME, GEB-DATUM und VITA des Regisseurs von „AfricanQueen"
- In welchen Filmen spielt Meryll Streep gemeinsam mit Robert Red- ford?
- In welchem Kino mit Tel.Nr. läuft heute der Film „The Straight Story" und zu welcher Zeit?
- Änderung des Spielplans des Kinos „Media Palast", so dass morgen um 22:15h der Film „The Straight Story" läuft.

```
1.3. SELECT *
     FROM   Regisseur;

     SELECT spielt.Titel
     FROM   Schauspieler s, spielt
     WHERE  spielt.S# = s.S#
            AND s.Vorname = 'Meryll'
            AND s.Name = 'Streep';
```

```
SELECT  Name, Geb-Datum, Vita
FROM    Regisseur r, Film f
WHERE   f.Titel = 'African Queen'
        AND r.Vorname = f.RegVorname
        AND r.Name = f.RegName;


SELECT  spielt.Titel
FROM    Schauspieler s, spielt
WHERE   spielt.S# = s.S#
        AND s.Vorname = 'Meryll'
        AND s.Name = 'Streep'
        AND spielt.titel IN (SELECT  spielt.Titel
                             FROM    Schauspieler s, spielt
                             WHERE   spielt.S# = s.S#
                                     AND s.Vorname = 'Robert'
                                     AND s.Name = 'Redford');


SELECT  k.Bezeichnung, k.TelNr, laeuft.Uhrzeit
FROM    Kino k, laeuft
WHERE   laeuft.Titel = 'The Straight Story'
        AND laeuft.Datum = 'today'
        AND laeuft.Kino = k.Bezeichnung;


UPDATE laeuft
SET    Titel = 'The Straight Story'
WHERE  Kino = 'Media Palast'
       AND Datum = 'tomorrow'
       AND Uhrzeit = 22:15;
```

Herbst 01 - Thema 2

Aufgabe 2

Normalfor-
men,
relationales
Schema,
Normalisie-
rung,
funktionale
Abhängig-
keiten,
Anomalien
2.1. Für die Anwendung in der Anlageabteilung einer Bank sei ein relationales Datenbankschema gegeben. Die verwendeten Attribute sind: Anlageberater (AB), Büro des Beraters (Büro), Anleger, Aktienname (Aktie), Anzahl der gekauften Aktien und die für eine bestimmte Aktie gezahlte Dividende. Die Relationenschemata sehen wie folgt aus:
ANLAGE (Aktie, Anzahl, Anleger, Dividende)
mit den funktionalen Abhängigkeiten Aktie → Dividende sowie
Anleger, Aktie → Anzahl
BERATUNG (Anleger, AB, Büro)
mit den funktionalen Abhängigkeiten AB → Büro sowie Anleger → AB

2.1.1. Welchen Normalformen (2NF, 3NF, BCNF) genügen die Relationenschemata und welchen nicht? Begründen Sie kurz Ihre Antworten.

2.1.2. Können beim Arbeiten mit dieser Datenbank Anomalien auftreten
und, wenn ja, welche (jeweils mit einem kurzen Beispiel)?

2.1.3. Bringen Sie die Relationen in BCNF und begründen Sie Ihre
Transformationen.

2.1.1. ANLAGE ist nicht in 2NF, da als Schlüssel nur (Anleger, Aktie) in
Frage kommt und die FD Aktie → Dividende damit nur von einem Teil
des Schlüsselkandidaten abhängig ist und die 2NF verletzt. ANLAGE
ist damit auch nicht in 3NF.

BERATUNG besitzt den Schlüsselkandidaten (Anleger) und da dieser
einelementig ist, ist die 2NF automatisch gewährleistet (wenn die 1NF
erfüllt ist). BERATUNG ist allerdings nicht in 3NF, da die transitive
Abhängigkeit Anleger → AB → Büro existiert.

Beide Relationenschemata sind nicht in BCNF, da sie FDs besitzen,
deren linke Seiten keine Superschlüssel sind. Diese sind Aktie → Dividende bzw. AB → Büro.

2.1.2. Es kann die DELETE-Anomalie auftreten, wenn z. B. alle Anleger eine
bestimmte Aktie verkaufen, geht die Information über deren Dividende
verloren.

Außerdem kann es zu einer UPDATE-Anomalie kommen: Angenommen
ein AB ändert sein Büro, so muss dies bei allen Anlegern, die er betreut,
geändert werden.

Die INSERT-Anomalie zeigt sich dadurch, dass ein AB erst in die Datenbank aufgenommen werden kann, wenn er mindestens einen Anleger
betreut.

2.1.3. Zerlege ANLAGE in AKTIE(Aktie, Dividende) und ANLEGER(Anleger,
Aktie, Anzahl).

Es entsteht eine Relation mit den Attributen der verletzenden FD, Aktie und Dividende, sowie eine Relation mit allen anderen Attributen
außer der rechten Seite der verletzenden FD, also (Anleger, Aktie, Anzahl, Dividende) ohne Dividende.

Zerlege BERATUNG in BERATER(AB, Büro) und BERATUNG(Anleger, AB).

Es entsteht eine Relation mit den Attributen der verletzenden FD, AB
und Büro, sowie eine Relation mit allen anderen Attributen außer der
rechten Seite der verletzenden FD, also (Anleger, AB, Büro) ohne Büro.

2.2. Ein Flugbuchungssystem enthalte unter anderen folgende Relationen:

- Flughafen(FlughafenNummer, FlughafenName, FlughafenOrt, Land)
- Flug(FlugNummer, FluggesellschaftKürzel, FlugzeugNummer)
- Flugintervall(FlugintervallNummer, FlugNummer,
  StartflughafenNummer, ZielflughafenNummer, Abflugzeit,
  Ankunftszeit)
- Buchung(PassagierNummer, FlugintervallNummer,
  BuchungsklasseNummer)
- Buchungsklasse(BuchungsklasseNummer,
  BuchungsklasseBeschreibung)
- Flugpreis(FlugintervallNummer, BuchungsklasseNummer, Preis)

2.2.1. Formulieren Sie eine Anfrage, die für die vorhandenen Flugintervalle eine Tabelle der Namenspaare der Start- und Ziel-Flughäfen nach Start-Flughäfen sortiert liefert.

2.2.2. Ermitteln Sie die Flugintervallnummer, die zwei Orte(!) 'Start' und 'Ziel' direkt verbinden, zusammen mit den zugehörigen Abflugs- und Ankunftszeiten. 'Start' und 'Ziel' sollen Parameter sein.

2.2.3. Ermitteln Sie zu einem als Parameter angebbaren Flugintervall, wie viele Plätze in den verschiedenen Buchungsklassen belegt sind. Buchungsklassen ohne Buchungen brauchen nicht aufgeführt zu werden.)

2.2.4. Ermitteln Sie zu einem angebbaren Flug den Gesamtpreis der getätigten Buchungen.

2.2.1.
```
SELECT    F1.FlughafenName AS Start, F2.FlughafenName AS Ziel
FROM      Flug F1, Flug F2, Flugintervall
WHERE     F1.FlughafenNummer = StartflughafenNummer
          AND F2.FlughafenNummer = ZielflughafenNummer
ORDER BY  F1.FlughafenName;
```

2.2.2.
```
SELECT FlugintervallNummer, Abflugzeit, Ankunftszeit
FROM   Flugintervall FI, Flughafen FH1, Flughafen FH2
WHERE  FH1.FlughafenOrt = 'Start'
       AND FH2.FlughafenOrt = 'Ziel'
       AND FH1.FlughafenNummer = FI.StartflughafenNummer
       AND FH2.FlughafenNummer = FI.ZielflughafenNummer;
```

2.2.3.
```
SELECT    BuchungsklasseNummer, COUNT(*)
FROM      Buchung
WHERE     FlugintervallNummer = 'xyz'
GROUP BY  BuchungsklasseNummer
HAVING    COUNT > 0;
```

2.2.4.
```
SELECT    FlugNummer, SUM(Preis)
FROM      Buchung B, Flug F, Flugintervall FI,
          Flugpreis FP, Buchungsklasse BK
```

```
WHERE      B.BuchungsklasseNummer = BK.BuchungsklasseNummer
           AND B.FlugintervallNummer = FI.FlugintervallNummer
           AND F.FlugNummer = FI.FlugNummer
           AND FP.BuchungsklasseNummer = BK.BuchungsklasseNummer
           AND FP.FlugintervallNummer = FI.FlugintervallNummer
GROUP BY   F.FlugNummer
HAVING     F.Flugnummer='xyz';
```

Frühjahr 02 - Thema 1

Aufgabe 1

In einer Datenbank befinden sich Relationen mit den folgenden Relationenschemata (Schlüsselattribute sind jeweils unterstrichen):

relationales Schema, Datenbankanfrage, relationale Algebra

Lieferant	LNr	LName	LOrt	Rechtsform

Waren	WNr	WarenBez	Preis

Kunden	KNr	KName	KOrt

Bestellung	LNr	KNr	WNr	Datum	Anzahl

1.1. Geben Sie für die folgenden verbal formulierten Anfragen jeweils Anfrageformulierungen in zwei verschiedenen Anfragesprachen bzw. -formalismen an (zur Auswahl stehen dabei SQL, Relationenalgebra, Tupelkalkül und QBE (Query by Example))!

     a) Geben Sie alle Paare von Lieferanten(-namen) und Kunden(-namen) aus, bei denen der Kunde bei dem Lieferanten Waren bestellt hat und Kunde und Lieferant sich am gleichen Ort befinden!

     b) Geben Sie alle Waren (mit allen Attributen) aus, zu denen es mindestens zwei Lieferanten mit unterschiedlicher Rechtsform gibt, bei denen Kunden diese Waren bestellt haben!

1.2. Formulieren Sie die folgenden Anfragen in SQL:

     a) Berechnen Sie für jeden Lieferanten die Anzahl der Kunden, die Waren bei diesem Lieferanten bestellt haben! Geben Sie dazu Lieferantennamen und die Anzahl der Kunden aus!

     b) Geben Sie für jeden Tag die Gesamtanzahl an bestellten Waren aus!

     c) Berechnen Sie für jeden Kunden (unter Angabe des Kundennamens) den Gesamtpreis aller von dem Kunden bestellten Waren!

1.1.   a)
```
SELECT LName, KName
FROM   Lieferant L, Kunden K, Bestellung B
WHERE  K.KOrt = L.LOrt
       AND L.LNr = B.LNr
       AND B.KNr = K.KNr;
```

$$\pi_{LName,KName}\sigma_{KOrt=LOrt}(Lieferant \bowtie Kunden \bowtie Bestellung)$$

b) SELECT DISTINCT WNr, WarenBez, Preis
   FROM   Lieferant L1, Lieferant L2,
           Bestellung B1, Bestellung B2, Waren W
   WHERE B1.WNr = B2.WNr
           B1.WNr = W.WNr
           AND B1.LNr <> B2.LNr
           AND B1.LNr = L1.LNr
           AND B2.LNr = L2.LNr
           AND L1.Rechtsform <> L2.Rechtsform;

B1(WNr, WarenBez, Preis, LNr, Rechtsform):= $(Lieferant \bowtie Waren \bowtie Bestellung)$
B2(WNr, WarenBez, Preis, LNr, Rechtsform):= $(Lieferant \bowtie Waren \bowtie Bestellung)$
$\pi_{WNr,WarenBez,Preis}$
$$(B1 \bowtie_{B1.LNr \neq B2.LNR \wedge B1.Rechtsform \neq B2.Rechtsform \wedge B1.WNr=B2.WNr} B2)$$

1.2.   a) SELECT   LName, COUNT(DISTINCT KNr)
           FROM   Lieferant L, Bestellung B
           WHERE   L.LNr = B.LNr
           GROUP BY LNr;

      b) SELECT   Datum, SUM(Anzahl)
           FROM   Bestellung B
           GROUP BY Datum;

      c) SELECT   KName, SUM(W.Preis * B.Anzahl) AS Gesamtpreis
           FROM   Kunden K, Waren W, Bestellung B
           WHERE   W.WNr = B.WNR
                     AND K.KNr = B.KNr
           GROUP BY KNr;

Frühjahr 02 - Thema 2

Aufgabe 3

funktionale
Abhängig-
keit,
Normalisie-
rung

Gegeben seien die folgenden Relationenschemata R_1, R_2, R_3 und R_4 mit ihren Attributen und zugehörigen funktionalen Abhängigkeiten (FDs):

$R_1 : ABCD$ FDs : $A \to BCD$, $R_2 : EFGH$ FDs: $EF \to G$,
                      $B \to C$, $F \to H$
                      $C \to D$

$R_3 : IKLM$ FDs : $I \to K$, $R_4 : OPQR$ FDs: $OP \to Q$,
                      $K \to L$, $P \to R$,
                      $L \to M$ $QR \to P$,
                                                                     $R \to O$

> 3.1. Bestimmen Sie für jede Relation alle möglichen Schlüssel(-kandidaten)!
>
> 3.2. Geben Sie für jedes der oben aufgeführten Relationenschemata an, ob es in 2. Normalform (2NF) und ob es in 3. Normalform (3NF) ist. Begründen Sie dies jeweils kurz!
>
> 3.3. Für die Relationenschemata, die nicht in 2NF bzw. 3NF sind, geben Sie bitte neue Relationenschemata in 3NF an. Erläutern Sie die dazu durchzuführenden Schritte jeweils kurz!

3.1. $R_1 : \{A\}$ - wegen der ersten FD werden mit A bereits alle anderen Attribute erreicht.

$R_2 : \{E, F\}$, da mit FD2 G nicht erreicht würde, muss auch E zum Schlüssel gehören.

$R_3 : \{I\}$ - mittels FD1, FD2 und anschließend FD3 werden alle Attribute erreicht.

$R_4 : \{P\}$ - hier müssen die FDs in der Reihenfolge FD2, FD4 und dann FD1 angewendet werden, um alle Attribute zu erreichen.

3.2. Alle Relationenschemata mit einelementigen Schlüsseln sind automatisch in 2NF. Dies trifft auf R_1, R_3 und R_4 zu.

R_2 ist nicht in 2NF, da durch die FD $F \rightarrow H$ ein Element nur von einem Teil des Schlüssels abhängt.

Keines der übrigen Relationenschemata ist in 3NF, da überall transitive Abhängigkeiten existieren, z. B. $A \rightarrow B \rightarrow C$ bei R_1.

3.3. Zu R_1:

In der ersten FD gibt es transitive Abhängigkeiten wegen der beiden letzten FDs. Um 3NF zu erhalten, muss man die FDs $A \rightarrow B, B \rightarrow C, C \rightarrow D$ zu Grunde legen, um die Relationen $R_{11} : AB, R_{11} : BC, R_{13} : CD$ als 3NF-Zerlegung von R_1 zu erhalten.

Zu R_2:

Die Relation wird in zwei Relationen aufgeteilt: $R_{21} : EFG$ und $R_{22} : FH$. Diese können nicht weiter zusammengefasst werden.

Zu R_3:

Analog zu R_2 wird aufgespalten: $R_{31} : IK$, $R_{32} : KL$ und $R_{33} : LM$

Zu R_4: Die Zerlegung in einfache FDs ist bereits gegeben. Linksreduktion und Rechtsreduktion ergeben keine Änderung, somit liegt bereits die kanonische Überdeckung vor.

$R_{41} : OPQ$

$R_{42} : PR$

$R_{43} : PQR$

$R_{44} : OR$

R_{42} kann mit R_{43} zusammengefasst werden:

$R_{41} : OPQ$

$R_{423} : PQR$

$R_{44} : OR$

Herbst 02 - Thema 1

Aufgabe 1

*ER-Model-
lierung,
relationales
Schema,
Verfeine-
rung,
SQL*

Es soll eine Datenbank für ein Konzert-Auskunftsystem für München entworfen werden. Das System soll vergangene und zukünftige Konzertveranstaltungen enthalten können.

Entity Mengen:

Dirigenten	mit den Attributen NAME, VORNAME, GEB-DATUM, VITA
Konzerte	mit dem Attribut BEZEICHNUNG und einem künstlichen Schlüssel KONZERT# vom Typ **integer**
Komponisten	mit den selben Attributen wie Dirigenten
Musikstücke	mit dem Attribut TITEL und einem künstlichen Schlüssel TITEL# vom Typ **integer**
Konzertsäle	mit den Attributen SAALNAME, ADRESSE, TELEFON-NR

Relationsships:

dirigiert	ein Dirigent dirigiert ein Konzert.
komponierte	ein Komponist komponierte ein Musikstück.
wird gespielt	ein Musikstück wird gespielt in einem Konzert.
findet statt	ein Konzert findet in einem Konzertsaal statt an einem Tag und Uhrzeit.

1.1 Integritätsbedingungen

Neben den offensichtlichen Integritätsbedingungen sollen folgende gelten:

I1: ein Konzert wird nur von einem Dirigenten dirigiert.

I2: ein Konzert kann mehrmals, auch in verschiedenen Konzertsälen stattfinden.

I3: TITEL#, KONZERT#, SAALNAME sind eindeutig für Musikstücke, Konzerte und Konzertsäle, sowie die Kombination NAME, VORNAME für Dirigenten und Komponisten.

1.2 E/R Diagramm

1. Entwerfen Sie für die Datenbank ein E/R Diagramm entsprechend den obigen Spezifikationen und Integritätsbedingungen!

2. Geben Sie die Kardinalitäten für die Relationships an!

3. Geben Sie für jede Entität die Mengen der Schlüsselkandidaten an!

4. Geben Sie die Attribute der Relationsships an!

5. Ergänzen Sie die Relationship „**wird gespielt**" so, dass die Reihenfolge der Musikstücke im Konzert ersichtlich ist!

1.3 Relationales Schema

Geben Sie zu dem entwickelten E/R Diagramm ein relationales Schema an und kennzeichnen Sie durch Unterstreichen die gewählten Primärschlüssel!

1.4 SQL-Anfragen

Formulieren Sie für das relationale Schema die folgenden Anfragen bzw. Operationen in SQL:

I1: Welche Dirigenten (NAME, VORNAME, GEB-DATUM) haben je in München ein Konzert dirigiert?

I2: Welche Konzerte (KONZERT#, BEZEICHNUNG) dirigiert Lorin Mazel?

I3: Finden Sie NAME, VORNAME und VITA des Dirigenten von „Neujahrskonzert 2002" im „Herkulessaal" am 1.1.2002 um 20Uhr!

I4: In welchen Konzerten (KONZERT#, BEZEICHNUNG) dirigiert Claudio Abbado ein Stück von Claude Debussy?

I5: In welcher Konzertveranstaltung wird heute „Rhapsody in Blue" gespielt, wo und zu welcher Zeit (KONZERT#, KONZERTSAAL, UHRZEIT)?

I6: Führen Sie folgende Programmänderung aus: im Konzert mit der KONZERT# = 123 wird statt dem Stück STÜCK# = 234 das Stück STÜCK# = 345 gespielt!

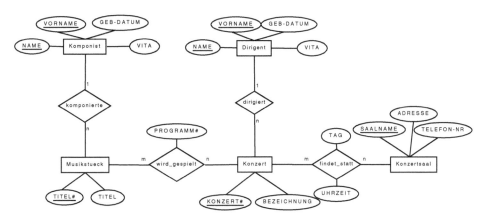

1.3 Schüsselkandidaten sind:

```
Komponist: {NAME,VORNAME}
Musikstueck: {TITEL#}
Konzert: {KONZERT#}
Dirigent: {NAME, VORNAME}
Konzertsaal: {SAALNAME}, {TELEFON-NR}
```

1.4 Komponist(NAME,VORNAME, Geb-Datum, Vita)
```
    Dirirgent(NAME,VORNAME, Geb-Datum, Vita)
    Musikstueck(TITEL#, Titel)
    Konzert(KONZERT#, Bezeichnung)
    Konzertsaal(SAALNAME, Adresse, Telefon-Nr)
    findet_statt(SAALNAME, Konzert#, Uhrzeit, Tag)
```

```
wird_gespielt(Titel#, Konzert#, Programm#)
komponierte(KompName, KompVorname, Titel#)
dirigiert(DirName, DirVorname, Konzert#)
```

Verfeinerung des relationalen Schemas:

```
Komponist(NAME,VORNAME, Geb-Datum, Vita, Titel#)
Dirirgent(NAME,VORNAME, Geb-Datum, Vita, Konzert#)
Musikstueck(TITEL#, Titel)
Konzert(KONZERT#, Bezeichnung)
Konzertsaal(SAALNAME, Adresse, Telefon-Nr)
findet_statt(SAALNAME, Konzert#, Uhrzeit, Tag)
wird_gespielt(Titel#, Konzert#, Programm#)
```

1.5 *Nachdem nur Konzerte in München in der Datenbank sind, müssen alle vorhandenen Dirigenten selektiert werden.*

```
SELECT Name, Vorname, Geb-Datum
FROM   Dirigent;

SELECT K.Konzert#, Bezeichnung
FROM   Dirigent D, Konzert K
WHERE  D.Vorname = 'Lorin'
       AND D.Name = 'Mazel'
       AND D.Konzert# = K.Konzert#;

SELECT Name, Vorname, Vita
FROM   Dirigent D, Konzert K, findet_statt f
WHERE  f.Uhrzeit = 20:00
       AND f.Tag = 1.1.2002
       AND K.Bezeichnung = 'Neujahrskonzert 2002'
       AND K.Konzert# = f.Konzert#
       AND D.Konzert# = K.Konzert#;

SELECT Konzert#, Bezeichnung
FROM   Konzert K, Dirigent D, wird_gespielt w, Komponist Ko
WHERE  Ko.Name = 'Debussy'
       AND Ko.Vorname = 'Claude'
       AND Ko.Titel# = w.Titel#
       AND w.Konzert# = K.Konzert#
       AND K.Konzert# = D.Konzert#
       AND D.Name = 'Abbado'
       AND D.Vorname = 'Claude';


SELECT K.Konzert#, Saalname, Uhrzeit
FROM   Konzert K,findet_statt f,wird_gespielt g,Musikstueck M
```

```
WHERE  M.Titel = 'Rhapsody in Blue'
       AND M.Titel# = g.Titel#
       AND g.Konzert# = f.Konzert#
       AND f.Tag = 'today';

UPDATE Konzert
SET    Stück# = 345
WHERE  Stück# = 234
       AND Konzert# = 123;
```

Herbst 02 - Thema 2

Aufgabe 1

In einer Datenbank befinden sich Relationen mit den folgenden Relationenschemata (Schlüsselattribute sind jeweils kursiv geschrieben):

SQL, relationale Algebra

Teilnehmer	*MatrNr*	Name	Vorname	Fachsemester	Geburtstag

Ergebnisse	*AufgNr*	*MatrNr*	Punkte

Aufgaben	*AufgNr*	Abgabedatum	MaxPunkte

1. Geben Sie für die folgenden verbal formulierten Anfragen jeweils eine Anfrageformulierung in der Datenbanksprache SQL an! Darüber hinaus geben Sie jeweils eine Anfrageformulierung in einem weiteren Anfrageformalismus an (zur Auswahl stehen dabei Relationenalgebra, Tupelkalkül und QBE (Query by Example))!

   a) Geben Sie alle Teilnehmer aus, die mindestens in einer Aufgabe die maximal erreichbare Punktzahl erreicht haben (wobei ein Teilnehmer nicht mehrfach ausgegeben werden soll)!

   b) Geben Sie alle Teilnehmer aus, die mindestens in zwei (verschiedenen) Aufgaben die maximal erreichbare Punktzahl erreicht haben!

   c) Geben Sie für den Teilnehmer „Hans Wurst" eine Liste aller bearbeiteten Aufgaben mit der jeweils von ihm erreichten Punktzahl sowie der maximal erreichbaren Punktzahl für diese Aufgabe aus!

2. Formulieren Sie die folgenden Anfragen in SQL:

   a) Geben Sie eine Anfrage an, die eine Ergebnisliste erstellt, in der für jeden Teilnehmer die Summe der insgesamt von diesem Teilnehmer erreichten Punkte aufgeführt sind!

b) Berechnen Sie für jeden Teilnehmer die durchschnittlich erreichte Punktzahl, wobei nur die bearbeiteten Aufgaben für jeden Teilnehmer berücksichtigt werden sollen.

c) Geben Sie Namen und Vornamen aller Teilnehmer aus, die nicht mehr als 10 Aufgaben bearbeitet haben!

d) Geben Sie für jede Fachsemesterzahl die Fachsemesterzahl zusammen mit der Anzahl der Teilnehmer aus diesem Fachsemester aus, die mindestens in einer Aufgabe die maximal erreichbare Punktzahl erreicht haben!

1. a) SELECT DISTINCT MatrNr, Name, Vorname
        FROM   Teilnehmer T, Ergebnisse E, Aufgaben A
        WHERE   E.AufgabenNr = A.AufgabenNr
                AND E.Punkte = A.MaxPunkte
                AND E.MatrNr = T.MatrNr;

$\pi_{MatrNr,Name,Vorname}$
$(Teilnehmer \bowtie \sigma_{E.Punkte=A.MaxPunkte}(Ergebnisse \bowtie Aufgaben))$

    b) SELECT   DISTINCT MatrNr, Name, Vorname
        FROM   Teilnehmer T, Ergebnisse E, Aufgaben A
        WHERE   E.AufgabenNr = A.AufgabenNr
                  AND E.Punkte = A.MaxPunkte
                  AND E.MatrNr = T.MatrNr
        GROUP BY MatrNr
        HAVING COUNT > 2;

Die relationale Algebra ist nicht mächtig genug, um andere Anfragesprachen, speziell SQL, vollständig abbilden zu können. So gibt es z. B. keine Möglichkeit, die SQL-Operatoren GROUP BY/HAVING und Aggregatfunktionen in die relationale Algebra zu übersetzen.

    c) SELECT E.AufgabenNr, Punkte, MaxPunkte
        FROM   Teilnehmer T, Ergebnisse E, Aufgaben A
        WHERE   T.Name = 'Wurst'
                AND T.Vorname = 'Hans'
                AND E.MatrNr = T.MatrNr
                AND E.AufgabenNr = A.AufgabenNr;

$\pi_{E.AufgabenNr,Punkte,MaxPunkte}$
$((\sigma_{T.Name='Wurst' \wedge T.Vorname='Hans'}Teilnehmer)$
$\bowtie Ergebnisse \bowtie Aufgaben)$

2. a) SELECT   MatrNr, SUM(Punkte)
        FROM   Aufgaben
        GROUP BY MatrNr;

b) SELECT   MatrNr, AVG(Punkte)
   FROM   Ergebnisse
   GROUP BY MatrNr;

c) SELECT   Name, Vorname
   FROM   Aufgaben A, Teilnehmer T
   WHERE   T.MatrNr = A.MatrNr
   GROUP BY MatrNr
   HAVING   COUNT < 11;

d) SELECT   Fachsemester, COUNT(MatrNr)
   FROM   Teilnehmer T, Ergebnisse E, Aufgaben A
   WHERE   E.AufgabenNr = A.AufgabenNr
             AND E.Punkte = A.MaxPunkte
             AND E.MatrNr = T.MatrNr
   GROUP BY Fachsemester;

Aufgabe 2

Gegeben sei ein Relationenschema R mit Attributen A, B, C, D. Für dieses Relationenschema seien die folgenden Mengen an funktionalen Abhängigkeiten (FDs) gegeben.

Normalformen, relationales Schema, Normalisierung, Schlüssel (-kandidat)

a) $A \rightarrow B$,   b) $A \rightarrow B$,   c) $AB \rightarrow C$,
    $B \rightarrow C$, $B \rightarrow C$, $B \rightarrow D$
    $A \rightarrow D$, $C \rightarrow D$,
                              $C \rightarrow A$

d) $AB \rightarrow C$, e) $AB \rightarrow C$,
    $AC \rightarrow D$, $A \rightarrow D$,
    $AD \rightarrow B$ $CD \rightarrow A$

1. Bestimmen Sie für das Relationschema R für jede der angegebenen Mengen an funktionalen Abhängigkeiten jeweils alle möglichen Schlüssel(-kandidaten)!

2. Geben Sie für jede der Mengen an funktionalen Abhängigkeiten an, ob das Relationenschema R in 2. Normalform (2NF) und ob es in 3. Normalform (3NF) ist. Begründen Sie dies jeweils kurz!

3. Für die Fälle, in denen R nicht in 2NF bzw. 3NF ist, geben Sie bitte neue Relationenschemata in 3NF an! Erläutern Sie die dazu durchzuführenden Schritte jeweils kurz!

4. Untersuchen Sie für die Fälle d) und e), ob das Relationenschema in Boyce-
Codd-Normalform (BCNF) ist! Geben Sie jeweils eine kurze Begründung
an! Wenn das Relationenschema nicht in BCNF ist, erläutern Sie, ob eine
Zerlegung in eine semantisch äquivalente Menge an Relationenschemata
in BCNF möglich ist.

1. *Ein Schlüsselkandidat ist eine minimale Menge von Attributen, von denen
aus man über die gegebenen FDs jedes andere Attribut erreichen kann.*
$R_a : \{\{A\}\}$
$R_b : \{\{A\}, \{C\}\}$
$R_c : \{\{A, B\}\}$
$R_d : \{\{A, B\}, \{A, C\}, \{A, D\}\}$
$R_e : \{\{A, B\}\}$

2. **2NF:**
Bei den Relationenschemata mit einelementigen Schlüsselkandidaten ist die
2NF automatisch erfüllt, denn eine Abhängigkeit von einer Teilmenge des
Schlüsselkandidaten ist unmöglich. Dies trifft auf R_a und R_b zu. R_c ist aufgrund der FD $B \to D$ nicht in 2NF, da B eine Teilmenge des Schlüsselkandidaten ist. Gleiches gilt für R_e und die FD $A \to D$. Für R_d wiederum ist die
2NF erfüllt, da egal welcher Schlüssel gewählt wird, niemals eine Teilmenge
dieses Schlüssels auf der linken Seite einer FD steht.

3NF:
Nachdem die 2NF Voraussetzung für die 3NF ist, sind R_c und R_e nicht in
3NF. R_a ist nicht in 3NF, da die transitive Abhängigkeit $A \to B \to C$ besteht. Gleiches gilt für R_b und $A \to B \to C$ bzw. $C \to A \to B$. Bei R_d
bestehen keine transitiven Abhängigkeiten, da auf der linken Seite jeweils 2
Attribute und auf der rechten immer nur ein Attribut stehen. R_d ist demnach
in 3NF.

3. Für die Umwandlung in 3NF werden die Relationenschemata aufgespalten:
R_a wird zu R_{a1} und R_{a2} mit $A \to B, A \to D$ sowie $B \to C$.
R_b muss in drei Relationen aufgespalten werden:
$A \to B$, $B \to C$ und $C \to D, C \to A$
R_c wird zu R_{c1} und R_{c2} mit $AB \to C$ sowie $B \to D$.
R_e muss wiederum in drei Teilrelationen zerlegt werden:
$AB \to C$ sowie $A \to D$ und $CD \to A$

4. Für die BCNF muss gelten, dass auf der linken Seite der FDs Superschlüssel
stehen oder die FD trivial ist. Da wegen Teilaufgabe 1. bekannt ist, dass alle
linken Seiten von R_d Schlüsselkandidaten und damit Superschlüssel sind, ist
R_d in BCNF.
Bei R_e verletzen die zweite und dritte FD die BCNF, da auf der linken
Seite kein Superschlüssel steht. Eine sinnvolle Zerlegung in BCNF ist hier
nicht möglich, da alle FDs das Attribut A enthalten. Wenn R_e aufgespalten
wird, enthält nur eines der Relationenschemata R_{e1} und R_{e2} das Attribut
A. Das andere wiederum enthält keine FDs, in denen A vorkommt. Folglich
hat dieses Schema keine einzige FD.

Frühjahr 03 - Thema 1

Aufgabe 4

Betrachten Sie die folgende Miniwelt der deutschen Bundesbahn. Es gibt Bahnhöfe, Zugabschnitte und Züge. Bahnhöfe haben einen Namen, eine Stadt und eine Adresse. Ein Zugabschnitt verbindet zwei Bahnhöfe. Züge haben eine Nummer, einen Namen und sind einem Startbahnhof und einem Endbahnhof sowie mehreren Abschnitten zugeordnet. Zum Beispiel könnte ein Zug von München nach Hamburg fahren und dabei die Abschnitte München-Augsburg, Augsburg-Stuttgart, Stuttgart-Mannheim, usw. passieren. Zu den Zügen soll abgespeichert werden, zu welchen Uhrzeiten sie auf jedem Bahnhof ankommen und losfahren. Des Weiteren verkehren nicht alle Züge täglich. Es soll also erfasst werden, an welchen Tagen ein Zug fährt. Sie können annehmen, dass kein Zug mehrmals an einem Tag verkehrt.

ER-Modellierung, relationales Schema, Schlüssel, Funktionalität, Kardinalität

1. Zeichnen Sie die Attribute, Entitäten und Beziehungen eines ER-Diagramms, das diese Miniwelt modelliert.
2. Geben Sie die Funktionalitäten der Beziehungen in Ihrem ER-Diagramm an!
3. Geben Sie die Kardinalitäten (in min-max Notation) der Beziehungen in Ihrem ER-Diagramm an!
4. Übersetzen Sie Ihr ER-Diagramm in ein äquivalentes relationales Schema!
5. Unterstreichen Sie alle möglichen Schlüssel in Ihrem relationalen Schema!

1.

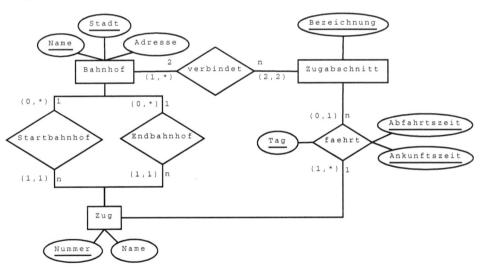

2. s. ER-Diagramm!

3. s. ER-Diagramm!

4. Bahnhof(<u>Name, Stadt</u>, Adresse)
   Zugabschnitt(<u>Bezeichnung</u>)
   Zug(<u>Nummer</u>, Name)
   faehrt(Abfahrtszeit, Ankunftszeit, Tag, *ZugNr*, *Zugabschnitt*)
   verbindet(*BName, BStadt, Zugabschnitt*)
   startbahnhof(*BName, BStadt, ZugNr*)
   endbahnhof(*BName, BStadt, ZugNr*)

5. s. 4.!

Aufgabe 5

SQL Gegeben seien die folgenden drei Relationen. Diese Relationen erfassen die Mitarbeiterverwaltung eines Unternehmens. Schlüssel sind **fett** dargestellt und Fremdschlüssel sind *kursiv* dargestellt. So werden Mitarbeiter, Abteilungen und Unternehmen jeweils durch ihre **Nummer** identifiziert. *AbtNr* ist die Nummer der Abteilung, in der ein Mitarbeiter arbeitet. *Manager* ist die Nummer des Mitarbeiters, der die Abteilung leitet. *UntNr* ist die Nummer des Unternehmens, dem eine Abteilung zugeordnet ist.

  Mitarbeiter(**Nummer**, Name, Alter, Gehalt, *AbtNr*)
  Abteilung(**Nummer**, Name, Budget, *Manager, UntNr*)
  Unternehmen(**Nummer**, Name, Adresse)

Stellen Sie folgende Anfragen in SQL.

1. Wie hoch ist das Durchschnittsalter der Abteilung „Personal Care" im Unternehmen „Test.com"?
2. Geben Sie für jedes Unternehmen das Durchschnittsalter der Mitarbeiter an!
3. Wie viele Mitarbeiter im Unternehmen „Test.com" sind älter als ihr Chef? (D. h. sind älter als der Manager der Abteilung, in der sie arbeiten.)
4. Welche Abteilungen haben ein geringeres Budget als die Summe der Gehälter der Mitarbeiter, die in der Abteilung arbeiten?

Führen Sie folgende Änderungen in SQL durch.

e) Versetzen Sie den Mitarbeiter „Wagner" in die Abteilung „Personal Care"!

f) Löschen Sie die Abteilung „Personal Care" mit allen ihren Mitarbeitern!

g) Geben Sie den Managern aller Abteilungen, die ihr Budget nicht überziehen, eine 10 Prozent Gehaltserhöhung. (Das Budget ist überzogen, wenn die Gehälter der Mitarbeiter höher sind als das Budget der Abteilung.) Zusatzfrage: Was passiert mit Mitarbeitern, die Manager von mehreren Abteilungen sind?

```
1. SELECT AVG(Alter)
   FROM    Mitarbeiter M, Abteilung A, Unternehmen U
   WHERE   U.Name = 'Test.com'
           AND U.Nummer = A.UntNr
           AND A.Name = 'Personal Care'
           AND A.Nummer = M.AbtNr;
```

```
2. SELECT    U.Name, AVG(Alter)
   FROM      Mitarbeiter M, Abteilung A, Unternehmen U
   WHERE     U.Nummer = A.UntNr
             AND A.Nummer = M.AbtNr
   GROUP BY  U.Nummer;
```

```
3. SELECT    COUNT(M.Nummer)
   FROM      Mitarbeiter M, Abteilung A, Unternehmen U
   WHERE     U.Name = 'Test.com'
             AND U.Nummer = A.UntNr
             AND M.AbtNr = A.Nummer
             AND M.Alter > (SELECT Alter
                            FROM    Abteilung B, Mitarbeiter M
                            WHERE   B.Manager = M.Nummer)
                            AND     A.Nummer = B.Nummer);
```

```
4. CREATE VIEW LowBudget AS
   (Diese Anweisung wird für Teilaufgabe 7 benötigt!)
   SELECT    A.Nummer, A.Name
   FROM      Mitarbeiter M, Abteilung A
   WHERE     A.Budget < (SELECT   SUM(Gehalt)
                         FROM     Abteilung B, Mitarbeiter M
                         WHERE    B.Nummer = M.AbtNr
                         AND      A.Nummer = B.Nummer);
```

5. UPDATE Mitarbeiter
```
SET     AbtNr = (SELECT    AbtNr
                 FROM      Abteilung
                 WHERE     Name = 'Personal Care')
WHERE   Name = 'Wagner';
```

Anmerkung: Hier muss man davon ausgehen, dass es nur einen Mitarbeiter Wagner *gibt, denn seine ihn sicher identifizierende Nummer ist nicht gegeben!*

6. DELETE FROM Mitarbeiter
```
WHERE   AbtNr = (SELECT    AbtNr
                 FROM      Abteilung
                 WHERE     Name = 'Personal Care')
```

```
DELETE FROM Abteilung
WHERE   Name = 'Personal Care';
```

7. UPDATE Mitarbeiter
```
SET     Gehalt = 1.1*Gehalt
WHERE   Abteilung.Manager = Nummer
        AND Abteilung.Nummer IN LowBudget;
```

(Siehe Teilaufgabe 4!)
Das Gehalt dieser Mitarbeiter würde mehrfach (Anzahl der geführten entsprechenden Abteilungen) erhöht werden.

Frühjahr 03 - Thema 2

Aufgabe 2

Normalform, relationales Schema, Normalisierung, Anomalien

Zeigen Sie formal, dass das nachfolgende relationale Schema einer Relation *Studenten* nicht in dritter Normalform ist!

Studenten: {[MatrNr, Name, Semester, Universitaet, Fakultaet, Dekan, Rektor]}

Begründen Sie intuitiv, warum es zweckmäßig ist, eine Relation in die dritte Normalform umzuwandeln! Zeigen Sie dazu die so genannten Anomalien auf, die bei fehlender Normalisierung auftreten können!
Normalisieren Sie die obige Relation Studenten, indem Sie sie in mehrere Relationen zerlegen, die alle in 3. Normalform sind! Zeigen Sie detailliert die Vorgehensweise bei der Normalisierung auf!

```
MatrNr, Universitaet → Name, Semester, Fakultaet
Universitaet → Rektor
Universitaet, Fakultaet → Dekan
```

Aus {*MatrNr, Universität, Fakultaet*} ergibt sich offenbar die gesamte Relation; mit keiner Teilmenge davon lassen sich alle Attribute erreichen, {*MatrNr, Universität, Fakultaet*} ist also minimaler Superschlüssel und somit Schlüsselkandidat.
Dekan ist von *MatrNr, Universität* transitiv über *Universität, Fakultät* abhängig ⇒ die Relation ist nicht in 3NF.

Durch die dritte Normalform werden Anomalien verhindert und es kann nicht zu einem inkonsistenten Datenbestand kommen.

UPDATE-Anomalie: Ein Datensatz müsste an mehreren Stellen geändert werden, dies kann aber leicht übersehen werden.
INSERT-Anomalie: Fakultäten können z. B. erst angelegt werden, wenn der Dekan bekannt ist.
DELETE-Anomalie: Wird der letzte Studierende einer Fakultät gelöscht, sind auch deren Informationen nicht mehr vorhanden.

- Dekomposition:
  ```
  MatrNr, Universitaet → Name
  MatrNr, Universitaet → Semester
  MatrNr, Universitaet → Fakultaet
  Universitaet → Rektor
  Universitaet, Fakultaet → Dekan
  ```
- Linksreduktion:
  Da auf der linken Seite der vierten FD nur ein einzelnes Attribut steht, kann es hier keine redundanten Attribute geben. In den anderen Fällen sind aber weder durch `Universitaet` noch durch `MatrNr` bzw. `Fakultaet` alleine die rechts stehenden Attribute erreichbar. Also ist auch hier kein redundantes Attribut vorhanden.
- Rechtsreduktion:
  Da jedes Attribut auf der rechten Seite der FDs nur einmal vorkommt, kann es keine redundanten FDs geben.
- Zusammenfassen:
  ```
  MatrNr, Universitaet → Name, Semester, Fakultaet
  Universitaet → Rektor
  Universitaet, Fakultaet → Dekan
  ```
- Erstellen der FDs:
  $R_1(MatrNr, Universitaet, Name, Semester, Fakultaet)$
  $R_2(Universitaet, Rektor)$
  $R_3(Universitaet, Fakultaet, Dekan)$
- Da R_1 bereits den (einzigen) Schlüsselkandidaten {$MatrNr, Universitaet, Fakultaet$} enthält, wird keine weitere Relation benötigt.
- Die drei Relationen enthalten bereits alle Attribute und somit ist auch hierfür keine weitere Relation nötig.

Aufgabe 3

SQL Gegeben sei folgendes relationales Schema, das eine Universitätsverwaltung modelliert:

Studenten: {[MatrNr: integer, Name: string, Semester: integer]}
Vorlesungen: {[VorlNr: integer, Titel: string, SWS: integer,
                gelesenVon: integer]}
Professoren: {[PersNr: integer, Name: string, Rang: string, Raum: integer]}
hören: {[MatrNr: integer, VorlNr: integer]}
voraussetzen: {[VorgängerVorlNr: integer, NachfolgerVorlNr: integer,
                VorlNr: integer]}
prüfen: {[MatrNr: integer, VorlNr: integer, PrüferPersNr: integer,
                Note: decimal]}

Formulieren Sie folgende Anfragen in SQL:

(a) Alle Vorlesungen zusammen mit der Anzahl ihrer Hörer.

(b) Alle Vorlesungen, die von Sokrates gehalten werden.

(c) Die Studenten, die alle Vorlesungen von Sokrates gehört haben.

(d) Die Durchschnittsnoten aller Studenten desselben Semesters.

(e) Die Studenten/Studentinnen mit der besten Durchschnittsnote.

(a) SELECT   VorlNr, COUNT(MatrNr)
    FROM   hören
    GROUP BY VorlNr;

(b) SELECT VorlNr
    FROM   Vorlesungen, Professoren
    WHERE   gelesen Von = PersNr
            AND Name = 'Sokrates';

(c) *(siehe Herbst 03 Thema 1 Aufgabe 5e) auf Seite 370)*

(d) SELECT   Semester, AVG(Note)
    FROM   Studenten, prüfen
    WHERE   Studenten.MatrNr = prüfen.MatrNr
    GROUP BY Semester;

(e) *(siehe Herbst 03 Thema 1 Aufgabe 5b) auf Seite 369)*

Aufgabe 4

Erläutern Sie die Funktionsweise des B-Baums. Zeigen Sie graphisch, was pas-   *B-Baum*
siert, wenn nacheinander die Schlüssel 4, 6, 1, 3, 2, 10, 9, 7, 11, 8, 5 eingefügt
werden. Wir nehmen an, dass die Knoten des B-Baums eine Kapazität von vier
haben. Geben Sie allgemein an, wie hoch ein B-Baum mit insgesamt N Einträgen bei einer Knotenkapazität von k Datensätzen ist! Als konkretes Beispiel
geben Sie die Höhe eines B-Baums mit 1 Milliarde Einträgen bei einer Knotenkapazität von 100 Einträgen an.

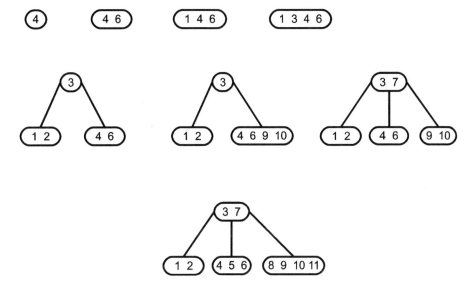

Die Höhe beträgt $\log_k(N)$, im Beispiel also $\log_{100}(1000000000) = 4,5$.

Herbst 03 - Thema 1

Aufgabe 3

Modellieren Sie eine Bibliothek. Es sollten zumindest die folgenden Konzepte   *ER-Model-*
abgedeckt werden: *lierung,*
                                                                                       relationales
- Autoren haben Bücher geschrieben.   *Schema,*
                                                                                       Schlüssel,
- Leser leihen Bücher aus.   *Datenbank-*
                                                                                       anfrage
- Leser geben diese ausgeliehenen Bücher (hoffentlich) irgendwann wieder zu-
  rück.

Modellieren Sie diese Miniwelt zunächst als ER-Diagramm! Diese konzeptuelle ER-Modellierung sollte dann in ein relationales Schema transformiert werden. Geben Sie die Schlüssel der Relationen an! Auf der Basis Ihres relationalen Schemas formulieren Sie folgende Anfrage: Wie viele Leser namens Bohlen haben ein Buch mit dem Titel „Nichts als die Wahrheit" ausgeliehen und noch nicht zurückgegeben?

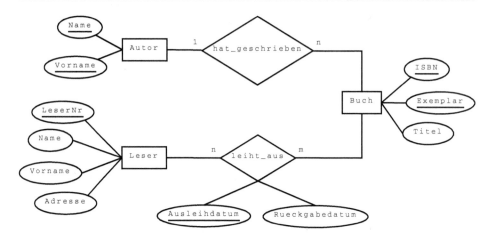

Bemerkung:
Die (sicher nicht sehr elegante und wirklichkeitsnahe) Modellierung geht davon aus, dass jedes Buch nur von einem Autor geschrieben wurde. Beim Anlegen und Pflegen der Datenbank müsste hier sehr darauf geachtet werden, dass wirklich bei jedem Exemplar eines Buches der gleiche Autor eingegeben wird. Exemplar *wurde aber als Attribut eingeführt, damit nicht jedes Buch nur einmal in der Bibliothek vorhanden ist. Jeder Leser darf an einem bestimmten Tag nur eine Ausleihe tätigen.*
Rückgabedatum *stellt das Datum der* tatsächlichen *Rückgabe dar und ist mit NULL vorbesetzt.*

Autor{Name, Vorname}
Buch{ISBN, Exemplar, Titel
Leser{LeserNr, Name, Vorname, Adresse}
hat_geschrieben{ISBN, Exemplar, *AutorName, AutorVorname*}
leiht_aus{Ausleihdatum, *LeserNr, ISBN, Exemplar*, Rueckgabedatum}

```
SELECT COUNT(*)
FROM    Leser, Buch, leiht_aus
WHERE   Name = 'Bohlen'
        AND Leser.LeserNr = leiht_aus.LeserNr
        AND Buch.ISBN = leiht_aus.ISBN
        AND Buch.Titel = 'Nichts als die Wahrheit'
        AND Rueckgabedatum = NULL;
```

Aufgabe 4

Normal-form, relationales Schema, Normalisierung, Synthese-algorithmus, Anomalien

Zeigen Sie formal, dass das nachfolgende relationale Schema einer Relation Universitäten nicht in dritter Normalform ist!

Universitäten: {[UniName, Professor, Fakultät, Dekan, Studiendekan, Rektor]}

Wir gehen dabei davon aus, dass Professoren eindeutige Namen haben. Zur Erinnerung: eine Universität hat i. Allg. mehrere Fakultäten, Professoren gehören einer Fakultät einer Universität an, eine Universität hat einen Rektor, eine Fakultät hat einen Dekan und einen Studiendekan.

Begründen Sie intuitiv, warum es zweckmäßig ist, eine Relation in die dritte Normalform umzuwandeln! Zeigen Sie dazu die so genannten Anomalien auf, die bei fehlender Normalisierung auftreten können!

Normalisieren Sie die obige Relation Universitäten, indem Sie den Synthesealgorithmus anwenden! Zeigen Sie detailliert die Vorgehensweise bei der Normalisierung auf!

```
Professor  → UniName, Fakultaet
UniName  → Rektor
UniName, Fakultät  → Dekan, Studiendekan
```

Aus {*Professor*} ergibt sich offenbar die gesamte Relation; {*Professor*} ist also minimaler Superschlüssel und somit Schlüsselkandidat.

Dekan, Studiendekan ist von *Professor* transitiv über *UniName, Fakultät* abhängig ⇒ die Relation ist nicht in 3NF.

Durch die dritte Normalform werden Anomalien verhindert und es kann nicht zu einem inkonsistenten Datenbestand kommen.

UPDATE-Anomalie: Ein Datensatz müsste an mehreren Stellen geändert werden, dies kann aber leicht übersehen werden.

INSERT-Anomalie: Fakultäten können z. B. erst angelegt werden, wenn der Dekan bekannt ist.

DELETE-Anomalie: Wird der letzte Professor einer Fakultät gelöscht, sind auch deren Informationen nicht mehr vorhanden.

- Dekomposition:
  ```
  Professor  → UniName
  Professor  → Fakultaet
  UniName  → Rektor
  UniName, Fakultät  → Dekan
  UniName, Fakultät  → Studiendekan
  ```
- Linksreduktion:
  Da auf der linken Seite der ersten drei FDs nur einzelne Attribute stehen, kann es hier keine redundanten Attribute geben. In den beiden letzten Fällen ist aber weder durch UniName noch durch Fakultät alleine Dekan bzw. Studiendekan erreichbar. Also ist auch hier kein redundantes Attribut vorhanden.

- Rechtsreduktion:
  Da jedes Attribut auf der rechten Seite der FDs nur einmal vorkommt, kann
  es keine redundanten FDs geben.
- Zusammenfassen:
  ```
  Professor → UniName, Fakultaet
  UniName → Rektor
  UniName, Fakultät → Dekan, Studiendekan
  ```
- Erstellen der FDs:
  $R_1(Professor, UniName, Fakultaet)$
  $R_2(UniName, Rektor)$
  $R_3(Fakultaet, Dekan, Studiendekan)$
- Da R_1 bereits den (einzigen) Schlüsselkandidaten $\{Professor\}$ enthält, wird
  keine weitere Relation benötigt.
- Die drei Relationen enthalten bereits alle Attribute und somit ist auch hierfür
  keine weitere Relation nötig.

Aufgabe 5

SQL-Anfragen, Relationenalgebra

Gegeben sei folgendes relationales Schema, das eine Universitätsverwaltung modelliert:

Studenten   {[MatrNr:integer, Name:string, Semester:integer]}
Vorlesungen {[VorlNr:integer, Titel:string, SWS:integer, gelesenVon:integer] }
Professoren {[PersNr:integer, Name:string, Rang:string, Raum:integer] }
hören   {[MatrNr:integer, VorlNr:integer]}
voraussetzen {[VorgängerVorlNr:integer, NachfolgerVorlNr:integer]}
prüfen   {[MatrNr:integer, VorlNr:integer, PrüferPersNr:integer,
              Note:decimal]}

Formulieren Sie die folgenden Anfragen in SQL:

a) Alle Studenten, die den Professor Kant aus einer Vorlesung kennen.

b) Die Studenten, die die beste Durchschnittsnote ihrer Prüfungen haben.

c) Geben Sie eine Liste der Professoren (Name, PersNr) mit ihrem Lehrdeputat (Summe der SWS der gelesenen Vorlesungen) aus. Ordnen Sie diese Liste so, dass sie absteigend nach Lehrdeputat sortiert ist! Bei gleicher Lehrtätigkeit dann noch aufsteigend nach dem Namen des Professors/der Professorin.

d) Geben Sie eine Liste der Studenten (Name, MatrNr, Semester) aus, die mindestens zwei Vorlesungen bei Kant gehört haben.

e) Geben Sie eine Liste der Studenten aus, die alle Vorlesungen von Sokrates gehört haben.

f) Geben Sie eine Liste der Studenten aus, die nur Vorlesungen von Sokrates gehört haben.

Geben Sie verbal an, welches Ergebnis folgende SQL-Anfrage liefert:

```
SELECT s1.Name, s2.Name
FROM   Studenten s1, hören h1, Studenten s2, hören h2
WHERE  s1. MatrNr = h1.MatrNr
       AND h1.VorlNr = h2.VorlNr
       AND h2.MatrNr = s2.MatrNr;
```

Geben Sie einen Relationenalgebra-Ausdruck für diese Anfrage an. Dieser Ausdruck sollte keine Kreuzprodukte (nur Joins) enthalten.

a)
```
SELECT MatrNr, Studenten.Name
FROM   Vorlesungen, hören, Studenten, Professoren
WHERE  Professoren.Name = 'Kant'
       AND Professoren.PersNr = Vorlesungen.gelesenVon
       AND Vorlesungen.VorlNr = hören.VorlNr
       AND hören.MatrNr = Studenten.MatrNr;
```

b)
```
SELECT    MatrNr, Name, MIN(AVG(Note))
FROM      Studenten, prüfen
WHERE     Studenten.MatrNr = prüfen.MatrNr
GROUP BY  MatrNr;
```

c)
```
SELECT    Name, PersNr, SUM(SWS) AS Deputat
FROM      Vorlesungen, Professoren
WHERE     gelesenVon = PersNr
GROUP BY  PersNr
ORDER BY Deputat DESC, Name ASC;
```

d)
```
SELECT MatrNr, Studenten.Name, Semester
FROM   Vorlesungen, hören, Studenten, Professoren
WHERE  Professoren.Name = 'Kant'
       AND Professoren.PersNr = Vorlesungen.gelesenVon
       AND Vorlesungen.VorlNr = hören.VorlNr
       AND hören.MatrNr = Studenten.MatrNr
GROUP BMatrNr
HAVING COUNT(VorlNr) > 1;
```

```
e) SELECT Name
   FROM    Studenten S, hoeren h
   WHERE   S.MatrNr = h.MatrNr AND
           h.VorlNr = all
             (SELECT VorlNr
              FROM    Vorlesungen, Professoren
              WHERE   gelesenVon = PersNr AND Name = 'Sokrates';);

f) SELECT Name
   FROM    Studenten S, hoeren h
   WHERE   S.MatrNr = h.MatrNr AND
           h.VorlNr not exists
             (SELECT VorlNr
              FROM    Vorlesungen, Professoren
              WHERE   gelesenVon = PersNr AND Name <> 'Sokrates';);
```

Es handelt sich hier um alle Paare von Studenten, die die gleiche Vorlesung gehört haben. Dabei werden auch die Paare (student1, student1) sowie (student1, student2) und (student2, student1) selektiert.

$$\pi_{s1.Name,s2.Name}((s1 \bowtie h1) \bowtie_{h1.VorlNr=h2.VorlNr} (s2 \bowtie h2))$$

Aufgabe 6

B-Baum In den meisten Datenbanksystemen wird standardmäßig ein B-Baum als Indexstruktur angelegt. Erläutern Sie die Funktionsweise des B-Baums! Zeigen Sie graphisch, was passiert, wenn nacheinander die Schlüssel

$$1, 2, 3, 4, 5, 6, 7, 8, 9, 10$$

eingefügt werden! Wir nehmen an, dass die Knoten des B-Baums eine Kapazität von vier haben.

Ein B-Baum erlaubt im Gegensatz zum binären Suchbaum auch die sogenannte externe Suche wie z. B. Suche von Festplattenspeicheradressen. Hier werden immer ganze Bereiche der Platte herausgegriffen und auf diesen gesucht.
B-Bäume sind höhenbalancierte (Such-)Bäume, bei denen alle Blätter auf gleichem Niveau liegen.

Jeder Knoten eines B-Baums der Ordnung m enthält höchstens $2m$ Schlüssel und (mit Ausnahme der Wurzel) mindestens m Schlüssel. Jeder Knoten mit k Schlüsseln besitzt genau $k + 1$ Söhne oder keinen Sohn. Alle Knoten ohne Söhne befinden sich auf gleichem Niveau.

Um in einem B-Baum mit n Knoten der Ordnung m einen Wert zu suchen, muss man höchstens $log_{m+1}(n)$-mal auf die Platte zugreifen. B-Bäume sind somit gut geeignet für die Verwaltung großer, sich ständig verändernder Datenmengen, auf die häufig zugegriffen werden muss.

Um in einem B-Baum einen bestimmten Schlüssel s zu finden, prüft man beginnend bei der Wurzel, ob sich s im gerade betrachteten Knoten x befindet. Falls dies nicht der Fall ist und x kein Blatt ist, stellt man fest, zwischen welchen Schlüsseln s_i und s_{i+1} von x der Schlüssel s liegt und setzt die Suche beim entsprechenden Sohn von x fort bis man bei einem Blatt angekommen ist.

Eingefügt wird bei einem B-Baum grundsätzlich nur in den Blättern. Das entsprechende Blatt wird durch den oben beschriebenen Suchvorgang identifiziert. Falls durch das Einfügen die Kapazität des Blattes überschritten wird, wird es aufgespaltet und der mittlere Schlüssel vom Vater übernommen, was sich ggf. rekursiv bis zur Wurzel fortsetzt. Läuft die Wurzel über, wird sie geteilt und der Baum wächst um eine Ebene.

Das Löschen eines Schlüssels kann dazu führen, dass zu wenige Schlüssel in einem Knoten stehen, was dazu führt, dass dieser wieder aufgefüllt werden muss. Dabei kann es zur Verschmelzung von Blättern kommen. Die sehr aufwändige Vorgehensweise hierzu sowie weitere Informationen finden sich in [DUD].

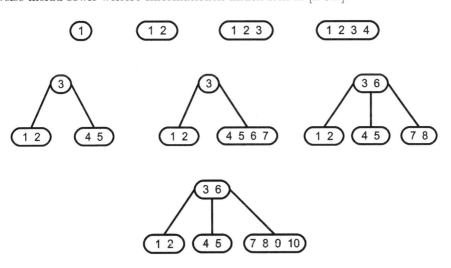

Herbst 03 - Thema 2

Aufgabe 1

Normalfor-
men,
relationales
Schema,
Normalisie-
rung,
funktionale
Abhängig-
keiten

Gegeben sei die folgende relationale Datenbank mit den offenen Rechnungen der Kunden eines Versandhauses:

Rechnung	RNR	KDNR	Name	Adresse	Positionen	Datum	Betrag
	1	1	Müller	München	3	01.11.2002	60
	2	1	Müller	München	2	23.05.2003	90
	3	1	Huber	Nürnberg	3	09.03.2003	90
	4	1	Huber	Nürnberg	8	14.02.2003	70
	5	1	Meier	Augsburg	7	20.06.2003	110
	6	1	Meier	München	12	07.04.2003	90

1. Erläutern Sie, warum nur Relationen mit einem zusammengesetzten Schlüsselkandidaten die 2. Normalform verletzen können.

2. Geben Sie für obige Datenbank alle vollen funktionalen Abhängigkeiten (einschließlich der transitiven) an!

3. Erläutern Sie, inwiefern obiges Schema die 3. Normalform verletzt.

4. Überführen Sie das obige Relationenschema in die 3. Normalform! Erläutern Sie die dazu durchzuführenden Schritte jeweils kurz!

5. Erläutern Sie, inwiefern sich eine vollständige Normalisierung nachteilig auf die Geschwindigkeit der Anfragebearbeitung auswirken kann und wie darauf reagiert werden kann!

1. Bei in zweiter Normalform vorliegenden Schemata sind sämtliche nicht zum Schlüsselkandidaten gehörenden Attribute voll funktional abhängig von diesem Schlüsselkandidaten. Besteht der Schlüsselkandidat nur aus einem einzigen Attribut, müssen zwangsläufig alle anderen Attribute voll funktional von diesem abhängig sein.

2. KDNR → Name, Adresse
   RNR → KDNR, Positionen, Datum, Betrag

3. Da `Name, Adresse` transitiv über `KDNR` von `RNR` abhängt, ist die 3NF verletzt.

4. KDNR → Name
   KDNR → Name
   RNR → KDNR
   RNR → Positionen
   RNR → Datum
   RNR → Betrag

   Da auf der linken Seite jeweils nur einzelne Attribute stehen, gibt es keine redundanten Attribute.
   Da auf der rechten Seite jedes Attribut nur einmal vorkommt, gibt es keine redundanten FDs.

Die Zusammenfassung liefert wieder das obige:

`KDNR → Name, Adresse`

`RNR → KDNR, Positionen, Datum, Betrag`

Der Schlüsselkandidat `RNR` ist in der zweiten Relation enthalten und außerdem sind alle Attribute in den beiden Relationen vorhanden, so dass keine weiteren Relationen mehr nötig sind.

5. Bei vollständiger Normalisierung entstehen viele Tabellen und deshalb sind entsprechend viele JOINs für eine Anfrage nötig. Da ein JOIN ein kartesisches Produkt mit anschließender Selektion darstellt, entstehen bei der Anfrage zwischendurch sehr viele Tupel. Die Antwortzeit der Datenbank erhöht sich dadurch signifikant. Statt der 3NF kann auch die BCNF verwendet werden, die aber nicht mehr abhängigkeitserhaltend ist.

Aufgabe 2

Gegeben sei das folgende relationale Datenbankschema (Schlüsselattribute sind jeweils unterstrichen): *SQL-Anfragen, Relationenalgebra*

`Lehrer (PNR, LName, Fachgebiet)`

`Schüler (SNR, SName, Adresse, KNR)`

`Klasse (KNR, Raum, Jahrgangsstufe)`

`Fach (FNR, FName, Stundenzahl)`

`unterrichtet (PNR, KNR, FNR)`

In der Datenbank sind die Daten von Lehrern, Schülern, Klassen und Fächern einer Schule gespeichert. Ein Lehrer hat dabei eine Personalnummer (PNR), einen Namen und ein Fachgebiet. Schüler haben neben einer Identifikationsnummer (SNR) einen Namen, eine Adresse und gehören einer einzigen Klasse an. Klassen sind eindeutig durch ihre Klassennummer (KNR) bestimmt und ihnen ist ein Klassenraum und eine Jahrgangsstufe zugeordnet. Eine Klasse wird von genau einem Lehrer in einem Fach unterrichtet. Ein Lehrer kann jedoch dieselbe Klasse in unterschiedlichen Fächern unterrichten.

Rechnung	RNR	KDNR	Name	Adresse	Positionen	Datum	Betrag
	1	1	Müller	München	3	01.11.2002	60
	2	1	Müller	München	2	23.05.2003	90
	3	1	Huber	Nürnberg	3	09.03.2003	90
	4	1	Huber	Nürnberg	8	14.02.2003	70
	5	1	Meier	Augsburg	7	20.06.2003	110
	6	1	Meier	München	12	07.04.2003	90

1. Geben Sie für die folgenden verbal formulierten Anfragen jeweils eine Anfrageformulierung in relationaler Algebra an.

   a) Bestimmen Sie die Namen und Adressen aller Schüler der 5. Jahrgangsstufe!

   b) Bestimmen Sie die Namen aller Lehrer, die jeweils jede Klasse der 6. Jahrgangsstufe unterrichten!

   c) Geben Sie die Namen aller Schüler an, die von einem Lehrer in einem Fach unterrichtet werden, das nicht dem Fachgebiet dieses Lehrers entspricht!

2. Formulieren Sie die folgenden Anfragen in SQL:

   a) Bestimmen Sie für jede Jahrgangstufe die durchschnittliche Anzahl an Schülern in einer Klasse!

   b) Erstellen Sie eine alphabetisch sortierte Liste mit den Namen aller Lehrer, die jedes Fach unterrichten, unabhängig von einer konkreten Klasse.

   c) Erstellen Sie eine Liste aller Lehrer, die nur Klassen mit mehr als 30 Schülern unterrichten!

1. a) $\pi_{SName,Adresse}\ \sigma_{Jahrgangsstufe=5}(Klasse \bowtie Schueler)$

    b) $\pi_{LName}(\sigma_{Jahrgangsstufe=6}(unterrichtet \bowtie Lehrer \bowtie Klasse)$
       $\div\ \sigma_{Jahrgangsstufe=6}Klasse)$

    c) $\pi_{SName}Schueler \bowtie ((unterrichtet \bowtie Lehrer)$
       $\bowtie_{FName \neq Fachgebiet} Fach)$

2. a)
```
SELECT    Jahrgangsstufe, AVG(Anzahl)
FROM      Klasse, (SELECT    KNR AS KlBez, COUNT(*) AS Anzahl
                   FROM      Schueler
                   GROUP BY  KNR;)
WHERE     KNR = KlBez
GROUP BY  Jahrgangsstufe;
```

    b)
```
SELECT    LName
FROM      Lehrer l, unterrichtet u
WHERE     u.PNR = l.PNR
          AND u.FNR = all (SELECT FNR
                           FROM    Fach;)
ORDER BY  LName;
```

    c)
```
SELECT LName
FROM    Lehrer
WHERE   PNR not exists
            (SELECT PNR
            FROM    unterrichtet u, Klasse k, Schueler s
            WHERE   u.KNr = k.KNr AND k.KNR = s.KNR
            HAVING COUNT(SNr) <= 30);
```

Frühjahr 04 - Thema 1

Aufgabe 4

Erläutern Sie die nachfolgenden Konzepte eines ER-Modells:

Entität, Relationship, Attribut, Kardinalität, Rolle, Unterklasse, Schlüssel

ER-Modellierung, Entity, Relationship, Attribut, Kardinalität, Rolle, Unterklasse, Schlüssel

Das ER-Modell geht davon aus, dass sich die betrachtete Miniwelt durch Objekte (*Entitäten*) und Beziehungen zwischen diesen Objekten (*Relationships*) beschreiben lässt. Unter Entitäten versteht man wohlunterscheidbare physisch oder gedanklich existierende Konzepte der zu modellierenden Welt. Entitäten und Relationships können durch *Attribute* näher charakterisiert werden. Dabei handelt es sich um Eigenschaften, die für jede Entität bzw. jede Relationship durch entsprechende Werte, die Attributwerte, konkretisiert werden. Gleichartige Entitäten, d. h. Entitäten, die durch gleiche Attribute charakterisiert sind, werden zu Entitäts-Typen abstrahiert. Entitäts-Typen haben einen Namen und eine Menge von Attributen. Einen Entitäts-Typ kann man auch als Menge von gleichartigen Entitäten auffassen. Die Entitäten, die zu einem Entitäts-Typen gehören, sind durch konkrete Werte der Attribute konkretisiert. Analog werden die tatsächlichen Beziehungen gleicher Art zwischen konkreten Entitäten zu Relationship-Typen (*Beziehungstypen*) abstrahiert. Ein wichtiges Charakteristikum von Beziehungstypen ist ihre *Kardinalität*. Dadurch wird zum Ausdruck gebracht, mit wie vielen Entitäten eine gegebene Entität in Beziehung stehen kann. Die Kardianlität muss beim Datenbankentwurf durch die Analyse der Rahmenbedingungen erkannt werden. Man unterscheidet die Kardinalitäten 1:1, n:1, 1:n und n:m. Entitäten können in Beziehungen zudem eine *Rolle* übernehmen, die ein sematisches Beschreibungselement darstellt. Über die „is_a"-Beziehung können zu einer Entität auch Unterklassen gestaltet werden. Dabei besitzt die Unterklasse alle Attribute und den Primärschlüssel der Oberklasse sowie zusätzliche Attribute. Erläuterungen zum Begriff Schlüssel siehe Aufgabe 5!

Aufgabe 5

Erläutern Sie informell die Begriffe:

Schlüsselkandidat, Primärschlüssel, Fremdschlüssel, referentielle Integrität

ER-Modellierung, Schlüsselkandidat, Primärschlüssel, Fremdschlüssel, referentielle Integrität

Die eindeutige Identifizierung der Tupel einer Relation ist über deren Attributwerte möglich. Dabei müssen aber in der Regel nicht alle Werte des Tupels herangezogen werden. Die Attribute, die die eindeutige Identifizierung eines Tupels gewährleisten, heißen Schlüssel. Ein sogenannter Superschlüssel einer Relation ist eine Menge von Attributen, deren Attributwerte jedes Tupel innerhalb der Relation eindeutig festlegen. Jede Relation hat mindestens einen Superschlüssel. Im ungünstigsten

Fall ist es die Menge aller Attribute der Relation. Im Allgemeinen gibt es in einer Relation mehrere Superschlüssel. Ein *Schlüsselkandidat* ist ein in dem Sinne minimaler Superschlüssel, dass keine seiner Teilmengen bereits ein Superschlüssel der Relation ist. Im Allgemeinen gibt es in einer Relation mehrere Schlüsselkandidaten. Gibt es mehrere Schlüsselkandidaten, so können diese durchaus unterschiedlich viele Elemente besitzen. Einer der Schlüsselkandidaten wird beim Datenbankentwurf dann vom Entwickler als *Primärschlüssel* ausgewählt. Der Primärschlüssel wird dann zur eindeutigen Identifizierung von Tupeln verwendet. Relationen, die aus Beziehungstypen „entstanden" sind, besitzen *Fremdschlüssel*. Ein Fremdschlüssel ist dabei folgendermaßen definiert: Wir betrachten zwei verschiedene Relationen R und S. Dann heißt der Primärschlüssel von S Fremdschlüssel von S in R, falls er auch zum Relationenschema von R gehört. Die *referentielle Integrität* gewährleistet, dass in einer Tabelle die Fremdschlüssel nur solche Werte annehmen können, die in der referenzierten Tabelle der Beziehung bereits als Primärschlüssel angelegt worden sind.

Aufgabe 6

ER-Modellierung, Entity, Relationship

Erläutern Sie Grundprinzipien der Abbildung der Entities und der verschiedenen Relationship-Typen!

Zunächst entsteht aus jeder Entity und jeder Relationship eine Relation. Bei Entities besitzt diese Relation alle Attribute mit dem festgelegten Primärschlüssel. Bei Relationships werden auch alle Attribute aufgenommen und zusätzlich die Primärschlüssel aller beteiligten Entities als Fremdschlüssel. Der Primärschlüssel einer solchen Relation hängt von den Kardinalitäten ab bzw. es kann auch ein künstlicher Schlüssel eingefügt werden. Bei 1:n-Beziehungen ist der Primärschlüssel der Entity, die nur einfach beteiligt ist, auch Primärschlüssel der Relationship. Bei 1:1-Beziehungen kann einer der Primärschlüssel beliebig gewählt werden, bei n:m-Beziehungen werden beide Primärschlüssel als zusammengesetzter Schüssel verwendet. Im verfeinerten Relationenmodell können dann alle Relationen mit gleichem Primärschlüssel zusammengefasst werden.

Aufgabe 7

SQL

Für den Einkauf in einer Maschinenfabrik wird folgende Datenbank für die Verwaltung der Bestände verwendet:

LIEFERANT(<u>Name</u>, Firmensitz, Ansprechpartner)
TEIL(<u>Teil-Id</u>, Bezeichnung)
LIEFERUNG(<u>Lieferant-Id, Teil-Id</u>, Lieferdatum, Stückzahl)

Die Primärschlüssel der Relationen sind unterstrichen. Lieferant-Id in LIEFERUNG ist Fremdschlüssel zu Name in LIEFERANT. Teil-Id in LIEFERUNG ist Fremdschlüssel zu Teil-Id in TEIL!

a) Formulieren Sie die folgenden Datenbankanfragen in SQL:
  - Welche Lieferanten haben ihren Firmensitz in Erlangen, Nürnberg oder Fürth?
  - Welche Bezeichnungen haben die Teile, bei denen eine Lieferung weniger als 10 Stück umfasst?

b) Was bedeutet umgangssprachlich folgende Anfrage:

```
SELECT lf.Name
    FROM Lieferant lf, Lieferung lg, Teil t
    WHERE lf.Name = lg.Lieferant-Id
        AND t.Teil-Id = lg.Teil-Id
        AND t.Bezeichung = 'Bolzen'
        AND lg.Stückzahl > 1000;
```

c) Geben Sie zu jeder Teilebezeichnung die Gesamtanzahl der gelieferten Stücke an!

a)
```
• SELECT Name
    FROM   Lieferant
    WHERE  Firmensitz = 'Nuernberg'
    UNION
    SELECT Name
    FROM   Lieferant
    WHERE  Firmensitz = 'Fuerth'
    UNION
    SELECT Name
    FROM   Lieferant
    WHERE  Firmensitz = 'Erlangen';
```

Alternativlösung:

```
SELECT Name
FROM   Lieferant
WHERE  Firmensitz IN ('Nuernberg', 'Fuerth', 'Erlangen');
```

```
• SELECT T.Bezeichnung
    FROM   Teil T, Lieferung L
    WHERE  T.Teil-ID = L.Teil-ID
    HAVING L.Stückzahl < 10;
```

b) Es werden die Namen aller Lieferanten ausgegeben, die mehr als 1000 Teile mit der Bezeichnung 'Bolzen' liefern.

c)
```
SELECT   T.Bezeichnung, SUM(L.Stückzahl)
FROM     Teil T, Lieferung L
WHERE    T.Teil-ID = L.Teil-ID
GROUP BY T.Bezeichnung;
```

Aufgabe 8

a) Aus welchen Gründen wird eine Relation normalisiert?

b) Erläutern Sie den Begriff der funktionalen Abhängigkeiten und wozu dieses Konzept verwendet wird!

c) Wie geht man prinzipiell bei der Normalisierung einer Relation vor? Gehen Sie dabei auf die erste, zweite und dritte Normalform und die Übergänge zwischen ihnen ein!

a) Da sonst Anomalien auftreten und inkonsistente Datenbestände entstehen können.
   (weitere Ausführungen in Aufgabe 1f) von Frühjahr 07 - Thema 2 auf Seite 427)

b) Seien A und B Teilmengen einer Relation. A heißt funktional abhängig von B (geschrieben $B \to A$), wenn gleiche Attributwerte in B auch gleiche Attributwerte in A erzwingen.
   Funktionale Abhängigkeiten liegen bei den betrachteten Daten meist schon vor. Z. B. besteht eine Abhängigkeit $Strasse, Ort \to PLZ$. Diese Abhängigkeiten werden genutzt um eine Relation entsprechend der Normalformen so zu zerlegen, dass keine Anomalien mehr auftreten.

c) Für die 1NF müssen die Attributwerte aller Attribute atomar sein, was bedeutet, dass es z. B. kein Attribut „Adresse" mit Strasse, Hausnummer, Ort und PLZ gibt, sondern dies vier einzelne Attribute sind. Für die Schaffung der 1NF gibt es auch keinen expliziten Algorithmus, da die Attribute einfach nur in atomare Attribute zerlegt werden müssen. Von der 1NF kann auch direkt in die 3NF mittels des Synthesealgorithmus übergegangen werden. *(Ein Beispiel hierzu findet sich in Herbst 04 - Thema 2 Aufgabe 5 auf Seite 388; weitere Informationen zu diesem Thema in [KEM].)* Die 2NF fordert, dass es keine Attribute gibt, die nur von einer Teilmenge des Schlüssels abhängig sind. Bei der Überführung in 2NF wird eine Relation entsprechend der funktionalen Abhängigkeiten in mehrere Relationen zerlegt, so dass diese Bedingung erfüllt ist. *(siehe Herbst 02 - Thema 2 Aufgaben 2.2 und 2.3 auf Seite 358)*. Für die 3NF dürfen keine transitiven Abhängigkeiten mehr vorhanden sein, d. h. FDs der Form $A \to B$ und $B \to C$. Diese werden wiederum durch Aufspalten der Relation in mehrere Teilrelationen beseitigt. *(siehe wiederum Herbst 02 - Thema 2 Aufgaben 2.2 und 2.3 oder zum Beispiel auch Frühjahr 08 - Thema 2 Aufgabe 2 auf Seite 465)*

Aufgabe 9

Erläutern Sie die ACID-Eigenschaft einer Transaktion!
Welche Mechanismen werden verwendet, um die ACID-Eigenschaft umzusetzen?
Erläutern Sie kurz die Aufgaben dieser Mechanismen!

ACID-Prinzip, Transaktion

(s. Frühjahr 07 - Thema 1 Aufgabe 4 auf Seite 419 und Frühjahr 08 - Thema 1 Aufgabe 5 auf Seite 454)

Frühjahr 04 - Thema 2

Aufgabe 1

Erläutern Sie die nachfolgenden Konzepte eines ER-Modells:

Entität, Relationship/Beziehungstyp, Attribut, Kardinalität

ER-Modellierung, Entity, Relationship, Attribut, Kardinalität

(siehe Frühjahr 04 Thema 1 Aufgabe 4) auf Seite 375)

Aufgabe 2

Erläutern Sie informell die Begriffe:

Schlüsselkandidat, Primärschlüssel, Fremdschlüssel, referentielle Integrität

ER-Modellierung, Schlüsselkandidat, Primärschlüssel, Fremdschlüssel, referentielle Integrität

(siehe Frühjahr 04 Thema 1 Aufgabe 5) auf Seite 375)

Aufgabe 3

Gegeben sei folgende Relation. In ihr ist der Sachverhalt wiedergegeben, dass in einer Firma Angestellte an Projekten arbeiten und zu Abteilungen gehören.

Normalisierung, Anomalie, ACID-Prinzip

AngNr	ProjNr	AbtNr	AngName	AbtName	AbtLeiter	ProjName	ProjLeiter
4711	9	7	Meier	Verkauf	007	Diver	4711
4711	7	7	Meier	Verkauf	007	Tower	0815
0815	7	6	Huber	Planung	123	Tower	0815
...	...	...	...	...	...	...	...

a) Welche Probleme können bei der Arbeit mit dieser Tabelle auftreten?
   <u>Hinweis:</u> Achten Sie auf die Beispieldaten in der Tabelle!
b) Beheben Sie diese Probleme! Wie heißt der allgemeine Lösungsansatz?

a) Es können Update-, Insert- und Delete-Anomalien auftreten.
   (*weitere Ausführungen in Aufgabe 2 von Frühjahr 03 - Thema 2 auf Seite 363
   und Aufgabe 4 von Herbst 03 - Thema 1 auf Seite 367*)

b) Diese Probleme werden durch (vollständige) Normalisierung behoben.
   (*Erläuterung siehe Frühjahr 07 - Thema 2 Aufgabe 1f auf Seite 427*)

Es werden die FDs zu dieser Relation betrachtet:

```
AngNr  → AbtNr, AngName, AbtLeiter
ProjNr → ProjName, ProjLeiter
ProjName → ProjLeiter
AbtNr  → AbtName, AbtLeiter
AbtName → AbtLeiter
AbtLeiter → AbtNr
```

Um sowohl 2NF zu erhalten als auch transitive FDs zu vermeiden (also sogar
3NF herzustellen) und damit Anomalien zu verhindern, erhält man folgendes
Schema:

```
Angestellter(AngNr, AngName, AbtNr)
Abteilung(AbtNr, AbtName, AbtLeiter)
Projekt(ProjNr, ProjName, ProjLeiter)
```

Hierbei sind `AbtLeiter` und `ProjLeiter` Fremdschlüssel zu `AngNr`, da Ab-
teilungs- und Projektleiter auch Angestellte sind.

Aufgabe 4

*SQL,
ER-Model-
lierung*

Gegeben sei das folgende Flugbuchungsschema:

FLIGHT(FliqhtNr, Fluggesellschaft, ...)
FLIGHT_INTERVALS(FlightID, FlightNr, FromAirport, ToAirport)
AIRPORT(AirportID, Ort)
BOOKING(PassengerID, FlightID, Datum)
PASSENGER(PassengerId, Name)

a) Zeichnen Sie das zu diesen Relationen gehörige ER-Diagramm!

b) Formulieren Sie die folgenden Datenbankanfragen in SQL:
   i) Geben Sie all die Flugintervalle (FlightID) aus, die der Passagier
      „Müller" gebucht hat!
   ii) Gesucht ist die Anzahl der Buchungen je Flug (nicht Flugintervall!)!

c) Was bedeutet umgangssprachlich folgende Anfrage:

```
SELECT p.Name, a1.Ort. a2.Ort
   FROM PASSENGER p, BOOKING b, FLIGHT_INTERVALS f, AIRPORT a1,
        AIRPORT a2
   WHERE p.PassengerID = b.PassengerID
     AND b.FlightID = f.FlightID
     AND f.FromAirport = a1.AirportID
     AND f.ToAirport = a2.AirportID;
```

a)

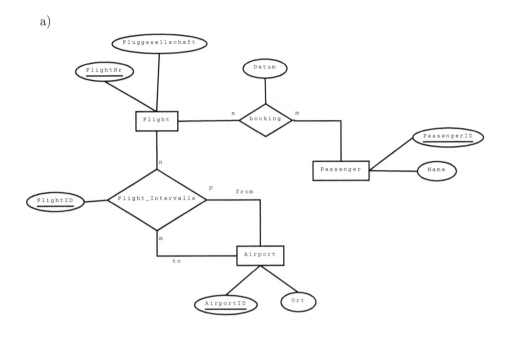

b)   a) SELECT FlightID
         FROM   Flight_Intervals F, Booking B, Passenger P
         WHERE   P.Name = 'Müller'
                AND P.PassengerID = B.PassengerID
                AND B.FlightID = F.FlightID;

     b) SELECT   COUNT(*)
         FROM   Flight_Intervals FI, Booking B, Flight F
         WHERE   B.FlightID = FI.FlightID
                 AND FI.FlightNr = F.FlightNr
         GROUP BY F.FlightNr;

c) Es werden alle Passagiere mit jeweils sämtlichen Start- und Zielorten aller ihrer Buchungen ausgegeben.

Aufgabe 5

Erläutern Sie die ACID-Eigenschaft einer Transaktion!   *ACID-Prinzip, Transaktion*

(s. Frühjahr 07 - Thema 1 Aufgabe 4 auf Seite 419 und Frühjahr 08 - Thema 1 Aufgabe 5 auf Seite 454)

Herbst 04 - Thema 1

Aufgabe 1

Super-
schlüssel,
Schlüssel-
kandidat,
relationales
Schema,
Normalfor-
men,
Normalisie-
rung,
Anomalien
Gegeben sei die folgende relationale Datenbank der Mietwagenfirma „Mobil-Rent", Station „München- Mitte":

Kd-Nr	Name	Wohnort	Buchungs-datum	Aktion	Fahr-zeug	Typ	Tarif-gruppe	Ta-ge	Rückgabe-station	Stations-leiter
123	Chomsky	Nürnberg	23.01.04	0	Micra	Klein	1	2	Nürnberg-Süd	Backus
123	Chomsky	Nürnberg	07.10.03	-25%	Sprinter	Transp	5	1	Nürnberg-Nord	Hoare
220	Neumann	München	02.04.04	0	Lupo	Klein	1	2	München-Mitte	Zuse
710	Turing	München	20.02.04	-10%	Micra	Klein	1	2	München-Mitte	Zuse
888	Neumann	Passau	07.10.03	-25%	A3	Mittel-klasse	3	5	München-Mitte	Zuse

„KdNr" steht für die Kundennummer der Kunden. An bestimmten Tagen gewährt die Firma Rabatt. Folgende funktionale Abhängigkeiten seien vorgegeben:

KdNr → Name, Wohnort

KdNr, Buchungsdatum → Fahrzeug, Typ, Tarifgruppe, Tage, Rückgabestation, Stationsleiter

Buchungsdatum → Aktion

Fahrzeug → Typ, Tarifgruppe

Typ → Tarifgruppe

Rückgabestation → Stationsleiter

a) Erklären Sie kurz den Unterschied zwischen „Schlüsselkandidat" und „Superschlüssel".

b) Erklären Sie, warum nur (KdNr, Buchungsdatum) als Schlüsselkandidat in Frage kommt.

c) Begründen Sie, warum nur Relationen mit einem zusammengesetzten Schlüsselkandidaten die 2. Normalform verletzen können.

d) Erläutern Sie, inwiefern obiges Schema die zweite bzw. dritte Normalform verletzt. Zeigen Sie anhand obiger Relation „MobilRent" mögliche Anomalien auf, die bei fehlender Normalisierung auftreten können.

e) Begründen Sie, dass obiges Schema in erster Normalform ist und überführen Sie es in die zweite, aber nicht in die dritte Normalform. Erläutern Sie die dazu durchzuführenden Schritte jeweils kurz. Zeigen Sie, inwiefern die entstandene Relation die dritte Normalform verletzt.

f) Überführen Sie das Schema, ebenfalls mit kurzer Erläuterung, nun in die dritte Normalform.

a) Aus einem Superschlüssel ergibt sich über die FDs die gesamte Relation. Schlüsselkandidaten sind Superschlüssel, die minimal sind.

b) *KdNr, Buchungsdatum* tauchen bei keiner der FDs auf der rechten Seite auf. Die Attributhülle von (*KdNr, Buchungsdatum*) ist die gesamte Relation.

c) Bei in zweiter Normalform vorliegenden Schemata sind sämtliche nicht zum Schlüsselkandidaten gehörenden Attribute voll funktional abhängig von diesem Schlüsselkandidaten. Besteht der Schlüsselkandidat nur aus einem einzigen Attribut, müssen zwangsläufig alle anderen Attribute voll funktional von diesem abhängig sein.

d) Bei der ersten FD steht links die Teilmenge des Schlüsselkandidaten und rechts nicht prime Attribute. ⇒ Verletzung von 2NF und damit auch Verletzung von 3NF.
Wenn sich der Stationsleiter einer Rückgabestation ändert, muss dies bei allen entsprechenden Kundenbuchungen durchgeführt werden. Passiert dies nicht, kommt es zu einer UPDATE-Anomalie.
Es kann keine Buchung aufgenommen werden, ohne dass das zugehörige Fahrzeug bereits mit eingegeben wird. Dies wird INSERT-Anomalie genannt.
Wenn die letzte Buchung mit einem bestimmten Fahrzeug gelöscht wird, verliert man damit alle Informationen über dieses Fahrzeug. Dieser Effekt heißt eine DELETE-Anomalie.

e) In der Tabelle ist zu erkennen, dass alle Attribute atomar sind. ⇒ 1NF
Da *KdNr* und *Buchungsdatum* Teilmengen des Schlüsselkandidaten sind, werden sie aus der Relation entfernt und wir erhalten:
Kunde{<u>KdNr</u>, Name, Wohnort}
Rabatt{<u>Buchungsdatum</u>, Aktion}
Buchung{<u>KdNr</u>, Buchungsdatum, Fahrzeug, Typ, Tarifgruppe, Tage, Rückgabestation, Stationsleiter}
Wegen der transitiven Abhängigkeit von *Tarifgruppe* in den FDs 4 und 5 ist die 3NF noch verletzt.

f) Für die 3. NF werden nun die transitiven Abhängigkeiten entfernt:
Kunde{<u>KdNr</u>, Name, Wohnort}
Rabatt{<u>Buchungsdatum</u>, Aktion}
Buchung{<u>KdNr</u>, Buchungsdatum, Fahrzeug, Tage, Rückgabestation}
Fahrzeug{<u>Fahrzeug</u>, Typ}
Typ{<u>Typ</u>, Tarifgruppe}
Rückgabestation{<u>Rückgabestation</u>, Stationsleiter}

Aufgabe 2

Für ein Transportunternehmen soll eine Datenbank für folgendes Szenario entwickelt werden:
Die Firma verfügt über mehrere Abteilungen, die von jeweils einem Mitarbeiter geleitet werden, und jeder Mitarbeiter, von dem Name, Wohnort und Gehaltsstufe abgespeichert werden sollen, ist einer dieser Abteilungen eindeutig zugeordnet. Der Betrieb besitzt mehrere Transporter verschiedener Typen.

ER-Modellierung, Primärschlüssel, künstlicher Schlüssel

Diese unterscheiden sich durch Größe, maximale Nutzlast und benötigte Führer-
scheinklasse. Die einzelnen Fahrzeuge werden fortlaufend nummeriert und es soll
das Baujahr sowie der Termin zur nächsten Inspektion abgespeichert werden.
Neben den Verwaltungsangestellten (für Buchhaltung, Personal, Kundenbetreu-
ung etc.) und den hauseigenen KFZ-Meistern (zur LKW-Wartung) beschäftigt
das Logistikunternehmen natürlich insbesondere Fahrer. Bucht ein Kunde eine
Tour, so werden für diese wenigstens ein Fahrer und ein Transporter eingesetzt.
Von der gebuchten Tour müssen folgende Daten abrufbar sein: Buchungsdatum,
Termin und die Anzahl der benötigten LKWs. Von den Kunden müssen Name,
Wohnort und die zugehörige Firma vorliegen. Erstellen Sie ein E-R-Diagramm.
Verarbeiten Sie dabei nur die unbedingt notwendigen Informationen, geben Sie
aber an, wie die nicht im E-R-Modell auftauchenden Informationen bestimmt
werden können. Legen Sie auch die Primärschlüssel fest und begründen Sie Ihre
Entscheidung, falls Sie zusätzliche künstliche Schlüssel einfügen. Geben Sie die
Funktionalitäten an.

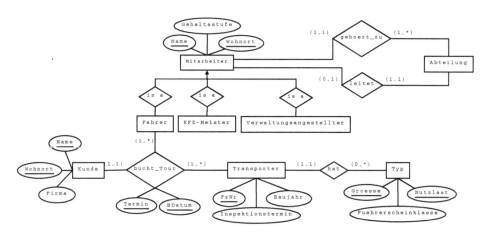

Die Anzahl der LKWs, die an einer Tour beteiligt sind, wird nicht explizit abgespeichert, sondern kann über eine SELECT-Abfrage mit COUNT ermittelt werden.

Herbst 04 - Thema 2

Aufgabe 3

Wir betrachten die Datenbank **UNIVERSITÄT** mit den folgenden Beispieltabellen: *SQL*

STUDENT			
Matnr	Name	Semester	Hauptfach
147000	Schmidt	1	Informatik
148000	Maier	2	Informatik
...	...	...	...

VORLESUNG			
Vnr	Name	SWS	Fach
10640	Einführung in die Informatik	4	Informatik
10650	Datenstrukturen	4	Informatik
10410	Diskrete Mathematik	3	Mathematik
10780	Datenbanken	3	Informatik
...	...	...	...

NOTENVERTEILUNG			
Vnr	Semester	Matnr	Note
10650	SS 2002	147000	3
10650	SS 2002	148000	1
10780	WS 0102	148000	2
...	...	...	...

VERANSTALTUNG		
Vnr	Semester	Dozent
10650	WS 0102	Tarjan
10650	SS 2002	Mehlhorn
10780	WS 0102	Ullmann
...	...	...

VORAUSSETZUNG	
hatVoraus	istVoraus
10650	10410
10650	10640
10780	10650
...	...

Erstellen Sie in SQL folgende Anfragen:

a) Bestimmen Sie alle Vorlesungen (Vnr, Name), die der Dozent ‚Ullman‘ gehalten hat.

b) Bestimmen Sie alle Studierenden (Matnr, Name), die in der Vorlesung ‚10780‘
eine Note erhalten haben.

c) Bestimmen Sie die Anzahl der Vorlesungen im Fach ‚Informatik‘.

d) Bestimmen Sie alle Voraussetzungen (Vnr, Name) der Vorlesung ‚Datenstrukturen‘.

e) Bestimmen Sie für alle Studierenden (Matnr, Name) die Durchschnittsnoten über alle ihre gehörten Vorlesungen.

a) SELECT Vnr, Name
   FROM   Vorlesung, Veranstaltung
   WHERE   Dozent = 'Ullman' AND Vorlesung.Vnr = Veranstaltung.Vnr;

b) SELECT Matnr, Name
   FROM   Student, Notenverteilung
   WHERE   Vnr = 10780 AND Notenverteilung.Matnr = Student.Matnr;

c) SELECT COUNT(*)
   FROM   Vorlesung
   WHERE   Fach = 'Informatik';

d) SELECT Vnr, Name
   FROM   Vorlesung, Voraussetzung
   WHERE   Name = 'Datenstrukturen'
           AND Vorlesung.Vnr = Voraussetzung.istVoraus;

e) SELECT   Matnr, Name, AVG(Note)
   FROM   Student, Notenverteilung
   WHERE   Notenverteilung.Matnr = Student.Matnr
   GROUP BY Matnr;

Aufgabe 4

ER-Model-
lierung,
Schlüssel,
Fremd-
schlüssel,
Relation-
ship,
Funktiona-
lität, SQL,
Relationen-
schema

Wir betrachten die Datenbank **UNIVERSITÄT** aus Aufgabe 3.

a) Definieren Sie die Relationenschemas von **UNIVERSITÄT** in SQL, und geben Sie dabei geeignete Schlüssel und Fremdschlüssel an.

b) Fügen Sie in SQL in jede der Relationen
   • STUDENT,
   • VERANSTALTUNG und
   • NOTENVERTEILUNG
   aus Aufgabe 3 jeweils mindestens ein weiteres geeignetes Tupel ein, so dass die natürlichen Schlüssel- und Fremdschlüsselbedingungen aus Teil a) erfüllt sind.

c) Geben Sie ein ER-Diagramm (mit Funktionalitätsbedingungen) für das Datenbankschema aus Aufgabe 3 an, in dem möglichst viele Relationen als Relationships modelliert sind.

a) CREATE TABLE Student (
           Matnr Integer PRIMARY KEY,
           Name Varchar(255),
           Semester Integer,
           Hauptfach Varchar(255));
   CREATE TABLE Vorlesung (
           Vnr Integer PRIMARY KEY,

```
                Name Varchar(255) NOT NULL,
                SWS Integer
                Fach Varchar(255));
CREATE TABLE Veranstaltung (
                Vnr Integer REFERENCES Vorlesung(Vnr),
                Dozent Varchar(255),
                Semester Varchar(255),
                PRIMARY KEY (Vnr, Semester));
CREATE TABLE Voraussetzung (
                hatVoraus Integer REFERENCES Vorlesung(Vnr),
                istVoraus Integer REFERENCES Vorlesung(Vnr),
                PRIMARY KEY (hatVoraus, istVoraus));
CREATE TABLE Notenverteilung (
                Vnr Integer REFERENCES Vorlesung(Vnr),
                Semester Varchar(255),
                Matnr Integer REFERENCES Student(Matnr),
                Note Integer,
                PRIMARY KEY (Vnr, Matnr));
```

(Falls ein Student in einer Vorlesung mehrfach geprüft werden kann, muss auch das Semester zum Primärschlüssel gehören.)

b) INSERT INTO Student VALUES (123445,'Mueller',1,'Informatik');
  INSERT INTO Vorlesung VALUES (10651,'Theoretische Informatik',
  3,'Informatik');
  INSERT INTO Veranstaltung VALUES (10651,'Meier','WS0708');
  INSERT INTO Notenverteilung VALUES (10651,'WS0708',123445,1);

c)

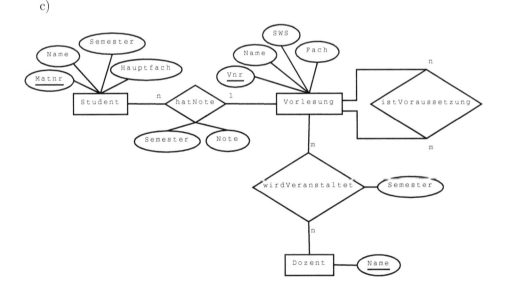

Aufgabe 5

funktionale
Abhängig-
keit,
Attributhül-
le,
Syntheseal-
gorithmus,
3NF

Gegeben sei folgende Menge F von funktionalen Abhängigkeiten:
$F = \{BC \rightarrow A, AC \rightarrow DE, A \rightarrow D\}$

a) Geben Sie zwei unterschiedliche Ableitungen für die funktionale Abhängigkeit $BC \rightarrow D$ an.

b) Bestimmen Sie die Attributhülle von BC unter F.

c) Bestimmen Sie ein minimales System G für F. Bestimmen Sie mit dem Synthese-Algorithmus aus G eine 3NF-Zerlegung des Relationenschemas R, mit der Attributmenge $U = ABCDE$ und der Menge F von funktionalen Abhängigkeiten.

a) $BC \rightarrow A \rightarrow D$ sowie $BC \rightarrow AC \rightarrow D$

b) Bestimmung von $\{BC\}_F^+$:

1. $\{BC\}_F^+ = \{B, C\}$ Initialisierung

2. Überprüfe FD $BC \rightarrow A$: $\Rightarrow \{BC\}_F^+ = \{A, B, C\}$

3. Überprüfe FD $AC \rightarrow DE$: $\Rightarrow \{BC\}_F^+ = \{A, B, C, D, E\}$

4. Überprüfe FD $A \rightarrow D$: $\Rightarrow \{BC\}_F^+ = \{A, B, C, D, E\}$

c) Zuerst muss die minimale Überdeckung bestimmt werden:

1. Zerlege F in einfache FDs:
$F = \{BC \rightarrow A, AC \rightarrow D, AC \rightarrow E, A \rightarrow D\}$

2. Eliminiere redundante Attribute:
$A \rightarrow D$ kann keine redundanten Attribute enthalten.
Betrachte FD $BC \rightarrow A$:
C redundant?
$AttrHull(F, \{B\}) = \{B\} \rightarrow C$ nicht redundant.
B redundant?
$AttrHull(F, \{C\}) = \{C\} \rightarrow B$ nicht redundant.
par Betrachte FD $AC \rightarrow D$:
A ist nicht redundant, da $AttrHull(F, \{C\}) = \{C\}$ (s. o.).
C redundant?
$AttrHull(F, \{A\}) = \{A, D\} \rightarrow C$ ist redundant.
$G = \{BC \rightarrow A, AC \rightarrow E, A \rightarrow D\}$
Analog enthält $AC \rightarrow E$ keine redundaten Attribute.

3. Eliminiere redundante FDs:
Auf der rechten Seite aller FDs kommen die Attribute nur jeweils einmal vor, so dass es keine redundanten FDs geben kann.

Jetzt kann der Synthesealgorithmus angewendet werden:

1. Erstelle für jede FD eine Relation:

   $$R_1(A, B, C)$$
   $$R_2(A, C, E)$$
   $$R_3(A, D)$$

2. Überprüfe, ob eine der Relationen bereits einen Schlüsselkandidaten enthält:
   BC sind die einzigen Attribute, die nicht auf der rechten Seite der FDs vorkommen, also muss BC im Schlüsselkandidaten enthalten sein.
   Da $\{BC\}_F^+ = \{A, B, C, D, E\}$ ist, ist $\{BC\}$ einziger Schlüsselkandidat.
   R_1 enthält den Schlüsselkandidaten und deshalb wird keine zusätzliche Relation benötigt.

3. Überprüfe, ob $R = R_1 \cup R_2 \cup R_3$.
   Dies ist erfüllt, es werden keine weiteren Relationen benötigt.

4. Die Relationen können nicht weiter zusammengefasst werden.

Frühjahr 05 - Thema 1

Aufgabe 4

Da die Aufgabenstellung identisch ist zu (*Frühjahr 07 Thema 1 Aufgabe 1 auf Seite 415*) wird hier auf weitere Ausführungen verzichtet.

Aufgabe 5

Da die Aufgabenstellung identisch ist zu (*Frühjahr 07 Thema 1 Aufgabe 3 auf Seite 417*) wird hier auf weitere Ausführungen verzichtet.

Aufgabe 6

Da die Aufgabenstellung identisch ist zu (*Frühjahr 07 Thema 1 Aufgabe 5 auf Seite 420*) wird hier auf weitere Ausführungen verzichtet.

Aufgabe 7

Da die Aufgabenstellung identisch ist zu (*Frühjahr 07 Thema 1 Aufgabe 6 auf Seite 421*) wird hier auf weitere Ausführungen verzichtet.

Aufgabe 8

Da die Aufgabenstellung identisch ist zu (*Frühjahr 07 Thema 1 Aufgabe 7 auf Seite 423*) wird hier auf weitere Ausführungen verzichtet.

Frühjahr 05 - Thema 2

Aufgabe 9

Datenbank-
entwurf,
ER-Model-
lierung,
relationales
Schema,
funktionale
Abhängig-
keit,
Normal-
form, 2NF,
3NF, SQL

a) In einer Datenbank sind die Daten von Lehrern, Schülern, Klassen und Fächern einer Schule gespeichert. Ein Lehrer hat dabei eine Personalnummer, einen Namen, eine Adresse und eine Gehaltsstufe. Schüler haben neben einer Identifikationsnummer einen Namen, eine Adresse und gehören einer einzigen Klasse an. Klassen sind eindeutig durch ihre Klassennummer bestimmt und ihnen ist jeweils genau ein Klassenraum zugeordnet. Eine Klasse wird von genau einem Lehrer in einem Fach unterrichtet. Ein Lehrer kann jedoch dieselbe Klasse in unterschiedlichen Fächern unterrichten. Zusätzlich hat jeder Lehrer die Leitung maximal einer Klasse inne.

  i) Erstellen Sie ein Entity-Relationship-Diagramm für obige Datenbank.

  ii) Erläutern Sie, welche Möglichkeiten es gibt, um 1:n-Beziehungen aus dem ER-Modell im relationalen Modell darzustellen!

b) Gegeben sei die nachfolgende relationale Datenbank. Sie enthält die Daten der ausgeliehenen Filme einer Videothek. Dabei kann ein Film in mehreren Kopien vorhanden sein. Ein Kunde kann aber nur eine Kopie eines Filmes ausleihen:

Ausleihe	FilmNr	Kdnr	Name	Adresse	Titel	Leihgebühr
	1	1	Müller	München	Fifth Element	3
	2	1	Müller	München	Der Schuh des Manitu	6
	3	2	Huber	Nürnberg	Sixth Sense	4
	2	2	Huber	Nürnberg	Der Schuh des Manitu	6
	5	3	Meier	Hamburg	Romeo & Julia	4
	6	4	Meier	München	Sissi	2

  i) Erläutern Sie, inwiefern obiges Schema die 2. Normalform verletzt!

  ii) Geben Sie für obige Datenbank alle vollen funktionalen Abhängigkeiten an!

  iii) Überführen Sie das obige Relationenschema in die 3. Normalform! Erläutern Sie die dazu durchzuführenden Schritte jeweils kurz!

c) Gegeben sei das folgende relationale Datenbankschema (Schlüsselattribute sind jeweils unterstrichen):

Personal(PNR, Name, Adresse, Gehalt, ANR)

Abteilung(ANR, Bezeichnung, Leiter, FNR)

Filiale(FNR, Ort)

In der Datenbank sind die Daten von Angestellten, Abteilungen und Filialen eines Handelsunternehmens gespeichert. Jeder Angestellte hat eine Personalnummer (PNR), einen Namen, eine Adresse, ein Gehalt und ist in einer bestimmten Abteilung beschäftigt. Jede Abteilung hat eine Abteilungsnummer (ANR), eine Bezeichnung, die Personalnummer des Abteilungsleiters (Leiter) und gehört zu einer bestimmten Filiale. Jede Filiale hat eine Filialnummer (FNR) und ist in einem Ort beheimatet.

c) Formulieren Sie folgende Anfragen in SQL:
  i) Bestimmen Sie die Adresse aller Angestellten, die in Filialen in Berlin beschäftigt sind!
  ii) Geben Sie für jede Abteilung die Nummer und die Bezeichnung der Abteilung zusammen mit der Personalnummer und dem Namen des Abteilungsleiters aus! Das Ergebnis soll aufsteigend nach der Abteilungsnummer sortiert werden.
  iii) Bestimmen Sie die Personalnummern aller Angestellten, die in der gleichen Abteilung wie der Angestellte mit der Nummer 333 arbeiten und mehr Gehalt verdienen!
  iv) Geben Sie für jede Filiale die Filialnummer zusammen mit dem minimalen und dem maximalen Gehalt der in der Filiale beschäftigten Angestellten aus! Dabei sollen nur Filialen mit mindestens vier Abteilungen berücksichtigt werden.
  v) Bestimmen Sie die Anzahl derjenigen Angestellten, die weniger als das durchschnittliche Gehalt aller Angestellten verdienen!
  vi) Bestimmen Sie die Liste der Filialnummern derjenigen Filialen, deren Angestellte alle mehr als 500€ Gehalt verdienen!

a) i)

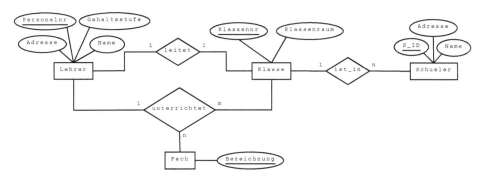

ii) Für eine 1:n-Beziehung kann es eine eigene Relation geben, der Primärschlüssel ist hierbei der Primärschlüssel der Entität mit der einfachen Funktionalität. Die Relation enthält demnach die Primärschlüssel der beiden beteiligten Relationen als Fremdschlüssel sowie eventuelle Attribute der Relationship. Alternativ kann das Relationenschema verfeinert werden. Die eben angesprochene Relation besitzt den gleichen Primärschlüssel wie eine der zu den beiden beteiligten Entitäten gehörenden Relationen. Mit dieser kann sie zusammengefasst werden. Der Primärschlüssel bleibt erhalten und die neue Relation enthält dann alle Attribute und Fremdschlüssel der beiden vorausgehenden Relationen.

b) i) Name und Adresse der Kunden sind nur von der Kdnr abhängig und damit nur von einem Teil des Primärschlüssels. Gleiches gilt für die

Abhängigkeit $FilmNr \rightarrow Titel, Leihgebuehr$. Damit ist die 2NF verletzt.

ii) $FilmNr \rightarrow Titel, Leihgebuehr$
$Kdnr \rightarrow Name, Adresse$
$Titel \rightarrow Leihgebuehr$

iii) Die Relation wird in zwei Relationen aufgespalten:
$Film(\underline{FilmNr}, Titel, Leihgebuehr)$ und $Kunde(\underline{Kdnr}, Name, Adresse)$
Damit ist zwar die 2NF erreicht, aber es besteht die transitive Abhängigkeit $FilmNr \rightarrow Titel \rightarrow Leihgebuehr$ und damit ist die 3NF verletzt.
Es muss also noch einmal aufgespalten werden:
$Film(\underline{FilmNr}, Titel)$, $Preis(\underline{Titel}, Leihgebuehr)$ und
$Kunde(\underline{Kdnr}, Name, Adresse)$

c) i) SELECT Name, Adresse
    FROM   Personal P, Abteilung A, Filiale F
    WHERE F.Ort = 'Berlin'
           AND F.FNR = A.FNR
           AND A.ANR = P.ANR;

ii) SELECT   A.ANR, A.Bezeichnung, P.Name, P.PNR
    FROM   Personal P, Abteilung A
    WHERE   P.PNR = A.Leiter
    ORDER BY A.ANR;

iii) SELECT P1.PNR
    FROM   Personal P1
    WHERE P1.ANR = (SELECT ANR FROM Personal P2 WHERE PNR = 333)
           AND P1.Gehalt > P2.Gehalt;

iv) SELECT   DISTINCT A.FNR, MIN(P.Gehalt), MAX(P.Gehalt)
    FROM   Personal P, Abteilung A
    WHERE   P.ANR = A.ANR
    GROUP BY A.FNR;
    HAVING COUNT A.ANR > 4

v) SELECT COUNT(PNR)
    FROM   Personal P
    WHERE P.Gehalt < (SELECT AVG(Gehalt) FROM Personal);

vi) SELECT   DISTINCT A.FNR
    FROM   Personal P, Abteilung A
    WHERE   MIN(P.Gehalt) > 500€
    GROUP BY A.FNR;

Herbst 05 - Thema 1

Aufgabe 1

Da die Aufgabenstellung identisch ist zu (*Frühjahr 07 Thema 1 Aufgabe 1 auf Seite 415*) wird hier auf weitere Ausführungen verzichtet.

Aufgabe 2

Da die Aufgabenstellung identisch ist zu (*Frühjahr 07 Thema 1 Aufgabe 2 auf Seite 416*) wird hier auf weitere Ausführungen verzichtet.

Aufgabe 3

Da die Aufgabenstellung identisch ist zu (*Frühjahr 07 Thema 1 Aufgabe 3 auf Seite 417*) wird hier auf weitere Ausführungen verzichtet.

Aufgabe 4

Da die Aufgabenstellung identisch ist zu (*Frühjahr 07 Thema 1 Aufgabe 4 auf Seite 419*) wird hier auf weitere Ausführungen verzichtet.

Aufgabe 5

Da die Aufgabenstellung identisch ist zu (*Frühjahr 07 Thema 1 Aufgabe 5 auf Seite 420*) wird hier auf weitere Ausführungen verzichtet.

Aufgabe 6

Da die Aufgabenstellung identisch ist zu (*Frühjahr 07 Thema 1 Aufgabe 6 auf Seite 421*) wird hier auf weitere Ausführungen verzichtet.

Aufgabe 7

Da die Aufgabenstellung identisch ist zu (*Frühjahr 07 Thema 1 Aufgabe 7 auf Seite 423*) wird hier auf weitere Ausführungen verzichtet.

Herbst 05 - Thema 2

Aufgabe 1

Da die Aufgabenstellung identisch ist zu (*Frühjahr 07 Thema 2 Aufgabe 1 auf Seite 424*) wird hier auf weitere Ausführungen verzichtet.

Aufgabe 2

Da die Aufgabenstellung identisch ist zu (*Frühjahr 07 Thema 2 Aufgabe 2 auf*
↻ *Seite 428*) wird hier auf weitere Ausführungen verzichtet.

Aufgabe 3

Da die Aufgabenstellung identisch ist zu (*Frühjahr 07 Thema 2 Aufgabe 3 auf*
↻ *Seite 432*) wird hier auf weitere Ausführungen verzichtet.

Frühjahr 06 - Thema 1

Aufgabe 1

Datenbank-
system,
DDL,
relationales
Schema,
Attribut,
Primär-
schlüssel,
Schlüssel-
kandidat,
Relation,
referentielle
Integrität

Bewerten Sie die folgenden Aussagen a) - i). Geben Sie für jede Aussage an, ob
diese richtig oder falsch ist. Begründen Sie Ihre Aussage in jedem Fall.

a) Anwender müssen sich beim Mehrfachzugriff auf gleiche Daten eines Datenbanksystems absprechen um Fehler bzw. Chaos zu vermeiden.

b) Eine Relation kann maximal 255 Attribute besitzen.

c) Ein Tupel kann mehrfach in einer Relation enthalten sein.

d) Die physische Datenstruktur entspricht in einem relationalen Datenbanksystem immer der logischen Datenstruktur.

e) Primärschlüsselattribute verschiedener Relationen dürfen nicht den gleichen Namen haben.

f) In jeder Relation gibt es mindestens einen Schlüsselkandidaten.

g) Alle Relationen eines relationalen Schemas müssen miteinander in Beziehung stehen.

h) Alle Relationen in einem Datenbankschema müssen normalisiert sein.

i) Attribute der selben Relation dürfen nicht den gleichen Namen haben.

Definieren Sie folgende Begriffe bzw. Abkürzungen j) - n) im Kontext von Datenbanksystemen:

j) View

k) DDL

l) Domäne

m) Constraint

n) Referentielle Integrität

a) Falsch, dafür ist das Datenbankmanagementsystem zuständig.

b) Falsch, eine Relation kann beliebig viele Attribute besitzen.

c) Falsch. Dann würde es sich um denselben Datensatz handeln.

d) Falsch. Abängig vom DBMS (z. B. B-Bäume).

e) Falsch. „ID" oder „Nr" können viele Relationen als Primärschlüssel haben.

f) Korrekt.

g) Nicht direkt, aber transitiv.

h) Korrekt. Ein erfolgreicher Abschluss wird mit commit bestätigt, ein erfolgloser Abschluss ist durch Abbruch (abort) gekennzeichnet.

i) Korrekt.

j) Eine Sicht, d. h. die mit einem Bezeichner abgespeicherte Ergebnistabelle einer Abfrage, die für weitere Abfragen verwendet werden kann.

k) Data Definition Language. Die Daten-Definitions-Sprache (im Gegensatz zur DML - Data Manipulation Language). Die DDL wird benutzt, um die Struktur der abzuspeichernden Datenobjekte zu beschreiben. In SQL entspricht das dem Teil, der für das Erstellen und Ausfüllen der Tabellen zuständig ist (beispielsweise dem create-table-Befehl)

l) Die Eigenschaften des Transaktionskonzepts werden unter der Abkürzung ACID zusammengefasst: Atomicity - Consistency - Isolation - Durability

m) Constraints sind Einschränkungen im Wertebereich von Attributen. Sie werden durch Integritätsbedingungen definiert.

n) Die referentielle Integrität gewährleistet, dass in einer Tabelle die Fremdschlüssel nur solche Werte annehmen können, die in der referenzierten Tabelle der Beziehung bereits als Primärschlüssel angelegt worden sind.

Aufgabe 2

a) Nennen und definieren Sie die vier wesentlichen Merkmale einer Datenbanktransaktion! *Transaktion*

b) Beschreiben Sie zwei mögliche Probleme, die bei unsynchronisierter Transaktionsausführung auftreten können.

c) Mit welchem Konzept versucht man die Probleme der unsynchronisierten Transaktionsausführung zu vermeiden? Beschreiben Sie, wie dieses Konzept in Datenbanksystemen umgesetzt wird.

a) *(siehe Frühjahr 08 - Thema 1 Aufgabe 5.1. auf Seite 454)*

b) *(siehe Herbst 07 - Thema 1 Aufgaben 4b) bis 4d) auf Seite 438); weitere Informationen auch in [DUD] - Stichwort „Transaktion")*

c) *(siehe Herbst 07 - Thema 1 Aufgaben 4b) bis 4d) auf Seite 438); weitere Informationen auch in [DUD] - Stichwort „Transaktion")*

Aufgabe 3

ER-Modell,
schwache
Entität,
Kardinali-
tät,
Generali-
sierung,
Spezialisie-
rung

a) Bei einem 2-stelligen Relationship-Typ muss die Kardinalität (Funktionalität) festgelegt werden. Beschreiben, definieren und illustrieren Sie alle
   möglichen Formen!

b) Was versteht man unter der sog. (min,max)-Notation bei einem 2-stel-
   ligen Relationship-Typ? Erläutern Sie den Vorteil dieser Notation gegenüber der herkömmlichen Notation und geben Sie ein kurzes Beispiel.

c) Wie unterscheidet sich ein schwacher Entitätstyp von einem starken Entitätstyp? Skizzieren Sie an einem kleinen Beispiel, wie man einen schwachen Entitätstyp im ER-Modell darstellt.

d) Wie nennt man die Beziehung in einem ER-Modell, die Generalisierung
   bzw. Spezialisierung darstellt? Welche Eigenschaften haben Entities, die
   durch eine derartige Beziehung verbunden sind? Illustrieren Sie Ihre Erklärung ggf. an einem Beispiel.

a) Es kann jedes Tupel einer Entität mit genau einem Tupel der anderen Entität
   in Beziehung stehen. Dies ergibt die Kardinalität 1:1.

Steht ein Tupel mit mehreren Tupeln der anderen Entität in Beziehung, liegt
eine 1:n Kardinalität vor.

Ist bei keiner der Entitäten eine eindeutige Beziehung vorhanden, stehen bei
der n:m Kardinalität viele Tupeln mit vielen in Beziehung.

b) Die (min,max)-Notation gibt an, wie viele Tupel einer Entität mindestens
   und wie viele maximal an einer Beziehung beteiligt sind. Die (min,max)-
   Notation ist in dieser Hinsicht aussagekräftiger als die 1:n-Notation.

Diese beiden Sachverhalte entsprechen der Kardinalität 1:n. Die Information, dass im zweiten Fall immer mindestens 5 Tupel von Entität2 beteiligt sein müssen, ist erst aus der (min,max)-Notation ersichtlich.

c) Bei der Modellierung einer Miniwelt ergeben sich oft Entity-Typen, die von einem anderen Entity-Typ abhängig sind. Solche Entity-Typen heißen existenzabhängig. Bei existenzabhängigen Entity-Typen kann es vorkommen, dass die Entities nur in Kombination mit dem Schlüssel des dominanten Entity-Types identifizierbar sind. Man spricht von schwachen Entity-Typen. Hier besteht der Primärschlüssel aus dem Primärschlüssel der dominanten Entity und einer Teilmenge der Attribute der schwachen Entity.

d) Die is_a - Beziehung beschreibt sowohl Generalisierung als auch Spezialisierung, d. h. Entität2 ist eine Generalisierung von Entität1 oder Entität1 ist eine Spezialisierung von Entität2. Für die Beziehung „Entität1 is_a Entität2" gilt:
Entität1 erbt die Attribute von Entität2. Entität1 kann darüber hinaus zusätzliche Attribute besitzen. Zu jedem Tupel von Entität1 gehört genau ein Tupel aus Entität2, so dass diese beiden das gleiche Entity repräsentieren. Insbesondere hat das Tupel aus Entität1 also für die ererbten Attribute dieselben Werte wie das korrespondierende Tupel aus Entität2. Kein Tupel aus Entität2 kann zu zwei verschiedenen Elementen von Entität1 gehören. Es kann aber Tupel in Entität2 geben, die zu keinem Tupel aus Entität1 gehören. Die Schlüsselkandidaten von Entität1 sind diejenigen von Entität2. Folglich hat Entität1 den gleichen Primärschlüssel wie Entität2.

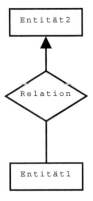

Aufgabe 4

Datenbank-
system,
Datenbank-
entwurf,
ER-Model-
lierung,
relationales
Schema,
3NF

a) ER-Modellierung

Erstellen Sie das Modell eines fiktiven Grundbuchamtes in ER-Notation. Wo möglich bzw. sinnvoll sollen 3-fache Beziehungen und Generalisierung/ Spezialisierung verwendet werden. Attribute von Entitäten und Beziehungen sind anzugeben; Schlüsselattribute werden durch Unterstreichen gekennzeichnet. Die Kardinalitäten von Beziehungen und - falls nötig - Rollennamen sollen ins Diagramm aufgenommen werden. Führen Sie Surrogatschlüssel nur ein, falls es nötig ist!

„Im Grundbuchamt"

Grundstücke werden im Grundbuchamt eindeutig durch eine Grundbuchnummer identifiziert und durch einen Lageplan genauer beschrieben. Grundstücke liegen nebeneinander und stehen dadurch in einer Nachbarschaftsbeziehung zueinander. Es gibt Grundstücke, die nicht neben anderen Grundstücken liegen und Grundstücke, die an mehrere Grundstücke angrenzen.

Ein **Haus** steht genau auf einem Grundstück. Grundstücke sind entweder nicht, mit einem oder mit mehreren Häusern bebaut. Jedes Haus kann eindeutig anhand seiner Hausnummer identifiziert werden.

Zu jedem Haus gehört mindestens ein **Stockwerk**. Aus städtebaulichen Gründen darf ein Haus aber maximal aus 30 Stockwerken bestehen. Ein Stockwerk gehört immer genau zu einem Haus. Jedes Stockwerk wird eindeutig durch seine Stockwerksnummer identifiziert. Ein Grundriss beschreibt die Aufteilung eines Stockwerks.

Ein **Eigentümer** kann beliebig viele Häuser besitzen. Ein Haus hat mindestens einen oder mehrere Eigentümer. Einem Eigentümer können beliebig viele Grundstücke gehören. Ein Grundstück kann immer nur einem Eigentümer gehören. Ein Eigentümer wird eindeutig durch seinen Namen und seine Adresse beschrieben.

b) Relationenmodell

Ausgehend von der ER-Darstellung ist ein Relationenschema in dritter Normalform (3. NF) zu entwerfen. Wie gewohnt, werden dabei Primärschlüssel durch Unterstreichen, Fremdschlüssel durch Überstreichen kenntlich gemacht.

a)

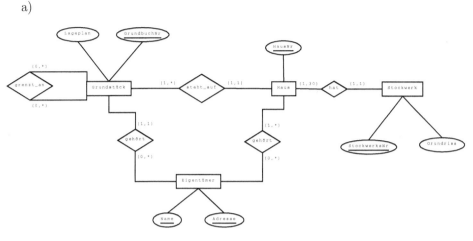

b) Grundstück(<u>GrundbuchNr</u>, Lageplan)
    Haus(<u>HausNr</u>)
    Stockwerk(<u>StockwerksNr</u>, Grundriss)
    Eigentümer(<u>Name</u>, <u>Adresse</u>)
    grenzt_an(*Grundstück1, Grundstück2*)
    gehörtGrundstück(*Grundstück, EName, EAdresse*)
    gehörtHaus(*HausNr, EName, EAdresse*)
    steht_auf(*HausNr, Grundstück*)
    hat(*StockwerksNr, HausNr*)

Verfeinertes Relationenmodell (in 3NF):
Grundstück(<u>GrundbuchNr</u>, Lageplan, *EName, EAdresse*)
Haus(<u>HausNr</u> *Grundstück*)
Stockwerk(<u>StockwerksNr</u>, Grundriss, *HausNr*)
Eigentümer(<u>Name</u>, <u>Adresse</u>)
grenzt_an(*Grundstück1, Grundstück2*)
gehörtHaus(*HausNr, EName, EAdresse*)

Aufgabe 5

Szenario 1: Winzergenossenschaft

Für die Verwaltung ihrer Kunden in einer Datenbank verwendet eine kleine Genossenschaft der Amateurwinzer „AmMeiHü" die folgenden Relationen:

Weinfreund(<u>Nr</u>, Name, Vorname, Alter, Adresse)

Bestellung(<u>Nr</u>, <u>W_ID</u>, Datum, Menge)

Wein(<u>W_ID</u>, Weinberg, Jahrgang, Prozent, Rebsorte)

Die Primärschlüssel der Relationen sind unterstrichen. W_ID in Bestellung ist Fremdschlüssel zu W_ID in Wein. Nr in Bestellung ist Fremdschlüssel zu Nr in Weinfreund. Formulieren Sie die folgenden Datenbankoperationen in SQL und geben Sie - falls möglich - die zugehörigen Ausdrücke in relationaler Algebra an.

a) Geben Sie den Namen und Vornamen aller gespeicherten Weinfreunde aus, die jünger als 30 Jahre sind.

b) Geben Sie eine Liste aller gespeicherten Weine des Weinbergs „Katzkopf" aufsteigend geordnet nach dem Jahrgang aus.

c) Geben Sie die durchschnittlich bestellte Menge Wein aller erfassten Bestellungen aus.

d) Fügen Sie einen Wein mit den folgenden Attributen in die Liste der Weine ein:
Weinberg: „Katzkopf", Jahrgang: „2005",
Prozent: „12", Rebsorte: „Silvaner"
Die nächste freie W_ID ist 67.

e) Der Weinfreund mit dem Vornamen „Otto" und dem Namen „Normalverbraucher" hat noch nie einen Wein bestellt und ist daher aus der Liste der Weinfreunde zu löschen.

a) SELECT Name, Vorname
   FROM   Weinfreund
   WHERE Alter < 30;

$\pi_{Name,Vorname}(\sigma_{Alter<30}Weinfreund)$

Da die relationale Algebra nicht dazu geeignet ist Gruppierungs-, Ordnungs- und Aggregatsfunktionen zu verwenden, können ab hier in dieser Aufgabe keine weiteren Ausdrücke in relationaler Algebra angegeben werden.

b) SELECT   *
   FROM   Wein
   WHERE   Weinberg = 'Katzkopf'
   ORDER BY Jahrgang;

c) SELECT AVG(Menge=
   FROM   Bestellung;

d) INSERT INTO Wein
   VALUES (67 , 'Katzkopf', 2005, 12, 'Silvaner');

e) DELETE Weinfreund
```
   WHERE  Vorname = 'Otto'
          AND Name = 'Normalverbraucher';
```

Szenario 2: Fußball-Weltmeisterschaft

Zur Vorbereitung auf die Fußball-Weltmeisterschaft 2006 entwickeln die Stadtliga-Hobbyspieler des Dorffußballvereins „EFC Lummerland" einen Spielplan. Einige der Spieler sind selbst Hobbyprogrammierer und entscheiden sich für folgende Relationen:

```
Nation(Land, Kapitaen, Trainer)
Stadion(SID, Stadionname, Ort, Kapazitaet, Eintrittspreis)
Match(Stadion_ID, Datum, Land1, Land2, Ergebnis, Tore)
```

Es existieren folgende Fremdschlüsselbeziehungen: das Attribut `Stadion_ID` der Relation `Match` ist ein Fremdschlüssel auf das Attribut `SID` der Relation `Stadion`. Die Attribute `Land1` und `Land2` der Relation `Match` sind Fremdschlüssel auf das Attribut `Land` der Relation `Nation`.

Geben Sie SQL-Anweisungen für folgende Problemstellungen an:

f) Erstellung des beschriebenen Relationenschemas mit Tabellen, Primary Key Contraints und Foreign Key Constraints.

g) Die Siegernation der letzten WM „Brasilien" wird mit ihrem Kapitän „Cafu" und Trainer „Scolari" als erste Nation eingetragen.

h) Das versehentlich vorzeitig eingetragene „Traumfinale" „Brasilien gegen Deutschland", am 09.07.2006 in Berlin, wird wieder gelöscht.

i) Kurz vor dem offiziellen Start der WM 2006 kehrt der ehemalige Trainer der deutschen Nationalmannschaft, „Rudi Völler", wieder in sein Amt zurück und ersetzt den bisherigen Trainer „Jürgen Klinsmann".

j) Um den Ticketkauf planen zu können, möchten die Hobbyfußballer eine Liste aller Spiele („Match"), die im „Olympiastadion" in „Berlin" stattfinden, ausgeben.

k) Um die Kosten des Kartenkaufs zu kalkulieren, wollen die Hobbyfußballer die Summe der Eintrittspreise aller Spiele im „Olympiastadion" in „Berlin" ausgeben.

l) Um einen Vergleich mit ihren eigenen Fußballspielen zu haben, wollen die Hobbyfußballer nach der WM die durchschnittliche Anzahl an Toren pro Spiel berechnen.

f)
```
CREATE TABLE Nation(Land VARCHAR(255), Kapitaen VARCHAR(255),
            Trainer VARCHAR(255), PRIMARY KEY (Land));
CREATE TABLE Stadion(SID INTEGER, Stadionname VARCHAR(255),
            Ort VARCHAR(255), Kapazitaet INTEGER,
            Eintrittspreis INTEGER, PRIMARY KEY (SID));
CREATE TABLE Match(Stadion_ID INTEGER, Datum DATE, Land1 VARCHAR(255),
            Land2 VARCHAR(255), Ergebnis VARCHAR(255), Tore INTEGER,
            PRIMARY KEY (Stadion_ID, Datum),
            FOREIGN KEY (Stadion_ID) REFERENCES Stadion(SID),
```

```
                    FOREIGN KEY (Land1,Land2) REFERENCES Nation(Land,Land));
```

g) INSERT INTO Nation(Land, Kapitaen, Trainer)
   VALUES ('Brasilien' , 'Cafu', 'Scolari');

h) DELETE FROM Match
   WHERE Land1= 'Brasilien' AND Land2='Deutschland'
          AND Datum =09.07.2006);

i) UPDATE Nation
   SET   Trainer = 'Rudi Voeller'
   WHERE Land = 'Deutschland';

j) SELECT (Datum, Land1, Land2)
   FROM   Match, Stadion
   WHERE SID=Stadion_ID AND Stadionname = 'Olympiastation'
          AND Ort = 'Berlin';

k) SELECT SUM(Eintrittspreis)
   FROM   Match, Stadion
   WHERE SID=Stadion_ID AND Stadionname = 'Olympiastation'
          AND Ort = 'Berlin';

l) SELECT AVG(Tore) FROM Match;

Frühjahr 06 - Thema 2

Aufgabe 1

SQL   Wir betrachten eine FLUG-Datenbank mit den folgenden Tabellen:

- Flug(<u>Fnr</u>, Start, Ziel, Distanz, Abflugszeit, Ankunftszeit, Preis): Angaben zu einem Flug mit der Nummer **Fnr**.
- Flugzeug(<u>Anr</u>, Fluggesellschaft, Reichweite): zu einem Flugzeug mit der Nummer **Anr** wird die **Fluggesellschaft** und die **Reichweite** angegeben.
- darf_fliegen(<u>Pnr</u>, <u>Anr</u>, Startdatum): der Angestellte (Pilot) mit der Personalnummer **Pnr** darf das Flugzeug mit der Nummer **Anr** seit dem **Startdatum** fliegen.
- Angestellter(<u>Pnr</u>, Pname, Lohn): zu einem Angestellten (z. B. Pilot oder Stewardess) mit der Personalnummer **Pnr** wird der Name **Pname** und der **Lohn** abgegeben.

Erstellen Sie in SQL folgende Anfragen:

a) Bestimmen Sie die Namen aller Angestellten, die seit dem '31.01.2002' ein Flugzeug der Fluggesellschaft **Lufthansa** fliegen dürfen.

b) Bestimmen Sie für jeden Fluggesellschaft die maximale Reichweite ihrer Flugzeuge.

c) Bestimmen Sie gruppiert nach Start- und Zielflughäfen jeweils die Anzahl aller verbindenden Flüge.

d) Bestimmen Sie alle Fluggesellschaften, deren Angestellte zusammen mehr als 1.000.000 Euro verdienen und geben Sie für jede solche Fluggesellschaft jeweils die Summe der Löhne an.

```
a) SELECT  Pname
   FROM    Angestellter, darf_fliegen, Flugzeug
   WHERE   Angestellter.Pnr = darf_fliegen.Pnr
           AND Startdatum = '31.01.2002'
           AND darf_fliegen.Anr = Flugzeug.Anr
           AND Fluggesellschaft = 'Lufthansa';
```

```
b) SELECT    Fluggesellschaft, MAX(Reichweite)
   FROM      Flugzeug
   GROUP BY  Fluggesellschaft;
```

```
c) SELECT    COUNT(*)
   FROM      Flug
   GROUP BY  Ziel, Start;
```

```
d) SELECT    Fluggesellschaft, SUM(Lohn)
   FROM      Flugzeug, Angestellter, darf_fliegen
   WHERE     Flugzeug.Anr = darf_fliegen.Anr
             AND Angestellter.Pnr = darf_fliegen.Pnr
   GROUP BY  Fluggesellschaft
   HAVING    SUM(Lohn) > 1 000 000 ;
```

Aufgabe 2

Wir betrachten die Datenbank FLUG aus Teilaufgabe 1.

a) Geben Sie ein ER-Diagramm für *FLUG* an, in dem möglichst viele Relationen als Relationships modelliert sind.

b) Erklären Sie kurz die Begriffe Primär- und Fremdschlüssel im relationalen Datenmodell. Geben Sie geeignete **Create Table**-Statements mit Primär- und Fremdschlüsselbedingungen zur Erzeugung der Tabellen **Flugzeug**, **darf_fliegen** und **Angestellter** an.

Datenbank,
Datenbank-
entwurf,
ER-Model-
lierung,
Primär-
schlüssel,
Fremd-
schlüssel,
SQL

c) Geben Sie Insert-Statements an, um in jede der Tabellen Flugzeug, darf_fliegen und Angestellter mindestens zwei Tupel einzufügen, so dass in der entstandenen Datenbankinstanz alle Primär- und alle Fremdschlüsselbedingungen erfüllt sind.

d) Ändern Sie den Lohn des Angestellten mit der Personalnummer '17' auf 80.000 Euro.

a)

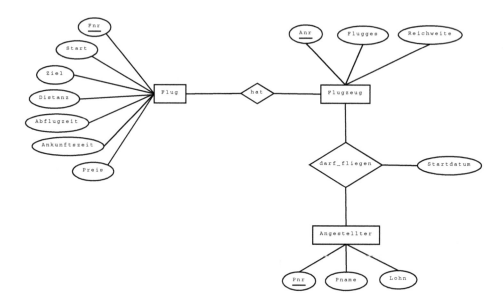

b) Der Primärschlüssel dient zur eindeutigen Identifizierung eines Datensatzes innerhalb einer Relation. Ein Fremdschlüssel verweist auf eine andere Relation und bietet somit die Möglichkeit Relationen über Fremdschlüssel miteinander in Verbindung zu setzen.

```
CREATE TABLE Angestellter (
        Pnr Integer PRIMARY KEY,
        Pname Varchar(255),
        Lohn Float);

CREATE TABLE Flugzeug (
        Anr Integer PRIMARY KEY,
        Fluggesellschaft Varchar(255) NOT NULL,
        Reichweite Integer);

CREATE TABLE darf_fliegen (
        Pnr Integer REFERENCES Angestellter,
```

```
                    Anr Integer REFERENCES Flugzeug,
                    Startdatum Date,
                    PRIMARY KEY {Pnr, Anr} );
```

c) `INSERT INTO Flugzeug VALUES (1, 'Lufthansa', 750);`

   `INSERT INTO Flugzeug VALUES (2, 'Air Berlin', 300);`

   `INSERT INTO Angestellter VALUES (15, 'Hans Meier', 12000,50);`

   `INSERT INTO Angestellter VALUES (30, 'Markus Mueller', 14300);`

   `INSERT INTO darf_fliegen VALUES (15, 1, 01.01.2000);`

   `INSERT INTO darf_fliegen VALUES (30, 2, 30.03.2005);`

d)
```
UPDATE Angestellter
SET    Lohn = 80 000
WHERE  PNr = 17;
```

Aufgabe 3

Gegeben sei die Attributmenge $U = \{A, B, C, D, E\}$ und folgende Menge F von funktionalen Abhängigkeiten: $F = \{A \rightarrow B, AB \rightarrow C, BC \rightarrow DE\}$

funktionale Abhängigkeit, Attributhülle, relationales Schema, 3NF

a) Bestimmen Sie die Attributhüllen $\{A\}_F^+$ und $\{B\}_F^+$.

b) Zerlegen Sie das Relationenschema $R = (U, F)$ mittels Synthesealgorithmus in ein 3NF-Datenbankschema.

c) Zerlegen Sie das Relationenschema $R = (U, F)$ bezüglich der funktionalen Abhängigkeit $BC \rightarrow DE$ (Einzelschritt des Dekompositionsalgorithmus).

a) Bestimmung von $\{A\}_F^+$:

    i) $\{A\}_F^+ = \{A\}$ Initialisierung

    ii) Überprüfe FD $A \rightarrow B$: $\Rightarrow \{A\}_F^+ = \{A, B\}$

    iii) Überprüfe FD $AB \rightarrow C$: $\Rightarrow \{A\}_F^+ = \{A, B, C\}$

    iv) Überprüfe FD $BC \rightarrow DE$: $\Rightarrow \{A\}_F^+ = \{A, B, C, D, E\}$

Bestimmung von $\{B\}_F^+$:

$\{B\}_F^+ = \{B\}$ Initialisierung

Weil bei keiner FD die linke Seite in $\{B\}_F^+$ enthalten ist, ist $\{B\}_F^+ = \{B\}$

b) Zuerst muss die minimale Überdeckung bestimmt werden:

    i) Zerlege F in einfaches FDs:
       $F = \{A \rightarrow B, AB \rightarrow C, BC \rightarrow D, BC \rightarrow E\}$

ii) Eliminiere redundante Attribute:

$A \to B$ kann keine redundanten Attribute enthalten.

Betrachte FD $AB \to C$:

A redundant?

$AttrHull(F, \{B\}) = \{B\} \to A$ nicht redundant.

B redundant?

$AttrHull(F, \{A\}) = \{A, B, C, D, E\} \to B$ redundant.

$F' = \{A \to B, A \to C, BC \to D, BC \to E\}$

Betrachte FD $BC \to D$:

C ist nicht redundant, da $AttrHull(F', \{B\}) = \{B\}$ (s. o.).

B redundant?

$AttrHull(F', \{C\}) = \{C\} \to B$ ist nicht redundant.

Analog enthält $BC \to E$ keine redundaten Attribute.

$F' = \{A \to B, A \to C, BC \to D, BC \to E\}$

iii) Eliminiere redundante FDs:

Auf der rechten Seite aller FDs kommen die Attribute nur jeweils einmal vor, so dass es keine redundanten FDs geben kann.

Jetzt kann der Synthesealgorithmus angewendet werden:

i) Erstelle für jede FD eine Relation:

$$R_1(A, B)$$
$$R_2(A, C)$$
$$R_3(B, C, D)$$
$$R_4(B, C, E)$$

ii) Überprüfe, ob eine der Relationen bereits einen Schlüsselkandidaten enthält:

A ist das einzige Attribut, das nicht auf der rechten Seite vorkommt, also muss A im Schlüsselkandidaten enthalten sein.

Da $\{A\}_F^+ = \{A, B, C, D, E\}$ ist $\{A\}$ einziger Schlüsselkandidat. R_1 und R_2 enthalten den Schlüsselkandidaten und deshalb wird keine zusätzliche Relation benötigt.

iii) Überprüfe, ob $R = R_1 \cup R_2 \cup R_3 \cup R_4$. Dies ist erfüllt, es werden keine weiteren Relationen benötigt.

iv) Wegen der Minimalität von F' kann zusammengefasst werden:

$$R_{12}(A, B, C)$$
$$R_{34}(B, C, D, E)$$

c) $S_1 = (\{B, C, D, E\}, F_1)$ (alle Attribute der verletzenden FD)

  $F_1 = \{BC \to DE\}$ (alle FDs mit B, C, D, E)

  $S_2 = (\{A, B, C\}, F_2)$ (alle Attribute von U außer denen, die auf der rechten Seite der verletzenden FD vorkommen)

  $F_2 = \{A \to B, AB \to C\}$ (alle FDs ohne die verletzende FD)

Herbst 06 - Thema 1

Aufgabe 1

relationales Schema, Schlüsselkandidat, Normalform, 1NF, 2NF, 3NF

Gegeben sei folgende Tabelle einer großen Kinokette:

KINO(Name, Stadt, Vorwahl, Telefon, MName, MGebDat, MGehaltsstufe, MGehalt, MHandy, dBZ, SaalNr, Sitzplätze, Soundsystem)

Der Buchstabe „M" steht hierbei für „Manager", unter „MGebDat" findet sich also das Geburtstdatum des Leiters des jeweiligen Kinos. „dBZ" bezeichnet die durchschnittliche Besucherzahl für ein Kino. Die SaalNr ist für jedes einzelne Kino eindeutig. Es existieren folgende funktionale Abhängigkeiten (auf die Angabe der trivialen Abhängigkeiten wurde verzichtet):

$Stadt \rightarrow Vorwahl$

$MGehaltsstufe \rightarrow MGehalt$

$Name, Stadt \rightarrow Telefon, MName, MGebDat, MGehalt, MHandy, dBZ$

$MName \rightarrow MGebDat, MGehaltsstufe, MGehalt, MHandy$

$Name, Stadt, SaalNR \rightarrow Sitzplätze, Soundsystem$

a) Die Relation „Kino" sei in erster Normalform. Was muss für die Attribute der Tabelle gelten?

b) Bestimmen Sie den einzigen Schlüsselkandidaten von „Kino"!

c) Überführen Sie die Relation in zweite (aber noch nicht dritte) Normalform und erläutern Sie Ihre Schritte kurz!

d) Finden Sie eine Anomalie, die Sie in diesem Beispiel durch Überführung in die zweite Normalform eliminieren konnten, sowie eine andere, die weiterhin vorhanden ist!

e) Überführen Sie nun die Relation, ebenfalls mit kurzer Erläuterung, in die dritte Normalform! Markieren Sie von allen Relationen die Primärschlüssel!

a) Alle Attribute müssen *atomar* also nicht aus mehreren Attributen zusammengesetzt sein.

b) Da *(Name, Stadt, SaalNr)* auf keiner rechten Seite der FDs vorkommen, müssen sie in jedem Schlüsselkandidaten vorhanden sein. An den FDs sieht man, dass die Attributhülle dieser drei Attribute bereits die gesamte Relation ist. *(Name, Stadt, SaalNr)* ist Superschlüssel und weil es wegen der ersten Bedingung ein minimaler Superschlüssel ist, handelt es sich um den einzigen Schlüsselkandidaten.

c) Entfernen aller nicht vom Primärschlüssel voll funktionalen Abhängigkeiten:

Telefon, MName, MGebDat, MGehaltsstufe, MGehalt, MHandy und *dBZ* sind nicht abhängig von *SaalNr*, sondern nur voll funktional abhängig von *Name, Stadt*.

Vorwahl ist nur von *Stadt* voll funktional abhängig.

Man erhält folgende Relationen:
KINO2(Name, Stadt, Telefon, MName, MGebDat, MGehaltsstufe, MGehalt,
MHandy, dBZ)
SAAL(Name, Stadt, SaalNr, Sitzplätze, Soundsystem)
ORT(Stadt, Vorwahl)

d) Entfernt wurde beispielsweise folgende UPDATE-Anomalie: Bekommt ein
Manager eine neue Gehaltsstufe, so musste das bislang für jeden Saal geändert
werden. Vergisst man das einmal, so ist die DB inkonsistent.
Es bleibt aber beispielsweise die DELETE-Anomalie: Wird ein Kino geschlossen und der Datensatz gelöscht, so verliert man auch sämtliche Informationen
über den zugehörigen Manager.

e) Entfernt werden jetzt noch die transitiven Abhängigkeiten:
KINO2 wird aufgelöst in
KINO3(Name, Stadt, Telefon, dBZ, MName)
MANAGER(MName, MGebDat, MGehaltsstufe, MHandy)
GEHALT(Gehaltsstufe, Gehalt)
SAAL und *ORT* wie bei c).
Primärschlüssel sind unterstrichen.

Aufgabe 2

SQL Es seien folgende Tabellen eines Fahrradladens gegeben:

Bestand			
ArtNr	**Beschreibung**	**Größe**	**Preis**
F112	Prophete Herrenfahrrad	28	559,00 €
F123	Prophete Damenfahrrad	26	529,00 €
F023	Felix Kinderfahrrad	12	139,00 €
Z321	Prophete Pedale	Einheitsgröße	10,00 €
Z361	Magnum Bügelschloss	XL	99,00 €
Z721	Hella Speichenreflektoren	Einheitsgröße	2,99 €
MR231	Harley-Davidson - Street Rod	$1130cm^3$	14.500,00 €

Zuordnung	
Beschreibung	**Typ**
Prophete Herrenfahrrad	Fahrrad
Prophete Damenfahrrad	Fahrrad
Felix Kinderfahrrad	Fahrrad
Prophete Pedale	Zubehör
Magnum Bügelschloss	Zubehör
Hella Speichenreflektoren	Zubehör
Harley-Davidson - Street Rod	Motorrad

a) Geben Sie die SQL-Anweisungen an, um die Tabelle *Bestand* (ohne Inhalt!) zu erstellen!

b) Formulieren Sie folgende Abfragen in SQL:

   i) Welche Artikel, die dem Typ *Zubehör* angehören, sind verfügbar?

   ii) Bestimmen Sie alle Artikel, die Fahrräder sind und mehr als 500 € kosten!

   iii) Bestimmen Sie alle Artikel, die Zubehör sind und weniger als 10 € kosten!

   iv) Sortieren Sie alle Artikel alphabetisch (Beschreibung)!

   v) Bestimmen Sie den Durchschnittspreis aller Fahrräder!

a)
```
CREATE TABLE Bestand (
       ArtNr VARCHAR(5),
       Beschr VARCHAR(255),
       Groesse VARCHAR(20),
       Preis FLOAT);
```

b)   i)
```
SELECT Bestand.ArtNr
FROM    Bestand, Zuordnung
WHERE   Bestand.Beschreibung = Zuordnung.Beschreibung
        AND Zuordnung.Typ = 'Zubehör';
```

   ii)
```
SELECT Bestand.ArtNr, Bestand.Beschreibung, Bestand.Preis
FROM    Bestand, Zuordnung
WHERE   Bestand.Beschreibung = Zuordnung.Beschreibung
        AND Zuordnung.Typ = 'Fahrrad'
        AND Bestand.Preis > 500;
```

   iii)
```
SELECT    Z.Typ, MAX(B.Preis) AS Maximalpreis
FROM      Bestand B, Zuordnung Z
WHERE     B.Beschreibung = Z.Beschreibung
GROUP BY  Typ
HAVING    MIN(B.Preis) > 100;
```

   iv)
```
SELECT    *
FROM      Bestand
ORDER BY  Beschreibung;
```

   v)
```
SELECT AVG(B.Preis)
FROM    Bestand B, Zuordnung Z
WHERE   B.Beschreibung = Z.Beschreibung
        AND Z.Typ = 'Fahrrad';
```

Aufgabe 3

ER-Model-
lierung,
relationales
Schema,
Verfeine-
rung,
Schlüssel-
kandidat,
Fremd-
schlüssel

Gegeben sei folgendes Entity-Relationship-Diagramm einer Bank:

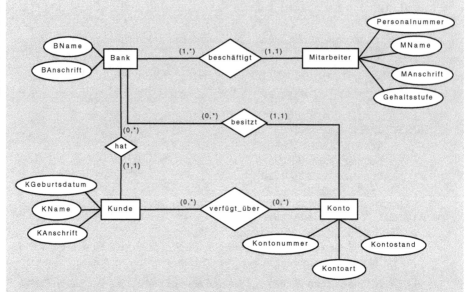

a) Geben Sie die Schlüsselkandidaten an!

b) Überführen Sie das ER-Modell in ein verfeinertes Relationenschema!

c) Markieren Sie alle Fremdschlüssel innerhalb des Relationenschemas!

d) Wie würden Sie das Modell ergänzen, wenn die Bank mehrere Filialen
   unterhält? Gehen Sie davon aus, dass Kontodaten etc. zentral bei der
   Bank gespeichert werden!

a)

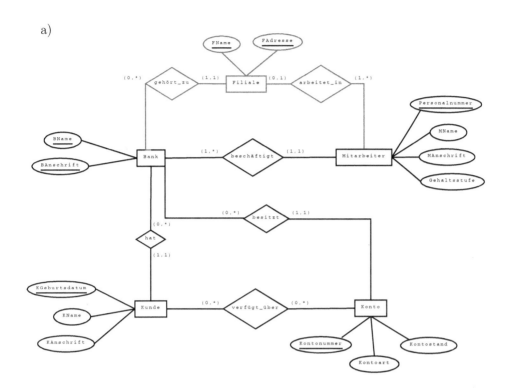

b) Entity-Typen:
   Bank(BName, BAnschrift)
   Mitarbeiter(Personalnummer, MName, MAnschrift, Gehaltsstufe)
   Kunde(KGebDatum, KName, KAnschrift)
   Konto(KontoNr, Kontoart, Kontostand)

   Relationship-Typen:
   beschäftigt(BName, BAnschrift, Personalnummer)
   verfügt_über(Kontonummer, KName, KGeburtstDatum, KAnschrift)
   hat(BName, BAnschrift, KName, KGebDat, KAnschrift)
   besitzt(BName,BAnschrift,Kontonummer)

   verfeinertes Relationenschema:
   Mitarbeiter wird zusammengefasst mit *beschäftigt*:
   Mitarbeiter(Personalnummer, MName, MAnschrift, Gehaltsstufe,
   BName, BAnschrift)
   besitzt wird zusammengefasst mit *Konto*:
   Konto(Kontonummer, Kontoart,Kontostand, *BName, BAnschrift*)
   Kunde wird zusammengefasst mit *hat*:
   Kunde(KName, KGeburtsdatum, KAnschrift, *BName, BAnschrift*)
   verfügt_über und *Bank* bleiben.

c) Fremdschlüssel sind im verfeinerten Relationenschema kursiv gedruckt.

d) siehe rot dargestellten Teil in a).

Herbst 06 - Thema 2

Aufgabe 1

*Normal-
form,*
1.1. Welche Nachteile haben Redundanzen im Datenbestand?

*Anomalien,
Normalisie-
rung,*
1.2. Annahme: Relationenschema R sei in 2. Normalform. Welche Eigenschaft muss zusätzlich erfüllt werden, damit R in 3. Normalform ist?

*Normalfor-
men*
1.3. Für die Zerlegung von Relationenschemata gibt es zwei grundlegende Korrektheitsbeziehungen. Benennen und erklären Sie diese kurz!

1.1. *siehe Aufgabe 5 von Frühjahr 07 - Thema 1 auf Seite 420 und Aufgabe 2 von Frühjahr 03 - Thema 2 auf Seite 363*

1.2. *siehe Aufgabe 8 von Frühjahr 04 - Thema 1 auf Seite 378*

1.3. *siehe Aufgabe 8 von Frühjahr 04 - Thema 1 auf Seite 378*

Aufgabe 2

*Datenbank-
entwurf,
ER-Model-
lierung,
relationales
Schema,
3NF*
2.1. ER-Modellierung

Erstellen Sie das Modell einer fiktiven Tanzschule in E/R-Notation! Wo möglich bzw. sinnvoll sollen 3-fache Beziehungen und Generalisierung/Spezialisierung verwendet werden. Attribute von Entitäten und Beziehungen sind anzugeben; Schlüsselattribute werden durch Unterstreichen gekennzeichnet. Die Kardinalitäten von Beziehungen und - falls nötig - Rollennamen sollen ins Diagramm aufgenommen werden. Führen Sie Surrogatschlüssel nur ein, falls es nötig ist!

„Tanzschule"
Tanzschüler werden durch eine eindeutigen Nummer, Namen, Geschlecht und Geburtsdatum beschrieben. Jeder Tanzschüler hat genau einen anderen Tanzschüler als „Tanzpartner".
Tänze zeichnen sich durch eine eindeutige Kurzbezeichnung, einen Namen und einen gewissen Stil aus. Ein Tanzschüler hat bestimmte Tänze gelernt, andere nicht.
Ein **Tanzkurs** hat genau einen Tanzlehrer und mindestens einen Teilnehmer. Es werden in jedem Tanzkurs nur ausgewählte Tänze unterrichtet. Ein Tanzkurs hat einen Namen und ein Beginndatum. Er wird durch eine Nummer identifiziert. Ein Tanzschüler kann auch an mehreren Tanzkursen teilnehmen oder pausieren. Nicht jeder Tanz wird in einem Tanzkurs unterrichtet.

Jeder **Tanzlehrer** kann nur bestimmte Tänze unterrichten. Ein Tanzlehrer hat einen Vornamen und Nachnamen und eine Zulassung. Er wird durch seinen Nachnamen identifiziert. Er kann keinen, einen oder mehrere Tanzkurse unterrichten. Für jeden Tanz im Repertoire muss es einen Tanzlehrer geben.

Dass an einem Kurs nur als Paar teilgenommen werden kann, ist nicht zu modellieren.

2.2. Ausgehend von der ER-Darstellung ist ein Relationenschema in dritter Normalform (3. NF) zu entwerfen! Primärschlüssel werden dabei durch Unterstreichen, Fremdschlüssel durch Nennung der referenzierten Relation in eckigen Klammern hinter dem Attributnamen kenntlich gemacht, z. B.:

Haus(Straße, OrtId[Ort])

Ort (OrtId, PLZ, Name)

Das Attribut OrtId der Relation Haus verweist als Fremdschlüssel auf das Attribut OrtId der Relation Ort.

2.1.

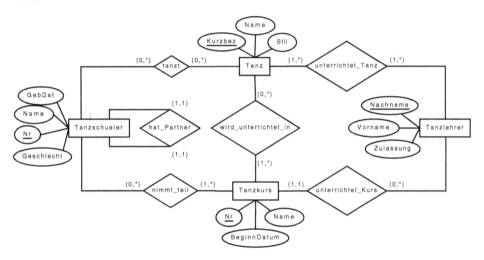

2.2. Entity-Typen:

Tanzschueler(<u>Nr</u>, Name, Geschlecht, GebDat)

Tanz(<u>Kurzbez</u>, Name, Stil)

Tanzkurs(<u>Nr</u>, Name, Beginndatum)

Tanzlehrer(<u>Nachname</u>, Vorname, Zulassung)

Relationship-Typen:

hat_Partner(*<u>Schueler1</u>, Schueler2*)

tanzt(*<u>Schueler, Kurzbez</u>*)

nimmt_teil(*<u>Schueler, KursNr</u>*)

unterrichtet_Kurs(*<u>KursNr</u>, Lehrer*)

unterrichtet_Tanz(*Lehrer, <u>Kurzbez</u>*)

```
wird_unterrichtet_in(KursNr, Kurzbez)
```
Verfeinertes Relationenmodell **ist dann in 3NF**:
```
Tanzschueler(Nr, Name, Geschlecht, GebDat, Partner)
Tanz(Kurzbez, Name, Stil)
Tanzkurs(Nr, Name, Beginndatum, Lehrer)
Tanzlehrer(Nachname, Vorname, Zulassung)
tanzt(Schueler, Kurzbez)
nimmt_teil(Schueler, KursNr)
unterrichtet_Tanz(Lehrer, Kurzbez)
wird_unterrichtet_in(KursNr, Kurzbez)
```

Aufgabe 3

SQL

Bitte beachten Sie:
Primärschlüssel werden dabei durch Unterstreichen, Fremdschlüssel durch Nennung der referenzierten Relation in eckigen Klammern hinter dem Attributnamen kenntlich gemacht, z. B.:
```
Haus(Straße, OrtId[Ort])
Ort (OrtId, PLZ, Name)
```
Das Attribut `OrtId` der Relation `Haus` verweist als Fremdschlüssel auf das Attribut `OrtId` der Relation `Ort`. **Szenario „DJ forever"**
Eine Discjockey-Agentur verwendet folgendes einfaches Datenbankschema:
```
Club( CId, Name, AnuahlAreas, ChefDJ[DJ])
DJ( DJId, Name)
Booking( DJId[DJ], CId[Club], Tag, Gage)
Tag = {Mo, Di, Mi, Do, Fr, Sa, So}
```
Jeder Club hat einen ChefDJ. DJs arbeiten an unterschiedlichen Tagen evtl. in verschiedenen Clubs. Aber alle arbeiten regelmäßig, d. h. in der Tabelle „Booking" wird nur der Wochentag, kein konkretes Datum hinterlegt.
Primärschlüssel sind unterstrichen. `DJId` in `Booking` ist Fremdschlüssel zu `DJId` in `DJ`, `CId` in `Booking` ist Fremdschlüssel zu `CId` in `Club` und `ChefDJ` in `Club` ist Fremdschlüssel zu `DJId` in `DJ`.
Formulieren Sie folgende Datenbankoperationen in SQL:

a) Geben Sie die Namen aller DJs aus!

b) Was verdient „DJ Santos" am Mi?

c) Welcher Club zahlt die höchste Gage?

d) Wie oft in der Woche arbeitet „DJ Oetzi"?

e) Wie hoch ist die Durchschnittsgage aller DJs?

f) Geben Sie die Namen aller DJS aus, die „DJ Mike" als Chef haben! Es soll kein Name doppelt vorkommen.

g) Fügen Sie „DJ Helmut" mit der DJId „0815" in die Datenbank ein!

h) „DJ Helmut" hat mittwochs ein Booking im Club „Almenhof" mit einer Gage von „80". Fügen Sie dieses Booking in die Datenbank ein!

a) SELECT Name
   FROM   DJ;

b) SELECT Gage
   FROM   DJ, Booking
   WHERE Name = 'DJ Santos'
          AND DJ.DJId = Booking.DJId
          AND Tag = 'Mi';

c) SELECT Name
   FROM   Club, Booking
   WHERE Booking.CId = Club.CId
          AND Gage = (SELECT MAX(Gage) FROM Booking);

d) SELECT COUNT(*) AS Anzahl
   FROM   DJ, Booking
   WHERE Name = 'DJ Oetzi'
          AND DJ.DJId = Booking.DJId;

e) SELECT AVG(Gage)
   FROM   Booking;

f) SELECT DJ.Name
   FROM   DJ, Club
   WHERE Name = 'DJ Mike'
          AND DJ.DJId = Club.ChefDJ;

g) INSERT (0815, 'DJ Helmut')
   INTO   DJ;

h) INSERT (SELECT DJId FROM DJ WHERE Name ='DJ Helmut',
           SELECT CId FROM Club WHERE Name = 'Almenhof',
           'Mi', 80)
   INTO   Booking;

Frühjahr 07 - Thema 1

Aufgabe 1

Zur Datenspeicherung können neben Datenbanksystemen auch Einzeldateien verwendet werden. Diskutieren Sie die Begriffe Redundanz, Inkonsistenz und Integritätsverletzung und zeigen Sie, wie Datenbanksysteme hierfür Lösungen bereitstellen!

Datenbanksystem, Redundanz, Inkonsistenz, Integritätsverletzung

Datenbanksysteme (DBS) dienen zur Beschreibung, Speicherung und Wiedergewinnung von umfangreichen Datenmengen, die von mehreren Anwendungsprogrammen benutzt werden.

Bei der *Speicherung* der zu verwaltenden Daten *in Einzeldateien* würden viele Daten gleichzeitig in mehreren Dateien gespeichert werden (Redundanz), was umfangreichen Speicherplatz benötigt und die Aktualisierung der Daten erschwert (Inkonsistenzen des Datenbestandes können leicht entstehen). Bei der Datenverwaltung mit Hilfe eines DBS wird genau diese Redundanz möglichst vermieden und die Konsistenz des Datenbestandes garantiert.

Maßnahmen zum Schutz von Daten müssen bei der Speicherung in Einzeldateien in allen Programmen des Anwendungssystems einzeln realisiert werden. Beim Einsatz eines DBS hingegen werden alle Daten des Anwendungssystems zusammengefasst und nach einheitlichen Regeln abgespeichert; der Zugriff der Anwendungsprogramme auf die Daten erfolgt dann stets über ein Kontrollprogramm (das sogenannte Datenbankmanagementsystem).

Werden die Daten in Einzeldateien abgelegt, muss der Aufbau einer Datei jedem Programm, das diese Datei benutzt, bekannt sein. Änderungen an der Dateistruktur erfordern gleichzeitig Änderungen in allen beteiligten Programmen. Auch hierzu bietet das DBS mit dem DBMS die Lösung der genannten Probleme.

Aufgabe 2

Datenbank-
system,
Drei-
Schichten-
Modell
nach AN-
SI/Sparc

ANSI/SPARC ist ein Drei-Schichten-Modell für die Architektur von Datenbanksystemen. Erläutern Sie anhand einer Skizze diese Architektur und geben Sie ein Beispiel, das die unterschiedlichen Sichten verdeutlicht!

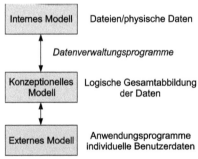

Das *interne Modell* enthält hierbei alle für die physische Implementierung notwendigen Aufgaben, wie Dateibenennung, Auswahl der Datenträger, Speicher- und Zugriffsmethoden (z. B. Indexdateien). Hier werden alle implementierungsabhängigen Eigenschaften der Daten definiert.

Das *konzeptionelle Modell* ist eine von allen Benutzern gemeinsam akzeptierte einheitliche Darstellung (des Ausschnittes) der realen Welt, die durch die Datenbank dargestellt werden soll. Hier wird die logische Gesamtstruktur der Daten festgelegt. Die konzeptionelle Ebene berücksichtigt weder die physikalische Organisation der Daten noch die Wünsche von Anwendungsprogrammen.

Das *externe Modell* umfasst den für die Benutzer interessanten (oder erlaubten) Teil der Daten, ihre Aufbereitung, sowie die Operationen, die darauf ausgeführt werden dürfen. Externe Modelle stellen die Benutzersichten auf die Datenbank dar. Jeder Benutzer (jedes Anwendungsprogramm) hat individuelle Anforderungen an die Datenbank. Somit kann es zu einem Datenbestand gleichzeitig mehrere externe Modelle geben.

 (vgl. hierzu auch [DUD])

Aufgabe 3

Die Entity-Relationship-Methode kennt die Konzepte der Generalisierung und Spezialisierung. Definieren Sie diese, geben Sie Sinn und Zweck an und geben Sie je ein Beispiel!
Bei der Umsetzung ins Relationenmodell werden diese Konzepte nicht direkt unterstützt. Erläutern Sie die und zeigen Sie anhand des Beispiels eine Vorgehensweise, wie das Konzept trotzdem im Relationenmodell abgebildet werden kann!

ER-Model-lierung, Relationen-schema, Generali-sierung, Spezialisie-rung

Das Prinzip der Generalisierung wird eingesetzt, um eine übersichtlichere und natürlichere Strukturierung der Entity-Typen zu erzielen. Dabei werden gemeinsame Eigenschaften, also Attribute und Beziehungen, ähnlicher Entity-Typen „herausfaktorisiert" und einem gemeinsamen Obertyp zugeordnet. Die beteiligten Entity-Typen sind dann Untertypen des jeweiligen Obertyps. Eigenschaften, die nicht allen Untertypen gemeinsam sind, bleiben beim entsprechenden Untertyp. Da jedes Element eines Untertyps auch Element aller Obertypen ist, hat es auch alle Beschreibungsmerkmale der Obertypen. Es „erbt" damit sämtliche Eigenschaften des Obertypen.
Beispiel: Die Lehrkräfte einer Schule werden durch den Entity-Typ **Lehrkraft**, die übrigen Angestellten (Sekretärin, Hausmeister, ...) durch den Entity-Typ **Personal** repräsentiert.

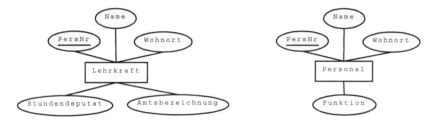

Als Obertyp ist der Entity-Typ **Bedienstete** möglich, der die gemeinsamen Attribute aufnimmt.

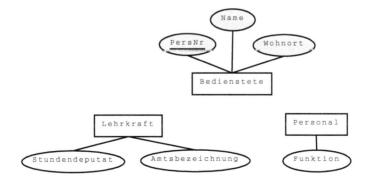

Die Beziehung von Unter- und Obertyp wird durch den speziellen Relationship-
Typ is_a ausgedrückt. Im ER-Modell wird diese Beziehung durch eine Raute mit
der Beschriftung is_a repräsentiert. In Richtung der Generalisierung wird dabei ein Pfeil gesetzt. Im obigen Beispiel gilt: Lehrkraft is_a Bedienstete bzw.
Personal is_a Bedienstete.

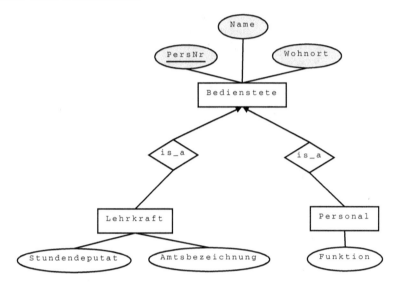

Generalisierung und Spezialisierung werden im relationalen Modell nicht explizit
unterstützt. Die is_a-Beziehung kann aber mittels folgendem Hilfskonstrukt in
das Relationenmodell transformiert werden. Gegeben seien die Entity-Typen E
und F, wobei gilt: E is_a F. F sei bereits konvertiert. Die Relation E enthält alle
Attribute, die durch Konvertierung des Entity-Typen E entstehen, und zusätzlich
die Attribute des Primärschlüssels von F. Einziger Schlüsselkandidat von E ist dann
der Primärschlüssel von F. Für das Beispiel der Generalisierung von Lehrkraft
und Personal zu Bedienstete ist folgende relationale Darstellung denkbar:

- Bedienstete{PersNr, Name, Wohnort}
- Lehrkraft{PersNr, Amtsbezeichnung, Stundendeputat}
- Personal{PersNr, Funktion}

Diese Darstellung hat aber den Nachteil, dass in den Relationen, die aus den spe-
zialisierten Entity-Typen entstanden sind, nicht die volle Information verfügbar ist
(so enthält z. B. die Spezialisierung Lehrkraft nicht alle Informationen über eine
bestimmte Lehrkraft, da ein Teil dieser Informationen in der Relation Bedienstete
„liegt").

Das Schlüsselkonzept der Generalisierung ist die sogenannte *Vererbung*. Vererbung
heißt, dass ein Untertyp sämtliche Eigenschaften des Obertypen übernimmt. Im
vorliegenden Fall würde das bedeuten, dass die Relation, die aus dem Untertypen
entstanden ist, alle Attribute der Relation, die durch Konvertierung des Obertypen
entstanden ist, „erbt". Dies kann aber leider nicht realisiert werden. Die einzige
Möglichkeit, die gesamte Information zu erhalten, ist die Verwendung von Joins,

d. h. eine Anfrage über mehrere Tabellen. Bei der Nachbildung der Generalisierung mit Hilfe des geschilderten Prinzips erhält man für den Obertypen und für
die Untertypen Relationen mit gleichem Primärschlüssel. Damit könnte man die
Relationen sogar ohne Probleme zusammenfassen. Dabei sind allerdings folgende
Punkte abzuwägen:

- Durch das Zusammenfassen geht das Prinzip der Generalisierung, d. h. die
  Trennung von allgemeinem und speziellem Konzept, verloren.

- Anderseits ist bei der semantisch „richtigen"Darstellung, d. h. der Beibehal-
  tung der Relationen des Ober- und Untertypen, zur Gewinnung der vollen
  Information ein Join der Relationen notwendig. Joins sind datenbanktech-
  nisch aber immer aufwändig.

Die Spezialisierung ist die inverse Operation zur Generalisierung (so ist z. B.
`Lehrkraft` und `Personal` sind Spezialisierungen von `Bedienstete`.
(vgl. hierzu auch [KEM])   ✏

Aufgabe 4

Das Konzept der Transaktion wird oft als einer der größten Beiträge der Da-
tenbankforschung für andere Informatikbereiche, wie beispielsweise Betriebssysteme oder Programmiersprachen, angesehen. Definieren Sie den Begriff Transaktion! Was versteht man unter der quasi-parallelen Ausführung von Transaktionen? Erläutern Sie diese an einem Beispiel! Erläutern Sie schließlich das
ACID-Prinzip!

*Transak-
tion,
ACID-
Prinzip*

Unter einer *Transaktion* versteht man die „Bündelung" mehrerer Datenbankoperationen, die in einem Mehrbenutzersystem ohne unerwünschte Einflüsse durch
andere Transaktionen als Einheit fehlerfrei ausgeführt werden sollen.
Aus der Sicht des Datenbankbenutzers oder Programmierers bilden Transaktionen die „Programmiereinheiten" für Datenbank-Anwendungsprogramme, die eine
bestimmte Funktion erfüllen. Für das Datenbankmanagementsystem (DBMS) ist
eine Transaktion eine Folge von Datenverarbeitungsbefehlen, die die Datenbank
ohne Unterbrechung von einem konsistenten Zustand in einen anderen, nicht notwendigerweise unterschiedlichen Zustand überführt.

Mehrere Transaktionen können *quasi-parallel* nebeneinander ausgeführt werden.
Quasi-parallel bedeutet dabei, dass bei der Abarbeitung der Transaktionen durch
das DBMS die einzelnen Aktionen einer Transaktion nicht unmittelbar hintereinander ablaufen müssen, sondern dazwischen Aktionen anderer Transaktionen
ausgeführt werden können. Die Transaktionen können gewissermaßen „verzahnt"
sein. Dadurch wird es möglich, dass mehrere Benutzer „gleichzeitig" mit der gleichen Datenbank arbeiten*(vgl. hierzu auch [KEM])*.   ✏
Ein einfaches Beispiel für die quasi-parallele Ausführung zweier Transaktionen ist
eine Kontodatenbank, bei der zwei Transaktionen „gleichzeitig" ablaufen. Bei der

ersten Transaktion werden 50€ von Konto A abgehoben, bei der zweiten Transaktion 100€ auf das Konto B eingezahlt.

Anmerkung: BOT = Beginn von Transaktion

Schritt	T_1	T_2
1	BOT	
2	Stand von Konto A in Variable a einlesen.	
3		BOT
4 4		Stand von Konto B in Variable b einlesen.
5 5	Wert der Variablen a um 50€ vermindern.	
6		Wert der Variablen b um 100€ erhöhen.
7		Wert der Variablen b als neuen Kontostand auf Konto B zurückschreiben.
8	Wert der Variablen a als neuen Kontostand auf Konto A zurückschreiben.	
9		Ende der Transaktion
10	Ende der Transaktion	

Dabei muss natürlich gewährleistet sein, dass die „Verzahnung" der Transaktionen nicht zu einer Ergebnisverfälschung der beteiligten Transaktionen führt. Dieser
↷ Problematik wird durch das *ACID-Prinzip* begegnet (*weitere Informationen hierzu*
✎ *siehe Aufgabe 5 von Frühjahr 08 - Thema 1 auf Seite 454 oder [DUD]*).

Aufgabe 5

Normal-
form,
Anomalien

> Das Instrument der sogenannten Normalformen eines Datenbank-Schemas und der dazu gehörigen Algorithmen bietet die Möglichkeit, aus der Analyse der semantischen Beziehungen zwischen Daten eine Beurteilung des vorliegenden Schemas abzuleiten und bei Bedarf ein „gutes" Datenbank-Schema zu generieren.
> Sie haben in diesem Kontext die Update-, Einfüge- und Delete-Anomalie kennen gelernt. Erläutern Sie diese und geben Sie Beispiele ihres Auftretens anhand derer Sie die Problematik erläutern!

Im Folgenden wird als Beispiel ein Auszug aus einer Schulverwaltungsdatenbank verwendet. Eine der vorkommenden Relationen ist
Lehrkraft_Fach{PersNr, Name, Wohnort, Geburtsjahr, Fach, Pflichtfach},
wobei {*PersNr, Fach*} Primärschlüssel ist.

Da eine Lehrkraft oft in mehr als einem Fach unterrichtet, kann sie in mehreren Tupeln gespeichert sein z. B.:
$(Meir, Hierheim, 1955, Mathematik, ja)$,
$(Meir, Hierheim, 1955, Informatik, nein)$
Die somit redundant abgespeicherten Einträge können dazu führen, dass Änderungen an den Daten leicht zu einer inkonsistenten Datenbank führen, falls diese nicht an allen betroffenen Stellen vollzogen wird. Ändert sich zum Beispiel der Wohnort von Herrn Meier und wird der notwendige Eintrag aber nur beim Tupel mit dem Fach Mathematik geändert, so kommt es zu Inkonsistenzen (hier: *UPDATE-Anomalie*). Außerdem entsteht für redundant abgespeicherte Daten ein erhöhter Speicherbedarf.
Sollen nun in die Datenbank die Daten der Lehrkraft Moser, von der die persönlichen Daten, nicht aber die Lehrbefähigungen bekannt sind, eingetragen werden, so ergibt sich ein anderes Problem. Da die Werte für Fach und Pflichtfach nicht bekannt sind, müsste an diesen Stellen jeweils NULL eingetragen werden. Die Attributmenge PersNr, Fach ist aber der Primärschlüssel der Relation, d. h. beide Attribute dürfen keine NULL-Werte enthalten, da sonst die Entity-Integrität verletzt würde. Das Einfügen des gewünschten Tupels ist somit nicht möglich (*INSERT-Anomalie*).
Werden Informationen in Form eines Tupels gelöscht, kann dies weitreichende Folgen haben. Wird zum Beispiel die Lehrkraft Müller (einzige Lehrkraft mit der Lehrbefähigung in Sport) aus der Datenbank gelöscht, werden damit gleichzeitig die Daten über das Fach Sport gelöscht. Es ist dann beispielsweise nicht mehr nachvollziehbar, ob Sport an dieser Schule angeboten wird und ob es sich um ein Pflichtfach handelt (*DELETE-Anomalie*).
(*weitere theoretische Informationen zu Anomalien siehe Aufgabe 4 von Herbst 03 - Thema 1 auf Seite 367*)
Normalformen vermeiden die oben als kritisch dargestellten Redundanzen und somit auch das Auftreten von Anomalien.

Aufgabe 6

Gegeben sei folgendes Relationenschema zur Verwaltung von Fußballbundesliga-Daten:

SQL, relationale Algebra, ER-Modellierung

MANNSCHAFT (<u>Vereinsname</u>, Kapitän, Stadion)
SPIELER (<u>SpielerID</u>, Name, Vorname, Wohnort, Vereinsname)
MANNSCHAFT (<u>MatchID</u>, Datum, Heimverein, Gastverein, ToreHeim, Tore-Gast)

Beispiel für MATCH:
Bayern München spielt in Köln gegen den 1. FC Köln, Bayern verliert 2:1. Dann gilt: ToreHeim=2 und ToreGast=1.

Die Primärschlüssel der Relationen sind wie üblich durch Unterstreichen gekennzeichnet.

Kapitän in MANNSCHAFT ist Fremdschlüssel zu SpielerID in SPIELER.
Vereinsname in SPIELER ist Fremdschlüssel zu Vereinsname in MANNSCHAFT.
Heimverein in MATCH ist Fremdschlüssel zu Vereinsname in MANNSCHAFT.
Gastverein in MATCH ist Fremdschlüssel zu Vereinsname in MANNSCHAFT.

Formulieren Sie die folgenden Anfragen in SQL:

a) Wo wohnt der Kapitän der Mannschaft ‚1. FC Nürnberg'?

b) Geben Sie alle Spielbegegnungen an, die mit einem Sieg der Gäste geendet haben. Ihr Ergebnis soll aus dem Datum des Spiels, der Bezeichnung des Stadions, in dem das Spiel stattgefunden hat, und der Tordifferenz bestehen!

c) Gegeben sei folgende SQL-Anweisung auf dem zuvor eingeführten Relationenschema.

```
SELECT S.Name, S.Vorname
FROM MANNSCHAFT T, SPIELER S, MATCH M
WHERE M.Datum = '24.1.2001'
AND M.Heimverein = T.Vereinsname
AND T.Kapitän = S. SpielerID
AND M. Gastverein = 'FC Bayern München'
```

Welche umgangssprachliche Abfrage wird durch dieses SQL-Statement realisiert?

d) Geben Sie einen zur Anfrage in Teilaufgabe c) äquivalenten Ausdruck der relationalen Algebra an!

e) Zeichnen Sie zum Relationenschema ein ER-Diagramm!

a) ```
SELECT Wohnort
FROM   MANNSCHAFT, SPIELER
WHERE Vereinsname = '1. FC Nürnberg'
       AND Kapitän = SpielerID;
```

b) ```
SELECT Datum, Stadion, (ToreGast - ToreHeim)
FROM   MANNSCHAFT, MATCH
WHERE  ToreHeim < ToreGast
       AND Heimverein = Vereinsname;
```

c) Es wird Name und Vorname der Kapitäns der Mannschaft ausgegeben, die am 24.1.2001 ein Heimspiel gegen FC Bayern München hatte.

d) $\pi_{S.Name,S.Vorname}(Spieler \bowtie_{Kapitaen=S.SpielerID} Mannschaft)$
$\bowtie_{Vereinsname=Heimverein}$
$(\sigma_{Datum='24.1.2001'\wedge Gastverein='FCBayernMuenchen'} Match))$

e)

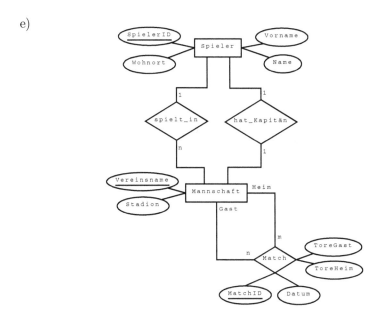

Aufgabe 7

Datenbanksysteme dienen der Speicherung und effizienten Verarbeitung von Daten. Das Datenbankschema lässt sich mit Hilfe von Entity-Relationship-Diagrammen entwerfen.

Das folgende Entity-Relationship-Diagramm (ERD) beschreibt einen Ausschnitt aus der Datenbank eines Flugbuchungssystems. Bestimmen Sie das zu diesem ERD gehörige Relationenschema! Verwenden Sie als Namen für Fremdschlüsselattribute die Namen der referenzierten Primärschlüsselattribute. Primärschlüsselattribute sind zu unterstreichen, Fremdschlüsselattribute zu überstreichen!

ER-Modell, relationales Schema, (Fremd-) Schlüssel

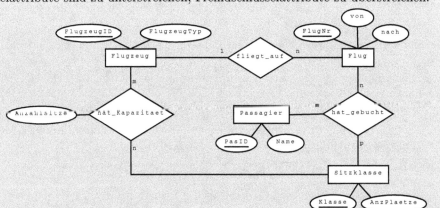

```
Flugzeug(FlugzeugID,Typ)
Flug(FlugNr, von, nach)
Passagier (PasID, Name)
Sitzklasse(Klasse, AnzPlätze)
hat_Kapazität(FlugzeugID, Klasse, AnzahlSitze)
fliegt_auf(FlugNr, FlugzeugID)
hat_gebucht(PasID, FlugNR, Klasse)
```

Frühjahr 07 - Thema 2

Aufgabe 1

Datenbank-system, Datenbank-entwurf, ER-Model-lierung, relationales Schema, Division, Normal-form, Transak-tion, ACID-Prinzip

Die Entwicklung der ersten Datenbanksysteme begann in den frühen 60er Jahren. Seitdem haben sie die Datenverwaltung auf der Grundlage einfacher Betriebssystemdateien auf vielen Gebieten abgelöst.

a) Definieren Sie den Begriff Datenbanksystem und grenzen Sie die Funktionalitäten eines Datenbanksystems von denen eines Dateisystems ab!

b) Nennen Sie die Phasen des Datenbankentwurfsprozesses und charakterisieren Sie diese kurz!

c) Entity-Relationship-Modell: Erläutern Sie die nachfolgenden Konzepte eines ER-Modells!
   - Entität,
   - Relationship/Beziehungstyp,
   - Attribut,
   - Kardinalität

d) Relationales Modell: Erläutern Sie informell die folgenden Begriffe! Gehen Sie insbesondere auf die Bedeutung der verschiedenen Begriffe für die Anwendungsmodellierung ein!
   - Schlüsselkandidat,
   - Primärschlüssel,
   - Fremdschlüssel

e) Sie haben sowohl die Grundoperationen der relationalen Algebra als auch die daraus abgeleiteten Operationen kennen gelernt. Definieren Sie die Operation „Division"!

f) Sie haben die Normalformenlehre kennen gelernt. Welchen Sinn und Zweck hat die Normalformenlehre?

g) Transaktionen sind ein wichtiges Konzept in Datenbanksystemen. Was versteht man unter dem ACID-Prinzip? Welche Konsequenzen im Verhalten des Datenbanksystems hat das ACID-Prinzip für den Anwender und Entwickler?

a) *(vgl. [DUD] - Stichwort „Datenbank")*
Ein Datenbanksystem dient zur Beschreibung, Speicherung und Wiedergewinnung von umfangreichen Datenmengen, die von mehreren Anwendungsprogrammen bzw. Datenbanknutzern gleichzeitig und unabhängig voneinander benutzt werden. Es besteht aus der *Datenbasis*, in der die Daten abgelegt werden, und den *Verwaltungsprogrammen (Datenbanksoftware, Da-
tenbankmanagementsytem)*, die die Daten entsprechend den vorgegebenen
Beschreibungen abspeichern, auffinden oder weitere Operationen mit den
Daten durchführen. [...] In den 60er-Jahren beherrschte vorwiegend eine
verarbeitungsorientierte Sicht die Entwicklung von Anwendungssystemen.
Die verarbeitenden Elemente, die Programme, benutzen Eingabedaten aus
Dateien und liefern Ausgabedaten, die ihrerseits in Dateien abgespeichert
werden und nachfolgenden Programmen als Eingabedaten dienen. [...] Obwohl dieses Konzept weit verbreitet ist, hat es einige gravierende Nachteile:

(1) Viele Daten sind gleichzeitig in mehreren Dateien gespeichert (Red-
    undanz). [...] Dadurch wird zusätzlich Speicherplatz benötigt und die
    Aktualisierung der Daten erschwert.

(2) Bei jedem Programmlauf ist immer der gesamte Inhalt der bearbeiteten
    Dateien beteiligt.

(3) Der Aufbau einer Datei muss jedem Programm, das diese Datei benutzt,
    bekannt sein. Änderungen an der Dateistruktur erfordern gleichzeitig
    Änderungen in allen beteiligten Programmen.

(4) Maßnahmen zum Schutz von Daten müssen in allen Programmen des
    Anwendungssystems einzeln realisiert werden.

Die Lösung dieser Probleme bildet das Konzept des Datenbanksystems, bei
dem in einer Datenbank alle Daten des Anwendungssystems zusammengefasst und nach einheitlichen Regeln abgespeichert werden (*Datenintegrati-
on*). Der Zugriff der Anwendungsprogramme zu den Daten erfolgt stets über
ein Kontrollprogramm. Das Kontrollprogramm nennt man *Datenbankmanagementsystem (DBMS)*. Hierbei ist ein grundlegendes Prinzip die strikte
Trennung von Daten und Datenbearbeitung. Ziel ist es dabei, den Benutzer von der eigentlichen Organisation der Daten innerhalb der Datenbank
unabhängig zu machen und ihm eine einheitliche, komfortable Datenschnitt-
stelle zur Verfügung zu stellen. Zur Kommunikation mit dem Anwendungsprogramm bzw. Datenbanknutzer stellt das Datenbanksystem eine Sprache
zur Verfügung.

b)

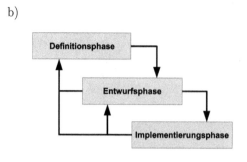

Der Entwurf von Datenbanken läuft ähnlich wie die Entwicklung einer Software nach dem Prinzip des Wasserfallmodells mit Rücksprungmöglichkeit in mehreren Phasen ab.

In der *Definitionsphase* wird die Modellierung der einzelnen Benutzersichten durchgeführt. Hierzu wird ein semantisches Datenmodell, z. B. das Entity-Relationship-Modell, eingesetzt.

Ergebnisse sind einzelne konzeptuelle Sichten und gegebenenfalls eine Aufstellung bereits jetzt erkannter Randbedingungen, wie beispielsweise Laufzeitanforderungen.

In der *Entwurfsphase* wird eine View-Integration oder View-Konsolidierung vorgenommen. Dabei werden die in der Regel sehr unterschiedlichen Anforderungen der einzelnen Benutzersichten zu einem Gesamtkonzept zusammengefasst. Resultat ist hier ein einheitliches konzeptuelles Datenbankschema, beispielsweise in Form eines Entity-Relationship-Schemas. Oft ist hier eine weitergehende Analyse des Anwendungsbereichs und damit eine Wiederholung der ersten Entwicklungsphase notwendig.

Die *Implementierungsphase* lässt sich in drei Schritte untergliedern. Im ersten Schritt wird das konzeptuelle Schema in ein logisches Schema, d. h. in ein relationales Datenbankschema, umgesetzt. Es schließt sich die „Implementierung" mit Hilfe der Datendefinitionssprache des jeweiligen Datenbankmanagementsystems an. Da bei der Erstellung des konzeptuellen Schemas nur mit semiformalen Methoden gearbeitet wird, wird man oft feststellen, dass das konzeptuelle Schema nicht sinnvoll relational implementiert werden kann, weil das entstehende Datenbankschema nicht die gewünschten Normalform-Eigenschaften hat. Entweder wird das logische (relationale) Datenbankschema daher durch Normalisierung modifiziert oder der ER-Entwurf wird verbessert, d. h. die ersten Entwicklungsphasen werden erneut durchlaufen. Ergebnis ist ein „gutes" logisches Datenbank-Schema, d. h. ein Schema, das möglichst wenig Redundanz aufweist. Im zweiten Schritt wird dann das interne Schema entworfen und optimiert. Es sind Speicherplatzbedarf und Laufzeitanforderungen abzuschätzen und Indexe sind einzurichten. Dabei ist auf ein ausgeglichenes Verhältnis von Retrieval- und Update-Effizienz, zu achten. Das Einrichten vieler Indexe beschleunigt das Suchen von Daten, macht aber gleichzeitig das Ändern von Daten aufwändiger, da die Indexe mitberücksichtigt werden müssen. Manchmal ist eine De-Normalisierung des Datenbank-Schemas, d. h. ein Rückgängigmachen einiger Zerlegungen, aus Effizienzgründen notwendig. Ein umfangreiches Datenbank-Schema erfordert bei der späteren Rückgewinnung der Daten aus der Datenbank sehr viele Joins. Die Durchführung vieler Joins kann sich negativ auf die Effizienz einer Datenbankanfrage auswirken. Im abschließenden dritten Schritt werden auf der Grundlage des ggf. optimierten logischen Schemas die externen Sichten definiert.

c) *(siehe Aufgabe 4 von Frühjahr 04 - Thema 1 auf Seite 375)*

d) *(siehe Aufgabe 5 von Frühjahr 04 - Thema 1 auf Seite 375)*

e) Wir betrachten die Relationen R und S.
Sei $\{A_1, ..., A_n\}$ die Attributmenge von R und $\{B_1, ..., B_m\}$ die Attributmenge von S, wobei gilt:
$\{B_1, ..., B_m\} \subseteq \{A_1, ..., A_n\}$ und $\{B_1, ..., B_m\} \neq \emptyset$.
Sei $Proj := \{A_1, ..., A_n\} \setminus \{B_1, ..., B_m\}$.
Die *Division* $R \div S$ von R durch S ist definiert durch
$R \div S = \{\mu \in \pi_{Proj}(R) | \forall_{\nu \in S} \mu * \nu \in R\}$.

Beispiel:
Die Relation $T1$ verfüge über die Attributmenge $\{W, X, Y, Z\}$ und $T2$ über $\{X, Z\}$. $T1$ enthalte die Tupel
$(5, 3, A, 4), (LS, 3, R, 4), (5, LS, A, R), (LS, 5, A, R)$,
$T2$ die Tupel $(3, 4), (LS, R)$.
Bestimmt werden soll nun das Ergebnis der Division $T1 \div T2$.

Man sucht nun zuerst einmal alle Tupel aus $T1$, die bei X und Z jeweils die Einträge des Tupels $(3, 4)$ der Relation $T2$ enthalten.
Dies sind $(5, 3, A, 4), (LS, 3, R, 4)$. Führt man diesen Schritt analog für das Tupel (LS, R) der Relation $T2$ durch, so findet man nur $(5, LS, A, R)$. Somit ist genau dieses Tupel das einzige, bei dem für alle Tupel aus $T2$ einander entsprechende Tupel aus $T1$ vorhanden sind. Das Ergebnis der Division ist nun die Projektion auf die Attribute von $(5, LS, A, R)$, die nicht in $T2$ enthalten sind; somit enthält die Ergebnisrelation TE hier genau das eine Tupel $(5, A)$.

T1	W	X	Y	Z
	5	3	A	4
	LS	3	R	4
	5	LS	A	R
	LS	5	A	R

T2	X	Z
	3	4
	LS	R

TE	W	Y
	5	A

Anmerkung: Da sich die Division mit Hilfe der Operatoren der Projektion, der Differenz und des kartesischen Produkts in der Form
$R \div S = \pi_{Proj}(R) \setminus \pi_{Proj}((\pi_{Proj}(R) \times S) \setminus R)$
(Proj: Menge aller Attribute aus R, die nicht in S vorkommen)
ausdrücken lässt, ist sie keine Grundoperation der relationalen Algebra.

f) Bei der Modellierung einer relationalen Datenbank-Anwendung, die vorzugsweise mit Hilfe des ER Modells geschieht, gibt es in der Regel mehrere Möglichkeiten, die zu unterschiedlichen Relationenschemata führen. Damit stellt sich grundsätzlich die Frage, ob es möglich ist, die verschiedenen Relationenschemata qualititiv einzuordnen, d. h. „gute" bzw. „schlechte" Relationenschemata zu erkennen und es ggf. Möglichkeiten gibt, aus einem „schlechten" Schema ein „gutes" Relationenschema zu erzeugen. Hierbei versteht man unter einem „schlechten" Relationenschema eines, das Redundanzen enthält, was im ungünstigen Fall leicht zu einer inkonsistenten Datenbank führen kann. Gründe für das Auftreten von „schlechten" Schemata sind u. a. das Fehlen bzw. die Nichteinsetzbarkeit quantitativer Methoden zur Zeit des Datenbankentwurfs. Die problemnahe Modellierung der Anwendung ermöglicht oft noch kein genaues Verständnis der Zusammenhänge zwischen den einzelnen Daten. Das Entity-Relationship-Modell verfügt zwar über einen Schlüsselbegriff, erlaubt aber nicht die detaillierte Analyse der Abhängigkeiten zwischen den einzelnen Attributen. Das Instrument der sogenannten *Normalformen* eines Datenbank-Schemas bietet die Möglichkeit, aus der Analyse der semantischen Beziehungen zwischen Daten eine Beurteilung des vorliegenden Schemas abzuleiten und bei Bedarf ein „gutes" Datenbank-Schema zu generieren.

g) Probleme können entstehen, wenn Aktivitäten auf Zwischensituationen oder inkonsistente Zwischenzustände zugreifen und davon abhängige Entscheidungen treffen. Das kann dazu führen, dass aufwändige Rücksetzungen anhand von mitgeführten Protokollierungen durchgeführt werden müsen und bereits als beendet angenommene Aktivitäten automatisch neu nachvollzogen oder, falls das nicht möglich ist, aufgehoben werden müssen *(siehe [DUD] - Stichwort „Transaktion"). (siehe Aufgabe 5 von Frühjahr 08 - Thema 1 auf Seite 454)*

Aufgabe 2

ER-Modellierung, Relationenschema, 3NF, Primärschlüssel, Fremdschlüssel, Generalisierung, Spezialisierung

a) Es soll ein Modell der beschriebenen universitären Welt in ER-Notation erstellt werden! Dabei können alle Ihnen bekannten Modellierungskonstrukte verwendet werden. Wo möglich bzw. sinnvoll, sollen 3-fache Beziehungen und Generalisierung/Spezialisierung verwendet werden. Attribute von Entitäten und Beziehungen sind anzugeben; Schlüsselattribute werden durch Unterstreichen gekennzeichnet. Die Kardinalitäten von Beziehungen und (falls nötig) Rollennamen sollen ins Diagramm aufgenommen werden! Das folgende Beispiel beschreibt einen Ausschnitt der universitären Welt. Personen und Einrichtungen der Universität werden durch folgende Typen von Objekten beschrieben:
   - Für **Personen** werden folgende Informationen aufgezeichnet: Ausweisnummer, Vorname, Nachname, Adresse (Land, PLZ, Ort, Straße, Hausnummer), Geburtstag und eine Liste von Telefonnummern.
   - **Mitarbeiter** sind eine Gruppe von Personen, die durch zusätzliche Eigenschaften charakterisiert sind: Personalnummer, Fachrichtung, Zimmernummer, Gebäude, Anstellungsdatum und Gehalt.
   - Einige Mitarbeiter sind **Professoren**, für die noch weitere Charakteristika hinzukommen: Lehrstuhl und Gehaltsstufe (C3, C4, etc.).
   - Darüber hinaus gibt es eine weitere Personengruppe, die **Studenten**. Zusätzlich zu den Eigenschaften der Personen besitzen sie folgende Attribute: Matrikelnummer, Studienfach und Immatrikulationsdatum.
   - Jeder **Lehrstuhl** wird durch seine Fachrichtung, das Institut, zu dem er gehört, und die Anzahl seiner Planstellen beschrieben.

Darüber hinaus enthält die abzubildende universitäre Miniwelt noch Ausprägungen folgender Typen:
- Die Universitätsbibliothek enthält eine Reihe von **Büchern**, die durch ISBN-Nummer, Titel, Jahr der Veröffentlichung, Auflage, mehrere Suchbegriffe und eine Autorenliste beschrieben werden.
- **Buchverlage** sollen durch Namen und Ort repräsentiert werden.
- **Vorlesungen** haben eine Bezeichnung, eine vorgegebene Zahl von Semesterwochenstunden und werden im Sommer- oder Wintersemester abgehalten. Für den Besuch einer Vorlesung kann der vorherige Besuch einer Reihe anderer Vorlesungen, in denen Grundlagen vermittelt werden, gefordert sein.

Zwischen Instanzen der beschriebenen Objekttypen bestehen eine ganze Reihe von Beziehungen. In jedem der folgenden Punkte können eine oder mehrere Beziehungen beschrieben sein:
- Mitarbeiter und Studenten können Bücher bei der Bibliothek ausleihen. Die Ausleihfrist beträgt jeweils 14 Tage. Bei einer Überschreitung dieser Frist werden Gebühren (5 €) erhoben. Überschreiten die kumulierten Gebühren, die eine Person zu entrichten hat, ein vorgegebene Grenze (20 €), so kann die betreffende Person keine weiteren Bücher ausleihen.
- Professoren empfehlen den Studenten Bücher für ihre Vorlesungen.
- Einige Professoren sind Lehrstuhlinhaber; für jeden Lehrstuhl gibt es aber höchstens einen Lehrstuhlinhaber.
- Professoren halten ihre Vorlesungen entweder im Winter- oder im Sommersemester. Jeder Student kann mehrere Vorlesungen in einem Semester besuchen. Jede Vorlesung kann eine beliebige Zahl anderer Vorlesungen voraussetzen (Vorkenntnisse).
- Bücher werden von Verlagen herausgegeben.
- Studenten werden von Professoren in unterschiedlichen Fächern geprüft. Die Leistungen in jeder Prüfung werden mit einer Note bewertet.

b) Ausgehend von der ER-Darstellung ist ein Relationenschema in dritter Normalform (3NF) zu entwerfen. Wie gewohnt werden dabei Primärschlüssel durch Unterstreichen, Fremdschlüssel durch Überstreichen kenntlich gemacht.

a)

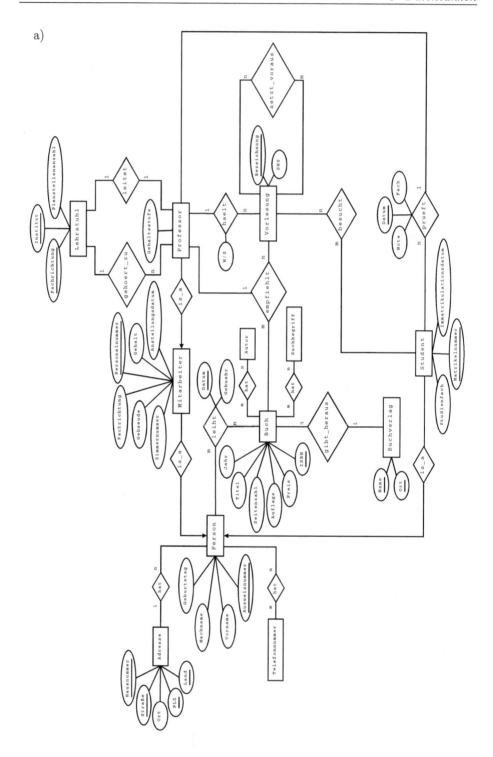

b) Adresse(Hausnummer, Strasse, PLZ, Land, Ort),
   hat_Adresse(*Ausweisnummer*, *Hausnummer*, *Strasse*, *PLZ*, *Land*),
   Person(Ausweisnummer, Vorname, Nachname, Geburtstag),
   Telefonnummer(Nr),
   hat_TelNr(*TelNr*, *Ausweisnummer*),
   Mitarbeiter(Ausweisnummer, Personalnummer, Vorname, Nachname,
     Geburtstag, Fachrichtung, Gebaeude, Zimmernummer, Gehalt,
     Anstellungsdatum),
   Student(Ausweisnummer, Matrikelnummer, Vorname, Nachname,
     Geburtstag, Studienfach, Immatrikulationsdatum),
   Professor(Ausweisnummer, Personalnummer, Vorname, Nachname,
     Geburtstag, Fachrichtung, Gebaeude, Zimmernummer, Gehalt,
     Anstellungsdatum, Gehaltsstufe),
   prueft(Datum, *SAusweis*, *SMatrNr*, *PAusweis*, *PPersonalNr*, Note, Fach),
   Vorlesung(Bezeichnung, SWS),
   besucht(*VBezeichnung*, *SAusweis*, *SMatrNr*),
   setzt_voraus(*VBezeichnung1*, *VBezeichnung2*),
   haelt(*VBezeichnung*, *PAusweis*, *PPersonalNr*, W/S),
   Lehrstuhl(Fachrichtung, Institut, Planstellenanzahl),
   leitet(*PAusweis*, *PPersonalNr*, *Fachrichtung*, *Institut*),
   gehoert_zu(*PAusweis*, *PPersonalNr*, *Fachrichtung*, *Institut*),
   empfiehlt(*PAusweisNr*, *PPersonalNr*, *ISBN*, *VBezeichnung*),
   Buch(ISBN, Preis, Auflage, Seitenzahl, Titel, Jahr),
   hat_Autor(*ISBN*, *AName*, *AVorname*),
   Autor(Name, Vorname),
   hat_Suchbegriff(*ISBN*, *Begriff*),
   Suchbegriff(Begriff);
   leiht_aus(Datum, *AusweisNr*, *ISBN*, Gebuehr),
   Buchverlag(Name, Ort),
   gibt_heraus(*ISBN*, *VName*, *VOrt*)

   Adresse(Hausnummer, Strasse, PLZ, Land, Ort),
   Mitarbeiter(Ausweisnummer, Personalnummer, Vorname, Nachname,
     Geburtstag, Fachrichtung, Gebaeude, Zimmernummer, Gehalt,
     Anstellungsdatum),
   Person(Ausweisnummer, Vorname, Nachname, Geburtstag, *Hausnummer*,
     Strasse, *PLZ*, *Land*),
   Telefonnummer(Nr),
   hat_TelNr(*TelNr*, *Personalnummer*),
   Student(Ausweisnummer, Matrikelnummer, Vorname, Nachname, Geburtstag,
     Studienfach, Immatrikulationsdatum),
   Professor(Ausweisnummer, Personalnummer, Vorname, Nachname,
     Geburtstag, Fachrichtung, Gebaeude, Zimmernummer, Gehalt,
     Anstellungsdatum, Gehaltsstufe, gehoertFachrichtung,
     gehoertInstitut, *leitetFachrichtung*, *leitetInstitut*, *empfiehltISBN*,
     empfiehltVBezeichnung),
   prueft(Datum, *SAusweis*, *SMatrNr*, *PAusweis*, *PPersonalNr*, Note, Fach),
   Vorlesung(Bezeichnung, SWS, *PAusweis*, *PPersonalNr*, W/S),
   besucht(*VBezeichnung*, *SAusweis*, *SMatrNr*),

```
setzt_voraus(VBezeichnung1, VBezeichnung2),
Lehrstuhl(Fachrichtung, Insitut, Planstellenanzahl),
Buch(ISBN, Preis, Auflage, Seitenzahl, Titel, Jahr, VName, VOrt),
hat_Autor(ISBN, AName, AVorname),
Autor(Name, Vorname),
hat_Suchbegriff(ISBN, Begriff),
Suchbegriff(Begriff);
leiht_aus(Datum, AusweisNr, ISBN, Gebuehr),
Buchverlag(Name, Ort)
```

Aufgabe 3

SQL,
relationale
Algebra

a) **Szenario 1: Bücher und Verlag**

Für die Verwaltung ihrer Bestände in einer Datenbank verwendet eine kleine Buchhandlung die folgenden Relationen:

BUCH(ISBN,Autor_Nachname, Titel, Verlags_Id, Lagerbestand)
VERLAG(Verlags_Id, Verlagsname, Verlagsadresse)

Die Primärschlüssel der Relationen sind unterstrichen, Verlags_Id in BUCH ist Fremdschlüssel zu Verlags_Id in VERLAG. Formulieren Sie die folgenden Datenbankoperationen in SQL und geben Sie - falls möglich - die zugehörigen Ausdrücke in relationaler Algebra an!

1. Welche ISBN hat das Buch „Kaufmännische Datenbanken" von Wedekind?

2. Welche Adresse hat der Verlag, in dem das Buch mit der ISBN 2-411-16541-3 erschienen ist?

3. Die Buchhandlung erwirbt fünf Exemplare des bei Adisson-Wesley erschienenen Buchs „Objektorientierte Datenbanken" von Andreas Heuer, ISBN 3-89319-315-4. Der Verlag ist bereits in der Relation VERLAG vorhanden und hat die Id „AW1". Formulieren Sie die Anweisungen für den Eintrag der Daten!

4. Löschen Sie den „Pleite-Verlag", „Erfolglosenstr. 13, 90439 Nürnberg"! Gehen Sie davon aus, dass von dem Verlag nie ein Buch gelagert wurde!

b) **Szenario 2: Personaldatenbank**

Für die Personalabteilung eines Unternehmens soll eine Personaldatenbank erstellt werden. Das Unternehmen ist in mehrere Abteilungen untergliedert. Jeder Angestellte gehört zu genau einer Abteilung; jede Abteilung hat einen Abteilungsleiter. Die folgenden Relationen stellen einen kleinen Ausschnitt aus der erarbeiteten Datenbankanwendung dar:

ABTEILUNG(<u>ANr</u>,Bezeichnung)
PERSONAL(<u>PNr</u>,Name, Geburtsdatum, Gehalt, ANr)
LEITER(<u>ANr</u>, PNr)

Die Fremdschlüsselbeziehungen sind sprechend und gemäß der Beschreibung gewählt. Geben Sie SQL-Anweisungen für folgende Problemstellungen an:

1. Erstellung des beschriebenen Relationenschemas mit Tabellen, Primary Key Constraints und Foreign Key Constraints.
2. Frau Schneider (geb. 12.5.61) wird zur Leiterin der neu gegründeten Abteilung „Kundensupport". Sie erhält die Personalnummer 4497.
3. Herr Müller (PNr 2371) scheidet aus dem Unternehmen aus.
4. Wie viele Personen arbeiten in der Abteilung, die von Frau Ziegler (geb. 30.12.58) geleitet wird?
5. Wie viele Mitarbeiter hat die Abteilung, in der Herr Schuster (geb. 18.1.83) arbeitet?
6. Wie hoch ist das Durchschnittsgehalt in den einzelnen Abteilungen?
7. Wessen Gehalt liegt über dem Durchschnittsgehalt der Abteilung, in der er beschäftigt ist?

a) 1.
```
SELECT ISBN
FROM   BUCH
WHERE  Autor_Nachname = 'Wedekind'
       AND Titel = 'Kaufmännische Datenbanken';
```

2.
```
SELECT Verlagsadresse
FROM   BUCH, VERLAG
WHERE  ISBN = '2-411-16541-3'
       AND BUCH.Verlags_Id = VERLAG.Verlags_Id ;
```

3.
```
INSERT INTO BUCH
VALUES ('3-89319-315-4', 'Andreas Heuer',
        'Objektorientierte Datenbanken', 'AW1', 5);
```

Hier wird aufgrund der Formulierungen in der Angabe (z. B. „Eintrag" und nicht „Änderung") davon ausgegangen, dass vorher noch keine Exemplare dieses Buches in der Buchhandlung vorhanden waren. Ansonsten müsste hier eine UPDATE-Anweisung für den Lagerbestand durchgeführt werden, der eine SELECT-Abfrage für die Ermittlung des aktuellen Lagerbestandes vorausgeht.

4.
```
DELETE FROM VERLAG
WHERE  Verlagsname = 'Pleite-Verlag'
AND Verlagsadresse = 'Erfolglosenstr. 13, 90439 Nürnberg';
```

b) 1.
```
CREATE TABLE Abteilung (
        ANr Integer PRIMARY KEY,
        Bezeichnung Varchar(50));
```

```
CREATE TABLE Personal (
                PNr Integer PRIMARY KEY,
                Name Varchar(50),
                Geburtsdatum Date,
                Gehalt Float,
                ANr REFERENCES Abteilung(ANr));

CREATE TABLE Leiter (
                ANr REFERENCES Abteilung(ANr),
                PNr REFERENCES Personal(PNr),
                PRIMARY KEY (ANr));
```

2. ```
   INSERT INTO Personal
   VALUES (4497, 'Schneider', '12.05.61', NULL,
           SELECT ANr FROM Abteilung
           WHERE Bezeichnung = 'Kundensupport');
   UPDATE Leiter
   SET    PNr = 4497
   WHERE  ANr = (SELECT ANr FROM Abteilung
                 WHERE Bezeichnung = 'Kundensupport');
   ```

3. ```
   DELETE FROM Personal
   WHERE  PNr = 2371;
   ```

4. ```
   SELECT COUNT(PNr)
   FROM   Personal
   WHERE  ANr = (SELECT ANr
                 FROM   Leiter, Personal
                 WHERE  Personal.Name = 'Ziegler'
                 AND Geburtsdatum = 30.12.58
                 AND Personal.PNr = Leiter.PNr);
   ```

5. ```
   SELECT COUNT(PNr)
   FROM   Personal
   WHERE  ANr = (SELECT ANr
                 FROM   Personal
                 WHERE  Personal.Name = 'Schuster'
                 AND    Geburtsdatum = 18.1.83);
   ```

6. ```
   SELECT    ANr, AVG(Gehalt)
   FROM      Personal
   GROUP BY  ANr ;
   ```

7. ```
   SELECT PNr, Name
   FROM   Personal P1
   WHERE  Gehalt > (SELECT    AVG(Gehalt)
                    FROM      Personal P2
                    GROUP BY  ANr
                    HAVING    P1.ANr = P2.ANr);
   ```

Herbst 07 - Thema 1

Aufgabe 1

Geben Sie für jede der folgenden Aussagen an, ob diese richtig oder falsch ist! Begründen Sie Ihre Aussage in jedem Fall!

a) Jede Relation muss mindestens ein Attribut besitzen.

b) Ein Primärschlüssel muss immer aus mindestens zwei Attributen zusammengesetzt sein.

c) Alle Relationen eines Datenbankschemas müssen in der ersten Normalform vorliegen.

d) Datenbanksysteme können gleichzeitig von maximal 32 Anwendern genutzt werden.

e) Ein Fremdschlüssel verweist auf genau ein Tupel einer anderen Relation.

f) Eine Datenbanktransaktion entspricht genau einem SQL-Statement.

g) Der Name eines Fremdschlüsselattributs darf nicht gleich dem Namen des referenzierten Primärschlüsselattributes sein.

h) Die logische Datenstruktur einer relationalen Datenbank beschreibt, wo welche Daten auf der Festplatte gespeichert sind.

i) Alle Attribute einer Relation müssen unterschiedliche Namen haben.

j) Kein Attribut einer Relation darf den gleichen Namen wie die Relation tragen.

Definieren Sie folgende Begriffe bzw. Abkürzungen im Kontext von Datenbanksystemen!

k) DML

l) Schlüsselkandidat

m) Index

n) Stored Procedure

Datenbanksystem, DML, relationales Schema, Attribut, Primärschlüssel, Fremdschlüssel, Schlüsselkandidat, schwache Entität, SQL

a) Richtig, denn jede Relation benötigt einen Primärschlüssel und somit hat jede Relation mindestens ein Attribut.

b) Falsch, wenn bereits ein Attribut alle Tupel eindeutig bestimmt, z. B. ein künstlicher Schlüssel, kann der Primärschlüssel auch einelementig sein.

c) Falsch; aber es ist hilfreich, dass alle Attribute atomar sind, um Abfragen einfacher und sinnvoller zu gestalten.

d) Falsch, das DBMS ist dafür zuständig, die Zugriffe der unterschiedlichen User zu koordinieren. Dabei gibt es keine Maximalzahl.

e) Falsch, ein Fremdschlüssel verweist auf ein Attribut einer anderen Relation. Der Attributwert dieses Attributs kann mehrfach in dieser Relation auftreten, d. h. zu mehreren Tupeln gehören.

f) Richtig, jede Transaktion kann durch ein SQL-Statement ausgedrückt werden.

g) Falsch; aber es ist zur besseren Lesbarkeit häufig sinnvoll den Fremdschlüssel anders zu benennen als das referenzierte Attribut, z. B. bei Attributnamen wie „Name" oder „ID".

h) Die logische Gesamtstruktur befindet sich auf der konzeptionellen Ebene, wohingegen die Festlegung der Festplatten etc. auf der internen Ebene stattfindet.

i) Richtig, sonst wären z. B. SQL-Anfragen nicht eindeutig möglich.

j) Falsch, hier ist eine Verwechslung ausgeschlossen.

k) *(siehe Frühjahr 08 - Thema 1 Aufgabe 1.2b) auf Seite 451)*

l) *(siehe Frühjahr 04 - Thema 1 Aufgabe 5 auf Seite 375)*

m) Ein Datenbankindex, oder kurz Index (im Plural „Indexe" oder „Indizes"), ist eine von der Datenstruktur getrennte Indexstruktur in einer Datenbank, die die Suche und das Sortieren nach bestimmten Feldern beschleunigt. Ein Index besteht aus einer Ansammlung von Zeigern (Verweisen), die eine Ordnungsrelation auf eine oder mehrere Spalten in einer Tabelle definieren.

n) In einer Stored Procedure können ganze Abläufe von Anweisungen unter einem Namen gespeichert werden, die dann auf dem Datenbankserver zur Verfügung stehen und ausgeführt werden können.

Aufgabe 2

Datenbank, relationales Schema, relationale Algebra, Datenbankanfrage

a) Relationen werden oft mit Tabellen verglichen. Dieser Vergleich ist jedoch nicht ganz korrekt. Stellen Sie kurz dar, welche Unterschiede zwischen den Konzepten „Tabelle" und „Relation" existieren!

b) Stellen Sie kurz den Unterschied zwischen „Relationenschema einer Relation" und der „Extension einer Relation" dar! Illustrieren Sie Ihre Erklärung an einem kleinen Beispiel!

c) Nennen und beschreiben Sie in jeweils 1-2 Sätzen drei Grundoperationen der relationalen Algebra!

d) Benennen und beschreiben Sie kurz die prinzipiellen Möglichkeiten der Anfrage-Optimierung!

a) Eine Relation ist ein Tupel von Attributen, dies bedeutet insbesondere, dass es keine festgelegte Reihenfolge der Attribute gibt. In einer Tabelle wird zusätzlich die Extension einer Relation, d. h. die konkreten Attributwerte, dargestellt.

b) Ein Relationenschema ist das, was sich in den Zeilenköpfen einer Tabelle findet. In den einzelnen Zeilen steht die Extension der Relation. Das Relationenschema beschreibt also die Attribute, während die Extension die Attributwerte wiedergibt.

c) Folgende Grundoperationen werden von der relationalen Algebra zur Verfügung gestellt: Selektion, Projektion, Vereinigung, Differenz, kartesisches Produkt.
Bei einer *Selektion* werden diejenigen Tupel einer Relation R ausgewählt, die eine bestimmte Selektionsbedingung erfüllen; bestimmte Attribute müssen bestimmte Werte annehmen bzw. ihre Werte in bestimmten Bereichen liegen.
Die *Projektion* ermöglicht die Auswahl bestimmter Attribute (Gruppen von Attributen) einer Relation.
Die *Vereinigung* zweier Relationen R und S enthält alle Tupel, die in der Relation R oder (auch) in der Relation S vorkommen.
Die *Differenz* zweier Relationen R und S ist die Menge aller Tupel, die in R, aber nicht in S vorkommen.
Das *kartesische Produkt* ermöglicht das Zusammenführen von Tupeln verschiedener Relationen R und S in neue Tupel. Dabei enthält das kartesische Produkt von R und S alle möglichen Konkatenationen von Tupeln der Relationen R und S.
(darüber hinaus gehende Informationen zu diesem Themenbereich finden sich in Frühjahr 07 - Thema 2 Aufgabe 1e) auf Seite 427 und Frühjahr 08 - Thema 1 Aufgabe 2) auf Seite 452)

d) Ziel der Anfrage-Optimierung ist es, durch Schaffung geeigneter Voraussetzungen und durch eventuelle Umformung des zur Anfrage gehörenden Terms eine möglichst effiziente und günstige Bearbeitung zu gewährleisten. Grundsätzlich unterscheidet man bei Anfragen zwischen der nicht-algebraischen und der algebraischen Optimierung. Gegenstand der nicht-algebraischen Optimierung ist die Auswahl der günstigsten Datenstrukturen und Algorithmen zur Auswertung einer Anfrage. Die algebraische Optimierung befasst sich mit der Umformung eines Terms der relationalen Algebra gemäß den Rechenregeln der relationalen Algebra. Bei dieser Umformung wird als allgemeine Heuristik die Berechnung möglichst kleiner Zwischenergebnisse angestrebt. Das kann u. a. erreicht werden durch frühe Selektion, frühe Projektion und die Kombination von Selektion und kartesischem Produkt zu einem Join.
(vertiefende Informationen hierzu finden sich in [KEM] Kapitel 8; eine weitere Aufgabe zu diesem Themenbereich ist Frühjahr 01 - Thema 1 Aufgabe 2.3 auf Seite 343)

Aufgabe 3

*Normal-
form, 1NF,
2NF, 3NF,
Normalisie-
rung*

a) Erläutern Sie kurz Sinn und Zweck der Normalformenlehre!

b) Charakterisieren und erläutern Sie an einem kurzen Beispiel die erste, zweite, dritte Normalform!

c) Stellen Sie kurz dar, welche Korrektheitskriterien man bei der Zerlegung
eines Relationenschemas beachten muss!

a) *(s. z. B. auch Frühjahr 04 - Thema 1 Aufgabe 8a) auf Seite 378)*

b) *(s. z. B. auch Frühjahr 04 - Thema 1 Aufgaben 8b) und 8c) auf Seite 378)*

c) Es muss darauf geachtet werden, dass die Zerlegung *abhängigkeitserhaltend*
und *verlustfrei* ist.
Verlustfrei bedeutet, dass keine Daten verloren gehen, d. h. dass alle Attribute erhalten bleiben.
Abhängigkeitserhaltend ist einer Zerlegung, wenn die funktionalen Abhängigkeiten erhalten bleiben.

Aufgabe 4

*Transak-
tion,
ACID-
Prinzip,
Lost-Up-
date-
Problem*

a) Nennen und definieren Sie die vier wesentlichen Merkmale einer Datenbanktransaktion!

b) Was versteht man unter dem sog. Lost-Update-Problem? Skizzieren Sie den
Sachverhalt an einem kurzen Beispiel!

c) Um die quasi parallele Ausführung von Transaktionen auf einem Datenbanksystem fehlerfrei zu ermöglichen, verwendet man sog. Sperren. Stellen Sie
kurz dar, welche Arten von Sperren es gibt und wie sie zueinander in Beziehung stehen!

d) Welches Problem kann sich bei der Verwendung von Sperren ergeben? Wie
kann man dieses Problem in der Praxis umgehen?

a) *(siehe Frühjahr 08 - Thema 1 Aufgabe 5.1. auf Seite 454)*

b) Beim Lost-Update-Problem arbeiten zwei Transaktionen gleichzeitig auf den
gleichen Daten. Zu Beginn lesen alle die gleichen Daten. Das zuletzt ausgeführte Update bleibt erhalten, alle anderen Updates werden durch nachfolgende Transaktionen wieder überschrieben, so dass die Änderungen verloren
gehen.

Schritt	Transaktion1	Transaktion2
1	BOT	
2		BOT
3	read(A) → x	
4		read(A) → y
5	x: = x + 3	
6	x → write(A)	
7	commit	
8		y: = y + 1
9		y → write(A)
10		commit

Die Änderungen von Transaktion1 gehen in diesem Fall verloren.

c) Es gibt zwei Arten von Sperren, Lese- und Schreibsperren. Lesesperren sind nicht exklusiv, d. h. mehrere Transaktionen können gleichzeitig Daten lesen. Schreibsperren sind exklusiv, d. h. nur eine Transaktion hat das Recht die Daten zu ändern. Wenn eine Schreibsperre besteht, sind auch keine Lesesperren zulässig, um das Dirty-Read-Problem zu vermeiden. Bestehen bereits Lesesperren, wenn eine Schreibsperre gesetzt werden soll, so muss gewartet werden bis alle Lesesperren aufgehoben sind.

d) Trotz Verwendung von Sperren könnten aber weiterhin das Lost-Update-Problem und andere Synchronisationsprobleme auftreten, wenn Sperren vorzeitig freigegeben werden. Zur Vermeidung dieser Art von Fehlern verwendet man die sog. *zweiphasige Abarbeitung*. Die Abarbeitung von Transaktionen erfolgt genau dann zweiphasig bzw. genügt genau dann dem 2-Phasen-Sperrprotokoll, wenn keine Transaktion eine Sperre freigibt, bevor sie alle benötigten Sperren angefordert hat. In der Praxis wird ein 2-Phasen-Sperrprotokoll dadurch realisiert, dass

  1. eine Transaktion sukzessive alle benötigten Sperren anfordert,
  2. alle Lesesperren bis zum Ende, d. h. bis zur Aktion commit, hält und
  3. alle Schreibsperren bis nach commit hält.

Solche Abarbeitungen heißen auch strikt zweiphasig. Jede legale, strikt zweiphasige Abarbeitung von Transaktionen ist korrekt. Sie hat die gleiche „Wirkung" wie eine streng sequentielle Ausführung der Transaktionen. Eine bereits gesetzte Lesesperre (durch Angabe von rlock) kann durch xlock in eine Schreibsperre umgewandelt werden, ohne dass vorher die Lesesperre aufgehoben werden muss.

Durch legale, strikt zweiphasige Abarbeitungen werden das Lost Update-, das Dirty Read- und das Unrepeatable Read - Problem vermieden. Bei den sperrbasierten Synchronisationsmethoden kann ein schwerwiegendes Problem auftreten. Es handelt sich um Verklemmungen oder Deadlocks. *(für weitere Ausführungen hierzu siehe Frühjahr 08 - Thema 1 Aufgabe 5.4. auf Seite 455)*

Aufgabe 5

ER-Model-
lierung,
relationales
Schema,
Schlüssel,
3NF

a) Erstellen Sie das Modell zur Organisation einer fiktiven Bundestagswahl in E/R-Notation! Wo möglich bzw. sinnvoll, sollen 3-fache Beziehungen und Generalisierung/Spezialisierung verwendet werden. Attribute von Entitäten und Beziehungen sind anzugeben; Schlüsselattribute werden durch Unterstreichen gekennzeichnet. Die Kardinalitäten von Beziehungen und - falls nötig - Rollennamen sollen ins Diagramm aufgenommen werden. Führen Sie Surrogatschlüssel nur ein, falls es nötig ist!

„Bundestagswahl"

Bei der Bundestagswahl werden **Wahlkreise** durch eine eindeutige Wahlkreisnummer identifiziert und durch einen Namen genauer beschrieben. In einem Wahlkreis tritt mindestens ein **Kandidat** zur Wahl an, jedoch kann eine Kandidat maximal in einem Wahlkreis antreten. Jeder Kandidat hat einen Namen, der ihn eindeutig identifiziert.

Jeder Kandidat ist Mitglied maximal einer **Partei**, die jedoch mindestens 10 Kandidaten stellen muss. Eine Partei kann vor der Wahl eine Koalitionsaussage zu beliebig vielen anderen Parteien machen. Jede Partei wird durch ihren Namen eindeutig identifiziert und durch ein Regierungsprogramm charakterisiert.

Jede Partei stellt für die Wahl genau eine **Liste** mit Kandidaten auf. Jede Liste muss zu genau einer Partei gehören. Auf einer Liste sind mindestens fünf Kandidaten positioniert. Jeder Kandidat darf maximal auf einer Liste positioniert sein. Eine Liste wird durch eine Nummer gekennzeichnet und verfügt über eine bestimmte Anzahl von Plätzen.

---

b) Ausgehend von der ER-Darstellung ist ein Relationenschema in dritter Normalform (3NF) zu entwerfen. Wie gewohnt, werden dabei Primärschlüssel durch Unterstreichen, Fremdschlüssel durch Überstreichen kenntlich gemacht.

a)

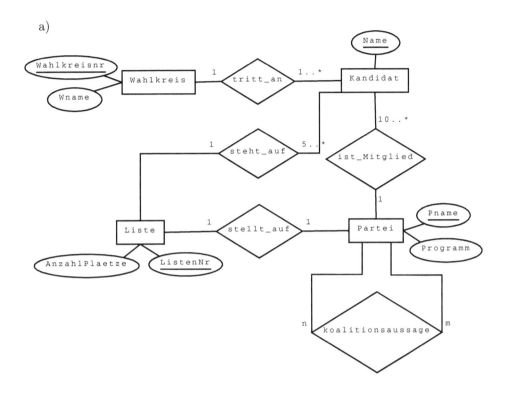

b) Wahlkreis(<u>WahlkreisNr: Int</u>, WName: String)
   Kandidat(<u>Name: String</u>)
   Liste(<u>ListenNr: Int</u>, AnzahlPlätze: Int)
   Partei(<u>PName: String</u>, Programm: String)
   tritt_an(<u>*Kandidat: String, WahlkreisNr: Int*</u>)
   steht_auf(<u>*Kandidat: String, ListenNr: Int*</u>)
   ist_Mitglied(<u>*Kandidat: String, Partei: String*</u>)
   stellt_auf(<u>*ListenNr: Int, Partei: String*</u>)
   koalitionssaussage(<u>*Partei1: String, Partei2: String*</u>)

   Verfeinerung:

   Wahlkreis(<u>WahlkreisNr: Int</u>, WName: String)
   Kandidat(<u>Name: String</u>, *WahlkreisNr: Int,
           ListenNr: Int, Partei: String*)
   Liste(<u>ListenNr: Int</u>, AnzahlPlätze: Int, *Partei: String*)
   Partei(<u>PName: String</u>, Programm: String)
   koalitionssaussage(<u>*Partei1: String, Partei2: String*</u>)

Aufgabe 6

Szenario 1: Tischreservierung

Für die Verwaltung der Reservierungen in einer Datenbank verwendet ein kleines Gourmetrestaurant die folgenden Relationen:

```
GAST(GNR, Name, Vorname, Adresse)
RESERVIERUNG(GNR, TNR, Datum, Anzahl)
TISCH(TNR, Position, Plätze, Kinderplätze)
```

Die Primärschlüssel der Relationen sind unterstrichen GNR in RESERVIERUNG ist Fremdschlüssel zu GNR in GAST, TNR in RESERVIERUNG ist Fremdschlüssel zu TNR in TISCH. Formulieren Sie folgende Datenbankoperationen in SQL!

a) Geben Sie den Namen und Vornamen aller Gäste aus, die einen Tisch für den 31.12.2005 reserviert haben!

b) Geben Sie eine Liste (TNR und Position) aller Tische aus, die für mindestens drei Personen am 31.12.2005 reserviert sind!

c) Fügen Sie eine neue Reservierung mit folgenden Daten ein:
   • Gastnummer (GNR): 17
   • Tischnummer (TNR): 3
   • Datum: 31.12.2005
   • Anzahl: 4 Personen

d) Ändern Sie die Anzahl der reservierten Plätze in folgender Reservierung von 4 auf 3:
   • Gastnummer (GNR): 13
   • Tischnummer (TNR): 9
   • Datum: 31.12.2005

e) Löschen Sie den Gast mit der Nummer (GNR) 27 und *alle* zugehörigen Reservierungen!

Szenario 2: Beim Paketdienst

Der internationale Paketdienst IPS (International Parcel Service) muss täglich eine Vielzahl von Postsendungen ausliefern und verwendet dazu folgende Relationen in einer relationalen Datenbank:

```
POSTKUNDE(KNR, Name, Vorname, Straße, PLZ)
SENDUNG(SID, AbsenderNR, EmpfängerNR, Porto, Einschreiben)
TOUR(TNR, Fahrer, Startzeit, Dauer)
LADELISTE(TNR, SendungsID, Position)
```

Es existieren folgende Fremdschlüsselbeziehungen: Das Attribut `SendungsID` der Relation `LADELISTE` ist ein Fremdschlüssel auf das Attribut `SID` der Relation `SENDUNG`. Die Attribute `AbsenderNR` und `EmpfängerNR` der Relation `SENDUNG` sind Fremdschlüssel auf das Attribut `KNR` der Relation `POSTKUNDE`. Die Attribute `KNR` und `PLZ` der Relation `POSTKUNDE`, das Attribut `SID` der Relation `SENDUNG`, sowie das Attribut `TNR` der Relation `TOUR` sind Ganzzahlen. Bei dem Attribut Startzeit der Relation `TOUR` handelt es sich um eine Datum, dass Attribut `Dauer` wird als Ganzzahl in Minuten angegeben. Bei dem Attribut `Einschreiben` der Relation `SENDUNG` handelt es sich um einen boolschen Wert. Die Datentypen der weiteren Attribute sind dem Kontext zu entnehmen. Geben Sie SQL-Anweisungen für folgende Problemstellungen an:

a) Erzeugung des beschriebenen Relationenschemas mit Tabellen, Primary Key Constraints und Foreign Key Constraints.

b) Geben Sie Namen, Vornamen und Straßen aller Postkunden im Postleitzahlenbereich (`PLZ`) 30999 bis 31999 aus!

c) Geben Sie eine Liste aller Touren, bestehend aus Fahrer, Startzeit und Dauer, aufsteigend geordnet nach Tournummer (`TNR`) aus!

d) Geben Sie für die Tour mit der Tournummer (`TNR 4227`) eine Liste aller SendungsIDs (`SID`), die als Einschreiben auszuliefern sind, aufsteigend sortiert nach ihrer Position in der Ladeliste aus!

e) Berechnen Sie das durchschnittliche Porto aller Sendungen der Postkundin mit dem Vornamen „Pippi" und dem Nachnamen „Langstrumpf"!

f) Geben Sie eine Liste aller Touren (`TNR`, `Fahrer`) mit der Anzahl ihrer Positionen/Sendungen geordnet nach der Dauer der Tour aus!

g) Fehlsendungen: Geben Sie eine Liste aller Sendungen jeweils mit dem Vor- und Nachnamen des zugehörigen Postkunden aus, deren Sender und Empfänger gleich sind!

a) SELECT Name, Vorname
   FROM   Gast, Reservierung
   WHERE   Gast.GNR =Reservierung.GNR
           AND Datum = 31.12.2005;

b) SELECT T.TNR, Position
   FROM   Tisch T, Reservierung R
   WHERE   T.TNR = R.TNR
           AND Datum = 31.12.2005
           AND T.Plätze > 2;

c) INSERT INTO Reservierung
   VALUES (17 , 3, 31.12.2005, 4, 0);

d) UPDATE Reservierung
   SET   Plätze = 3

```
   WHERE   GNR = 13
           AND TNR = 9
           AND Datum = 31.12.2005;


e) DELETE FROM Reservierung
   WHERE   GNR = 27;
   DELETE FROM Gast
   WHERE   GNR = 27;


a) CREATE TABLE Postkunde(KNR INTEGER, Name VARCHAR(255),
       Vorname VARCHAR(255), Strasse VARCHAR(255), PLZ INTEGER,
       PRIMARY KEY (KNR));
   CREATE TABLE Sendung(SID INTEGER, AbsenderNR VARCHAR(255),
       EmpfängerNR VARCHAR(255), Porto FLOAT,
       Einschreiben bool, PRIMARY KEY (SID),
       FOREIGN KEY (AbsenderNR, EmpfängerNR) REFERENCES Postkunde(KNR));
   CREATE TABLE Tour(TNR INTEGER, Fahrer VARCHAR(255),
       Startzeit DATE, Dauer FLOAT, PRIMARY KEY (TNR));
   CREATE TABLE Ladeliste(TNR INTEGER, SendungsID INTEGER,
       Position INTEGER, PRIMARY KEY (SendungsID)
       FOREIGN KEY (SendungsID) REFERENCES Sendung(SID)
       FOREIGN KEY (TNR) REFERENCES Tour(TNR));


b) SELECT Name, Vorname, Straße
   FROM    Postkunde
   WHERE   PLZ >= 30999
           AND PLZ <= 31999;


c) SELECT    Fahrer, Startzeit, Dauer
   FROM       Tour
   ORDER BY  TNR;


d) SELECT SID
   FROM    Sendung, Ladeliste
   WHERE   TNR = 4227
           AND SendungsID = SID
           AND Einschreiben = true;

e) SELECT AVG(Porto)
   FROM    Postkunde, Sendung
   WHERE   Vorname = 'Pippi'
           AND Name = 'Langstrumpf'
           AND KNR = AbsenderNr;
```

f) ```
SELECT   Tour.TNR, Fahrer, COUNT(SendungsID)
FROM   Tour, Ladeliste
WHERE   Tour.TNR = Ladeliste.TNR
GROUP BY Tour.TNR;
```

g) ```
SELECT SID, Name, Vorname
FROM   Sendung, Postkunde
WHERE  KNR = AbsenderNR
       AND AbsenderNR = EmpfängerNR;
```

Herbst 07 - Thema 2

Aufgabe 1

Gegeben sei folgender Ausschnitt aus dem ER-Modell einer Universitätsdatenbank:

ER-Modell, relationales Schema, (Fremd-) Schlüssel, schwache Entität, SQL

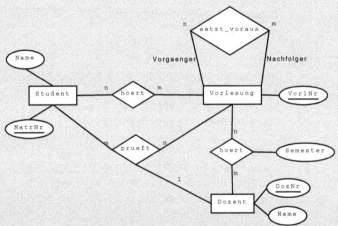

a) Übersetzen Sie das ER-Modell in das Relationenmodell!

b) Geben Sie für die Tabellen **prüft**, **liest** und **hört** CREATE TABLE-Statements an, welche auch die nötigen Schlüssel- sowie Fremdschlüsselbedingungen enthalten!

c) Ergänzen Sie das ER-Modell um einen schwachen Entity-Typen **Übungsgruppe** mit den Attributen **Gruppennummer** und **Raum**, der in Verbindung zur Tabelle **Vorlesung** stehen soll!

a) Student(<u>MatrNr: Int</u>, Name: String)
   Vorlesung(<u>VorlNr: Int</u>)
   Dozent(<u>DozNr: Int</u>, Name: String)
   hoert(<u>*MatrNr: Int, VorlNr: Int*</u>)
   liest(<u>*DozNr: Int, VorlNr: Int*</u>, Semester: String)
   setzt_voraus(<u>*Vorgaenger: Int, Nachfolger: Int*</u>)
   prueft(<u>*MatrNr: Int, VorlNr: Int, DozNr: Int*</u>)

b) Viele Aufgabensteller wollen an dieser Stelle erst einmal die Erzeugung der
   von den explizit angefragten Tabellen benötigten grundlegenden Tabellen
   sehen. Deshalb hier zuerst die Erzeugung von *Student, Vorlesung, Dozent.*

```
CREATE TABLE Student (
            MatrNr Integer PRIMARY KEY,
            Name Varchar(50));

CREATE TABLE Vorlesung (
            VorlNr Integer PRIMARY KEY);

CREATE TABLE Dozent (
            DozNr Integer PRIMARY KEY,
            Name Varchar(50));

CREATE TABLE prueft (
            MatrNr Integer REFERENCES Student.(MatrNr),
            VorlNr Integer REFERENCES Vorlesung(VorlNr),
            DozNr Integer REFERENCES Dozent(DozNr),
            PRIMARY KEY (MatrNr, VorlNr));

CREATE TABLE liest (
            DozNr Integer REFERENCES Dozent(DozNr),
            VorlNr Integer REFERENCES Vorlesung(VorlNr),
            Semester Varchar(25),
            PRIMARY KEY (DozNr, VorlNr));

CREATE TABLE hoert (
            MatrNr Integer REFERENCES Student(MatrNr),
            VorlNr Integer REFERENCES Vorlesung(VorlNr),
            PRIMARY KEY (DozNr, MatrNr));
```

c)

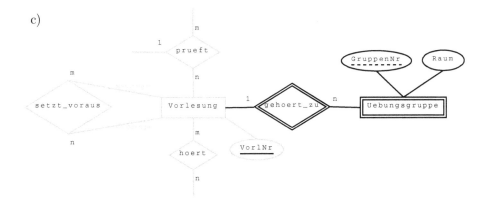

Aufgabe 2

Gegeben seien die folgenden Tabellen:

SQL-Anfrage

- Student(<u>MatNr</u>, Name, Alter, Fachbereich, Fachsemester).

- hört(<u>MatNr, Vorlesung, Semester</u>, Note).

Erstellen Sie in SQL folgende Anfragen:

a) Bestimmen Sie alle Studierende, die älter sind als 23 Jahre!

b) Bestimmen Sie das durchschnittliche Fachsemester der Studierenden des Fachbereichs „**Informatik**"!

c) Bestimmen Sie für jeden Studierenden - gegeben durch die Matrikelnummer - und jedes Semester die Durchschnittsnote für alle gehörten Vorlesungen!

d) Bestimmen Sie für jeden Studierenden - gegeben durch den Namen - und jedes Semester die Anzahl der Vorlesungen, die er in diesem Semester hört, vorausgesetzt, dass der Studierende im betrachteten Semester mindestens fünf Vorlesungen hört!

e) Bestimmen Sie alle Studierenden - gegeben durch den Namen - die dieselbe Vorlesung (mindestens) in zwei verschiedenen Semestern gehört haben!

a) ```
SELECT *
FROM   Student
WHERE Alter > 23;
```

b) ```
SELECT AVG(Fachsemester)
FROM   Student
WHERE  Fachbereich = 'Informatik';
```

c) ```
SELECT   MatNr, Semester, AVG(Note)
FROM   hoert
GROUP BY Semester, MatNr;
```
```

d) SELECT   Student.MatNr, Name, Semester, COUNT(Vorlesung)
   FROM   Student, hört
   WHERE   Student.MatNr = hoert.MatNr
   GROUP BY Semester, Student.Matnr
   HAVING   COUNT(Vorlesung)$\geq$5;

e) SELECT   DISTINCT s.MatNr, Name
   FROM   Student s, hoert h1, hoert h2
   WHERE   h1.Vorl = h2.Vorl AND s.MatNr = h1.MatNr
             AND h1.MatNr = h2.MatNr AND h1.Semester <> h2.Semester;

Aufgabe 3

Relationen-schema, funktionale Abhängig-keit, Attributhül-le, Synthesal-gorithmus, 3NF, BCNF

Gegeben sei das Relationenschema $R = (U, F)$ mit der Attributmenge $U = \{A, B, C, D, E\}$ und folgender Menge F von funktionalen Abhängigkeiten:
$$F = \{A \to B, AC \to BD, BC \to A\}$$

a) Bestimmen Sie die Attributhüllen $\{A\}_F^+$ und $\{B, C\}_F^+$.

b) Geben Sie alle Schlüssel für R an!

c) Zerlegen Sie R mittels des Synthesealgorithmus in ein 3NF-Datenbankschema!

d) Ist die Zerlegung von R in die beiden Relationenschemata $R_i = (U_i, F_i)$, $i = 1, 2$, mit $U_1 = \{A, C, D\}$ und $U_2 = \{A, B, C\}$ und entsprechenden Mengen $F_i = \Pi_{v_i}(F^+)$ von funktionalen Abhängigkeiten verlustfrei? Ist sie in BCNF?

a) Bestimmung von $\{A\}_F^+$:
   Überprüfe FD $A \to B$: $\Rightarrow \{A\}_F^+ = \{A, B\}$
   Überprüfe die FDs $AC \to BD$ und $BC \to A$:
   die linke Seite ist jeweils nicht in $\{A\}_F^+$ enthalten, es ergibt sich also keine Änderung mehr an $\{A\}_F^+$.
   $\Longrightarrow \{A\}_F^+ = \{A, B\}$

   Bestimmung von $\{B, C\}_F^+$:

$BC \to A$	$\{B, C\}_F^+ = \{A, B, C\}$
$A \to B$	keine Änderung an $\{B, C\}_F^+$
$AC \to BD$	$\{B, C\}_F^+ = \{A, B, C, D\}$

b) Da wegen der zweiten FD $\{A, C\}_F^+ = \{A, B, C, D\}$ gilt, bis auf E also jedes Attribut von U erreicht wird, sind die Schlüsselkandidaten $\{A, C, E\}$ und $\{B, C, E\}$.

c) Zuerst muss die minimale Überdeckung bestimmt werden:

1. Zerlege F in einfache FDs:
   $$F = \{A \rightarrow B, AC \rightarrow B, AC \rightarrow D, BC \rightarrow A\}$$

2. Eliminiere redundante Attribute:
   Betrachte FD $AC \rightarrow B$: C redundant?
   $\{A\}_F^+ = \{A, B\} \Rightarrow C$ redundant.
   $F' = \{A \rightarrow B, AC \rightarrow D, BC \rightarrow A\}$
   $\{B\}_F^+ = \{B\}, \{C\}_F^+ = \{C\}$ und $D \notin \{A\}_F^+$
   Es gibt also keine weiteren redundaten Attribute.

3. Eliminiere redundante FDs:
   Auf der rechten Seite aller FDs kommen die Attribute nur jeweils einmal vor, so dass es keine redundanten FDs geben kann.

Jetzt kann der Synthesealgorithmus angewendet werden:

1. Erstelle für jede FD eine Relation:
   $$R_1(A, B)$$
   $$R_2(A, C, D)$$
   $$R_3(B, C, A)$$

2. Überprüfe, ob eine der Relationen bereits einen Schlüsselkandidaten enthält:
   Keine Relation enthält einen Schlüsselkandidaten, es ist also noch eine zusätzliche Relation $R_4(A, C, E)$ (oder $R_4(B, C, E)$) notwendig.

3. Überprüfe, ob $R = R_1 \cup R_2 \cup R_3 \cup R_4$. Dies ist erfüllt, es werden keine weiteren Relationen benötigt.

4. Die Relationen R_1 und R_3 können nun zusammengefasst werden:
   $$R_{13}(A, B, C)$$
   $$R_2(A, C, D)$$
   $$R_4(A, C, E)$$

d) *Eine Relation ist in Boyce-Codd Normalform, wenn kein Attribut funktional abhängig von einer Attributgruppe ohne Schlüsseleigenschaft ist.*
   $F_1 = \{AC \rightarrow D\}$: AC ist einziger Schlüssel von $R_1 \Rightarrow R_1$ ist in BCNF.
   $F_2 = \{A \rightarrow B, BC \rightarrow A\}$ ist nicht in BCNF, da A kein Schlüssel ist.
   Die Zerlegung ist also abhängigkeitserhaltend, da $F_1 \cup F_2 = F'$; aber sie ist nicht verlustfrei, da $E \notin U_1 \cup U_2$ ist.

Frühjahr 08 - Thema 1

Aufgabe 1

1. Bewerten Sie die folgenden Aussagen!
   Richtig oder falsch? Geben Sie für jede Aussage an, ob diese richtig oder
   falsch ist! Begründen Sie Ihre Aussage in jedem Fall!

   a) Für den Datenaustausch zwischen Datenbank und Anwendungspro-
      grammen ist das Datenbankmanagementsystem verantwortlich.
   b) Das Datenbankmanagementsystem erlaubt auch unkontrollierten Zu-
      griff auf den Datenbestand.
   c) Jeder Benutzer/jedes Anwendungsprogramm eines Datenbanksystems
      muss für den Datenzugriff die eigentliche Organisation der Daten ken-
      nen.
   d) Das Drei-Schichten-Modell nach ANSI/SPARC besteht aus der exter-
      nen, der logischen und der physischen Schicht.
   e) Der Zugriff auf sehr große Datenbestände ist per Datenbanksystem ef-
      fizient möglich.
   f) Integrität und Redundanzfreiheit wird mit Hilfe der mengenorientier-
      ten Datenmanipulation durch relationale Operatoren gewährleistet.
   g) Das relationale Datenmodell diente als Grundlage zur Entwicklung des
      hierarchischen Modells und des Netzwerkmodells.
   h) Die Ordnung der Tupel wird durch die Primärschlüsselwerte festgelegt.
   i) Sichten dienen der Vermeidung von redundanter Speicherung.
   j) Fremdschlüssel sind immer einmalig.

2. Beschreiben Sie kurz folgende Begriff bzw. Abkürzungen im Kontext von
   Datenbanksystemen.

   a) Primärschlüssel
   b) DML
   c) Datenbankmanagementsystem
   d) Satz

1. a) Richtig

    b) Falsch - es ist im Gegenteil gerade dazu da, den Zugriff zu kontrollieren.

    c) Falsch - es reicht, die Anwendersicht zu verstehen. Sinnlose und falsche
       Benutzereingaben werden vom DBMS abgefangen.

    d) Falls die im Vergleich zum Duden ([DUD], S. 168) differierenden Begrif-
       fe Absicht sind, ist die Aussage falsch. Ansonsten muss „logisch" mit
       der Bezeichnung „konzeptionell" und „physisch" entweder durch „phy-
       sikalisch" oder „intern" ersetzt werden. Dann ist diese Aussage richtig.

    e) Richtig (die Effizienz wird vor allem durch schnelle Zugriffsverfahren wie
       z. B. B-Bäume und Hash-Verfahren erreicht, die das DBS bereitstellt).

    f) Falsch - dies wird durch die Normalformen gesichert.

g) Falsch - denn die beiden zuletzt genannten waren bereits in den 60er Jahren aktuell und somit **Vorläufer** des relationalen Datenmodells.

h) Falsch - die Ordnung der Attributwerte innerhalb der Tupel wird durch die Ordnung der Attribute im Relationenschema vorgegeben, die Ordnung der Tupel untereinander kann bei jeder Ausgabe neu vorgegeben werden, hat also auch nichts mit dem Primärschlüssel zu tun.

i) Richtig - mit Hilfe von Views können aus Basistabellen (und bereits existierenden Views) bei Bedarf neue virtuelle Tabellen erstellt werden, die keinen zusätzlichen Speicherbedarf besitzen.

j) Falsch - Fremdschlüssel auf das gleiche Attribut können in mehreren Schemata auftauchen; ein Schema kann auch mehrere Fremdschlüssel enthalten.

2. a) *Primärschlüssel* sind minimale Mengen von Attributen, die zur eindeutigen Identifizierung von Datensätzen dienen.

b) *DML* bedeutet Data Manipulation Language. Diese dient zur Formulierung von Anfragen an Datenbanken und damit zur Eingabe, Ausgabe, Veränderung und Löschung von Daten.

c) Das *Datenbankmanagementsystem* kontrolliert den Zugriff auf die Datenbank. Des weiteren sorgt es für effiziente Speicherung und schnelles Wiederauffinden von Daten.

d) Ein *Satz* (oder auch Datensatz) ist ein Tupel von Attributwerten, das zu einer oder mehreren Relationen gehört.

Aufgabe 2

Die relationale Algebra wird aufgebaut über einer Grundmege von mengenwertigen Operationen. Diese Grundoperationen können auf Relationen angewendet werden und erzeugen als Ergebnis wieder eine Relation.

Notation: π = Projektion; σ = Selektion; $\bowtie$ = Join;
$\times$ = kartesisches Produkt; $\setminus$ = Mengendifferenz;
$\cap$ = Schnittmenge; $\cup$ = Vereinigungsmenge;
ρ = Umbenennen; $\div$ = relationale Division

relationale Algebra, relationale Division, kartesisches Produkt, (Natural) Join

1. Welche Operationen können sowohl auf Mengen als auch auf Relationen angewandt werden?

2. Definieren Sie die Operation „Division"! Auf welche Grundoperation kann die Division zurückgeführt werden und wie? Ein Beweis ist nicht erforderlich.

3. Eine Relation A mit den Attributen u, v, w, x habe 5 Tupel, eine Relation B mit den Attributen x, y, z habe 3 Tupel.

   a) Wie viele Tupel und Attribute hat das kartesische Produkt aus A und B?

   b) Wie viele Tupel und Attribute hat der Natural Join aus A und B?

1. Die sowohl als Mengenoperationen als auch für Relationen verwendbaren Operationen sind *Schnittmenge, Vereinigungsmenge, Mengendifferenz* und *kartesisches Produkt. Projektion, Selektion, Join* und *relationale Division* können nur auf Relationen angewendet werden. *Umbenennung* ist nur bei Attributen von Relationen möglich.

2. Division:

   Seien die Relationen R und S gegeben und sei $\{A_1, ..., A_n\}$ die Attributmenge von R und $\{B_1, ..., B_m\}$ die Attributmenge von S, wobei gilt:
   $\{B_1, ..., B_m\} \subseteq \{A_1, ..., A_n\}$ und $\{B_1, ..., B_m\} \neq \emptyset$.
   Sei $Diff := \{A_1, ..., A_n\} - \{B_1, ..., B_m\}$.
   Die Division $R \div S$ von R durch S ist dann definiert durch

   $$R \div S = \{\mu \in \pi_{Diff}(R) \mid \text{Für alle } \nu \in S \text{ gilt } \mu * \nu \in R\}$$

   Die Division kann auch durch Projektion, Differenz und kartesisches Produkt ausgedrückt werden.

   $$R \div S = \pi_{Diff}(R) - \pi_{Diff}((\pi_{Diff}(R) \times S) - R)$$

3. a) Es sind $3 \cdot 5 = 15$ Tupel und $4 + 3 = 7$ Attribute.

   b) Beim Join entsteht ein Attribut weniger, also 6, da x in der Ergebnisrelation nur einmal auftritt. Die Anzahl der Tupel hängt von den Attributwerten von A.x bzw. B.x ab. Falls es keine Übereinstimmung gibt, sind es 0. Falls alle Tupel von A.x und B.x mit dem gleichen Wert besetzt sind, entstehen 15 Tupel.

Aufgabe 3

Drei-Schichten-Modell

1. Wozu dient das Drei-Schichten-Modell nach ANSI/Sparc?
2. Geben Sie ein selbst gewähltes Beispielsszenario an, an dem Sie die Vorteile des Vorgehens nach ANSI/Sparc erläutern!

1. (*siehe [DUD] „Datenbankentwurf"*)
   Ein Datenbanksystem, das auf dem 3-Schichten-Modell basiert, besteht aus drei Ebenen: der konzeptionellen, der internen und der externen Ebene. Auf der konzeptionellen Ebene steht die logische Gesamtstruktur der Daten, ihrer Eigenschaften und ihre Beziehungen untereinander im Vordergrund. Die Umsetzung des relationalen Schemas erfolgt auf dieser Ebene. Auf der internen Ebene werden alle implementierungsabhängigen Eigenschaften (z. B. Darstellung oder Organisation) der Daten implementiert. Desweiteren werden Funktionen für den schnellen Datenzugriff bereitgestellt. Die externe Ebene beschreibt die Datenbank aus Sicht des Anwenders. Diese Sicht kann je nach Anwendungsprogramm und User unterschiedlich sein.

2. Für die Verwaltung von Abteilungen, Mitarbeitern und Gehältern einer großen Firma wird eine Datenbank eingesetzt. Das 3-Schichten-Modell ermöglicht es nun eine bereits bestehende logische Struktur einer anderen Firma zu übernehmen und nur die interne und externe Ebene anzupassen. Des weiteren ist es möglich eine neue Anwendersoftware zu integrieren ohne das komplette Datenbanksystem zu überarbeiten. Auch neue Benutzersichten beeinflussen nur die externe Ebene.

Aufgabe 4

Die Normalformenlehre befasst sich mit der Fragestellung, wie „schlechte" Relationenschemata erkannt und gegebenenfalls verbessert werden können.

Anomalien, funktionale Abhängigkeit, Normalformen

1. Nennen Sie die drei möglichen grundlegenden Anomalien, die durch Normalisierung vermieden werden, beim Namen!
2. Welche Aussagen sind für funktionale Abhängigkeit richtig (W, X, Y und Z sind beliebige Attributmengen)?

   a) $X \to Y$ $\qquad\qquad \Rightarrow Y \subseteq X$
   b) $X \to Y$ und $Z \subseteq Y$ $\qquad \Rightarrow X \to Z$
   c) $X \to Y$ und $YW \to Z$ $\qquad \Rightarrow XW \to Z$
   d) $X \to Y$ und $Z \to Y$ $\qquad \Rightarrow Z \to X$

3. Warum ist folgende Relation nicht in zweiter Normalform? Und warum werden Adressen dennoch häufig so gespeichert?
   Adresse{Straße, Hausnummer, Postleitzahl, Wohnort}

4. Wie muss folgende Relation mit weiteren funktionalen Abhängigkeiten $B \to D$ und $D \to E$ zerlegt werden, damit sie in dritter Normalform vorliegt?
   R{A, B, C, D ,E}

---

1. Update-Anomalie, Insert-Anomalie, Delete-Anomalie

2. a) falsch

   b) richtig

   c) richtig

   d) falsch

3. Da der Wohnort bereits durch Postleitzahl und Straße bestimmt ist, ist die 2NF verletzt. Andererseits muss Hausnummer im Primärschlüssel enthalten sein, da es keine funktionale Abhängigkeit gibt, bei der Hausnummer auf der rechten Seite steht. Würde man die Relation Adresse in zwei Relationen
   Adresse(Straße, Hausnummer, Postleitzahl) und
   Wohnort(Straße, Postleitzahl, Wohnort)
   aufteilen, müssen bei einer Adressänderung immer zwei Tabellen upgedatet werden. Es kann also zu einer Update-Anomalie kommen.

4.
$$R_1(\underline{A}, B, C)$$
$$R_2(\underline{B}, D)$$
$$R_3(\underline{D}, E)$$

Aufgabe 5

2 Phasen-
Commit-
Protokoll,
Transak-
tion,
Operation,
ACID-
Prinzip

1. Welche grundlegenden Eigenschaften müssen Datenbanktransaktionen heute garantieren? Benennen Sie jede Eigenschaft und beschreiben Sie jede mit <u>maximal</u> einem Satz!

2. Können zwei parallel ablaufende Transaktionen (eine lesend die andere schreibend), unter Garantie der oben definierten Eigenschaften, gleichzeitig auf dasselbe Datenbankobjekt zugreifen? Begründen Sie Ihre Antwort mit <u>maximal</u> drei Sätzen!

3. Geben Sie an, welche Operationen auf Transaktionsebene Sie kennen, und beschreiben Sie jede mit <u>maximal</u> zwei Sätzen!

4. Sie haben das sogenannte „2 Phasen-Commit-Protokoll" kennengelernt. Skizzieren Sie das Szenario und erklären Sie die unterschiedlichen Abläufe, die entweder zu einem erfolgreichen oder nicht erfolgreichen Abschluss führen!

1. <u>ACID-Prinzip:</u>

Atomicity:	Eine Transaktion ist atomar, d. h. es werden entweder keine oder alle Änderungen durchgeführt.
Consistency:	Eine Transaktion überführt eine Datenbank von einem konsistenten Zustand in einen konsistenten Zustand.
Isolation:	Eine Transaktion beeinflusst andere Transaktionen nicht und wird auch nicht von ihnen beeinflusst.
Durability:	Die durch eine Transaktion vorgenommenen Änderungen sind dauerhaft.

2. Es kann nicht vorkommen, dass zwei Transaktionen gleichzeitig lesend und schreibend auf ein Datenobjekt zugreifen, denn dadurch wäre das Prinzip der Isolation verletzt. Die lesende Transaktion würde von der schreibenden beeinflusst.

3. Folgende grundlegende Operationen können mittels Transaktionen ausgeführt werden:

read:	Ein Objekt wird aus der Datenbank gelesen.
write:	Ein (geändertes) Objekt wird in die Datenbank geschrieben.
begin of transaction (BOT):	Dadurch wird der Beginn einer Transaktion gekennzeichnet.
commit:	Dieser Befehl wird bei einem erfolgreichen Ende der Transaktion ausgeführt. Dadurch werden alle Änderungen permanent in die Datenbank geschrieben.
abort:	Bei einem auftretenden Fehler wird abort ausgeführt. Dadurch werden alle Änderungen wieder rückgängig gemacht. Eine Transaktion endet immer entweder mit abort oder commit.

Zusätzlich sind noch die Sperren zu erwähnen:

rlock:	Lesesperre auf Daten, kann auch mehreren Transaktionen parallel gewährt werden
xlock:	Schreibsperre zum exklusiven Zugriff auf Daten
unlock:	Aufhebung von Sperren

4. Das *2-Phasen-Commit-Protokoll*:

Die Abarbeitung von Transaktionen erfolgt zweiphasig, wenn keine Transaktion eine Sperre freigibt, bevor sie alle benötigten Sperren angefordert hat. Ein 2-Phasen-Commit-Protokoll wird dadurch realisiert, dass

- eine Transaktion sukzessive alle benötigten Sperren anfordert,
- alle Lesesperren bis zum Ende, d. h. bis zur Aktion *commit*, hält und
- alle Schreibsperren bis nach *commit* hält.

Im folgenden Beispiel wollen zwei Transaktionen auf die gleichen Daten A zugreifen. Bevor jedoch der Datensatz gelesen werden kann, muss eine Schreibsperre angefordert werden (Da die Daten auch geändert werden sollen, reicht eine Lesesperre nicht aus.). Nachdem Transaktion1 die Schreibsperre vom DBMS bewilligt bekommen hat, können die Daten gelesen werden. Solange Transaktion1 die Schreibsperre hält, bekommt Transaktion2 die ebenfalls angeforderte Schreibsperre nicht bewilligt. Transaktion2 muss also warten, bis Transaktion1 beendet ist und die Sperre wieder frei gibt. Erst danach kann Transaktion2 weiter ausgeführt werden. Beide Transaktionen kommen so zu einem erfolgreichen Abschluss ohne Konflikte.

Schritt	Transaktion1	Transaktion2
1	BOT	
2		BOT
3	xlock (A)	
4	read(A) -> x	
5		xlock (A)
6		DELAY
7	x: = x + 3	
8	x -> write(A)	
9	commit	
10	unlock (A)	
11		read(A) -> y
12		y: = y + 1
13		y -> write(A)
14		commit
15		unlock (A)

Falls aus irgendeinem Grund Transaktion1 in Schritt 9 abgebrochen wird, werden alle bis dahin vorgenommenen Änderungen verworfen und danach die Sperren wieder frei gegeben. Auch in diesem Fall kann es keine Konflikte mit anderen Transaktionen geben.

Schritt	Transaktion1	Transaktion2
1	BOT	
2		BOT
3	xlock (A)	
4	read(A) -> x	
5		xlock (A)
6		DELAY
7	x: = x + 3	
8	x -> write(A)	
9	abort	
10	unlock (A)	
11		read(A) -> y
12		y: = y + 1
13		y -> write(A)
14		commit
15		unlock (A)

Obwohl durch das 2-Phasen-Commit-Protokoll das Lost-Update-, das Unrepeatable-Read- und das Dirty-Read-Problem verhindert werden, kann es zu Verklemmungen und damit zu einem nicht erfolgreichen Abschluss von Transaktionen kommen.

Schritt	Transaktion1	Transaktion2
1	BOT	
2		BOT
3	rlock (A)	
4	read(A) -> x	
5		rlock (A)
6		read(A) -> y
7	x: = x + 3	
8		y := y + 1
9	xlock (A)	
10	DELAY	
11		xlock (A)
12		DELAY

Transaktion1 benötigt nach Schritt 7 eine Schreibsperre um die geänderten Daten in die Datenbank zu übertragen. Eine Schreibsperre wird der Transaktion aber nur gewährt, wenn auf dem entsprechenden Objekt keine anderen Sperren, insbesondere auch keine Lesesperren existieren. Transaktion1 muss also warten, bis Transaktion2 die Lesesperre auf *A* aufhebt. Transaktion2 will aber ebenfalls geänderte Daten schreiben und fordert eine Schreibsperre in Schritt 11 an und muss warten, bis Transaktion1 die Lesesperre aufhebt. Nun warten die beiden Transaktionen gegenseitig und es kommt zum Deadlock, der vom DBMS erkannt und aufgelöst werden muss.

Aufgabe 6

1. **Erstellen Sie das ER-Diagramm einer fiktiven Zimmerverwaltung eines Krankenhauses!** *ER-Modellierung, Relationenschema*
   Wo möglich bzw. sinnvoll sollen dreifache Beziehungen und Generalisierung/Spezialisierung verwendet werden. Attribute von Entitäten und Beziehungen sind anzugeben; Schlüsselattribute werden durch Unterstreichung gekennzeichnet. Die Kardinalitäten von Beziehungen und - falls nötig - Rollennnamen sollen ins Diagramm aufgenommen werden. Verwenden Sie zur Angabe der Kardinalität die (min, max)-Notation! Führen Sie Surrogatschlüssel nur ein, falls es nötig ist!

„Im Krankenhaus"

Zimmer werden durch eine eindeutige Zimmernummer identifiziert. Weiterhin sind noch die Anzahl der Betten und die Größe in qm des Zimmers angegeben.

Das Krankenhaus beschäftigt **Personal**, wobei es zwei besondere Personengruppen gibt: **Ärzte** und **Schwestern**. Jede Person hat eine Personalnummer, Vorname und Nachname. Schwestern haben zusätzlich eine vereinbarte Wochenarbeitszeit und Ärzte ihr Approbationsjahr und die -behörde gespeichert.

Das Personal ist in verschiedenen **Stationen** (als Krankenhausabteilungen) beschäftigt. Jede Station wird durch genau eine Schwester geleitet. Außerdem gibt es zu jeder Station genau einen Arzt, der zu ihr in Chefarzt-Beziehung steht. Es gibt im Krankenhaus Ärzte, die nicht Chefarzt einer Station sind.

Jeder **Dienstplan** hat ein Beginn- und Enddatum. Durch den Dienstplan wird festgelegt, welche Schwester welches Zimmer betreuen muss. Es gibt keine leeren Dienstpläne und auch keine untätigen Schwestern; manche der Zimmer werden allerdings nicht von Schwestern betreut, da sie nicht der Patientenunterbringung dienen.

2. **Ausgehend von Ihrem ER-Diagramm-Entwurf aus Aufgabenteil 1. ist ein Relationenschema in dritter Normalform (3NF) zu entwerfen.**

   Primärschlüssel werden dabei durch Unterstreichen, Fremdschlüssel durch Nennung der referenzierten Relation in eckigen Klammern hinter dem Attributnamen kenntlich gemacht. Attribute, die nicht Primärschlüssel sind, aber dennoch „NOT NULL" bzw. „UNIQUE" sein müssen, sind zu kennzeichnen.

   Folgende willkürliche Beispiele dienen als Hinweis auf die Notation:

           Haus (Straße, OrtId[Ort])
           Ort (OrtId, PLZ, Name)
           Mitarbeiter (PersNr, Vorname, Nachname, SozialversNr)
           SozialversNr: UNIQUE

1.

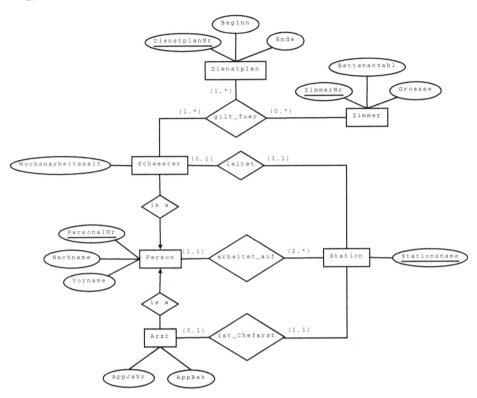

2. Relationenschema nach ER-Modell (noch ohne Verfeinerung, Primärschlüssel sind unterstrichen, Fremdschlüssel kursiv dargestellt):

Entitäten:

Zimmer(<u>ZimmerNr</u>, Bettenanzahl, Groesse),
Dienstplan(<u>DienstplanNr</u>, Beginn, Ende),
Station(<u>Stationsname</u>),
Person(<u>PersonalNr</u>, Vorname, Nachname),
Schwester(<u>PersonalNr</u>, Wochenarbeitszeit),
Arzt(<u>PersonalNr</u>, AppJahr, AppBeh)

Relationships:

gilt_fuer(*DienstplanNr, PersonalNr, ZimmerNr*),
(Dabei wird angenommen, dass ein Dienstplan für jede Schwester festlegt, in welchem Zimmer sie arbeitet.)
leitet(*Stationsname, PersonalNr*),
arbeitet_auf(*PersonalNr, Stationsname*),
ist_Chefarzt(*Stationsname, PersonalNr*)

Folgende Attribute müssen „NOT NULL" sein:
Groesse, Beginn, Ende, Vorname, Nachname, AppJahr, AppBeh
Es gibt keine Attribute, die „UNIQUE" sein müssen.

Verfeinerung des Relationenschemas:

Die Relationen leitet und ist_Chefarzt können mit Station und arbeitet_auf kann mit Person zusammengefasst werden.

Zimmer(Z̲i̲m̲m̲e̲r̲N̲r̲, Bettenanzahl, Groesse),
Dienstplan(DienstplanNr, Beginn, Ende),
Station(S̲t̲a̲t̲i̲o̲n̲s̲n̲a̲m̲e̲, *Leiterin, Chefarzt*),
Person(P̲e̲r̲s̲o̲n̲a̲l̲N̲r̲, Vorname, Nachname, *Station*),
Schwester(P̲e̲r̲s̲o̲n̲a̲l̲N̲r̲, Wochenarbeitszeit),
Arzt(P̲e̲r̲s̲o̲n̲a̲l̲N̲r̲, AppJahr, AppBeh),
gilt_fuer(*DienstplanNr, PersonalNr, ZimmerNr*)

Alle Attribute seien atomar, damit erfüllt das Relationenschema die 1NF. Außerdem ist das Relationenschema auch in 2NF, da alle Attribute voll funktional vom gesamten Schlüsselkandidaten abhängen (eine Verletzung kann nur bei zusammengesetzten Schlüsselkandidaten vorliegen und auch das ist bei gilt_fuer nicht der Fall). Weil für die einzelnen Relationenschemata keine weiteren funktionalen Abhängigkeiten bekannt sind, können auch keine transitiven Abhängigkeiten vorliegen und damit ist auch die 3NF erfüllt.

Aufgabe 7

SQL Beachten Sie:
Primärschlüssel werden durch Unterstreichen, Fremdschlüssel durch Nennung der referenzierten Relation in eckigen Klammern hinter dem Attributnamen kenntlich gemacht.
Beispiel:
Haus (Straße, OrtId[Ort])
Ort (O̲r̲t̲I̲d̲, PLZ, Name)
Interpretation:
Das Attribut OrtId der Relation Haus verweist als Fremdschlüssel auf das Attribut OrtId der Relation Ort.

„Kundenverwaltung"
Ein Unternehmen verwendet folgendes Datenbankschema für seine Verwaltung:
Kunde(<u>KNr</u>, Name, Vorname)
Bestellung(<u>BNr</u>, Datum)
Artikel(<u>ANr</u>, Bezeichnung , KatNr[Kategorie])
Best_K_A(<u>BNr[Bestellung]</u>, <u>ANr[Artikel]</u>, KNr[Kunde], Anzahl)
Kategorie(<u>KatNr</u>, Bezeichnung)

In Best_K_A sind Teilbestellungen gespeichert.
Formulieren Sie folgende Datenbankoperation in SQL:

Einfache Anfragen:

a) Bestellungen sollen als Ganzes geliefert werden. Für Verhandlungen mit einem Lieferdienst soll ermittelt werden, wie viele Artikel eine Bestellung durchschnittlich enthält.

b) Es soll eine Kundenliste erstellt werden und dabei ausgegeben werden, wann der Kunde zuletzt eine Bestellung aufgegeben hat. Darzustellen sind KNr, Name, Vorname und Datum der letzten Bestellung. Das Ergebnis soll nach Datum absteigend sortiert sein.

Datenänderungen:

c) Ein neuer Kunde ist einzufügen. Er heißt 'Hans Müller' und er soll die Kundennummer bekommen, die eins größer ist als die bisher größte!

d) Einige Artikel wurden noch keiner Kategorie zugeordnet (Artikel.KatNr ist NULL). Diese Artikel sind der Kategorie zuzuordnen, die die Bezeichnung 'Sonstiges' trägt.

e) Um zukünftige Produktverwechslungen bei Bestellungen auszuschließen, sollen alle Artikel mit der Bezeichnung 'Waage' aus der Kategorie 'Kuechengeraet' in 'Kuechenwaage' umbenannt werden.

f) Im Datenbestand ist ein Fehler aufgetreten. Natürlich ergeben Teilbestellungen keinen Sinn, wenn Anzahl = 0 ist. Daher sind alle Einträge aus Best_K_A zu löschen, deren Anzahl = 0 ist.

Komplexe Anfragen: (Es dürfen kein TOP(n) oder LIMIT verwendet werden! Sichten sind ausdrücklich erlaubt!)

g) Es sollen die fünf Kunden mit der größten Anzahl an bestellten Artikeln (Summe) ermittelt werden. Auszugeben sind Vorname, Name und Gesamtzahl der verkauften Artikel sortiert nach Name aufsteigend.

h) Es sollen die fünf am meisten (nicht am häufigsten) bestellten Artikel (Summe der Anzahl) ermittelt werden. Auszugeben sind Artikelbezeichnung und Gesamtzahl sortiert nach Artikelbezeichnung aufsteigend.
Achtung: Unterschiedliche Artikel (unterschiedliche Artikelnummer) können die gleiche Bezeichnung tragen!

a) SELECT AVG(SUM(Anzahl))
   FROM Best_K_A
   GROUP BY BNr;

b) SELECT DISTINCT KNr,Name,Vorname,MAX(Datum) AS letzteBestellung
   FROM Kunde, Bestellung, Best_K_A
   WHERE Bestellung.BNr = Best_K_A.BNr
             AND Kunde.KNr = Best_K_A.KNr
   GROUP BY Kunde.KNr
   ORDER BY letzteBestellung DESC;

c) INSERT INTO Kunde
   VALUES ((SELECT MAX(KNr) FROM Kunde) +1, 'Mueller', 'Hans');

d) UPDATE Artikel
   SET KatNr = (SELECT KatNr
                     FROM Kategorie
                  WHERE Bezeichnung = 'sonstiges')
   WHERE KatNr = NULL;

e) UPDATE Artikel
   SET Bezeichnung = Kuechenwaage
   WHERE Bezeichnung = 'Waage' AND KatNr = (SELECT KatNr
                        FROM Kategorie
                     WHERE Bezeichnung = 'Kuechengeraet');

f) DELETE FROM Best_K_A
   WHERE Anzahl = 0;

g) CREATE VIEW Gesamtzahl AS
   SELECT Vorname, Name, SUM(Anzahl) AS Gesamt
   FROM Kunde, Bestellung, Best_K_A
   WHERE Kunde.KNr = Best_K_A.KNr
   GROUP BY Kunde.KNr
   ORDER BY Gesamt DESC;

   SELECT Vorname, Name, Gesamt
   FROM Gesamtzahl
   WHERE ROWNUM BETWEEN 1 AND 5
   ORDER BY Name ASC;

h) CREATE VIEW Gesamtzahl2 AS
   SELECT Bezeichnung, Artikel.ANr, SUM(Anzahl) AS Gesamt
   FROM Artikel, Best_K_A
   WHERE Artikel.ANr = Best_K_A.ANr
   GROUP BY Artikel.ANr
   ORDER BY Gesamt DESC;

   SELECT Bezeichnung, Gesamt
   FROM Gesamtzahl2
   WHERE ROWNUM BETWEEN 1 AND 5
   ORDER BY Bezeichnung ASC;

Frühjahr 08 - Thema 2

Aufgabe 1

Das Fremdenverkehrsamt will sich einen besseren Überblick über Zirkusse verschaffen. In einer Datenbank sollen dazu die Zirkusse, die angebotenen Vorstellungen, die einzelnen Darbietungen in einer Vorstellung sowie die zugehörigen Dompteure und Tiere verwaltet werden.

ER-Modellierung, Relationenschema

Ein Zirkus wird eindeutig durch seinen Namen gekennzeichnet und hat einen Besitzer. Vorstellungen haben eine `VorstellungsID` und ein Datum. Darbietungen neben der eindeutigen `ProgrammNr` ein Uhrzeit. Ein Dompteur hat eine eindeutige `AngestelltenNr` sowie einen Künstlernamen. Tiere sind eindeutig durch eine `TierNr` bestimmt und haben außerdem eine Bezeichnung der Tierart.

Vorstellungen werden von genau einem Zirkus angeboten. Ein Zirkus bietet mehrere Vorstellungen an und stellt mehrere Dompteure an. Ein Dompteur ist genau bei einem bestimmten Zirkus angestellt. Eine Darbietung findet in einer bestimmten Vorstellung statt. Des weiteren trainiert ein Dompteur mehrere Tiere, ein Tier kann allerdings auch von mehreren Dompteuren trainiert werden. In einer Darbietung tritt genau ein Dompteur mit mindestens einem Tier auf.

1. Erstellen Sie ein Entity-Relationship-Diagramm für obige Datenbank!

2. Setzen Sie das in a) erstellte Entity-Relationship-Diagramm in ein Relationenschema um! Dabei sind Relationships mit einer möglichst geringen Anzahl von Relationen zu realisieren, wobei unnötige Redundanzen vermieden werden sollen. Ein Relationenschema ist in folgender Form anzugeben: `Relation(Attribut1, Attribut2, ...)`. Schlüsselattribute sind dabei zu unterstreichen. Achten Sie bei der Wahl des Schlüssels auf Eindeutigkeit und Minimalität!

1.

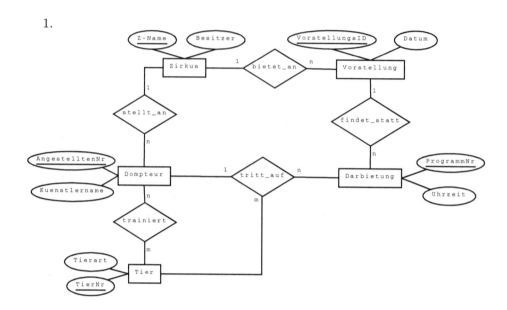

2. Relationenschema nach ER-Modell (noch ohne Verfeinerung, Primärschlüssel sind unterstrichen, Fremdschlüssel kursiv dargestellt):
Entitäten:
Zirkus(Z-Name, Besitzer),
Vorstellung(VorstellungsID, Datum),
Darbietung(ProgrammNr, Uhrzeit),
Dompteur(AngestelltenNr, Kuenstlername),
Tier(TierNr, Tierart)

Relationships:
bietet_an(Z-Name, VorstellungsID),
findet_statt(VorstellungsID, ProgrammNr),
stellt_an(Z-Name, AngestelltenNr),
trainiert(AngestelltenNr, TierNr),
tritt_auf(ProgrammNr, TierNr, AngestelltenNr)

Verfeinerung des Relationenschemas:
Die Relationen bietet_an und Vorstellung, findet_statt und Darbietung, stellt_an und Dompteur können zusammengefasst werden.

Zirkus(Z-Name, Besitzer),
Vorstellung(VorstellungsID, Datum, Z-Name),
Darbietung(ProgrammNr, Uhrzeit, VorstellungsID),
Dompteur(AngestelltenNr, Kuenstlername, Z-Name),
Tier(TierNr, Tierart),
trainiert(AngestelltenNr, TierNr),
tritt_auf(ProgrammNr, TierNr, AngestelltenNr)

Aufgabe 2

Gegeben sei das Relationenschema $R(\underline{A}, B, C, D, E, F, G)$. Die Attribute sei-
en atomar, d. h. R ist in 1. Normalform. Neben $\{A\}$ gibt es keine weiteren
Schlüsselkandidaten. Zusätzlich zu den durch die Schlüsselkandidaten geltenden funktionalen Abhängigkeit: $D \to E, D \to F, F \to G$.

Normalfor-
men,
funktionale
Abhängig-
keit,
Normalisie-
rung,
Syntheseal-
gorithmus

a) Ist R in 2. Normalform? Begründen Sie Ihre Antwort!

b) Ist R in 3. Normalform? Begründen Sie Ihre Antwort!

c) Zerlegen Sie R in mehrere Relationen, die alle in 3. Normalform (wenden
   Sie ein Verfahren Ihrer Wahl an)! Geben Sie für jede der neuen Relationen
   einen Schlüssel an!

Geben sei das Relationenschema $S(\underline{A}, \underline{B}, C, D, E, F)$. Die Attribute seien atomar, d. h. S ist in 1. Normalform. Neben $\{A, B\}$ gibt es keine weiteren Schlüsselkandidaten. Zusätzlich zu den durch die Schlüsselkandidaten geltenden funktionalen Abhängigkeit: $A \to C, A \to E, B \to E$.

d) Ist R in 2. Normalform? Begründen Sie Ihre Antwort!

e) Ist R in 3. Normalform? Begründen Sie Ihre Antwort!

f) Zerlegen Sie R in mehrere Relationen, die alle in 3. Normalform (wenden
   Sie ein Verfahren Ihrer Wahl an)! Geben Sie für jede der neuen Relationen
   einen Schlüssel an!

a) Die zweite Normalform ist dann verletzt, wenn Attribute nur von Teilen des
   Schlüsselkanditaten abhängen. Bei einem einelementigen Schlüsselkandidaten gibt es keine Teilmengen und damit müssen alle Attribute vom *ganzen*
   Schlüsselkandidaten abhängen. Die zweite Normalform ist also zwangsläufig
   erfüllt.

b) Das Relationenschema ist nicht in dritter Normalform, da z. B. die transitive
   Abhängigkeit $A \to D, D \to E$ besteht.

c) Methode „scharfes Hinsehen":
$$R_1(\underline{A}, B, C, D)$$
$$R_2(\underline{D}, E, F)$$
$$R_3(\underline{F}, G)$$

d) Aufgrund der funktionalen Abhängigkeit $A \to C$ ist die zweite Normalform
   verletzt, da C nur von einem Teil des Schlüsselkandidaten A, B abhängt.

e) Da das Relationenschema bereits die zweite Normalform verletzt, kann es
   nicht in dritter Normalform sein, da jedes Schema in dritter Normalform
   auch in erster und zweiter Normalform ist.

f) Anwendung des Synthese-Algorithmus

Überführung in einfache FDs:

$$A, B \to C;\ A, B \to D;\ A, B \to E;\ A, B \to F$$
$$A \to C;\ A \to D$$
$$B \to E$$

Eliminieren redundanter Attribute und FDs:
Das Entfernen von B in $A, B \to C$ führt zu $A \to C$, was bereits enthalten ist und damit ist sogar die ganze FD $A, B \to C$ redundant.
Gleiches gilt für $A, B \to D$ und $A, B \to E$ analog. Bei der FD $A, B \to F$ ist weder A noch B redundant, da F nur in dieser FD vorkommt und nicht anders erreicht werden kann.
Es bleiben also:

$$A, B \to F$$
$$A \to C;\ A \to D$$
$$B \to E$$

Alle Attribute auf der rechten Seite kommen nur einmal vor, deshalb kann es keine weiteren redundanten FDs mehr geben.

Zerlegen in Teilschemata:

$$R_1(\underline{A, B}, F)$$
$$R_2(\underline{A}, C)$$
$$R_3(\underline{A}, D)$$
$$R_4(\underline{B}, E)$$

Es werden keine weiteren Relationen benötigt, da der Schlüsselkandidat in R_1 enthalten ist und alle Attribute bereits enthalten sind. Weil aufgrund der vorangegangenen Schritte die Menge der verbliebenen FDs minimal ist, können R_2 und R_3 zusammengefasst werden.

$$R_1(\underline{A, B}, F)$$
$$R_{23}(\underline{A}, C, D)$$
$$R_4(\underline{B}, E)$$

Aufgabe 3

Gegeben sei das folgende relationale Datenbankschema (Schlüsselattribute sind   *SQL*
jeweils unterstrichen):
Personal (<u>PNR</u>, Name, Geburtsdatum, Gehalt, ANR)
Abteilung (<u>ANR</u>, Bezeichnung, LeiterPNR, FNR)
Filiale (<u>FNR</u>, Ort)
In der Datenbank sind die Daten von Mitarbeiter, Abteilungen und Filialen
eines Handelsunternehmens gespeichert. Jeder Mitarbeiter hat eine Personal-
nummer (PNR), einen Namen, ein Geburtsdatum, ein Gehalt und ist in einer
bestimmten Abteilung beschäftigt. Jede Abteilung hat eine Anteilungsnummer
(ANR), eine Bezeichnung, die Personalnummer des Abteilungsleiters (LeiterP-
NR) und gehört zu einer bestimmten Filiale. Jede Filiale hat eine Filialnummer
(FNR) und ist in einem Ort beheimatet.
Formulieren Sie folgende Anfragen in SQL:

a) Geben Sie für jede Abteilung die Nummer und die Bezeichnung der Abteilung zusammen mit der Personalnummer und dem Namen des Abteilungsleiters aus. Das Ergebnis soll aufsteigend nach der Abteilungsnummer sortiert werden.

b) Geben Sie diejenigen Orte aus, in denen mehr als zwei Filialen beheimatet sind.

c) Finden Sie die Personalnummern derjenigen Mitarbeiter, für die ein anderer Mitarbeiter mit dem gleichen Geburtsdatum existiert.

a) SELECT ANR, Bezeichnung, PNR, Name
   FROM Abteilung, Personal
   WHERE Personal.PNR = Abteilung.LeiterPNR
   ORDER BY ANR;

b) SELECT Ort
   FROM Filiale
   GROUP BY Ort
   HAVING COUNT (*) >2;

c) SELECT DISTINCT PNR
   FROM Personal AS P1, Personal AS P2
   WHERE (P1.Geburtsdatum = P2.Geburtsdatum)
             AND NOT (P1.PNR = P2.PNR);

Literaturverzeichnis

Balzert, Heide: *Lehrbuch der Objektmodellierung - Analyse und Entwurf*, Spektrum, Akademischer Verlag, Heidelberg (1999).

Blöchl, Barbara / Meyberg, Carola: *Repetitorium der Informatik*, Oldenbourg Wissenschaftsverlag, München (2003).

Dr. Claus, Volker / Dr. Schwill, Andreas: *Duden Informatik - Ein Fachlexikon für Studium und Praxis*, Dudenverlag, Mannheim (2001).

Prof. Gumm, Heinz Peter/ Prof. Sommer, Manfred: *Einführung in die Informatik*, Oldenbourg Wissenschaftsverlag, München (2006).

Prof. Kemper, Alfons / Dr. Eickler, André: *Datenbanksysteme - Eine Einführung*, Oldenbourg Wissenschaftsverlag, München (2001).

Schöning, Uwe: *Logik für Informatiker (5. Auflage)*, Spektrum, Akademischer Verlag, Heidelberg (2000).

Schöning, Uwe: *Theoretische Informatik - kurzgefasst (4. Auflage)*, Spektrum, Akademischer Verlag, Heidelberg (2001).

Tanenbaum, Andrew S.: *Moderne Betriebssysteme (2. überarbeitete Auflage)*, Pearson Studium, München (2002).

Index

www.ingramcontent.com/pod-product-compliance
Lightning Source LLC
LaVergne TN
LVHW080110070326
832902LV00015B/2503